开门七件事

——柴米油盐酱醋茶的文化记忆

李树新 著

商务印书馆
The Commercial Press
创于1897

本书由内蒙古大学一流学科建设经费资助出版

开门七件事——中国人的日常生活与经验世界

　　"开门七件事"是汉民族在长期的社会历史发展中形成的具有象征性，能够传达汉民族文化集团性格、情感、价值观念，唤起民族群体的历史记忆和情绪感受，被民族群体认同的文化符号系统。

　　老百姓日常生活中的第一件要事就是吃喝，汉语有"开门七件事，柴米油盐酱醋茶"之说，这里的"开门"即每日持家、维持生计的初始，"七件事——柴米油盐酱醋茶"则是指持家和维持生计的必备之物、必做之事，也成了老百姓基本消费需求的代名词，有时也用来形容烦琐枯燥的家务事。

　　"开门七件事"的说法，至迟出现在宋代口语中，完整表述为"早晨起来七般事，油盐酱豉姜椒茶"。宋代吴自牧所著的笔记《梦粱录》中载谓："盖人家每日不可阙者，柴米油盐酱醋茶。"[①]同时期另有"柴米油盐酒酱醋茶——开门八件事"的说法，说明该谚语在宋代尚未完全定型。

　　元明清时期的曲子诗文中，开始多见"开门七件事"的说法。元代周德清的散曲《蟾宫曲·别友》曾说："倚篷窗无语嗟呀，七件儿全无，做甚么人家？柴似灵芝，油如甘露，米若丹砂。酱瓮儿恰才梦撒，盐瓶儿又告消乏。茶也无多，醋也无多。七件事儿尚且艰难，怎生教我折柳攀花！"

---

① 刘坤、赵宗乙主编，《经典名著解读：中国古代民俗》（二），黑龙江人民出版社，2006年，第151页。

这里，作者用"七件事"来讽世。元代杨景贤《刘行首》二折中有这样的诗："教你当家不当家，及至当家乱如麻。早起开门七件事，柴米油盐酱醋茶。"这首诗是告诫当家人要当好家，要量入为出，做好安排，做到勤俭持家，否则就会捉襟见肘，如一团乱麻，理不好家。因此，这首诗也被称为"当家诗"。明代江南才子唐寅有《除夕口占》一首："柴米油盐酱醋茶，般般都在别人家。岁暮清闲无一事，竹堂寺里看梅花。"活脱出一生潦倒，家境窘迫，而又自甘淡泊的豁达心态。《警世通言》卷三二有："开了大门七件事，般般都在老身心上。倒替你这小贱人白白养着穷汉，教我衣食从何处来？"《豆棚闲话》有："只想这一班，做人家的开门七件事，一毫没些抵头。""开门七件事"逐渐成为具有特定意义固定用法的熟语。

春秋战国时期，出现了以"柴""薪""米""盐"喻理的成语。《庄子·杂篇·庚桑楚》有"数米而炊"的成语，《庄子·养生主》出现了"薪尽火传"的成语，《战国策·楚策四》出现了"骥伏盐车""汗血盐车""骏骨牵盐""骐骥困盐车"等成语，谓才华遭到抑制。《汉书·扬雄传下》出现了"覆酱烧薪"的成语，极言著作毫无价值或丝毫不受重视，只能用于盖酱缸或者当柴烧。到了宋代，柴米开始指代日用物品。《梦粱录》载："谚云：'东菜西水，南柴北米。'杭之日用是也。"宋代普济《五灯会元》有"千日砍柴一日烧"，比喻长期准备，用于一时；亦有"担折知柴重"，比喻承担过大事，才知责任重大。至明清，以柴米油盐喻理已成了一种普遍现象。清代李光庭在《乡言解颐》中这样写道："乡言七事中有关乎世情者，如打了一冬柴，煮锅腊八粥，与有柴一灶，有米一锅，俱诫浪费者也。热灶一把，也要冷灶一把，为专趋炎势者也。吃得筵席打得柴，言穷达因时者也。柴米夫妻梁伯鸾，胜似朱买臣矣。穷灶门，富水缸，曲突徙薪免致焦头烂额矣。生米做成熟饭，慎终于始也。讨柴下不得锅，备豫不虞也。当家才知柴米贵，物力不可不惜也。沉了一船芝麻，水面上撇油花，弃大而见小也。油壶卢不惹醋壶卢，薰莸不同器也。打煞卖盐的，苦了做酱的，调和之失宜也。吃菜总嫌淡，喝茶嫌不酽，饮食之非道也。"① 这是对"开门七件事"喻理表意的集中概括。

从语类的角度来看，以"开门七件事"为题材的熟语既有成语，也有俗语、谚语、惯用语、歇后语等不同的语类。这些不同类型不同个性的熟语各自适用于不同的语用需要，具有特定的表现功能，它们大多是劳动人民创造出来的，在形式上简练、形象又生动活泼，为广大群众所喜闻乐见、耳熟能详。作为思维形态的一种表述方式和表述策略，它们是中国老百姓习用的话语模式，鲜活地传达着一种语言智慧。

除熟语以外，"开门七件事"符号系统还有历史典故、传说、故事和笑话，这些都是基于长期传承发展中所形成的群众喜闻乐见的文学形式，它们是极有生命力的文化习惯，既通俗易懂又寓意深刻，带有娱乐和说教的双重文化意义，流露了一种对日常生活的情绪，隐含了特定的历史意义和现实的象征意义。从这些历史典故、传说、故事和笑话中，大体可以看到民众眼中的现实世界、民众的生活状态和心理状态，这为人们客观地感知传统文化提供了有效的认知手段，对全面了解和诠释整个"开门七件事"文化提供着重要的语用支撑。

在"开门七件事"文化符号演进的历程中，出现了大量的关于"开门七件事"的对联和诗歌，它们是以"七件事"为题，反映中国人的生活方式、生活智慧和生命哲学的两种文学载体，也是"开门七件事"文化符号系统的有机组成部分。"逐去千家冷，迎来万户春""一粒米中藏世界，半边锅内煮乾坤""借得梅上雪，煎茶别有香""谷雨前收献至公，不争春力避芳丛。烟开曾入深深坞，百万枪旗在下风"……这些对联和诗歌用精练概括的对仗形式夸赞了"七件事"的功用、特性和价值，艺术地道出了人们对生活的感悟，抒发了人们的思想情感，细细品来，有滋有味。品读这

---

① ［清］李光庭、［清］王有光，《乡言解颐 吴下谚联》，中华书局，1982 年，第 104 页。

3

些对联和诗歌，我们既可以精准把握和感知跃动在对联诗歌艺术中的审美价值，又可以进一步了解和认知"七件事"文化传播流布的轨迹。

"开门七件事"符号系统还是一种形象化的艺术表达系统。历代文人雅士围绕"开门七件事"主题形成的许多妙趣横生、耐人寻味的风俗画，如《图画日报》《点石斋画报》《营业写真》《中国古代三百六十行》《天工开物》《三才图会》等中就有较多的记载和收录。欣赏这些风俗画，不仅可以一饱眼福，领略其中美的意蕴，还能够唤起人们遥远的历史记忆和真切的现实感受。本书从中选录了一些图片，欲与文字相互辉映，以飨读者。

传统文化是一个民族最深沉情怀之寓所。"开门七件事"符号系统作为一种大众关心的世俗生活内容，是一种极为容易获得理解、促成沟通、隐喻观念与揭示奥义的通俗形式，是一个具有文化含义的价值体系和分类范畴。它们深深根植于民族文化之中，蕴含了丰富的文化价值，记录着汉民族的价值理念和情感态度，具有阐释性的文化功能和文化认同的标向价值。也就是说，在看似平平淡淡的柴米油盐中，蕴藏着符合人生客观规律的至深哲理。这些言简意赅、生动隽永的熟语形象地体现出对人、对生活、对世界独具慧眼的观察和鞭辟入里的认识，使人顿然大悟，豁然开朗，思想上得到启迪，认识上得到提高。它们是连接人的内心世界、人的意识和其认知的周围世界的中间世界。再具体一点说，它们是中国经验、中国智慧的认知性、体认性的经验表述。"开门七件事"文化符号系统记述了汉民族淳厚的民俗与古老的风尚，承载了汉民族的社会发展历程中和人生成长历程中所累积形成的社会经验和人生处世经验，为我们感悟历史、品味社会、观察世界提供了便捷有效的表达方式，在接受这种语言的过程中，这一系统会为接受者日后的成长留下永不磨灭的痕迹。

目录

第一章

柴

　　"开门七件事"，柴排在第一位。木柴作为燃料在古代被称为"薪柴""柴薪""薪樵"，均指做燃料用的杂木。《说文解字》："柴，小木散材也。从木，此声。"其本义是指可以捆束在一起的细木小柴。《墨子·节葬下》："秦之西，有仪渠之国者，其亲戚死，聚柴薪而焚之。"《宋史·食货志下八》："其余橘园、鱼池……柴薪、地铺、枯牛骨、溉田水利等名，皆因诸国旧制，前后屡诏废省。"

　　柴也称"薪""荛""蒸"。《说文解字》："薪，荛也。"荛即柴草。《礼记·月令》："是月也，草木黄落，乃伐薪为炭。"段注《说文解字》："小木散材。《月令》：'乃命四监，收秩薪柴，以供郊庙及百祀之薪燎。'注云：大者可析谓之薪，小者合束谓之柴。薪施炊爨，柴以给燎。"《诗经》毛传："粗曰薪，细曰蒸。"邓瑗敏在《"薪""柴""蒸"历时演变》一文中对"薪""柴""蒸"历时演变做了论述。邓文指出，"在古代汉语中，表'木柴'义的'薪''柴''蒸'是一组同义词"，"这一组同义词的演变更替过程为：'蒸'主要见于先秦文言文，两汉之后使用较少，表'木柴'义多用'薪''柴'，到了宋以后几乎销声匿迹；而'薪''柴'从先秦到明清，在使用数量上经历了'柴'弱'薪'强、'柴''薪'混用、'柴'强'薪'弱的过程，直到清末民初'柴'才彻底完成了对'薪'的替换，历时两千多年。"[1]

---

[1] 邓瑗敏，《"薪""柴""蒸"历时演变》，《宜宾学院学报》，2008 年第 3 期。

汉代还将用于烹制饮食的薪柴称为"栝",《说文解字》:"栝,炊灶木也。"

柴,又称柴火,泛指能燃烧以提供热量的树枝、枯枝、秸秆、杂草等。因为用以烧火,故百姓俗称柴火、烧火柴。

一、燃柴岁月

经柴取火是人类文明的一个重要标志。古人类用火进行食物加工,是由动物进化到人的一个伟大的飞跃,是人区别于动物的一个重要标志。有了火之后,人类开始有比较稳定的火化熟食,因而大大加快了人类饮食进化之路。

人类两三百万年的漫长历史中,绝大部分时间里是吃生冷食物的,火食或熟食出现很晚,因此人类原始的生食时代,被称为"茹毛饮血"的时代。只有在人工取火发明之后,人类才进入火食时代,而以柴草木炭为代表的木质能源是人类最早掌握和利用的能源。有了柴,就有了火,有了光明;有了柴,就可以取暖,人类就可以度过漫长的严冬;有了柴,就可以获得熟食,人类不再吃生肉,就有了饮食文化。

(一)林火文化

火的利用是人类文明的第一座里程碑。在人类历史初期,最早能被利用的自然火应是林火。薪柴林火的利用在推进人类进化、推动人类文明中发挥着不可替代的作用。

1.利用天然林火

人类在旧石器时代已知用火。火是一个活跃的生态因子,经常作用于森林生态系统。古时森林茂密,雷电袭击、树木摩擦生热等天然因素经常导致天然林火的出现。林火发生后,"往往会留下烧死的动物,这使先民们品尝到熟食的滋味。同时林火还能给黑夜带来光明。林火过后火场上会留下炽热的炭火和余燃的枝条，于是先民们尝试着各种办法，在经历无数次失败之后，终于用两根木棒夹取炽热的炭火或余燃的枝条，回到洞穴，燃起印上人类自身标志的天然林火。先民们开始自觉地利用天然林火为自己服务，围着燃烧的火堆，原始暗夜已不再是寒冷和漫长的了。"①

在利用天然林火的过程中，人类还学会了保存和控制林火。保存和控制林火最简单的方法是不断往火堆上添加枝叶和树干，不用火时，用灰土盖上，使它阴燃，用火时再扒开灰土，添草木引燃，使林火旺盛。现在仍有不少民族用这种方法保存火种。北京周口店猿人洞穴遗址中，灰烬积有6米厚，这是古人保存火种控制林火的明证。

2. 钻木取火

人工取火大约始于旧石器时代晚期。人类在保存和控制林火的基础上发现了一种利用林火的好方法，那就是钻木取火，即用竹木摩擦生火，这是人类利用天然林火的一次飞跃。钻木取火说流传甚广，当今世界各地仍有许多土著民族在使用这种方法。中国古代有钻木取火的说法。《韩非子·五蠹》："上古之世……民食果蓏蚌蛤，腥臊恶臭而伤害腹胃，民多疾病。有圣人作，钻燧取火，以化腥臊，而民说之，使王天下，号之曰'燧人氏'。"中国古代将远古燃起第一把人造火的功劳归于"燧人氏"，以纪念他的伟大发明。这里的"燧"就是一种专门用于取火的木柴，又称木燧。柴是人类开发利用的第一种能源材料。当然，钻木取火并不是一两个"圣人"所能实现的，而是积累了数十万年的经验，集中了人类集体的智慧才发明的，燧人只是人类对发明人工火的先辈们所塑造的代表形象而已。"学会取火是自觉使用火的保证。人们开始改变一百多万年形成的'茹毛饮血'的饮食习惯，经常熟食，从前不易下咽的'鱼鳖螺蛤'之类也可以'燔而食之'了。这样不仅扩大了食物的种类和来源，同时也增强了人们的体魄，

---

① 苏祖荣、苏孝同，《林火文化：森林文化的一个重要方面》，《北京林业大学学报》（社会科学版），2008年第2期。

引起了人类生理的变化，造就了人为万物之灵长的地位。"[1]

3. 刀耕火种

"刀耕火种"是新石器时代残留的一种古老原始的农业耕作方式，又称"杖耕火种"。耕种时人们先放火焚烧森林和草坡，然后在被焚烧过的土地上，用木棒在地上戳一个洞，放入种子。在这种耕作方式过程中，林火起着关键作用，因为光依靠木刀、石斧不能有效迅速地清除树木灌丛，只有放火烧荒才能获得耕地，增加农地灰肥；同时，放火烧荒又可以猎取野生禽兽，以解果腹之忧。可以说，是刀耕火种催生了原始农业。

（二）灶火文化

人类学会烧制陶器和金属器时，锅灶的形制就渐渐形成了。以柴草为燃料，围绕着锅灶烧煮食物化生为熟的文化叫灶火文化。灶膛中跳动的火苗，笔直的烟囱，袅袅的炊烟，掌管一家福祸的灶神，虽然渐渐远离了现代人的视线，却是挥之不去的历史记忆。

1. 传统燃料

灶膛无柴火不旺，炉灶灶膛和炊事活动离不开燃料。"在长期的生产、生活实践中，古人开发利用了极为丰富、多样化的生物质能源，构成了完整的生物质能源体系，包括木本植物、草本植物、炭（木炭、竹炭等）、生物油脂、动物粪便、蜡、酒等，而且对不同生物质能源的特性及其利用积累了极为丰富的知识和经验，能够根据不同的用途合理地选择不同种类的能源使用，达到理想的效果。"[2]

汉代炊事使用的燃料主要有四种，即薪、苇、草、炭。其中，薪的使用最为普遍。

---

① 王学泰，《中国饮食文化史》，中国青年出版社，2012年，第4—5页。
② 王星光、柴国生，《中国古代生物质能源的类型和利用略论》，《自然科学史研究》，2010年第4期。

薪柴，主要是指树木的枝干，这是古人使用最普遍的能源之一。除树木的枝干外，树叶、花、果实等也被古人开发利用，成为生物质能源的重要组成部分。考古研究表明，距今约3800—3500年的二里头遗址周围，分布有大量的阔叶树栎林、杂木林和少量的松柏针叶林，在二里头文化一、二期之交以及二里头文化四期，古人都喜欢把栎木作为薪材。商周时期使用薪柴的种类已有所增加，《诗经》记载有桑薪、柞薪、棘薪等。《诗经·小雅·白华》："樵彼桑薪，卬烘于煁。"《诗经·小雅·车辖》："陟彼高冈，析其柞薪。"《诗经·邶风·凯风》："凯风自南，吹彼棘薪。"此后，入山林伐木采薪成为古代人们生活的重要内容。

除了采伐林木、破木为柴薪以外，可以作为日常燃料的还有一些农耕废弃物，如作物秸秆、糠秕等，以及各种草本植物，如竹子、芦苇、蒿草、茭草、茅草等，这些都是古人特别是农人重要的炊事、取暖燃料，积蓄存留各种柴薪禾草等燃料也成为绵延至今的家庭生活习惯。张浩在《拾柴禾》一文中写道："七八十年代的赵北口，村边的场院里堆满一垛垛的柴禾。每家的院子外边，家家堆着柴禾垛。棒槌秸，蜀黍秸，豆秸，荏子，树枝，蒿草，柴禾苇，凡能烧火的柴草，都收拾垛在一起，有的在上面加些遮蔽，防罩雨雪，以备过冬。"在乡村，柴火垛成了充满诗情画意的乡间标志性事物。

木炭也是古人取暖、炊事的好燃料。最早的木炭应是在森林大火后留下的燃烧不完全的木头形成的，被人们无意中获得，在长期的使用过程中逐渐发现其与薪柴不同的特性，之后开始有意识地烧制木炭。颜师古注《急就篇》曰："木之已烧者曰炭。"

"周已有木炭，盖皆富贵人用之。"《礼记·月令》："季秋之月，草木黄落，乃伐薪为炭。"《周礼·天官》："宫人执烛，供炉炭。"《地官》有掌炭官。《史记·外戚传》："窦广国入山作炭。"《晋书·阮籍传》："孙登常经宜阳出作炭，人见之。"《魏书·刑罚志》："富民入山作炭。"《集异记》："王用入山作炭。"《老学庵笔记》："北方多石炭，南方多木炭。而西蜀又多竹炭。"《东坡志林》言彭城东有石炭。然宋时虽有烧石炭者，并不重之。盖其时燃料尚易于今日也。"[1] 尚秉和《历代社会风俗事物考》写有按语："作炭之法，伐薪烧之，烧透、以土埋其烬，而山者薪之所自出，故恒入山。"讲的就是木炭的烧制工艺。我国木炭的烧制工艺在商周时期已渐趋成熟，此后逐步被广泛利用，也具有相当悠久的历史。

时至今日，民用燃料经由传统的薪柴、木炭转变为矿物质煤炭、液化石油气、天然气，以及人造发酵燃料、酒精、醇类燃料等，已进入现代燃料使用阶段。

2. 灶具

灶、炉、风箱、烟囱是将食物加工至熟的主要器具，是人类最基本的生活用具之一。

人类发明用火，推广火食之后，必然需要一定的炊事场所和器具。灶是一面留有灶口，其他三面为灶壁，上有较收敛的灶口，可以直接支撑炊具，即从事烧火和炊事的地方。资料显示，我国流传着不少灶的传说。《礼记·礼器》孔颖达注："颛顼氏有子曰黎，为祝融，祀以为灶神。"《庄子·达生》："灶有髻。"《淮南子·氾论训》："炎帝作火，死而为灶。"这些传说告诉我们，灶的发明很早，远在神农时代就有了灶。人类最初是掘地为灶的。灶，从火从土，繁体从穴。本义为用砖、石等砌成，供烹煮食物、烧水的器具。灶有两种形式：一种是固定的灶，砌在室内，不能移动；另一种是陶制的灶，较小，可以搬动。《释名·释宫室》曰："灶，造也，创造食物也。"李尤《灶铭》谓："燧人造火，灶能以兴。"颜师古在注解《汉书·五行志中之下》中认为："灶者，生养之本。"最原始的"灶"可以追溯至原始社会时期，人类先祖架在篝火上烧烤那些包裹着食物的树叶和泥

---

[1] 尚秉和著，母庚才、刘瑞玲点校，《历代社会风俗事物考》，中国书店，2001年，第337页。

块这一形式已经初具灶的雏形。也就是说，我们的祖先开始学会使用火的时候，所借助的中间媒介其实就具备了灶最原始的雏形和最基本的功能。

灶也叫灶台、灶火、火灶、锅灶、柴灶，一般用砖垒成方体，前边留空作为烟囱，后面留口作为添柴用的灶眼，上方留出一个大的圆形，在上面嵌一口大锅，这样在锅里煮饭，锅下添柴。在北方，灶一般和炕是连着的，烧火产生的热量和烟从炕下面通过，可以加热炕，使人睡觉时更加舒适、暖和。

灶的形制在各朝各代和各地都有所不同。根据文献记载和考古资料所知，古代的灶具多用砖石砌成，在汉画像石中保留有不少关于庖厨的图像，描绘出当时灶具使用的场景。

图 1-1　老虎灶（来源：《营业写真》）

和炉灶关联的灶具有风箱，也叫风匣，是在农村烧火做饭时用来鼓风的，已沿用了几千年。它一般是用木料制作的一个空心长方体，里面有风洞，接着下面正中的出气管，通向锅灶或铁匠炉。风箱尺寸视用途可大可小。风箱两侧面上方各有一进气孔，可安风舌；其内有一个比侧面面积稍小的木板，做活塞用；边上用鸡毛或绵纸填塞，以防漏风；活塞板中间安两根上下有间隔的拉杆，通向侧面外，与一竖立的细圆木杆连接，便于人用手推拉。推时，前进气孔进气，后进气孔关闭；拉时相反。来回推拉，前后风舌啪嗒啪嗒作响，大量含氧的空气被送进灶火，火就越烧越旺！

汉语中，有一句歇后语说："老鼠钻风箱（匣）——两头受气。"如果老鼠钻进风箱里，便会被前后两个孔进来的气流不断冲击，因而"两头受气"。

我们祖先的炊事活动离不了烟囱，烟囱是一种古老且重要的拔火拔烟、排走烟气的装置。

"哪里有火，哪里必有烟"是原始人发现火的同时发现的伴随现象。最早的烟囱即是室内的通气孔。当把"火"带进室内做饭和取暖时，烟也随之而入，于是人们在屋顶和墙壁上开通气孔，以此来排出屋内的烟雾。作为一种规范的人类实践活动，这种方法已保留了几十万年。

烟囱的发明比较早。烟囱在古代叫灶突。霍梅尔说："早在两千多年前中国人就掌握了烟囱的原理，并且使用了烟囱。而今，在中国的中部和南方炉灶上却几乎见不到烟囱。"最后霍梅尔认为："中国人不用烟囱是出于

图1-2　汉画像石中的灶具

经济上的考虑。好几个世纪以来，燃料缺乏变得越来越严重，这或许促使中国人舍弃烟囱装置，以使有限的燃料烧得久一些。"[1]

3. 炊具

有了灶有了柴有了火，并不等于有了熟食，有了饮食文明。俗话说，"无炊不成饭"，炊具，意思是指做饭用的器具、器皿，炊具在日常的饮食器用中占据着核心地位。人类炊具从简易的泥巴、树叶开始，演变成各类陶制器具。后来，鼎、釜、甑、锅是将食物加工至熟的主要炊具。

鼎是古代烹饪的重要炊具，主要是用来煮肉和调和五味的。新石器时代的鼎均为圆形陶质，而商周时期盛行青铜鼎，有圆形三足，也有方形四足。鼎的上沿有两耳，可穿进棍棒抬举，可在鼎腹下面烧烤。日常生活所用的主要是陶鼎，青铜鼎多在礼仪场合使用，进而成为国家政权的象征，到了秦汉时期，鼎作为炊具的意义已大为削弱，演化成标示身份的随葬品。秦汉以后，鼎变为香炉，完全退出了饮食领域。

釜是古代的一种锅，实际上就是圆底的锅。釜产生于新石器时代中期，商周时期有铜釜，秦汉以后则有铁釜，带耳的铁釜或铜釜叫鍪（音谋）。大多数情况下釜是放置在灶上使用的。单独使用时，须悬挂起来在底下烧火。"隋唐五代时期，铁锅在烹饪方面的优点已经为人们普遍认识，铁锅的使用已经遍及我国的南北各地。1973年吉林和龙西城出土了一具隋唐时期的三足铁锅。"[2]汉语有"釜底抽薪"的成语，意即把柴火从锅底抽掉，这表明了釜作为炊具的用途。"破釜沉舟"的"破釜"就是把饭锅打破，比喻不留退路。

甑就是底面有孔的深腹盆，是用来蒸饭的器皿，它的镂孔底面相当于一面箅子。甑只有与鬲、鼎、釜等炊具组合起来才能使用，相当于现在的

---

① ［美］鲁道夫·P.霍梅尔，《手艺中国：中国手工业调查图录（1921—1930）》，戴吾三等译，北京理工大学出版社，2011年，第162页。

② 徐海荣主编，《中国饮食史》卷三，华夏出版社，1999年，第411页。

蒸锅。

　　锅是古代重要的炊具，至迟在秦汉即已出现，但在宋代以前文献中所载相对不多，少于"釜"的出现。元代以后，尤其口语性文献中，"锅"出现的比例越来越大，而"釜"则呈现下降的趋势。现代汉语中"锅"成了最常用的炊具词语。炊具的发展与更替体现了古代农业及古代文明的发展与进步。

4. 烧火工具

　　最常见的烧火工具是火钳、烧火棍、吹火筒和火杵。

　　火钳是民间灶台烧火、打铁时用来添加柴火或者煤炭的一种用具。其前身是火筴，像筷子，用来给风炉添加炭火。唐代陆羽在《茶经》有关于火筴的描述："火筴，一名箸，若常用者圆直一尺三寸，顶平截，无葱台勾锁之属，以铁或熟铜制之。"

　　火钳由手柄、钳肩、钳臂组成，钳肩处相互交叉嵌套，能活动连接。一般情况下，按照火钳夹取对象的不同，火钳顶部的处置有所区别：用于夹取稻草、柴火的火钳，其顶部是圆饼型；用于夹取蜂窝煤的火钳，其顶部稍窄于钳臂。家用火钳的两根钳臂即铁脚有一定的长度，为的是在往灶坑深处伸的时候避免烫伤握在手柄上的手。

　　烧火棍是农村里一种用来向灶坑里添柴火的工具，一般是木制的，有的只是一根棍子，有的则是棍子一端带有分叉，呈"Y"形。

　　烧火棍大约1米长，大多以核桃树作为材料。当然各地根据出产树木的品种不同，做烧火棍的材料也不一样。灶里烧柴的时候，用烧火棍来添柴或翻柴，很好用。

　　吹火筒是做饭烧火时用以吹气助燃的筒子。吹火筒不到两尺长，是空心的，制作原料是竹子，制作方法简便快捷。一般的吹火筒有三个竹节，前两个打通，第三个钻一眼小孔，粗细以手刚好握住为宜。

　　因为吹火筒是空心的，装不住任何东西，所以也喻指守不住一点秘密的人。

火杵就是捅炉火的铁杵。"只要功夫深，铁杵磨成绣花针"，说的就是火杵。火杵有指头那么粗，圆圆一根铁杵，长七八十厘米，下头尖，上头有的握圆，有的不握圆。以前做饭或者冬天取暖时，各家各户都要生炉子，烧干炭，一会儿工夫，炉渣就炼到一块去了，火不旺了就要用火杵捅一下，或者用火杵在炉下边风眼处掏一掏，炉子就通了，火焰也就旺了。

二、柴俗解码

薪柴、柴火是几千年来中国老百姓日常生活中的必需品。《梦粱录》卷十六"鲞铺"条提到："杭州城内外，户口浩繁，州府广阔，遇坊巷桥门及隐僻去处，俱有铺席买卖。盖人家每日不可阙者，柴米油盐酱醋茶。或稍丰厚者，下饭羹汤，尤不可无。虽贫下之人，亦不可免。盖杭城人娇细故也。"这里主要论述的是南宋杭城人的生活态度，但也说明杭城居民生活中薪柴的地位。今天，农村很多地方的燃料仍然依靠柴。

打柴、搂柴、买柴、卖柴、烧火、祭灶是汉民族祖祖辈辈沿袭的日常生活事象，这种生活行为和习惯潜移默化地不断完善，渐渐成了历代汉民族人民共同遵守的行为模式和习俗，成了中国人深层的心里积淀。汉语熟语以生动的形式清晰地记载和反映了这种具有鲜明民族特点的民俗事象和文化习俗。

（一）历史典故

典故或来自古代神话传说、寓言、历史故事的事典，或来自前人诗文、熟语的语典。柴俗典故来源较早，内涵丰富，是在长期社会演进过程中逐渐积累形成的，并得到了普通社会群体的接受和承认。这些经历了历史文化熏陶和积淀而形成的典故为大众所耳熟能详，且具有深厚的民俗文化意义和教育意义。

1. 斧柯烂尽

这个典故出自南朝梁任昉《述异记》卷上：

> 信安郡石室山，晋时王质伐木至，见童子数人棋而歌。质因听之。童子以一物与质，如枣核，质含之，不觉饥。俄顷，童子谓曰："何不去？"质起，视斧柯烂尽。既归，无复时人。①

上文说晋朝的王质到信安郡的石室山打柴，遇到一名孩童和一位老人正在溪边下围棋，于是把斧子放在溪边地上，驻足观看。看了多时，孩童说："你为何不回家？"王质起身去拿斧子时，看见斧柄已经腐烂，锋利的斧头也已生锈。回到家中，他发现家乡已经大变样。原来王质去石室山打柴误入仙境，而仙界一日，人间百年。

"斧柯烂尽"又作"柯烂忘归""局残柯烂""看棋柯烂""柯烂归来""柯山棋局""柯云罢弈""烂柯仙客""樵柯烂尽""王质烂柯"。

砍柴，在过去是人们具有生存意义、带有强制性的劳动，尤其是上山打柴需要磨刀、爬树、挥刀砍柴、捆柴、背柴，需要走远路，自然会很累。然而，成语典故"王质斧烂""斧柯烂尽"所记载的打柴活动却没有一点艰难苦痛之感，相反，体现出的是一种超脱浪漫的文化精神。

2. 曲突徙薪

这个典故出自《汉书·霍光传》：

> 客有过主人者，见其灶直突，傍有积薪。客谓主人，更为曲突，远徙其薪，不者且有火患。主人嘿然不应。俄而家果失火，邻里共救之，幸而得息。于是杀牛置酒，谢其邻人，灼烂者在于上行，余各以功次坐，而不录言曲突者。人谓主人曰："乡使听客之言，不弗牛酒，终亡火患。今论功而请宾，曲突徙薪亡恩泽，焦头烂额为上客耶？"

---

① [南朝梁]任昉，《述异记二卷》卷上，明汉魏丛书本。

主人乃寤而请之。①

"曲突徙薪"后比喻要善于听取别人的建议，不能舍本逐末，要勇于承担过失。也作"枉突徙薪"，也省作"突薪""曲突""徙薪"。

3. 卧薪尝胆

这是与越王勾践相关的历史典故。《史记·越王勾践世家》载：

> 越王勾践反国，乃苦身焦思，置胆于坐，坐卧即仰胆，饮食亦尝胆也。

卧薪，指躺卧在柴草上，象征在艰苦的环境下发愤图强。尝胆，口尝苦胆，以锻炼意志。"卧薪尝胆"这一典故后演变为成语，形容人刻苦自励，立志雪耻图强。宋代苏轼《拟孙权答曹操书》："仆受遗以来，卧薪尝胆，悼日月之逾迈，而叹功名之不立。"

4. 买臣负薪

汉语成语有"买臣负薪""买臣采樵"和"朱方负樵"，均指朱买臣怀才不遇时的穷苦生活。

朱买臣的故事最早见于《汉书》，说的是吴人朱买臣家贫好读书，靠砍柴卖柴度日，"担束薪行且诵书，其妻亦负戴相随，数止买臣毋歌呕道中。买臣愈益疾歌，妻羞之，求去。"朱买臣留不住她，只好让她离去。有一次，朱买臣负薪墓间，他的前妻与丈夫正好来上坟，见朱买臣饥寒交迫，便把他叫来，给他吃了顿饱饭。后来朱买臣受到会邑子严助的推荐，与汉武帝说《春秋》，言《楚辞》，受到赏识，拜他为中大夫。此后，朱买臣又被封为会稽太守，进入吴界时，见他前妻与丈夫正为迎接新太守修路铺道。"买臣驻车，呼令后车载其夫妻到太守舍，置园中给食之。"

自《汉书》记载朱买臣的婚变故事以来，不断有人对其进行改编和重写，诗歌、小说、杂剧、传奇等领域都有文本流传。《三字经》："如负薪，

---

① [汉] 司马迁著，[李朝] 李算编选，李淑芳、凌朝栋整理，《史记英选》，商务印书馆，2018 年，第 357 页。

如挂角。身虽劳，犹苦卓。"其中的"如负薪"说的就是朱买臣砍柴维持生活，每天边担柴边读书的故事。

5. 柴车幅巾

柴车，指粗劣的车。幅巾，指用一幅绢束扎头发。坐着柴车，不戴帽子，用绢束发，形容作风俭朴。"柴车幅巾"语出《后汉书·韩康传》：

> 至亭，亭长以韩征君当过，方发人、牛修道桥。及康柴车幅巾，以为田叟也，使夺其牛。[1]

韩康是汉代很有道德学问的人，颇有名望，是汉代的"征君"，即朝廷征召他出来做事的人。某处亭长听说韩征君要从他们这个地方经过，急忙征调民夫修桥铺路，以示巴结。而韩康，轻车简从，"柴车幅巾"，亭长把他当成了乡巴佬，抢夺他的牛车来拉石土铺路。幸亏有使者赶到，说明这个"乡巴佬"就是韩征君，可以想见当时场面之尴尬。

"柴车幅巾"也作"驽马柴车"。《魏书》上说："孔子为鲁司寇，乘柴车而驾驽马。"可见孔夫子做了大官，生活依旧简朴。这两个成语的出现，说明古人虽然生活简陋，却怡然自得。

6. 雪中送炭

据《宋史》载，宋太宗贵为帝王，却知道创业不易，因此生活很俭朴，也能体恤百姓。

有一年冬天很冷，太宗坐在温暖的屋子里，穿着狐狸皮外套还觉得冷。他思虑那些缺衣少柴的百姓，于是把开封府尹召进宫，说道："现在这么冷，我们这些吃穿不愁的人都觉得冷，那些缺衣少食、没有木炭的百姓肯定更冷。你现在就带人拿着衣食和木炭去城里走走，帮帮那些无衣无柴的百姓。"开封府尹听后，立刻带人拿着衣食和木炭，去问候那些贫苦百姓，受到救助的人们十分感激，于是留下"雪中送炭"的历史佳话。从宋太宗

---

[1] ［南朝宋］范晔著，李立、刘伯雨选注，《后汉书》，山西古籍出版社，2005年，第270页。

开始，"雪中送炭"的故事便流传开来。为了宣扬德政，宋朝历代君主中这样的举动经常可见，真宗、哲宗等朝都曾有过。冬季救寒，更为迫切需要解决的是使百姓够买到低价的柴炭。为此，宋廷常将官府的柴炭减价出卖，以惠贫民，"遇炭贵减价货之，即京师炭价常贱矣。"而"雪中送炭"也成为那时帮朋友过冬最好的馈赠。

7. 柴门谢客

柴门一般是指用柴木做的门，也代指陋室和贫寒之家。"柴门谢客"的"柴门"并不是贫寒的意思，而是指杜门、闭门。"柴门谢客"即闭门谢客。《后汉书·杨震传》："夜遣使者策收震太尉印绶，于是柴门绝宾客。"清代蒲松龄《聊斋志异·云萝公主》："生归，殡母已，柴门谢客。"柴门谢客体现的是一种蔑视尘俗、卓然独立的品格。

8. 柴市之惨

柴市，指南宋抗元名臣文天祥就义的地方，大约在今北京市宣武门外菜市口一带。元代王恽《秋涧文集》记载："（至正）十六年，（度宗二庶子）为帅臣张弘范灭于崖山口，执文天祥至大都，囚之。上屡欲赦出相之，竟不从。十九年十二月初九日，戮于燕南城柴市。"后来用"柴市之惨"泛指为正义事业而在刑场惨遭杀戮的就义之人。明代张岱《琅嬛文集》："国变之后，（沈素先）寂寞一楼，足不履地，其忠愤不减文山，第不遭柴市之惨耳。"

（二）民间传说与笑话

民间传说、故事和笑话属于独立的文学门类，它们独特的品质和性能体现为民间性、故事性、戏谑性和思想性。人们常说，"嬉笑怒骂，皆成文章。"传说和笑话是供人消遣娱乐的，但又不局限于消遣娱乐，它们可以表达某种严肃主题，倾吐某种不平之气。此外，它们在某种意义上也是民俗文化、民俗风情的有效载体。中国人的民俗常常在讲故事、说笑话中体现出来。

1. 门人钻火

《艺文类聚》卷八十载有一则"门人钻火"的故事：

> 某甲夜暴疾，命门人钻火。其夜阴暝，未得火，催之急，门人忿然曰："君责之亦大无道理，今暗如漆，何以不把火照我，我当得觅钻火具。"[1]

故事说的是一天夜里，某人忽患急症，命门人钻木取火，拿来照明。这天夜里，天色阴暗，室内更是伸手不见五指。某人催促甚急，门人忿然道："您责怪人也太无道理，夜里漆黑一团，您为什么不拿火来给我照一照，我也好去找钻火的用具。"

以其人之道还治其人之身，门人的方法可谓简单之极、聪明之至。当然，这则笑话也间接说明钻木取火一直是民间所用的取火方法。

2. 邻夫

唐代《笑言》有一则"邻夫"的笑话：

> 有睹邻人夫妇相谐和者，夫自外回，见妇吹火，乃赠诗曰："吹火朱唇动，添薪玉腕斜。遥看烟里面，大似雾中花。"其妻亦候夫归，告之曰："每见邻人夫妇，极甚多情，适来夫见妇吹火，作诗咏之，君岂不能学也。"夫曰："彼诗道何语？"乃诵之。夫曰："君当吹火，为别制之。"妻亦效吹，乃为诗曰："吹火青唇动，添薪黑腕斜。遥看烟里面，恰似鸠盘荼。"[2]

鸠盘荼，俗称冬瓜鬼、瓮型鬼，佛书中说这种鬼食人精气，主梦魇。宣化上人说，这种鬼身宽超过身高，没有脑袋也没有腿，形状酷似冬瓜，因而俗称冬瓜鬼。又用来比喻人容貌丑陋。

以妻子吹火为题赋诗，雅中有俗，俗中见雅，极具生活情趣。

---

[1] ［唐］欧阳询撰，汪绍楹校，《艺文类聚》，上海古籍出版社，1999年，第1366页。
[2] ［宋］李昉等编，华飞等校点，《太平广记·足本2》，团结出版社，1994年，第1166页。

3. 烟气难餐

明代潘埙辑《楮记室》里有一则"烟气难餐"的笑话：

> 唐乾符中有豪士承籍勋荫，锦衣玉食，极口腹之欲。尝谓门僧圣刚曰："凡以炭炊饭，先烧令熟，谓之炼炭，方可入炊；不然，犹有烟气难餐。"及大寇先陷澶、洛，财产漂尽，昆仲数人与圣刚同窜，潜伏山草，不食者三日。"贼"退，徒走往河桥道中小店买脱粟饭，于土杯同食，美于粱肉。僧笑曰："此非炼炭所炊。"但惭恧而无对。①

俗话说，将心比心便是佛心。门僧圣刚虽是反讽，但是入情入理，精辟深刻。

4. 望烟囱

燃柴做饭，烟囱就要冒烟。《笑林广记》有一则"望烟囱"的笑话颇为有趣：

> 富儿才当饮啖，闲汉毕集。因问曰："我这里每到饭享，列位便来，就一刻也不差，却是何故？"诸闲汉曰："遥望烟囱内烟出，即知做饭，熄则熟矣，如何得错。"富儿曰："我明日买个行灶来煮，且看你们望甚么？"众曰："你若用了行灶，我等也不来了。"②

一个富家每到吃饭时，闲汉们就都来了。他奇怪地问道："你们怎么知道我家饭点的？"回答说："远望着灶头冒烟，知道是生火。不冒烟了，知道饭熟了，所以就来了。"富家说："我明天煨个行灶（可以移动的灶），看你们怎么办？"这几个闲汉回答说："你要是煨行灶，我们自然就不来了。"

5. 禁松薪

明代冯梦龙辑《墨憨斋三笑》中有一则笑话：

> 唐昭宗时，李茂贞榷油以助军资，因禁松薪。优人张廷范曰："不

---

① 陈维礼、郭俊峰主编，《中国历代笑话集成》第一卷，时代文艺出版社，1996年，第175页。
② ［清］游戏主人辑，蒋筱波编译，《笑林广记》，三秦出版社，2008年，第74—75页。

如并月明禁之。"茂贞笑而弛禁。[①]

张廷范以反讽的方式让岐王取消了禁松薪的禁令，机智幽默，令人钦佩。

6. 笑话一旦

《笑林广记》有一笑话：

> 秀才年将七十，忽生一子，因有年纪而生，即名年纪。未几又生一子，似可读书，命名学问。次年又生一子，笑曰："如此老年，还要生儿，真笑话也。"因名曰笑话。三人年长无事，俱命入山打柴，及归，夫问曰："三子之柴孰多？"妻曰："年纪有了一把，学问一些也无，笑话倒有一担。"[②]

将形容打柴数量的数量词"一把""一些""一担"，用到指人的名词"年纪""学问""笑话"上，确实意味深长，令人忍俊不禁。

7. 秀才买柴

明代赵南星《笑赞》中有一则"秀才买柴"的故事：

> 一秀才买柴曰："荷薪者过来。"卖柴者因过来二字明白，担到面前。问曰："其价几何？"因价字明白，说了价钱。秀才曰："外实而内虚，烟多而焰少，请损之。"卖柴者不知说甚，荷的去了。[③]

秀才往往咬文嚼字，言之必"之乎者也"，但读书也会误事误人。

8. 少日月柴

明代醉月子辑《精选雅笑》里有一则"少日月柴"的笑话：

> 一人对客夸富曰："我家可无所不有。"因屈两指曰："所少者，只天上日、月耳。"语未绝，家童出白："厨下无柴。"其人复屈一指曰："少日、月、柴。"[④]

---

① [明] 冯梦龙纂辑，白岭、筝鸣校译，《墨憨斋三笑》，河南人民出版社，1998 年，第 1185 页。
② [清] 游戏主人辑，蒋筱波编译，《笑林广记》，三秦出版社，2008 年，第 126 页。
③ 王利器辑录，《历代笑话集》，上海古籍出版社，1981 年，第 285 页。
④ 同上注，第 395 页。

"所少者，只天上日、月耳"就是无所不有，厨下无柴就是家贫如洗。家童说"厨下无柴"后还故作镇定地说"少日、月、柴"，着实令人捧腹。对客神夸的前提是他们家所少者，只天上日、月。按照这一前提应该是什么都不缺，突然缺柴，人们自然就会从他的话语前提中合乎逻辑地推出一些非常明显的荒谬结论来，极具讽刺力量。

9. 陈家灶神

《墨憨斋三笑》载有一则笑话：

> 陈孟贤素吝，同僚造一谑笑云："腊月廿四，天下灶神俱朝上帝，众尽皂衣，一人独白。上帝怪之。曰：'臣陈孟贤家灶神也。诸神俱烟熏，故黑。臣在孟贤家，自三餐外，不延一客，臣衣何由得黑？'"后人凡言冷淡事，辄曰："陈家灶神。"[①]

一日三餐煮饭，灶神也得熏黑，哪里能吝到不食烟火。而"陈家灶神"衣独白，笑话极尽夸张之能事，是形容其吝啬的绝妙反讽。

（三）日常习俗

日常习俗是传统文化中最能反映民族大众心理需求的部分。这些习俗符号作为文化的一部分，又是文化的反射，透过一个民族的语言层面，展现在眼前的是这个民族绚丽多彩的社会文化形态。"薪水""渔樵耕读""童子送柴""穷灶门，富水缸""灶前灶后千里路""祭灶神""分灶吃饭""寒食禁火""劈硬柴""垒旺火"等民俗文化词语形象生动地勾勒出一幅汉民族打柴燃柴的生活画卷，展示了柴俗的日常民俗形态。

1. 薪水

"薪"就是柴草，"薪水"指打柴汲水。《南史·陶潜传》："汝旦夕之费，自给为难，今遣此力，助汝薪水之劳。"意思是以你每日的开销，是

---

① [明] 冯梦龙纂辑，白岭、筝鸣校译，《墨憨斋三笑》，河南人民出版社，1998年，第857页。

难以供给自己的，现在派一个仆人帮你砍柴汲水。《晋书·卷四十一·刘寔传》："每所憩止，不累主人，薪水之事，皆自营给。"其中"薪水"也是指砍柴和汲水，就是烧火煮饭义。将"俸禄"称作"薪"或"薪水""薪俸"，意思是帮助官员解决柴米油盐这些日常开支的。魏晋六朝时，"薪水"一词逐渐发展成日常开支的意思。《魏书·卢昶传》："如薪水少急，即可量计。"这里的"薪水"就是指日常费用。

东汉以前，官吏的收入一般都是以实物（粮食、布帛）发放的，叫作"俸禄"。"俸禄"的"俸"原作"奉"，作为动词时表示奉献或接受，而作为名词时就

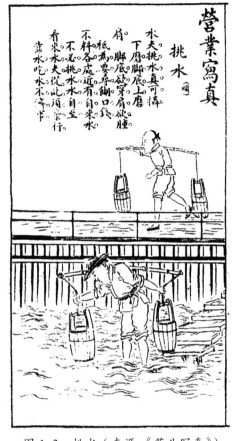

图 1-3　挑水（来源：《营业写真》）

可以作为"奉献物"或"接受之物"。《汉书·王莽传》："其令公奉、舍人赏赐皆倍。"后来在"奉"旁加了"亻"成了"俸"，特指俸金。

古代官员俸禄的名称不止一种，除俸禄外还有"月给""月钱""月费""月薪""柴薪银""薪水""薪俸"等。

唐以后一直到明清，主要以货币形式为俸禄发给朝廷官员。《儒林外史·第四十八回》："这是家兄的俸银一两，送与长兄先生，权为数日薪水之资。"清代俞樾《茶香室丛钞·薪俸》："国初官员有给薪之例，故至今薪

俸之名犹在人口。"邹韬奋《经历》:"在铁路上做了工程师,每月有着一千或八百元的丰富的薪俸。"这里的"薪俸"都已经指货币了。

"薪水"一词从打柴汲水逐渐发展成日常开支、薪俸、工资,源于旧时柴火不易得这一生活背景。

2. 渔樵耕读

渔樵耕读,即渔夫、樵夫、农夫与书生,它们是中国农耕社会比较重要的四业,是上古时代受人尊重的四种身份,也是民间的基本生活方式。四者的排列顺序比较有趣——渔夫居首,樵夫其次,农夫再次,读书人排在最后。在"万般皆下品,唯有读书高"的社会里,将渔樵排在读书人的前面实属不易。可见,在传统社会里,打鱼、砍柴这种田园生活是文人士大夫向往的人生淡泊境界,更深层上是官宦用来象征退隐之后的生活,是出世问玄、充满超脱的文化意象。

3. 童子送柴

薪柴在秦汉时期已成为日常生活所必需的商品。《华阳国志·巴志》载,巴郡外出服役之人"下至薪菜之物,无不躬卖于市"。在普通百姓中也出现了以卖薪为生者。《汉书·朱买臣传》载朱买臣落魄时"常刈薪樵,卖以给食"。东汉时居住在陇西的马腾"贫无产业,常从彰山中砍材木,负贩诣城市,以自供给"。汉代流行的"百里不贩樵"的谚语,以及汉乐府诗《白头吟》所说的"郭东亦有樵,郭西亦有樵",均是对贩薪者的描写。大都市由于居民集中居住,薪柴的消耗量要远远高于同样空间面积的乡村。《史记·货殖列传》载"通邑大都"一年要出售"薪稿千车"[①]。

宋时临安城,东门一带种菜,西门引水,南门供柴,北门运米。《梦粱录》卷一八:"谚云:'东菜西水,南柴北米。'杭之日用是也。""东菜西水,南柴北米"也作"东门菜,西门水,南门柴,北门米"。

---

① 徐海荣主编,《中国饮食史》卷二,华夏出版社,1999年,第540页。

中国人过春节有许多习俗，如扫尘、祭灶、贴春联、贴门神、贴年画、除夕夜守岁、吃年夜饭、接财神、放爆竹、拜年等。"送柴"的行当多出现在城市。城市烧柴困难，所以"卖劈柴"是一种职业，而卖薪送柴也成了民间过春节的习俗。

过年时，人们总希望讨得好彩头，卖柴之人通常在初一、初二、初三这三天时间挑着干柴火走家串户，每到一处，卖柴人总会大声吆喝"送柴咯"。而有意买柴的人家则热情地将"柴"迎进家门，相互间说着吉祥的话语。这种民俗就是利用汉语的谐音——"柴"与"财"语音相谐来构建一种"言意互动"，寻求一种精神上的满足。"送柴"意即

图 1-4　卖柴图（来源：《营业写真》）

"送财"，有谁会拒绝呢？即使不想买，也不能说不要，而要说"已有"。

4. 穷灶门，富水缸

《增广贤文》有这样的句子："穷灶门，富水缸。"意思是灶前要打扫干净，水缸要盛满水。从前农村家里烧饭、做菜、热水都用柴火作为燃料，灶前堆放易燃的柴火容易产生火灾隐患，因此做完饭后，要把灶前整理干净。厨房的水缸要盛满水，除日常使用之外，还有消防功能，一旦出现火灾，就可迅速取水灭火，防止蔓延成灾。

"穷灶门，富水缸"既是一句谚语，也是一种民间习俗。这句谚语来自人们生活经验的总结，提示人们要增强安全意识，要采取有效措施，防患于未然。

5. 灶前灶后千里路

这句说的是，做饭就是围绕在锅台边不停地走动，一会儿要夹柴、拨火、助燃，一会儿要洗锅、添水、下米、倒油，一会儿要掌铲、弄勺、添油加醋，一会儿又要揭锅、盛饭，忙碌不停，所以做饭并不轻松。谚语以夸张的修辞手法道出了家庭主妇在锅仓至锅台前的几步之距到一日积累后足足有百里之遥的奔波历程。

"灶前灶后千里路"也说成"灶前灶后千里路，烧火瞅着锅肚脐儿""锅上锅下日百里，不是长征似长征""灶前灶后三十里"。这些谚语说法不同，但都极言了主妇的日常辛劳。

与此相似的两条谚语是"妇人是枝花，灶前灶后扒""男人再丑，总是五湖四海走；女人再美，总是灶前灶后扒"。这两句话充满封建思想，意思是说女人不管长得多漂亮多美丽，都得围着围裙灶前灶后地烧火做饭，下得厨房而上不得厅堂。

6. 祭灶神

灶神又称灶君、灶王、灶王爷，在中国古代神话传说中为司饮食之神，晋以后则列为督察人间善恶的司命之神。相传他受到上天的派遣来到人间，监督人们的言行，搜集功过善恶，要在每年腊月二十四上天庭向天帝汇报。灶神掌管全家的柴米油盐、生老病死，民间的灶台上设神龛供奉他，神龛两边贴着对联"上天言好事，下界保平安"，横批是"一家之主"。灶神肩负着保护家宅平安的职能，是最重要的家神之一，被尊为"一家之主"。

灶神因其特殊地位和重要作用，在民间乃至宫廷里都受到普遍崇拜。秦时，祭灶就有多个时间，西汉始有腊日祭灶的记载，南北朝时期南方一

图 1-5　跳灶盛典（来源：《点石斋画报》）

带流行腊八祭灶习俗，腊月二十四祭灶在宋代已十分普遍。自汉以来，灶神崇拜就非常盛行，并围绕着灶神崇拜形成了悠久而深厚的灶神信仰文化习俗。

汉语中有许多反映祭灶活动的谚语。

"二十三，打发灶爷上了天""二十三日去，初一五更回"，旧指灶王爷腊月二十三上天，除夕夜回来。

"糖瓜祭灶，新年来到；闺女要花，小儿要爆"，糖瓜指用麦芽糖制成的瓜状甜食。旧俗腊月二十三以糖瓜祭灶神。爆，爆竹，炮仗。指腊月二十三祭罢灶神之后，新年就要来到，女孩要穿花衣裳，男孩子要放爆竹。也作"糖瓜祭灶，新年来到；闺女要花，小儿要炮"。

"灶王爷，本姓张"，相传张百忍九世同居，世尊为灶王，取家庭和乐之意。

类似的民间说法还有：

"二十三，祭罢灶，小孩拍手哈哈笑；再过五六天，大年就来到；辟邪盆，耍核桃，滴滴点点两声炮；五子登科乒乓响，起火升得比天高。"

"二十三祭灶，家家媳妇要到；哪个媳妇不到，户口灶神不报；没有禄粮柴烧，自己娘家求告。"

"二十三，啃糖盘，再过七天就到年。"

"张王李赵，腊月二十四祭灶。"

"糖瓜祭灶，家家媳妇都到。"

"过了二十三，大家把门关。"

灶神信仰，在今天也许对我们还有一些积极的"功用"，那就是引导人们勤俭持家，多做善事，多加自律，有所敬畏。

7. 分灶吃饭

分灶就是另起炉灶，就是"分开锅头"，吃饭分开，各过各的，也可以理解成分家。俗话说："树大分杈，子大分家。"在中国古代的传统社会中，"分家"是常见的现象，是农民家庭里的重要事件，久而久之成了一种习俗。通常情况下，父辈与子辈之间的代际矛盾和兄弟家庭间的利益可能会发生冲突，为了避免矛盾的产生或激化，分家是一种理智的选择。分灶分家，就是把一个家分开，分成若干个家。一个完整的家解体了，同时几个新的家庭诞生、建立了。中国传统家庭以炉灶为中心，炉灶如此重要，以至中国人的"分家"被说成是"分灶"，俗语"分灶吃饭"反映了中国乡村社会的分家习俗。

"分灶吃饭"除了表示吃饭分开，各过各的意思以外，还有了划分收支、分级包干的引申含义，成了我国预算管理体制的一种形式。进入经济改革时期之后，中央与地方的财政关系开始以地方与中央签订财政上的"承包"协议为主，形成了以划分收支为基础的分级包干和自求平衡的财政关系。这种财政体制也时常被称为财政上的"分灶吃饭"。

8. 劈硬柴

老上海有句俗语叫"劈硬柴"，也叫"劈柴爿"，意为结账费用大家平摊，也就是"AA 制"。

"劈硬柴"这一俗语的形成与上海的生活习俗有关。旧上海家家户户使用煤球炉，每天早上要生炉子，而生炉子就要靠柴爿来引火。人们从店里买来大块的木柴后，就要将其劈成小块。软柴好劈，硬柴难劈，劈硬柴时往往是先将硬柴劈出一条缝隙再稍微用力，硬柴便会一裂为两爿，成平分之势，于是上海人以"劈硬柴"比喻平分。

"劈硬柴"在有些上海人嘴里叫"half-half"，"half"就是"一半"的意思，各付一半，用洋泾浜英语来说会说成"哈斧哈斧"。

9. 直刀劈横柴

这句比喻干脆，直截了当。王杏元《绿竹村风云》："'哼！天来叔，他们跪不够，就让他们去跪个十夜八日，我才不烧这炉香呢！'王二嫂直刀劈横柴地说了几句，转身烧饭去了。"

10. 榆木疙瘩破不开

榆木疙瘩韧而硬，不容易劈开。比喻人顽固，开导不通或不明事理。柯岗《金桥》："他集中精力听下去，心里说：'你讲吧，只要有道理，我郑纪发也不是榆木疙瘩破不开，谁还不是为了工作。'"又被说成"榆木疙瘩不开窍""榆木疙瘩的脑袋开不了窍""榆木疙瘩脑袋""榆木脑瓜不开窍""榆木脑袋，敲都敲不开"。

11. 垒旺火

旺火，就是用木柴、煤炭做材料，按照塔的形状和一定的方位垒砌而成的一个大堆或小塔，点燃以后熊熊燃烧，火势很旺，寓意是红红火火、人丁兴旺，所以叫旺火。

旺火的雏形是篝火，材料最开始是松枝、竹枝或其他树枝，有的地区烧的是植物秸秆或是干的牛马等大型动物的粪便，燃旺火时须往一起

"笼",所以叫"笼旺火"。北方冬季气候寒冷,木材匮乏,但地下煤炭资源丰富。煤炭挖掘出来后,先民发现它可以燃烧,相应地可以用来做饭、取暖,于是后来燃旺火的材料几乎都是煤炭,要用煤炭垒成一个塔形,所以称为"垒旺火"。清代《大同县志》记载:"元旦,家家凿炭伐薪垒垒高起,状若小浮图。及时发之,名曰旺火。"

垒旺火这种习俗古已有之。明末周汝成所著《熙朝乐事》中云:"除夕架松柴齐屋,举火焚之,谓之糁盆。"说的就是垒旺火。垒旺火的习俗主要在北方流行,以山西、内蒙古为盛。明中叶陆深的《浮山遗灶记》载:"岁上元之夕,无论大小,家家置一炉焉,当户高五六尺许,实以杂石,附以石炭,至夜炼之达旦,火焰焰燃,光气上属,天为之赤,至今不废也,是谓之补天。"清乾隆时的《寿阳县志》载:"上元前后三日,坊肆里巷,俱于门前塑泥作弥勒、判官、狮子及棒糙等样,围石炭焚之,通宵不息,名曰塔火。"清道光时的《赵城县志》载:"上元炽炭于庭中,曰兴旺火,祀神。"[①]

民国年间编纂的《绥远通志稿》卷五十《民族》中说:"绥远汉族人民,其初大都来自山西,尤以晋北各州县为繁。""绥俗接神时,院内置木架支铁镬,实土垒炭于中,高起若浮屠,及时爇之,名曰发旺火。无炭者架木燃之,并用柴引火,纳于炉灶,煨以柏叶,家人衣服冠带,皆就旺火略烘,供取接旺气,避邪秽之意。"此外,内蒙古乌兰察布市的《集宁市志》《丰镇市志》《兴和县志》《凉城县志》《卓资县志》《商都县志》《化德县志》,以及《呼和浩特市志》《巴彦淖尔盟志》,还有锡林郭勒盟的《太仆寺旗志》和《包头市志》等,对垒旺火都有详细的记述。

旺火的种类、名称也很多,有的叫"棒糙火""塔塔火",也有的叫"狮子头""生旺火"等。

---

① 孙玉卿,《独具特色的民俗——旺火》,《晋东南师范专科学校学报》,2002年第6期。

旺火作为一种节日的喜庆方式，世代相袭，满足了人们战胜黑暗抵御寒冷的基本生存需要，承载了人们对光明和温暖的追求，同时体现了人们一种淳朴美好的精神追求，寄托了人们对美好生活的向往与企盼。

12. 寒食禁火

钻木取火的往古生活，火的保存不易，须使火种常年燃烧不绝，才能满足饮食炊事以及工农生产上火热烘烤的需要。然而，家户间经常燃烧着火，稍有不慎便引起火灾。尤因古代房屋，多竹木草泥结构，且多野居，山林未辟，但遇火灾，不论其人为的还是自然的，总难以扑灭。为了社会安全，以及对于火的神明敬畏，周代就有了禁火的习俗。周代一年四季，每季都要熄旧火，燃新火。传袭到秦汉，乃予以简化，只在清明这天出火，而前一日要熄火禁烟，无火不能作炊事，乃有寒食之称。寒食禁火的习俗，到唐宋间还是很盛行。《会要》云："禁火乃周之旧制。唐宋清明日赐新火，亦周人出火之义。"唐代沈佺期有《寒食》诗，杜甫《一百五日夜对月》有"无家对寒食，有泪如金波"的句子，描述了寒食禁火的冷苦情态。

寒食的习俗，人们喜欢传述春秋时代介之推的历史传说。介之推，晋国人，初从文公出亡，历游各国者十九年。文公还为国君，录赐不及，之推与其母隐于绵山。传说文公焚山中树林来迫使他，他也还是不肯出山，结果，抱木焚死。文公深哀之，乃禁人民此日举火，后世演为寒食的风俗。

三、柴喻视界

"意义是人们在社会交往中以语言为载体，依赖于思维传达的有关客体观念内容或信息，即主体在以语言为中介把握（认知和评价）客体的过程中凝结在语言中的观念内容或信息，其中既包括关于外部世界属性、特征和运动规律的客观内容，也包括主体对客体所做出的价值评价。"[①] 人们

---

① 王铭玉，《语言符号学》，高等教育出版社，2004 年，第235 页。

以符号的方式即以体验的方式把世界据为己有。20 世纪 80 年代开始，莱考夫和约翰逊在《我们赖以生存的隐喻》一书中，构建了隐喻的"映射理论"（the Mapping Theory），即隐喻是源域到目标域的一种转换，进而提出"隐喻能让我们从另一经验域来理解某一经验域"[①]。维柯在《新科学》中也强调，隐喻是主体对客体所做出价值评价的最主要也是最基本的方式。"最初的诗人们给事物命名，就必须用最具体的感性意象，这种感性意象就是替换（synecdoche，局部代全体或全体代部分）和转喻（metonymy）的来源。"[②] 谚语是人类于各时代所积累下来的实际观察以及日常经验的成果，是对世界的一种隐喻体验方式，具有影响人们精神生活的文化功能，直接影响了人们精神世界的形成。汉语的含柴谚语、含柴成语以其非常独特的形态，蕴含了百姓的生活经验，寄寓了人们某种精神品质或抽象事理，记录了汉族人民对人生的思索，反映了人们在思维方式、心理习惯和社会生活等各方面的特征，充满着人民群众的智慧和经验，极富哲理性。

　　不同语言的隐喻模式是有差别的。"在英语中，将爱情理解为旅途是许多日常表达的基础，人们不仅用旅途概念来谈论爱情，也用其思考爱情"，隐喻则是"用旅途域来理解爱情域的一个一般原则，该原则可以说明为：爱人是旅途中的旅伴，两人共同的生活目标是旅途的目的地。两者的关系是他们追求共同目标的交通工具。只要这种关系能让他们朝着共同目标前进，就可被认为他们正在实现自己的目标。旅途并不是一帆风顺的，途中有阻碍，有时必须就前进方向及是否继续一同前行做出决定（十字路口）"[③]。而汉语中，日常生活事象如柴米油盐酱醋茶却成了隐喻常用的模式。就柴而言，薪柴不仅仅是燃料，汉语中以薪柴为题材的词语以其非常

---

① Lakoff, G. & Johnson, M. Metaphors We live by. Chicago: Chicago University Press, 1980: 117.

② ［意］维柯，《新科学》（上），费超译，京华出版社，2000 年，第 130 页。

③ ［德］德克·盖拉茨，《认知语言学基础》，邵军航、杨波译，上海译文出版社，2012 年，第 202—203 页。

独特的形态，还被赋予了远远超过其物用价值的文化含义。"砍柴砍小头，问路问老头""打柴问樵夫，驶船问艄公"成了人们的经验之谈。《乡言解颐》中写道："乡言七事中有关乎世情者，如打了一冬柴，煮锅腊八粥，与有柴一灶，有米一锅，俱诫浪费者也。热灶一把，也要冷灶一把，为专趋炎势者也。吃得筵席打得柴，言穷达因时者也。柴米夫妻梁伯鸾，胜似朱买臣矣。穷灶门，富水缸，曲突徙薪免致焦头烂额矣。"[①] 这些熟语借助于柴薪蕴含了百姓的生活经验，表意恰当，形象生动，浓缩了人民群众的智慧和经验，寄寓了抽象的事理哲理和民族的精神品质，所以深受百姓喜爱。

（一）柴薪喻理

柴薪是百姓日常生活的基本资料，因此成为家家户户的寻常之物，人们对柴薪的样貌、性质、用途烂熟于心，在语言中用柴薪作比来描述现象、说明道理可谓信手拈来，浑然天成。

1. 好柴烧火没得烟

林木可燃，柴薪来源于木材，用于燃烧消耗原本没有什么好坏之分，但人们根据柴薪的易燃程度、燃烧后烟火大小等生活经验，把柴薪分为好柴和废柴。贵州谚语"好柴烧火没得烟"，讲的就是燃烧后烟气较少的柴被认为是好柴，这句谚语常常被扩展为"靓石磨刀不用水，好柴烧火没得烟"，或者"好柴烧火没得烟，好马过桥不用鞭"，用于比喻真正厉害的人物无须等待和依赖外部条件的创造，通过自身努力就能做得很好。南宁谚语中有"好柴不流母猪湾"，其中的母猪湾是南宁邕江比较偏僻的一段，整个谚语的意思是邕江上游发水，冲来的柴火、木棍不等流到母猪湾，就被人们挑拣打捞完了；也比喻有能力的人比较抢手。潮州谚语中也有"好柴无浏（流）到三利溪，好人无行到城隍前"，三利溪不通韩江，平时没有好

---

① ［清］李光庭、［清］王有光，《乡言解颐 吴下谚联》，中华书局，1982 年，第 104 页。

木材可打捞，只有人们丢弃的烂木杂柴而已，而府县城隍在乌暗树下，阴森脏臭，历来是乞食病娼住宿之处，好人通常是不到那里去；就是去拜城隍，也是因为干了坏事。谚语有"朽木难有鸾凤栖"之意。上述谚语都用"好柴"类比有能力的人，可称得上是人才。

同为木材，相对用于器物建筑等加工制造的上好材料而言，柴薪仅仅用于燃烧消耗，虽有易燃与否、烟火大小的区别，但基本功用的实现几乎没有什么条件上的要求和限制，只要是木质的，就可以当柴烧，所以好木材当柴烧了就被看作大材小用。歇后语中常有此类意思的表达，如"一丈五尺五的大柁劈成烧柴——糟蹋贵重材料儿"。"柁"指的是房架前后两根柱子之间的大横梁，是房屋建筑结构中起到支撑固定作用的最重要的部分，可以用作"柁"的通常是一整根粗细均匀、长度足够的原木，常常可遇不可求，因此把柁当柴烧掉就是极大的浪费，因此说是"糟蹋了贵重材料"。刘绍棠《豆棚瓜架雨如丝》："芝罘聪明过人，见景生情，过目不忘。土里刨食委屈了他；我想等他个子长高一头，送他到野台子班学戏。'依不了你！'老虎跳捶着船板吼道，'一丈五尺五的大柁劈成烧柴，花梨紫檀打猪食槽子，你这是糟蹋贵重材料儿。'"与此语义接近的歇后语还有"沉香当柴烧——不识货"，也作"沉香木当柴烧——屈了材料""沉香木当柴烧——用材不当""檀香木当柴烧——大材小用"，也作"檀香木当柴烧——真不识货""檀香木当柴烧——好歹不分"。这里提到的"沉香木""檀香木"都是可以入药或制造香料的，特别是"沉香木"偶然因病变开始结香，需要经历十几年甚至几十年漫长的生长期，产量极少，十分珍贵。歇后语里出现的把沉香木、檀香木当柴烧，绝对称得上是大材小用、暴殄天物。

与"好柴"相对，汉语里还出现了"废柴"一说。废柴，来自粤语，原本为詈骂语，多指无用之人，相当于"蠢材""草包""脓包"等，可用于形容人或者物件没用甚至一无是处，带有强烈的鄙夷色彩，现在成为十分流行的网络用语，人们自嘲时也会自称"废柴"。

2. 独柴难引火，蓬柴火焰高

柴薪聚集，才能保证火焰不断，持续燃烧，单根柴薪，很快就被烧完，火焰难以为继。据此，汉语中形成了"独柴""孤柴""一根柴"的概念，用来说明势孤力单难成大事，众人团结才有力量。体现为谚语如"独柴难引火，蓬柴火焰高"，也作"独柴难引火，蓬柴烧满天"，通过"独柴"和"蓬柴（大量柴薪交叠成堆）"的对比，告诉人们要依靠集体的力量，才能把事情办成、办好。与之相类似的谚语类表达有："独树难挡风，独柴难烧红""独柴难烧，孤人难活""孤柴难烧，孤人难熬""柴无三根火不着"等，以及"一根干柴顶不住门，一人独干翻不了身""一根木柴不起火，一沟清水不成河""一根木柴难起火，柴多火苗高过天""一根木头难成排，一根稻草难捆柴""一根劈柴难起火，单门独户困难多"等。对集体主义的推崇和强调是通过上述"独柴""孤柴""一根柴"的概念从反面表达完成的。

3. 薪火相传

独柴虽不能燃起熊熊烈火，但只要相互接续，就能使得火种不灭。汉语中有成语"薪火相传"，语本《庄子·养生主》："指穷于为薪，火传也，不知其尽也。"唐代成玄英疏："为，前也。言人然（燃）火，用手前之，能尽然火之理者，前薪虽尽，后薪以续，前后相继，故火不灭也。"也作"薪尽火传""火传穷薪"，意思是前一根柴刚烧完，后一根柴紧跟着烧着，火永远不会熄灭，原比喻形骸有尽而精神不灭，后也用来指学问和技艺代代相传。师生传授，学问、技艺一代一代地流传。清代李慈铭《越缦堂读书记·虚集斋学古文》："当日开献书之路，建藏书之策，置写书之官，遣求书之使，收拾余烬，火传穷薪，辛苦而有之，以遗后人。""薪火相传"也省作"薪传"或"传薪"。

另有成语"以荷析薪"，语本《左传·昭公七年》："古人有言曰：'其父析薪，其子弗克负荷。'"原谓父亲劈柴，儿子不能承受担当，后以"以荷析薪"比喻继承父业。《南齐书·张冲传》："冲故吏青州治中房长瑜谓孜（冲子）曰：'前使君忠贯昊天，操逾松竹。郎君但当端坐画一，以荷析薪。若天运不与，幅巾待命，以下从使君。'"这条成语与薪柴传火无关，但经引申之后，也有了继承传承之义，与薪火相传形成近义关系。

4. 扭纹柴、泡桐柴、老干柴、茅柴火、柴火妞

人们还喜欢根据柴薪的不同性质特征类比人的性格特征。汉语里有"扭纹柴""泡桐柴""老干柴""茅柴火""柴火妞"的说法，分别指特性特征突出的一类人。

"扭纹柴"本义指纹理扭曲、不够顺直而不易劈开的柴火，后来用作惯用语比喻思想顽固、极难开导的人。周民震《甜蜜的事业》："我们队里的唐二婶呀，真像根扭纹柴，怎么也劈不开。"与此意思相近的还有"榆木脑袋"或"榆木脑壳"，榆树木质坚硬，不易解析，因此也用于指思想顽固不化、难以开导变通的人。谷峪《新事新办》："你娘不是那榆木脑袋！娶亲不坐轿，这年头净这么办，俺也赞成。"还有"柴头脑壳"，也指头脑不够灵活变通，或指愚笨的意思。

"泡桐柴"本义指从泡桐树上劈下来的柴火，因其木质疏松，落水会完全漂浮在水面上，所以人们常用"泡桐柴"来比喻作风不够踏实、轻浮的人。有歇后语："泡桐柴——比较漂（飘）"，其中"漂"谐音"飘"，意谓根基不稳，轻飘飘。

"老干柴"本义指放置晾晒了很久，早已没有水分、十分干燥的柴火，后引申指衰老的人。如刘绍棠《大青骡子》："你爹妈都是六十开外的老干柴了，不是照旧下地受累……"

"茅柴火"本义指易燃易熄的茅草柴火，也用来比喻有的人脾气不好，但这些人虽易发火，劲头不长，霎时间就能消散。

"柴火妞"亦称"柴火妞子"，妞指女孩子，"柴火妞"比喻行为举止

34

不当、穿戴打扮不时尚的乡下年轻女子。俗语里还有"柴火妞上不了台面""柴火妞难登大雅之堂"的说法，则是带有歧视性的贬义指称。

5.肋底下插柴——自稳

肋，人体从腋下到腰上的部位。稳，与"忍"音近，元时相通。"肋底下插柴——自稳"指人有痛苦说不出，只好深藏心底忍耐着。元代关汉卿《救风尘》第三折："我为甚不敢明闻，肋底下插柴自稳。"元代无名氏《神奴儿》："我见他两次三番如丧神，早难道肋底下插柴——自稳。"

"肋底下插柴——自稳"也说成"肋底下插柴——内忍"。

（二）打柴喻理

在物质奇缺的年代，人们一日三餐离不开柴草，因此搂柴、打柴是生计所迫，是一种具有生存意义的劳动。一把柴火不拾——烧什么？中国老百姓论事议理，常常喜欢用打柴的处所、对象，打柴的行为，打柴、搂柴、捆柴、担柴、挑柴的工具为题材作为思想的陈述、评判对象，形成了许多饶有趣味的谚语、成语和歇后语。

1.若要冬天暖，须得早打柴

古代社会，人们吃饭、取暖、照明都离不开烧柴，柴火是日常生活中一日都离不开的必需品，家中有足够的柴火积蓄，才会让人觉得日子过得安稳无虞。常言道："若要冬天暖，须得早打柴"，虽然讲的是多打柴为过冬取暖积累燃料，事实上是在积累生活基本资料，指出家家户户为了生计需要尽早打算，充分准备。民间还有谚语"出门不弯腰，进屋没柴烧"的说法，而谚语"八十岁的公公打藜蒿，一日不死要柴烧"，更是以略显夸张的方式表达出柴火是生活必需品，而打柴是过生活的基本方式之一。打到了柴火，解决的是生活中的大问题，正所谓"家有三百柳，烧柴不用愁""家有千棵柳，吃烧件件有""家有千棵柳，斧把不离手，钱柴自然有"，因此也有谚语"砍倒大树有柴烧，抱住粗腿有饭吃"，用来比喻找到个好的依靠，生计无忧。

2. 砍柴上山，捉鸟上树

薪柴大小不同，但都是由树木砍伐得来的燃料。木材资源丰富的山林是人们获取薪柴的主要场所。谚语"砍柴上山，捉鸟上树"，反映了进山林砍柴、到树上捉鸟的现实生活场景，同时也比喻做事情要找准方向。谚语"山大砍来自有柴"讲的是山大林木多，柴自然是砍不尽的，比喻只要广开资源，自有生财之路。

与进山打柴语义表达接近的打柴类谚语还有"打水要到井边，打柴要到山巅""打鱼的不离水边，打柴的不离山边"，也有从反面说明找不对地方砍不到柴这个道理的歇后语："打柴的走向海边——不对路"。

3. 到什么山上打什么柴

打柴自然要上山，但是什么时候上哪座山，根据什么判断，到哪里能打到又多又好的柴，这些都要靠打柴人经验的总结。谚语"上山砍柴先看树，拉马赶车先看路""上山砍柴先看树，下海经商先看路"，是用"砍柴看树""赶车看路""经商看路"类比，来表达做事情之前要对相关情况进行具体分析，情况如果变化了，做法自然也要有所改变。谚语"到什么山打什么柴"讲的是上山打柴需要根据实际情况进行思考选择，也比喻时间、地点、条件变了，人的思想方法和生活习惯也要跟着灵活变通。

"到什么山打什么柴"有多种大同小异的说法，如"到哪山，砍哪柴""到什么山，砍什么柴；进什么林，打什么鸟"。

4. 吃得筵席打得柴

《乡言解颐·物部》中有："'吃得筵席打得柴'，言穷达因时者也。"这里的"吃得筵席打得柴"是一句俗谚。筵席指酒席，古代人席地而坐，铺在地上的竹制品称"筵"，如果铺两层，上面的那层称"席"。因古人亦于筵席上饮食，故成为酒宴的代称。贾公彦疏《周礼·春官·司几筵》："凡敷席之法，初在地者一重即谓之筵，重在上者即谓之席。"《礼记·乐记》：

"铺筵席，陈尊俎，列笾豆。"《三国演义》第四十五回："大张筵席。"谚语"吃得筵席打得柴"，指既能当风光无限的座上客，也能做痴心受苦的打柴汉，形容人既耐得住富贵，又经得起清贫。

人生总是免不了起起伏伏，少有人能一帆风顺。得意时骄傲、失意时颓废显然并不是聪明的处世之道。有筵席时淡然赴宴，需砍柴时坦然前往，在一高一低、一富一贫中保持中立的心态，这大概也是中华文化里中庸之道的体现。"吃得筵席打得柴"，用"吃筵席"和"打柴"做对比，来喻指人生中得意和失意之时。贫富一体两面，同为人生考验。贫穷时考验人的意志，富有时考验人的心态，财富的得失是检验一个人品性与格调的重要标准。

5. 众人拾柴火焰高

打柴、砍柴需要花大力气，算得上重体力活儿，拾柴、搂柴则相对轻省些，在山林间或者平日经过的大路小道上，捡拾搂扒零散的柴草，一天下来也会有不少收获，因此汉语里也常见"拾柴"一说。谚语"众人拾柴火焰高"，说的是大家一起拾柴添火，即便不花大力气，也会聚少成多，把火烧得越来越旺，常用来比喻人多力量大，办法多。与此表意相同的谚语还有："众人搂柴火焰高""十指合力抱成拳，众人拾柴火焰高""一人不如二人好，众人捧柴火焰高""一人拾柴火不旺，众人拾柴火焰高"。

"众人拾柴火焰高"也用来比喻人多智广。周骥良《吉鸿昌》："有道是，众人拾柴火焰高，大家想法儿吧。"这里的"众人拾柴火焰高"相当于集思广益，表示人多智广之意。蔡天心《大地的青春》二卷四十四章："大家一块想办法解决，不管怎么说，大伙拾柴火焰高，办法总是有的啊！"

和拾柴相关的还有歇后语"拾柴打兔子——两不耽误"，也作"拾柴打兔子——两得其便""拾柴打兔子——一举两得"。拾柴还可以顺手干别的事情，或者干别的事情时顺便就拾了柴火，这都说明柴火的积累是生活中的头等大事，任何时候只要有机会能做多少就做多少。歇后语"傻子捡柴火——就认准这条道儿"，指拾柴只知道死盯着一个地方，引申为认定一条路走到底，不回头。如鲍昌《庚子风云》："阎老福急眼了，他破口大骂说：'合着你把自己卖给洋人，是傻子拾柴火——认准这块地了。好，今天咱们就见个分晓，不是你一枪打死我，就是我把你碎了，碎尸万段。'"谚语"砍柴容易下山难"与担柴下山有关，指上山到树林里砍柴比较容易，担柴下山却很吃力、费劲，比喻做事越到后期越难。余小沅《商鼎》："吴天问来到凤凰山就拣比较容易砍的松树枯枝砍，不大一会就砍了足足一担，捆好就朝山下挑。俗语说，砍柴容易下山难，这是确实。因为担柴下山不但肩上吃劲，脚上还得挫上劲，防止人朝前栽。"

6. 磨刀不误砍柴工

刀斧是砍柴的必备工具，工欲善其事必先利其器，刀斧不利，极大地影响砍柴的效率和成果。谚语"磨刀不误砍柴工"讲的就是不要担心磨刀费时而耽误了砍柴，刀斧磨利，事半功倍，比喻花点时间做好准备不但不会影响工作，而且可以加快工作进程。冯德英《山菊花》："以后有得说，你先想想，你打石头要不要先打好工具！什么叫磨刀不误砍柴工？现在，咱们要开饭了。""磨刀不误砍柴工"也作"磨刀弗误斫柴工""磨镰不误打柴工"。

与打柴工具相关的谚语还有："砍柴方知斧头钝"，比喻通过实践才能检验出品质优劣。"软绳可以捆硬柴"，如胡祖德《沪谚》："'软柴可捆硬柴'，即柔能克刚。"意谓处理问题时，使用柔软的手段，往往能够制服强硬的对手。张家港《多一点"南风效应"》："和风细雨式的批评帮助，往往比急风暴雨式的更能使人接受，更有效应。俗话说'软绳可以捆硬柴'，这话有一定道理。"

7. 留得青山在，不怕没柴烧

汉语中常说"留得青山在，不怕没柴烧"，使用生活中最朴素的山林和柴火的关系来比喻只要保存了根本，就不用担心没有希望或出

图1-6　留得青山在，勿怕没柴烧（来源：《图画日报》）

路，其他问题都会得到解决。语出明代凌濛初《初刻拍案惊奇》卷二二："(七郎)劝母亲道：'留得青山在，不愁没柴烧。虽是遭此大祸，儿子官职还在，只要到任所便好了。'"又见明代沈受先《三元记》十六："二叔，留得青山在，不怕没柴烧，不可短见。""留得青山在，不怕没柴烧"也作"留得青山在，何愁没柴烧""既有青山在，何愁没柴烧"，又作"留得山在，不患无薪""留青山不断柴"。

青山是柴火的基础和保证，有山就有柴，所以谚语也说"靠山吃山有柴烧""靠河吃水，靠山烧柴""靠山的不怕没柴烧，靠水的不怕没鱼吃""靠着大河有水吃，靠着大树有柴烧"，这些谚语还可以引申出依靠有权势的人，就能得到某种利益。梁斌《播火记》："冯大有惬起眼睛说：'哪里？我也姓冯，靠着大河有水吃，靠着大树有柴烧，冯家大院有个财主，我冯大有吃了什么亏了？'"伍爱芳《舅家》："那时候，舅家穷得揭不开锅

图 1-7　门前大树好遮阴（来源：《图画日报》）

盖。别人劝他，既然有个前辈在城里做大官，'靠着大树有柴烧，靠着大河有水吃'，何不靠着他？但舅舅硬是不去。"

　　尽管依靠山林，柴草源源不断，但人们依然认识到不能因此挥霍无度，如谚语"靠山不可枉烧材"。刘绍棠《荆钗》："只因阎小蕙儿是妇女主任，靠山吃山有柴烧，能够克扣和贪污生育指标，想生多少都方便。"谚语"砍下小树当柴烧"则是通过比喻，批评做事只图眼前得利，不思将来。

　　其实，中国古代就有朴素的自然保护思想。《管子·八观篇》："山林虽近，草本虽美，宫室必有度，禁发必有时。"即根据森林生长规律规定砍伐和禁伐的时间，并且对砍伐量也加以限制。特别是正当林木滋长的春天，严禁入山砍伐。《逸周书·大聚篇》："春三月，山林不登斧，以成草木之长。"《国语·鲁语》："山不槎蘖，泽不伐夭。"不但春天不准砍伐森林，就是平时砍伐也不能伤害天然更新的幼树。古人的这些保护措施和保护思想与老百姓耳熟能详的谚语完全一致。

（三）樵夫喻理

古代对打柴人有多种称呼，如"樵夫""樵者""樵人""樵客""樵父""樵叟""樵仆""樵民"等，其中以"樵夫"为常。与打柴人相关的熟语在汉语中十分常见，"明知山有虎，故作采樵人""欲知山中事，须问打柴人""丢了砍柴刀打樵夫——忘本"等为老百姓们耳熟能详。

1. 欲知山中事，须问打柴人

这句指想要知道山中的事情，就去问在这座山中打柴的人，即想要知道自己未知领域的事情，就去问那个领域的行家。

"实践是智慧的源泉""书到用时方恨少，事非经过不知难""挨着铁匠会打钉，挨着木匠会拉锯""岸上学不好游泳，嘴里说不出庄稼"，一切认识都是从直接经验出发的，经验是一个人在社会实践活动中积累起来的认识问题和解决问题的能力，是人生成功的阶梯。向有经验的人求教既是一个人的修养和美德，也会让自己得到帮助，受益匪浅。《论语》中有这样一段："子入太庙，每事问。或曰：'孰谓人之子知礼乎？入太庙，每事问。'子闻之，曰：'是礼也。'"其释义如下：一次，孔子来到周公庙，每件事情都发问。有人便说："谁说叔梁纥的这个儿子懂得礼呢？他到了太庙，每件事都要向

图1-8　樵夫图（来源:《营业写真》）

别人请教。"孔子听到后，便说道："不懂的地方就问，这正是礼呀。"孔子是在担任鲁国司寇时说的这些话，此时他已到知天命的年龄了，他的知识、为人，那时早已闻名遐迩。他并不是对太庙的一切一无所知，其所以"每事问"，恰巧表现了孔子处处谦虚、虚心好学、不耻下问的治学精神。"欲知山中事，须问打柴人"用浅显、简洁、精练的形式表达了"每事问"这样的文化精神，堪称汉语谚语的典范。

"欲知山中事，须问打柴人"这一俗谚在百姓们的口语中有不少大同小异的说法，如"欲知山中事，先问打柴人""欲知山中事，请问打柴人""要知山中事，须问砍柴人""欲知山中事，常问打柴人""欲知山中事，去问打柴人"，以及"欲知山中事，须问打樵人""欲知山中事，须问砍樵人"等。除此以外，还通过类比的方式派生出了"打柴问樵夫，驶船问艄工""砍柴砍小头，问路问老头"等俗谚。

2. 明知山有虎，故作采樵人

打柴为樵，割草为苏。樵苏生计十分艰辛，无乐可言，有时甚至还有危险。明明知道山里面有虎，故意不避危险去山里面砍柴，分明就是"明知山有虎，偏向虎山行"。"明知山有虎，故作采樵人"也作"明知山有虎，故向虎边行""明知山有虎，故作砍樵人"。

古人修身讲求勇敢坚毅。水行不避蛟龙者，渔父之勇也。陆行不避兕虎者，猎夫之勇也。白刃交于前，视死若生者，烈士之勇也。"明知山有虎，故作采樵人"是打柴人的境界和品格的写照。

3. 一个打柴的，一个放羊的

打柴的和放羊的彼此间生存生活方式完全不同，打柴入山林，放羊走草滩，没法同路而行，因此也说成"打柴的不能跟放羊的走""打柴的陪不住放羊的"，比喻是两个世界的人，道不同，不相为谋。每个人的处境和资源都不一样，让不同的人做同样一件事是不现实的，也是不可能的，要明白自己的处境和资源，要认清自我，而不是人云亦云，亦步亦趋。

4.河边千株杨，不用打柴郎

"高山独我打柴郎，一捆干柴进灶烘。"打柴郎是以打柴为生的。"屋旁千株柳，不用满山走；河边千株杨，不用打柴郎""种上千棵树，不用打柴郎"，指多植树就可就近获得柴火。与此相近的谚语有："眼前富，挑粪土；长远富，多栽树""要得聚宝盆，荒山变绿林"。

（四）劈柴喻理

在树下或田野里捡拾些枯枝细叶可以直接燃用，而上山砍伐树木后获得的薪樵，特别是树木或硬杂木，往往要用斧头劈开。《五灯会元》卷第八："问：'僧甚处去来？'曰：'劈柴来。'师曰：'还有劈不破底也无？'曰：'有。'"高深的禅师还认为"劈柴担水，无非妙道，行住坐卧，皆在道场"，可见劈柴还融入了佛法。

汉语中劈柴喻理的谚语特别多，也特别生动。"柴经不起百斧，人经不起百语"告诉人们，哪怕是柴再硬或者是再多，也经不起斧头不断地去劈；而人也经不起被别人说一百句话。"好斧不怕疙瘩柴"，比喻有本领的人不怕困难。是啊，连再粗再硬的柴都能劈开，生活中还有什么困难劈不开呢？

1.拿斧的得柴火，张网的得鱼虾

刀斧是劈柴的专用工具，和劈柴联系紧密，因此谚语有"拿斧的得柴火，张网的得鱼虾"，说明在专业的领域里出力，就能获得专属的利益，也比喻付出什么劳动，就会有什么收获。陆地《瀑布》三章："凡是为学堂立过功、出过力的，都不会被漏掉。"而歇后语"马蹄刀劈柴——不是个家伙"，意在说明工具不对，结果就无法实现。马蹄刀是状如马蹄的半环形刀，古籍修复就有专用的马蹄刀，它也指厨师必备的一种刀法，可以把原料剁成碎末，但均与劈柴无关，因此这句歇后语用来比喻工具不对路数，或方法不对头。

2. 只有不快的斧，没有劈不开的柴

利刃可断金。刀斧锋利与否，直接影响劈柴的难易程度和效力。谚语有云："只有不快的斧，没有劈不开的柴。"讲的是只要斧头够锋利，就没有劈不开的柴。这句谚语也常常用来比喻只有能力差的人，但没有解决不了的困难。李伯屏等《黄海红哨》："难是难。可世上只有不快的斧，没有劈不开的柴。"刘江《太行风云》："韩湖把嘴往两腮帮里一呲，说：'啊——！只有不快的斧，没有劈不开的柴！猴子不上竿，是锣鼓打得不紧！'"

这条谚语还有许多相近的说法，如"斧快不怕木柴硬""斧利不怕扭纹柴"，比喻只要本领大，就能够战胜困难或强敌。黎汝清《万山红遍》："（谷敬文）想起了一句谚语：'斧快不怕木柴硬。'对了，为了劈开那些硬木柴，我要把斧子磨得更快！"此外还有"斧利不怕柴纹皱""斧利不怕扭丝柴""斧利不怕松老头""斧利不怕松头老""斧头不怕硬丝柴""斧头砍在柴里""斧头劈柴——一开两片"，说的都是同一个道理。

3. 三斧头劈不开

与上句谚语寓意相反，这句谚语讲的是柴硬，斧头难劈。它主要用于抽象喻理，比喻一些人思想极其顽固或性格十分倔强、保守、固执，难以沟通。古立高《初恋》："后妈就说爸爸是榆木脑袋瓜子，三斧头劈不开。""三斧头劈不开"的意思也常常以歇后语"榆木脑袋瓜子——三斧头劈不开"的形式来表达。

与"三斧头劈不开"喻理方式相同的还有"柴经不起百斧，人经不起百语"，字面义指柴虽硬，但经不起百斧劈砍，常用来比喻人虽固执倔强，但经不住多人百语劝说，只要耐心劝告解释，终可打动人心。

4. 劈柴看柴势

"只有不快的斧，没有劈不开的柴""斧利不怕柴纹皱"，指的是斧头锋利就不怕木柴的纹理不规则，进而比喻本领强，工具好，不怕困难。但是，用斧劈柴，除了要"斧硬""斧快""斧利"，还需要"看柴势""看纹

理"，找对纹路，才能劈得开，才能达到事半功倍的效果。王杏元《绿竹村风云》："俗话说：'劈柴看柴势。'劈得中柴势，一劈就开脱。"谚语"劈柴看柴势"，意谓劈柴要顺着柴的纹路走势，不仅容易劈开，还会省时省力。做事情有困难不怕，怕的是没有科学的做事方法。深层次上比喻处理问题，必须找到根源，才能使问题得以彻底解决。它有时也比喻做事要找窍门，要掌握规律，不能盲目蛮干或指为人处事要审时度势，随机应变。

"劈柴看柴势"还有许多变体，如"劈柴看柴势，入门看人意""劈柴看木纹，打铁看火候""劈柴看纹，行动看路""劈柴看丝，打石问绺""劈柴看纹路，说话凭道理""劈柴看纹理，讲话凭道理""劈柴看纹理，为人凭道理""劈柴看纹理，做事说道理""劈柴要看纹理，做事要找窍门""劈柴要顺茬，教子要得法""劈柴片看丝流，讨老婆看阿舅""劈柴要看绺，讨亲要看舅"。

"刀利不怕韧牛皮，火烈不怕生柴枝"，"柴"虽难劈，但只要工具锋利，修炼本领，磨炼毅力，并且善于"看柴势"，找对方式方法，终可"斧到柴破"。

汉语中与"劈柴看柴势"意义相反的惯用语有"乱劈柴"，泛指做事不合规矩。《镜花缘》描写投壶："紫芝走来，两手撮了一捆箭，朝壶中一投道：我是'乱劈柴'。逗得众人好笑。"与"乱劈柴"意义相关的歇后语有："床底劈柴——回回撞板""床底劈柴——难免磕磕碰碰""床底劈柴——上下都碰壁""床底下劈柴——撞大板"等。

"乱劈柴"也作"劈柴势"。《野叟曝言》第六十回："次及秋香，提着剑，横七竖八的乱砍。素臣大笑道：'这是那一家，真个劈柴势了！'"

5. 人长千年总是死，树长千年劈柴烧

这句谚语说的是人活千年还是要死的，树活千年还是要劈成柴火的，通过人的生死辩证、树木柴火的形态价值辩证，来说明一种豁达洒脱的人生态度和价值观念——人生需要达观通透，不应汲汲于名利之间。

（五）燃柴喻理

在古代，柴是主要的热量来源，是饮食、照明活动的基础，是一切烹饪活动达成的条件，是生米煮成熟饭的关键，就连最简单的烧水也需要柴。每当烧火做饭时，燃起柴薪，灶房里总是烟雾腾腾的。往灶膛里添把柴火，火越来越旺，火焰红里带着金黄，甚至白亮，屋里散发出阵阵清香，让人感受到的是亲切的乡间气息和浓浓的人间烟火味。汉语燃柴谚语"千日打柴一日烧""柴多火旺，水涨船高""柴多火焰高，人多办法好"，所蕴含的就是民间的智慧、民间的味道。

1. 干柴烈火

干柴遇火一点就着，是燃柴的最佳状态。汉语中经常用干柴烈火喻义说理，形成如"干柴烈火""火烈柴干""干柴遇烈火，越烧越旺火""干柴烈火，一拍就合""干柴碰烈火""干柴遇不得烈火""干柴见不得烈火""干柴近不得火"等谚语的多种表达，意思相同的歇后语还有："干柴遇烈火——一点就着""火种掉进干柴堆——一点就着""烈火干柴——一触即燃""干柴碰上火——一下子烘（哄）起来了""干柴烈火——没个不着的""干柴见烈火——烧得昏天黑地"等。

干柴与烈火之间存在因果关系，表示的是某些条件相互作用，就会带来某种结果之意。民间故事传说《朱元璋火烧庆功楼》："朱元璋和徐达走后不久，庆功楼下便着起了熊熊大火。俗话说：'干柴烈火，龙王难救。'转眼工夫，门窗都烧着了。"这里的"干柴烈火，龙王难救"就比喻事态已经发展到十分紧张危急的地步。王厚选《古城青史》："谁知两个人干柴碰烈火，扯着脖子，瞪着眼，像鹐鸡似的，谁也不肯相让。"这里用干柴与烈火指两人的怒气，稍一触动，就会爆发。

根据干柴烈火之间的因果联系，人们还总结出了谚语"趁火添把干柴"来比喻乘机火上浇油。单学鹏《燕岭风云》："一明儿，她送走梁彪，梳洗

46

完毕，饭也没做，就来到街上，见三三两两的人往枣场去，她心里便猛地一动，暗想：'嗯，何不趁火添把干柴呢！'""趁火添把干柴"有时作"油锅内添上一指柴"，意谓使事态更加严重。明代凌濛初《二刻拍案惊奇》："景先与夫人商量道：'儿子已得了病，一个媳妇，还要劝他分床而宿，若张氏女子再娶进来，分明是油锅内添上一把柴了。'"

"干柴烈火"还有情绪激烈之意，指的是人的情感碰撞激烈，由此引申出了男女情感炽热，多指男女之间的爱欲浓烈。这种意义的用法最早出现于明代冯梦龙《醒世恒言》："（乔太守援笔判道）弟代姊嫁，姑伴嫂眠……移干柴近烈火，无怪其燃；以美玉配明珠，适获其偶。"现代这种用法也很普遍。张贤亮《龙种》："一个守了二十年空房，一个睡了十来年冷炕，干柴烈火，没个不着的。"贾平凹《白夜》："宽嫂说：'哎，你和夜郎到底咋回事嘛？这么长时间了，好像不冷不热的，多少男女都见过了，谁个不是干柴见烈火，烧得昏天黑地的……'"其中的"干柴烈火"都是意谓互相爱慕的男女或气味相投的人一接触，就会结合在一起。

2. 湿柴难烧

与"干柴烈火"表意相反，谚语还有"湿柴难烧"，本义指的就是湿柴不易燃、不好烧。在老百姓看来，烧干柴是过上好生活的标志之一，谚语"宁遭严公严婆，不遭湿柴烂锅"表达的是妇人最怕遇上的情况就是湿柴烂锅。与此类似的表达还有歇后语："湿木头——点不起火""湿柴难点头把火""湿柴火点火——冒烟了""湿灶烧湿柴——有火发不出""湿木柴塞进火炭——越煨越有气"等。

汉语还有"湿柴不燃，娇子不孝""湿柴难烧，娇子难教"的谚语，喻指娇生惯养的子女如同湿柴一般难以再教好而且不懂得孝顺。另外，"湿柴难点头把火，软路难闯新车辙"，用来比喻没经受过锻炼，生手干不好事。歇后语"一块湿柴——再点也烧不起来"，有"烂泥扶不上墙"之意，比喻由于能力差或水平低，成不了气候，或见不得世面。此外，谚语"心越急，柴越湿""性越急，柴越湿"，指越是急着想把事情办好，越是会碰到种种麻烦、困难或阻力，以致不能顺利地达到目的。谚语如"恶人纠纷多，湿柴烟雾多""坏人难训，湿柴难烧""坏人必做恶事，湿柴必起浓烟"，则用燃烧湿柴就一定会起浓烟，来喻指坏人因其本性之"恶"而一定会去作恶，正所谓"江山易改，本性难移"。

湿柴除了作为与干柴相对的表示其"不易燃""不好烧"的词义之外，后来也作为一个粤语词汇出现，用来指代"无用的东西"。在粤语里，起初是用湿柴来指代零钞的，这是源于国民政府在濒临崩溃前，滥发大钞，导致通货膨胀，币值狂跌。当时流通的金圆券的面额从一元增到千万元，使百姓生活中的花销动辄就要千百万元。百姓深受其害，怨声载道，所以用"湿柴"作为金圆券的代名词，表示其难以燃烧。在国学大师陈寅恪的《哀金圆》这首诗里就曾写道："赵庄金圆如山堆，路人指目为湿柴。湿柴待干仍可爨，金圆弃掷头不回。"陈寅恪的诗后自注曰："粤俗呼物之无用者曰湿柴。"后来粤语里"湿柴"就是指"无用的东西"。

3. 火大无湿柴

湿柴难烧，但是"难烧"绝不代表"不能烧"，条件的转化对于"烧湿柴"是至关重要的，而火（尤其是大火、猛火、烈火）就是这个重要的条件。"火大无湿柴"，可见无论是干柴还是湿柴，只要火足够大就不怕柴薪湿。大火是使难烧的湿柴烧起来的关键条件，多数谚语通过大火这一条件使得湿柴得以燃烧的表达，来比喻好的条件对改变人或物的巨大作用。如谚语"火大没（无）湿柴""湿柴靠猛火""湿柴怕猛火""猛火无湿柴，湿柴无猛火""烈火不怕湿柴"，就是指大火、猛火、烈火对湿柴得以燃烧的巨大推动作用。而谚语如"火大无湿柴，功到事不难""远道没轻载，大火没湿柴"，则用大火使得湿柴能够燃烧这一现象，来喻指下苦功对于成事的重要性。还有谚语用以喻指勤劳勇敢的人是不畏惧困难的，如"火旺不怕湿柴，好汉不怕困难""火大没湿柴，就怕懒汉子弄不来"。这些谚语都是指在大火熊熊的条件下，湿柴也可以燃烧，这是一种对自然规律的发现和认识，它可以使人们懂得事物互相转化以及转化需要一定条件的道理，从而指导人们创造条件促使事物进行转化的实践活动。同时富有教育意义，包括对自然对社会和社会生产的一定的规律性认识并指导实践。湿柴的燃烧除了好的条件对其有转化作用外，好的环境也对"烧湿柴"有直接的影响，如谚语"热灶不怕湿柴""湿柴挡不住热灶"等，是指热灶温度高，湿柴也能燃烧，也借由湿柴在高温环境下可以更好地燃烧，来比喻本领高强的人不怕任何人寻衅。

"火大无湿柴"也作"火大没湿柴""火大没湿柴，功高无对手""火大没湿柴，人多把山抬""火大无湿柴，功到事不难""火大无湿柴，就怕懒汉整不来"。

4.爱火不爱柴，火从哪里来

俗话说"柴多火旺，水涨船高""柴多火焰高，粪足田禾好""柴多火焰高，人齐山也倒"，都说明柴火充足，火焰势大。"柴"是因，"火"是果，"火"靠"柴"点燃，无"柴"也就无"火"，所以有谚语"爱火不爱柴，火从哪里来"，比喻没有条件，孤立地追求结果，无法实现。郑秉谦《碧海缘》："你再大张旗鼓，刷新旧业，那不就是大开财源了吗？中国有句俗语，叫作爱火不爱柴，火从哪里来。"谚语"省柴锅不滚，饭熟米汤生"讲的是相同的道理，心疼柴火，不舍得多用，火势不足，自然锅不滚饭不熟。也作"省了柴草，吃了生饭""省了盐，坏了酱，省了柴，凉了炕"，都是用来比喻做事不能因小失大。

相反，如果条件充分，结果就能得到保证。谚语有"火到猪头烂，钱到公事办"的说法，出自《醒世恒言》卷十三："自古道好：火到猪头烂，钱到公事办。凭你世间稀奇作怪的东西，有了钱，哪一件做不出来。"也常用来形容钱能通神，不管办什么事，都必须用金钱打点贿赂才能办成。《金瓶梅词话》四七回："常言道：'火到猪头烂，钱到公事办。'且说西门庆、夏提刑已是会定了。次日，到衙门里升厅，那提控、节级并辑捕、观察，都被乐三替苗青上下打点停当。"旧社会的官衙，贪污受贿成风，应该办的事情，不花钱就办不成，花了钱才能办成。这就像煮猪头一样，火候不到就煮不烂，火候到了就烂了，而办公事的火候就是钱。以"火到猪头烂"比喻"钱到公事办"，十分形象，并带有尖锐的调侃和讽刺意味。民国年间，颜二民在他的《扬州方言韵语》中收录了"火到猪头烂，钱到公事办"的俗语，意思很明了，钱花到了，事情就办成了；火候到了，猪头就煮烂了。这样的比喻十分形象。有道是："天下衙门朝南开，有理无钱莫进来""舍得斗量的金银，就不怕天大的官司"，在那金钱万能的时代，钱可通天，钱可通神，只要舍得使钱，塌了的天都可补上一块去。

当然，事物都是一分为二的，柴多火焰高，人多声音大。但有时候柴多了不一定是好事，所以谚语有"柴多憋死火，药重吃死人""柴多入灶塞死火，药量过重吃坏人""柴多塞死火，肥多壅死禾"的说法。

5. 因风吹火，用力不多

汉语谚语有"生柴不着火，全凭四面风"或"生柴不灼火，全靠四边风"，说的是客观环境因素对人的活动有积极作用。《五灯会元·南院顺禅师法嗣》中还有这样一条谚语："因风吹火，用力不多"，是说借着风力去吹火，既省力气，又能把火吹旺。这是一条比喻意义很强的谚语。《荀子·劝学》里有这样的话："登高而招，臂非加长也，而见者远；顺风而呼，声非加疾也，而闻者彰"，是说你站在高处向人招手，并不是你的臂膊加长了，可让远处的人看得清；你顺着风力向人发出呼叫，并不是你的声音加大了，可让远处的人听得清，而是因为借助于客观有利形势的力量。因此，荀子得出结论："君子生非异也，善假于物也。"

6. 烧火棍

"烧火棍"原指烧火做饭时用来拨火的铁棍，比喻没有大能力的人。汉语以"烧火棍"为题材形成了许多歇后语，有着多种多样的比喻意义。

如："烧火棍撑大梁——不够料"，转喻人没什么本事，干不成大事；"烧火棍吹火——一窍不通"，指什么都不懂；"烧火棍当电线杆子——材料不济""烧火棍盖房子——小材大用"，比喻使用不当，浪费人才；"烧火棍量白布——抹黑"，比喻使蒙上耻辱；"烧火棍虽短，强似手拨拉"，比喻聊胜于无；"烧火棍扎鸡毛——什么掸（胆）子"，"掸"谐"胆"，形容人胆子非常大；"烧火棍子当枪——打不响"，形容形同虚设；"烧火棍子碰灶火门儿——又得碰，又离不开"，比喻在一处生活，矛盾难免发生，却又彼此分不开；"烧火棍子——一头热乎"或"属扒火棍的——一头冷来一头热"，比喻一件事情，只有一方愿意，一厢情愿；"烧火棒头，越烧越短"，比喻越来越有危机。

和烧火有关的说法还有"烧火剥葱，各管一工""烧火剥葱，也算一工"，或"烧火剥葱，也当一工"，指的是烧火、剥葱这样的小事，也有价值。"守着一个灶门烧火"形容人呆板、不灵活，从反面对比人们常说的"人挪活，树挪死"。

7. 釜底抽薪

成语"釜底抽薪"指撤去锅底下燃烧着的柴火，就止住了汤水的沸腾。语出北齐魏收《为侯景叛移梁朝文》："若抽薪止沸，剪草除根，壶首囊头，又手械足，返国奸于司败，归侵地于玄武……，其长世何？"意思是抽掉锅底下的柴火，使锅里的水不再沸腾；除草时要连根除掉，使草不能再生长；给国之奸贼用布袋把头套上，带上手铐脚链，押送到司法部门；把被侵略的土地归还给玄武。比喻从根本上解决问题。与此相似的成语有"抽薪止沸"，语见《吕氏春秋·尽数》："夫以汤止沸，沸愈不止；去其火，则止矣。"

"釜底抽薪"还是"三十六计"的第十九计，即从根本上破坏敌方的战争潜力和民心士气，达到"不敌其力，而消其势"的目的。

与"釜底抽薪"类似的谚语有"锅底下抽柴火""从开水锅底下撤柴

火",比喻从根本上破坏,使事情办不成。

8.千日打柴一日烧

这句也作"千日斫柴一日烧",说的是一千天砍柴,是为了一天的燃烧,比喻平时的付出与积累,为的是一时的急需,其语义和"养兵千日,用兵一时"有着异曲同工之妙。

从语源上看,"千日打柴一日烧""千日斫柴一日烧"本作"百日斫柴一日烧",语出唐代李谭《炉神颂并序》:

> 河东之美者,有炉水之祠焉。其神周代之女,介推之妹。初文公出国,介推从行,有割股之恩,无寸禄之惠。誓将毕命,肯顾微躯,仪形飘殒于没烟,名迹庶几于不朽。后纵深悔,前路难追,因为灭焰之辰,更号清明之节。妹以兄涉要主,身非令终,遂于冬之后日,积一薪烈火焚之,为其易俗。谚云:百日斫柴一日烧,此之谓也。阖境之内,畴敢不恭。顺之则风雨应期,违之则雷霆伤物。①

寒食节禁烟习俗是为了纪念被火烧的介之推,而介之推的妹妹炉女因其兄长割股侍君,结果却落了个不好的结局,为了替哥哥报不平,她从冬至之后,每天积累一束薪,到寒食节开始这天,放火烧薪,以改变寒食节禁火的习俗。唐宋时期的寒食节,是从冬至日往后推到第105天开始的,据《荆楚岁时记》记载:"去冬节一百五日,即有疾风甚雨,谓之寒食。"则炉女积薪为105天,取其整数,即是"百日斫柴",故知"百日斫柴一日烧"为最初说法。

"百日斫柴一日烧"到了禅宗语录里演变成了"千日斫柴一日烧",语义也发生了变化,用来喻指接引学人。《五灯会元》记载:

> 问:"如何是学人转身处?"师云:"一堵墙,百堵调。"曰:"如何是学人着力处?"师曰:"千日斫柴一日烧。"曰:"如何是学人亲切

---

① 周绍良主编,《全唐文新编》,第2部,第3册,吉林文史出版社,2002年,第4769页。

处？"师曰："浑家送上渡头船。"[1]

《嘉泰普灯录》《续传灯录》也有同样的记载。在禅家看来，"千日斫柴一日烧"在暗示：日常积累的修行情念要立时荡尽，心空才能悟道。要彻底改变之前的修行习惯，这才是参悟佛法的用力之处。

"千日砍柴一日烧"还有一种讽喻用法，主张要勤俭，不要浪费。"千日打柴一日烧，一朝又回解放前。"多日打的柴火一天就烧完了，这样的做法是使用无度，不懂得节省。类似的说法还有"一顿腊八粥，烧掉一冬柴"，意思是为了做一顿腊八粥烧掉了一冬天的柴，比喻人们做事情得不偿失。

（六）锅灶喻理

居家过日子，家家离不开生火做饭。炉灶炕是人类最早掌握并使用的生活取暖、炊事工具之一，至今已有两千多年的历史。我国农村的广大地区自古就有使用炉灶燃柴做饭、取暖的传统。晚泰楼随笔《柴灶》一文这样描写柴灶："五六十年前，家家户户都有一只用砖砌成的柴灶。灶面上左右各一个大铁镬，中间安放着三个小锅：从里到外依次是挖眼、汤罐、发镬。挖眼用来搁置筒勺，汤罐烧开水，而发镬则可利用余热得到温水。灶墙上搁放一块或二块木板，可以放一些油盐酱醋之类的东西。灶墙肚是空心的烟道，直通烟囱。砌灶头是一门特技，除外形要好看外，关键是省柴、发火、出烟爽快。最优秀的砌灶师傅还会画灶花，在灶墙上画一些彩色的吉祥图案如万年青、连中三元、聚宝盆等。"

家家"灶前头"都有许多趣事。只要"灶里不熄火，路上不断人"，生活就充满希望。炉灶、灶膛里烧出的不只是香喷喷的米饭和鲜美的菜肴，还为我们炼就出了五彩斑斓的精辟谚语。"十家锅灶九不同"，看似说的是锅灶，其实是借物喻理，比喻人的境遇、思想等互不相同。"好柴烧烂

---

[1] ［宋］普济辑，朱俊红点校，《五灯会元》（中），海南出版社，2011年，第1003页。

灶——好心没好报",说的是把好柴放到破灶里烧,火势仍然不旺,比喻好心却没有落下好的结果。"有柴一灶,有米一锅",指用了许多柴才烧熟一锅饭,劝诫人们不要浪费,注意节俭。

1.新来乍到,摸不着锅灶

这句比喻初到一个新地方,不了解情况。陈登科《风雷》:"我们这里有句俗话:新来乍到,摸不着锅灶。你要多住几天才能了解:在我们乡,十家有九家半会做芦席,谁还会到集上去买席子呢?"也作"新来晚到,不知毛坑井灶"。《娱目醒心编》:"俗语说得好:'新来晚到,不知毛坑井灶。'拜了一回,全不知这些人是丈夫何等亲戚。"

2.烧冷灶

惯用语"烧冷灶"字面意思是指在长期不使用的炉灶里生火,"冷灶"是指许久不生火的灶。清代刘书年《刘贵阳说经残稿·室中有灶说》:"炊爨之灶,为上穿以置釜,为旁穿以纳火。无釜之灶,则宎其上以置火,而不为旁穿。形卑于灶。以炤室,则四壁皆明;以煖身,则四旁皆可坐人。"柴多烧火旺,如果每天烧,那么灶是热的,长时间不烧或者不经常烧,灶就是冷的,后来也引申为贫寒。汉语有"下闲棋,着冷子,烧冷灶"和"拜闲庙,烧冷灶"的说法,用来比喻重视或支持被冷落者。战国时期巨贾吕不韦到赵国做生意认识秦国送到赵国做人质的公子异人,认为他是"奇货可居"。这个故事是成语"奇货可居"的典故,也可作"烧冷灶"的注脚。《孽海花》第十九回:"况且朝廷不日要考御史,听说潘、龚两尚书都要劝纯客去考。纯客一到台谏,必然是个铁中铮铮,我们要想在这个所在做点事业,台谏的声气总要联络通灵方好,岂可不烧烧冷灶呢?"

与此语义相同、相关的说法还有"闲时多烧香,急时有人帮""拜冷庙,烧冷灶,交落难英雄""烧冷灶浇枯树""下闲棋烧冷灶""烧冷锅膛""扇冷炉子"等。

3. 热灶一把，冷灶一把

有"烧冷灶"的，也有烧热灶的。清代李伯元《官场现形记》第二十一回："内中有几个老赌手取过宝路一看，大小路都在'二'上，于是满台的人倒有一大半去押'白虎'。还有些不相信宝路的，亦有专押老宝的，亦有烧惯冷灶的，亦有专赶热门的，于是么、三、四三门亦押了不少。"汉语惯用语有"烧热锅膛"，喻指奉迎有钱有势的。此外，汉语语言中还有一类，就是"热灶一把，冷灶一把"，或"热灶烧一把火，冷灶也烧一把火"，比喻待人处世，不趋炎附势，不因人而异。明代冯梦龙《古今谭概》："古亭刘端简公居乡，邑大夫或慢之。值宴会，端简公出令佐酒，各用唐诗一句，附以方言，上下相属。刘云：'一枝红杏出墙来，见一半不见一半。'含有消意。一士夫云：'旋斫松柴带叶烧，热灶一把，冷灶一把。'"清代林柏桐《古谚笺》卷七："'热灶一把，冷灶一把'，见大也。火热有时而冷，水冷有时而热，皆偶然也。君子不因人热，则清凉世界宜有余味焉。"

"热灶一把，冷灶一把"语同"有枣儿也得一竿子，没枣儿也得一竿子"。《儿女英雄传》："长姐儿一瞧这光景，心下大喜，暗说：'再不想方才我误打误撞地错磕了一个头，果然就"行下了秋风望下了雨"，真是人家说的："有枣儿也得一竿子，没枣儿也得一竿子。"这话再不错！'"

"热灶一把，冷灶一把"也作"冷锅里着一把，热锅里着一把""热镬孔塞把，冷镬孔塞把""冷灶火一把，热灶火一把"。

除了"热灶一把，冷灶一把"和前面说的"烧冷灶""烧热灶膛"以外，汉语还有"热灶添柴，冷灶扒灰""肯在热灶里烧火，不肯在冷灶里添柴"的谚语，比喻势利眼、贪婪自私的人或比喻乐于巴结富贵的人，不肯照顾穷困的人。明代天然痴叟《石点头》："这倒不必愁，你爹是肯在热灶里烧水，不肯在冷灶里添柴的，他见韦郎今日富贵，又是接代的官，自然以大做小。"另有"行灶里退不出木柴来"比喻木已成舟，无法挽回。

4. 好柴烧烂灶

这句意思是好心没好报，比喻好心用在坏人身上，不得好报。欧阳山《前途似锦》："这没想到。这真是好心不得好报，好柴烧烂灶！你们使我的牛，使我的犁，使我的耙，使我的水车，我使你们什么？"

好柴烧烂灶，字面上理解为上好的柴在烂灶里烧，没有发挥出原本良好的效果，隐喻在社会道德领域，指的是"好心没好报"，是一种道德挫折。其中，"好柴"是指个体行为所具有的良好道德动机；"烧烂灶"是指施助者遭受到受助者的消极回应。

在社会交往过程中，人们在付出善意的帮助后，往往会因为获得对自我的肯定并且能够实现自我价值而感到快乐。而某些受助者往往出于自尊而不愿对此做出情感上的积极回应，从而在心理上产生某种抗拒情绪，这对"烧灶人"的心理会产生消极影响，埋怨和不满就是自然而然的了。因此，歇后语"烂灶烧好柴——恩将仇报""烂灶烧好柴——以怨报德"就是对恩将仇报、以怨报德的有力讥讽。

民间还有"老虎灶"的说法，指烧开水的大灶头，或指专门供应热水的店堂。因为这种灶十分耗费柴火燃料，故被称为"老虎灶"。

5. 正锅配好灶，歪锅配罄灶

这句讥讽不好的人总同不好的人凑合在一起。周立波《山乡巨变》："'我想不会有别的原因，他们两个人都顶了勳，都找不到更合适的人物了，就马马虎虎，将就将就。'盛清明含笑这样说。'他们倒是一套配一套，歪锅配扁灶。'陈大春对张桂贞和符癞子都很看不起。"这条谚语有时还比喻夫妻往往按人品好坏相匹配。周立波《暴风骤雨》："这种媳妇，才算媳妇，……这也是赵大哥积福修来的。正锅配好灶，歪锅配罄灶。"

"正锅配好灶，歪锅配罄灶"有时也说成"一套配一套，歪锅配扁灶"。

6. 谁家烟筒不冒烟

《乡言解颐·天部》："谓作家颓惰者曰：'这早晚还不动烟火。'谓偶然诟谇者曰：'谁家烟筒不冒烟。'皆尚有含蓄之意。"比喻谁家也不会那么干干净净，谁家都可能出现不光彩不体面的事情。

"谁家烟筒不冒烟"也作"谁家锅底没有黑"。如马烽等《吕梁英雄传》一五回："唉！这也是劫数啊！其实这也没有关系，谁家锅底没有黑？这种年月，睁一只眼闭一只眼就对了。"有时两句连用，说成"谁家烟突不冒烟，谁家锅底没有黑"。如李准《黄河东流去》："谁家灶火不冒烟，谁家锅底没有黑？眼前的事，就是一根带刺的树枝也要把它拿在手里捋到头，千万不能脸皮薄。"刘江《太行风云》："在李敬怀眼里是担名声不怕，外人议论他总管议论，他对李贵说无其数：'谁家烟突不冒烟，谁家锅底没有黑。'"

另外还有"谁家灶内无烟"，比喻人人都会有性子和火气，也比喻哪一家都会有一些麻烦或不光彩的事。《金瓶梅词话》七五回："我的佛菩萨，没的说，谁家灶内无烟。心头一点无明火，些儿触着便生烟，大家尽让些就罢了。"

（七）买柴卖柴喻理

柴薪系生计所在，买柴、卖柴就不可避免，汉语谚语"柴市裏讨柴，米市裏讨米"说的就是这个道理。《太平广记》引《续仙传》："或负薪以卖，薪担常挂一花瓢，每醉吟曰：'负薪朝出卖，沽酒日西归。'"《全唐诗》载有杜甫《负薪行》："十有八九负薪归，卖薪得钱应供给。"可见唐代的柴薪买卖就很普遍。买柴、卖柴喻理也是汉语熟语表意的一种重要手段。

1. 卖柴娘子烧箬壳

箬壳，一种竹子的叶子，是一种最不好的柴。卖柴的娘子不烧柴，是因为好柴是要用来卖钱的，舍不得烧柴，只能是烧竹叶。这是生活在社会底层的受剥削受压迫的普通劳动者苦难生活的真实写照。

汉语中有许多谚语与"卖柴娘子烧箬壳"有着异曲同工之妙。如："卖油娘子水梳头，卖肉儿郎啃骨头""木匠家里无凳坐，卖油娘子水梳头""卖柴娘子烧箸壳，窑匠师傅住茅屋""裁缝师傅脱纽襻，木匠师傅脱凳脚""裁缝师傅无衣穿，木匠店无凳坐""木匠做一辈子，莫有住得一间好房屋；成衣匠做一辈子，莫有穿得一件好衣裳""木匠人家折脚凳，画匠人家纸家神""先生儿子不识字，木匠家里没有好板凳""造车者多步行""大夫遇的病婆娘，泥水匠住的烂草房""卖席睡土炕，卖扇儿手扇凉""卖鞋的赤脚行，卖扇的手遮凉""卖扇儿的手掀凉，卖席的睡土炕""织席的睡土炕，织布的光脊背""编炕席的睡土炕，会织布的光脊梁""木匠店里没凳坐""做木匠，无眠床""窑匠住的破草房，木匠睡的没腿床""匠人屋下没凳坐，道士门前鬼唱歌""木匠家里无凳坐，觋公门前鬼唱歌""木匠住的刻叉房，太医守的病婆娘"。

这么多同类谚语的出现实在令人惊叹。同时，让人不由得想起唐代李绅的《悯农》："春种一粒粟，秋收万颗子。四海无闲田，农夫犹饿死。"以及宋代梅圣俞的《陶者》："陶尽门前土，屋上无片瓦。十指不沾泥，鳞鳞居大厦。"还有南方的一句歇后语"罗溪佬上街卖柴，两头黑——有得没得"，指罗溪河的人，打柴去城里卖，天不亮就出门，天黑才回家，一挑柴换得的日用品很少，比喻辛劳无多利得，从中可以看出底层劳动者的生活确实是苦不堪言。

2. 买了便宜柴，烧了夹底锅

这句比喻在一处讨了便宜，却在另一处吃了亏。也作"买了相因柴，烧了夹底锅""得了便宜柴，烧了夹底锅""买了便宜柴，烧了夹生饭"。相因，指便宜。夹底锅，指两层底的锅。比喻表面占了便宜，实际上多花了钱，或比喻想讨便宜，反而吃了大亏。

3. 林中不卖薪，湖上不鬻鱼

鬻，指卖。树林里不卖柴，湖水旁不卖鱼，指物产充裕的地方，谁也不稀奇。汉代刘安《淮南子·齐俗训》："夫民有余即让，不足则争。让则礼义生，争则暴乱起。叩门求水，莫弗与者，所饶足也；林中不卖薪，湖上不鬻鱼，所有余也。"

4. 为人若肯学好，羞甚担柴卖草

明代吕得胜、吕坤父子编选《小儿语》有"为人若肯学好，羞甚担柴卖草；为人若不学好，夸甚尚书阁老"的话语，这句话后来成了一句富于哲理的谚语。在今天看来这条谚语还是有价值的。

与此类似的谚语还有"挑柴青草，不跟给人家做小""寻茶讨饭，不如担煤卖炭"，这些谚语说明，挑柴青草、担煤卖炭虽然辛苦，但通过劳动可以养活自己，正所谓"寒门骨头硬，人穷志不短"。

5. 挑柴卖，买柴烧

这句意思是把本属于自己的东西送给人了，再去人家那里讨东西回来用，比喻办事没有计划。这句谚语如同"拆东墙，补西墙""要生铁，掼铁锅"一样，得不偿失。"挑柴卖，买柴烧"也作"上山砍柴卖，下山买柴烧"。

四、柴联撷趣

柴联是取"柴"字入联的对联，是体现汉民族薪柴文化的重要载体，值得关注。或陈其本义，或寄其幽奥，或指晓店铺，或借述故实，有拆有合，亦庄亦谐，藏机斗巧，各有趣味。

（一）砍柴咏柴联

柴作为人类生活的燃料，在化石燃料发现之前，家家户户生火造饭，御寒取暖，须臾不可无它，深山砍柴野荒拾禾便是那时家家户户一项日常活计。夏暑冬寒，常有风霜雨雪；山高路远，惯遭蛇兽蚊虫，土石崩坠可遇，瘴疠滋侵时生，樵夫之劳作艰辛险难，可想而知。因此，叹砍柴不易、

感樵夫辛苦的联语每有所见。

1. 樵夫砍柴联

> 风摇苦竹，雪压荒原，一行足迹连苍宇；
>
> 暮锁深山，樵穿云路，几捆柴薪压瘦肩。

此联描写的是一位樵夫在砍柴归途上的形象：雪侵风摇入暮，山深路远穿云，樵夫瘦弱的双肩上压着几捆沉重的柴薪，在风雪迷茫之恶劣环境中艰难行进。一行足迹连苍宇，撼人心魄。

2. 樵夫挑柴联

> 柴重人轻，轻担重；路长脚短，短量长。

此联是文人描写樵夫挑柴下山之联。联语虽有巧弄文字之痕迹，但柴重人轻、路长脚短，樵夫劳作不易之事描述得也很真实形象。

图 1-9　渔樵（来源：《集雅斋画谱六言唐诗画谱》）

3. 薪米联

一粥一饭当思来之不易；寸薪寸木恒念物力维艰。

粒米俱从辛苦得；柴薪不是等闲来。

这两联不直接描写樵夫砍伐之苦，只是从日常生活角度叙说，但从联语中我们可以想见樵夫的艰辛，可以体会感知柴薪之获取不易，联语在劝谏人们时刻珍惜柴米，俭用柴米。

（二）柴薪店铺联

有采拾柴薪的职业，便有买卖柴薪之行当。古时，城镇里有专门经营买卖柴薪炭火的商行店铺。这些店铺为了广而告之，吸引顾客，常在店铺门脸上镌制悬挂一副与其行业相关的对联，多为短制。店铺制联目的尽管相同，但其风格技巧、内容情感等方面的表达则各见异趣。

1. 柴薪店铺组联一

细竿生赤焰；腐草化青磷。

逐去千家冷；迎来万户春。

这两联明言柴用，平白直叙，言简意赅。

2. 柴薪店铺组联二

亘古山林余劫烧；万家烟火赖薪传。

一味黑时犹有骨；十分红处便成灰。

功司造化红炉里；执掌炎蒸白雪中。

这三联委婉含蓄，文笔曲致，雄浑警切，颇见诗味。

3. 柴薪店铺组联三

情寄万家冷暖；心怀百业兴衰。

雪中送炭家家暖；锦上添花户户春。

送雪感无穷，但资火食家家旺；拨灰燃不尽，便是财源日日兴。

这三联送暖陈意，传情述怀，祝福顾客。

4. 柴薪店铺组联四

售人岂作趋炎态；知我常输献曝诚。

取任四时不须改火；热传一点便尔发光。

这两联警策深刻，文采飞扬，极富哲理。

以上这些对联，虽然只是用在买卖柴薪的店铺，却都具有较高的文学性和较强的可读性。阅读这些联语，不但可以体会汉语的文学之美，还能感受到中华民族优良的文化传统，比如义先于利、寓理于事的传统商业文化。此外，中国传统商人的情怀也可以给予文化感染和精神启迪。

（三）薪传故实联

"薪"的本义同"柴"，因薪柴可以烧尽，但会有火种留下并不断点燃另外的薪柴，而使火种绵延不绝。因此，有成语曰"薪火相传"，或简略为"薪传"，比喻其形骸有尽而精神不灭，又指某种学问、技艺代代传承而不失其本。

1. 徽州试院堂联

桃李在公门，地近三十六峰，多士悉钟黄海秀；

宫墙俨阙里，薪传七百余岁，几人能读紫阳书。

这是徽州试院的堂联。试院地在今黄山市辖区，黄山由三十六峰组成，因此上联称"地近三十六峰"；"黄海"也指黄山，《九域志》有"黄山有云如海，称黄海"之说。下联"宫墙、阙里"均出自《论语》，后世泛指读书求学之所。婺源为宋代巨儒、理学家朱熹（字紫阳）故里，当地有"紫阳阙里"。"薪传七百余岁"指的应是朱熹距晚清的时间。作者以"几人能读紫阳书"作结，或许是已经预感到读书之薪火将绝而发出的感叹，又或是对薪传有继的一种期冀。

2. 阳明书院堂联

薪传本孟子七篇，吾道不孤，况此地曾留手泽；

梓里溯姚江一派，典型未泯，与诸君同爇心香。

这是赣州阳明书院的堂联，书院以明代心学创始人王阳明的名字命名。上联讲本书院继承孔孟道统，儒学不绝之意。《孟子》全书共七篇，故称"孟子七篇"；王阳明的心学"致良知"与"知行合一"说，源于孟子的"良知良能"说，因而言"薪传"。下联讲本书院之学术渊源为阳明学派，后来学人应共宗共敬其学。"姚江一派"即指阳明学派，因王阳明为浙江余姚人而称之。

3. 无锡国学专修馆楹联

大启读书堂，正本清源，欲为编国中存硕果；

永傍尊经阁，顾名思义，从知斯道外无传薪。

溯汉京圜桥观德以来，卫道干城，端赖传经薪火；

得孔门舞雩咏归之乐，啸歌惠麓，庶几阙里遗风。

这是民国初无锡国学专修馆的两副楹联。学馆是近代著名教育家唐文治所建，那时西学当道，国学不振，唐文治以"研究本国历史文化，明体达用，发扬光大"为旨，主张精读古籍原著，敦品砺节，学行合一，以培养中华民族保留传统文化薪火传承的种子。联中所谓"正本清源、为存硕果""传经薪火、阙里遗风"无不体现这一初衷。

4. 李鸿章挽曾国藩联

师事近三十年，薪尽火传，筑室忝为门生长；

威名盖九万里，内安外攘，旷世难逢天下才。

这是李鸿章挽曾国藩联。李鸿章于1846年拜帖曾门，曾国藩于1872年去世，因此说"师事近三十年"。李鸿章不但是曾国藩的门生，而且又是曾国藩政坛官场的继任者，言"薪尽火传"也算切事。下联是对恩师、导师的评价，有情有理，亦合情合理。李鸿章这一"薪尽火传"的挽联是有来历的。据说曾国藩死后，有一个当年跟随曾国藩的手下写了一副对联："极赞亦何辞，文为正学，武告成功，百世旗常，更无史笔纷纭日；茹悲还自痛，前佐东征，后随北伐，八年戎幕，犹及师门患难时。"上联夸赞曾国藩的文学和政治功绩，下联暗讽李鸿章，说自己和曾国藩南征北战，八年时间里感情深厚，完全比得上曾国藩和李鸿章师生之间的感情。《联话丛编》记载："李文忠见之，颇恨其言，乃邮寄挽联曰：师事近三十年，薪尽火传，筑室忝为门生长。威名震九万里，内安外攘，旷世难逢天下才。盖纪实也。"①

5. 寒山寺楹联

寒陵片石在人间，丰干把袖，拾得拍肩，到今派衍天台，东渡灵踪续薪火；

大乘宗风盛吴下，支硎讲经，云岩说法，何似诗敲月夜，南瞻佛性应霜钟。

这是苏州寒山寺的一副楹联，出自晚清私刻家胡念修之手。上联讲叙寒山寺的方位与传承，"寒陵片石"当指寒山地名，又暗合创办此寺的高僧寒山子；"丰干、拾得"皆为寒山寺早年高僧，"把袖、拍肩"之典，比喻本寺衣钵薪火之传。下联转述寒山寺的地位、影响与名声。大乘禅宗之风盛行于吴越，寒山寺开其先声。"支硎、云岩"都是苏州山名，也有禅寺。唐代诗人张继因羁旅姑苏，闻月夜霜钟而有《枫桥夜泊》之名篇，寒山寺因张诗而声名日隆，"诗敲月夜"即指此事。

（四）柴薪人事联

历代文人骚客无不钟情于联事，除了题写名胜、装饰厅堂、酬应节事外，也常常把对联视为咏物抒情之载体，就日常切近之人事，以至某些私密之感情也寄托在联语中，并常以"无柴、少柴"指生活之寒俭困窘。

---

① 龚联寿主编，《联话丛编》（第四册），江西人民出版社，2000年，第2148页。

第一章 柴

1. 挽妻联一

> 从忧患来，从冷暖来，从生死来，从诗歌酝酿来，
>
> 十五载风雅倡随，都不记君是红颜，我是白首；
>
> 无小家气，无脂粉气，无寒俭气，无柴米夫妻气，
>
> 千余里关河鼙鼓，悔未遂花间课子，柳外归耕。

清代诗人陈偕灿（字少香）娶沈凤（字香卿）为继室，虽属老夫少妻，生活艰辛，但志同道合。香卿是一位才女，通经史，工诗词，善书画，学诗从夫，互为师友。香卿不幸早亡，少香哀恸欲绝，写下了这副挽妻长联。上联追忆他们这一对白首红颜夫妻，在十五年的生死相依、患难与共中始终风雅倡随的诗意人生；下联赞美亡妻高雅脱俗，而漂泊不定的人生却给他们留下终生遗憾："花间课子，柳下归耕"的美好向往永远无法实现了！全联悲切之意从肺腑流出，无雕痕，无虚情，无愧诗人之笔。"无小家气，无脂粉气，无寒俭气，无柴米夫妻气"使"夫妇死别之情，历历如绘"。[1]

2. 挽妻联二

> 七八载夫妻，少米无柴空嫁我；三两个儿女，大啼小叫乱呼娘。

这也是一副悼亡妻的挽联。此联文字不多，只写事实：你嫁我这个"少米无柴"的穷书生却又匆匆早去，两三个尚不懂事儿女，从此成了无娘的娃。文字看似平白，未诉悲情，但作者揪心之痛、捶胸之状跃然纸上，读来让人不胜唏嘘。

3. 命运感慨联一

> 内无德，外无才，并无好无恶无是无非，更无点些些产业，直弄到无米无柴，五十载光阴荏苒；
>
> 老有母，长有兄，且有妻有女有子有孙，还有个小小功名，也算得有福有寿，两三代骨肉团圞。

---

[1] 龚联寿主编，《联话丛编》（第二册），江西人民出版社，2000年，第1184—1185页。

这是旧时代的一个下层小吏，年届半百，感慨良多，遂自作寿联述怀。上联自我调侃：大衍之年已到，名物全无；能料未来依然，天命可知。下联自我安慰：母健兄在，妻室儿孙满堂；福寿双全，天伦之乐犹存。知足者常乐，自助者天助，此公晚年境况或有改善吧！

4. 命运感慨联二

> 回忆去岁饥荒，五六七月间，柴米尽焦枯，贫无一寸铁，赊不得，欠不得，虽有近戚远亲，谁肯雪中送炭；

> 侥幸今年科举，头二三场内，文章皆合式，中了五经魁，名也香，姓也香，不拘张三李四，都来锦上添花。

这一副联是某书生感叹世态炎凉之作。上联说未中功名前，遇到闹饥荒，在"柴米尽焦枯"的困境中，便是"近戚远亲"亦无人助援的哀凉之况；下联写"中了五经魁"后，不相关的"张三李四"竟也主动献媚的趋炎之态。掩卷而后，捧腹乎？静思而后，喟然乎？

（五）薪胆励志联

春秋时，吴、越两国开战，越国战败后，越王勾践被掠入吴国为奴，尝粪问疾，受尽屈辱。回国后，勾践为了不忘前耻，激励斗志，以图将来报仇雪恨，"苦身焦思，置胆于坐，坐卧即仰胆，饮食亦尝胆也。"如是二十年，越国终于东山再起，一举灭吴。勾践忍人所不能忍之辱，受人所不能受之苦，励精图治，最终灭吴雪耻，实现霸业。由此演化出卧薪尝胆这个成语，常用来比喻一个人苦心励志、发愤图强的精神和意志。薪胆之意在励志联语中也多有使用。

1. 励志联一

> 破釜沉舟，百二秦关终属楚；

> 卧薪尝胆，三千兵甲定吞吴。

这是明末抗清斗士金声（字正希）自题的书斋联。上联用项羽"破釜沉舟"的史实，下联用越王勾践"卧薪尝胆"的典故，表达自己抗清复明的意志与决心。

有志者事竟成，破釜沉舟，百二秦关终属楚；

苦心人天不负，卧薪尝胆，三千越甲足吞吴。

这是蒲松龄在参加科考屡试不中后，写的一副类似的自勉联，与金正希的述志联不同的是，蒲松龄在上下联各加了"有志者事竟成"和"苦心人天不负"六字，全联显得更加气势磅礴。据说蒲松龄撰成此联后，先是将其刻在铜尺之上，后又悬在自己的聊斋书房里，蒲松龄时刻以此联激励自己。

2. 励志联二

今试思世变何如哉，横流沧海，频起大风波，河山带砺是谁家，愿诸生尝胆卧薪，每饭不忘天下事；

士多为境遇所累耳，咬得菜根，才算奇男子，将相王侯宁有种，看前哲断齑画粥，读书全靠秀才时。

此联是民国初期题在一所学校饭堂的对联。上联正是那个军阀混战、群雄逐鹿时代的写照，学子们当卧薪尝胆，时刻关注天下大事；下联说读书人应当有平治家国天下之志，像陈胜吴广那样敢于睥睨天下，像宋朝的范仲淹那样，纵然是忍饥挨饿，也要先把书读好，方可在未来治理乱世中一显身手。全联用典警切，出语奇崛，想必作者也是个志向高远的才子。

3. 励志联三

负债累累，愿儿曹竭力仔肩，勿使我偿来世债；

平居碌碌，期汝辈卧薪尝胆，莫令人笑此宗衰。

这是清乾隆时文坛巨子袁枚曾孙袁蓉辞世后其友人写的一副挽联。袁枚诗文俱佳，与大学士纪晓岚齐名，时称"南袁北纪"。他不仅名满天下，而且富极一时，但其后人大多默默无闻，家道衰落，到袁蓉出生时已经是

"负债累累，平居碌碌"了。此挽联便是激励其后人立薪胆之志，期望他们重振家声，免遭世人耻笑。

（六）涉柴讽谏联

古代地方官员都由朝廷任免，若遇到贪官、庸官，百姓一般没有举报罢黜之权，有时会用对联发泄不满。

1.讽谏联一

柴也愚，无罪而就死地，是谓过矣；

德之贼，不仁而在高位，亦曰殆哉。

清代某年，朝廷派往某地一位姓柴的官员，无德无能，坏事做尽，地方百姓深受其害，有人就编了这副对联送给他。大意是：你这个姓柴的蠢官，虽然百姓因你遭殃了，但置你于死地，或许过分，不过，你这样缺德的贼官，不仁不义坐此高位，即便不杀你，恐怕你也危险了。这副对联不

图 1-10　枯树上剥皮（来源:《图画日报》）

仅痛骂了这个姓柴的蠢官，而且六句短语全部出自《论语》《孟子》和《礼记》等经典古籍，简练深刻，恰到好处，真是妙联。

2. 讽谏联二

山本名香，何期野芷蔓延，翻使香山成臭地；

岭原似铁，只为干柴焰烈，可怜铁岭变飞灰。

这也是一副谏官联，朝廷给某县派来一庸官，碌碌无为，百姓极不满意，遂写此联谏之。上联说城里有一座山叫香山，本来风景秀美，此官就任以来从不管护，以致榛莽野芷蔓延，垃圾遍野，香山成了臭地；下联说本地还有一座叫铁岭的山，也是因为疏于管理，导致山林起火，铁岭变成飞灰。

3. 讽谏联三

众楚人咻，引而置之庄岳；一车薪火，可使高于岑楼。

在辛亥革命的前一年，湖南长沙因水灾闹饥，奸商屯米待沽，引发饥民抢粮事件。时任巡抚岑春蓂对抢粮民众施以高压，不但捕杀领众"滋事"者，还开枪射杀居民二十余人。市民愤怒反抗，放火焚烧巡抚衙门及地方税关，事件中有人写了这副对联嘲斥巡抚等官员。此联的巧妙之处，一是嵌入巡抚岑春蓂和藩司庄赓良的姓，二是上下联都出自《孟子》，几乎是照原文引用，只是赋予新意。上联说众多湘楚人民都在怒吼，庄赓良滚回老家去！下联说一车薪火，足以把岑春蓂的巡抚大楼燔为灰烬，可以想象此火应当是百姓的怒火，人民的力量不可阻挡！此联新雅中见冷趣，民众狂厉之声可闻。

4. 讽谏联四

世事如此艰危，新国会心恋地盘，食客三千难解散；

民生虽极困苦，旧议员手拿饭碗，月薪五百不甘抛。

这是一副讽刺辛亥革命后民国政府国会的对联。议员们非旧官僚即新政客，这三千食客，在国事艰危、民生困苦的年代，坐领五百月薪，不理国事，不问民生，让人民情何以堪！

五、柴诗撷萃

开门七事"柴"居首，历来有不少诗家把柴作为吟咏的对象。柴诗描写的对象较为广阔，如柴火、柴扉、柴荆、柴关、柴车、燔柴等，另外还有的借柴来表达某种情感和情操。

（一）燃柴斫薪诗

作为燃料供人们取暖、照明、煮饭的柴薪，一般是指产于山林间的树木散枝，大者称薪，小者叫柴，大多需要入山砍斫，运到城乡燃用，诗人笔下也可见其事。

1.《山中寡妇》

夫因兵死守蓬茅，麻苎衣衫鬓发焦。

桑柘废来犹纳税，田园荒尽尚征苗。

时挑野菜和根煮，旋斫生柴带叶烧。

任是深山更深处，也应无计避征徭。

唐代杜荀鹤的这首诗，写一个在战争中失去丈夫的寡妇，在深山里独自守着茅屋的穷困生活情景。妇人在税赋的重压下，桑柘毁废、田园荒尽，挑采野菜糊口，却无干柴可取，只能现砍新柴带叶烧。我们不难想象，带着树叶的湿柴是不易烧着的，意味着寡妇时时面临着挨饿的困境。"战乱频仍，给百姓的生命与财产带来极大伤害。官府无力平定战争，征税派役却不遗余力，更加剧了人民的苦难。诗人对此深致讽刺。"[①]该诗作表达了作者对百姓窘迫、悲惨生活的深切同情。

---

① 方笑一主编，《中华经典诗词 2000 首》（第五卷），上海教育出版社，2018 年，第 122 页。

2.《题凌云八景之北郭归樵》

> 负薪回趁郑公风，自坎旋踪晚照红。
>
> 共倚斜阴肩且歇，直由纵陌脚频匆。
>
> 城阄惯逐流泉入，岭树俄惊皓月通。
>
> 翔泰门高青色满，雨余笠影夕阳中。

晚清诗人蒙锡宝的这首诗描写了归樵们担柴下山的图景：他们在夕阳中走在坎坷弯曲的山路上，三五成群地靠在阴凉处做短暂歇息，随后又顺着阡陌小路快步向城中赶去。这些场景不但让我们看到了樵夫这一与"柴"密切相关的职业在古时候的具体面貌，同时也是一幅古朴而富有生活气息的农耕社会的民生侧面图。而诗的背后可能是诗人借着负樵归来的场景，表达对于樵夫这种与自然为伴、自给自足生活的向往。

3.《樵夫》

> 一担乾柴古渡头，盘缠一日颇优游。
>
> 归来涧底磨刀斧，又作全家明日谋。

萧德藻的这首诗，描述一樵夫挑一担干柴到古渡头去卖，换到的钱够一天的开销，便心满意足。等他回到家中又在山涧边磨快刀斧，为明天继续砍柴、赚取生活费用做好准备，体现了樵夫生活的辛酸窘迫，诗人对樵夫辛勤劳累仍不能保证温饱的状况寄予了同情。

4.《金陵杂兴二百首》之一

> 桑林伐尽枣林空，卖得柴钱饭不充。
>
> 明日死生犹未必，新何缠裹过秋冬。

这是宋代诗人苏洞《金陵杂兴二百首》中的一首，诗歌写了樵夫们日日上山伐木，快要将桑树林砍光，将枣林伐空，尽管如此，卖柴换来的钱还是无法解决温饱问题，第二天的生活仍毫无保障，还得去干这生死难料的行当，以度秋冬之寒。这首诗真实地写出了樵夫生活的艰辛与不易，反映了古代劳动人民生活的困苦与绝望之情。

（二）柴扉柴车诗

柴还有一个实用之处，就是将柴捆束起来，做成门，即柴门。柴门也叫柴扉、柴关、柴荆或柴扃。此外，人们还把用木柴做成的简陋的车叫作柴车，这也是柴的木材属性的另一用途。在诗歌中，柴门或柴车作为意象出现，有的描写农家田园的景象，但更多的是用来表示贫寒的家庭境况。

1.《羌村三首》之一

峥嵘赤云西，日脚下平地。柴门鸟雀噪，归客千里至。

妻孥怪我在，惊定还拭泪。世乱遭飘荡，生还偶然遂！

邻人满墙头，感叹亦歔欷。夜阑更秉烛，相对如梦寐。

唐至德二年（757）八月，正是安史之乱的第三年，杜甫得一偶然机会归乡探亲，目睹战争给家人和百姓带来的苦难与不幸，写下了著名的《羌村三首》。这第一首写诗人刚到家中合家团聚时悲喜交加的情景，以及在残酷的战乱时期亲人意外相见时恍如梦中的特有心理。第三首诗人有"驱鸡上树木，始闻叩柴荆"的诗句。

两首诗分别都提到柴门、柴扉，可见以柴为门，是当时农村民舍的典型配置。雀噪柴门，客扣柴扉，一幅乡村农家图景跃然纸上。

2.《逢雪宿芙蓉山主人》

日暮苍山远，天寒白屋贫。柴门闻犬吠，风雪夜归人。

唐代诗人刘长卿的这首诗描写了在路途中遇大雪，借宿山村，主人家简陋的茅舍在隆冬季节显得更加清寒的情景。在简陋的茅屋中安顿就寝后，忽从柴门外传来犬吠之声，诗人猜想大概是芙蓉山主人披风戴雪归来了。在这首诗中，诗人着重以"贫、寒"点明这户人家饥寒交迫的境况。

3.《游园不值》

应怜屐齿印苍苔，小扣柴扉久不开。

春色满园关不住，一枝红杏出墙来。

叶绍翁的这首诗写诗人春日游园，访客观花的所见所感，写得十分形象而又富有理趣。作者访友不遇，园门紧闭，无法观赏园内群芳斗艳。此时，作者惊喜地看到园中一枝红杏从高墙上伸展而出，尽管未及内园，已见满园春色遍布人间，表现出春光之绮丽。首联的柴扉作为一个重要的意象为尾联两句新奇的想象做了铺垫，引人入胜，令人叫绝。

（三）燔柴祭祀诗

柴不但是百姓日用不可或缺之物，古代祭祀的时候也要使用柴。《尔雅·释天》说："祭天曰燔柴。"祭天时所烧的柴草上一般要堆放玉帛、牺牲等，古诗中出现的"燔柴"或"燔柴礼"，都与祭祀有关。

1.《寄宋申锡评事时从李少师移军回归》

君逐元侯静虏归，虎旗龙节驻春晖。

欲求岱岳燔柴礼，已锡鲁人缝掖衣。

长剑一时天外倚，五云多绕日边飞。

心期共贺太平世，去去故乡亲食薇。

中唐诗人鲍溶的这首诗写的是宋申锡跟随李少师去边疆打仗凯旋归来，想要举行祭祀天地山川的"燔柴礼"，以庆贺人们共同期待的太平之世。此类柴诗便是典型的"柴"作为祭祀的一类诗歌，体现了柴的另一大重要作用，也让我们了解到古代燔柴祭祀这一礼制及其举行的原因与场景。

2.《登恒山》

恒阳地与塞垣通，山脉纡回指大同。

黑雾不消阴涧雪，翠微时下石坛风。

燔柴有制存周典，持节无人出汉宫。

幽缈岳灵何所寄，岧然碑版覆苔红。

明末清初人陶澂的这首诗描写了诗人登上恒山所看到的景象，迂回起伏的北岳恒山，一直绵延到大同东南。山上雾气导致背阴的溪涧中积雪常年不融，青山上的风时时刻刻都拂过祭天的高台。虽然"燔柴"祭天的制度在周朝的典籍中就已存在，但汉宫中却没有人前来祭祀。恒山的山神无人祭祀，远古祭祀后竖立的石碑，已经被厚厚的青苔覆盖了。通过陶澂的诗可知，我国燔柴礼制在周代的典籍中就有记载，可谓历史悠久。

3.《御街行》

　　燔柴烟断星河曙。宝辇回天步。端门羽卫簇雕阑，六乐舜韶先举。鹤书飞下，鸡竿高耸，恩霈均寰宇。

　　赤霜袍烂飘香雾。喜色成春煦。九仪三事仰天颜，八彩旋生眉宇。椿龄无尽，萝图有庆，常作乾坤主。

柳永的这首词写的是黄帝过寿这一天，在京城燔柴祭天，大赦天下，群臣庆贺的事。整首词依次叙述了这三个阶段的事项与仪式。开篇"燔柴"两句，描写祭天和还宫。从中我们可了解到在宋代举行重大庆典活动时，"燔柴"祭天仍然是重要的仪式之一。

（四）鬻柴卖炭诗

过去有以砍柴为生的樵夫职业，樵夫砍柴后要卖掉柴来换取报酬，因此便有了卖柴人。他们靠卖柴为生，但由于官府压价盘剥，收入十分微薄，日子过得惨淡。因此，诗人写卖柴人的生活，也多是记录这一群体生活的艰辛以及在官吏欺压下的悲惨状况。

1.《卖炭翁》

　　卖炭翁，伐薪烧炭南山中。满面尘灰烟火色，两鬓苍苍十指黑。卖炭得钱何所营？身上衣裳口中食。可怜身上衣正单，心忧炭贱愿天寒。夜来城外一尺雪，晓驾炭车辗冰辙。牛困人饥日已高，市南门外泥中歇。

　　翩翩两骑来是谁？黄衣使者白衫儿。手把文书口称敕，回车叱牛牵向北。一车炭，千余斤，宫使驱将惜不得。半匹红绡一丈绫，系向牛头充炭直。

白居易的这首诗描写了一位老人将在山中烧好的木炭运到城里去售卖的不幸遭遇。这位卖炭翁可能没有土地，伐薪烧炭是他赖以生存的唯一生计。每到冬季，他身着单薄的衣衫，在寒冷的山上砍柴、烧炭，再到城里卖钱糊口。然而，当老人冒着大雪，赶着牛车，拉着木炭来到城区时，却被管理市场的官府小吏直接以"半匹红绡一丈绫"的微薄实物充价夺取！诗歌深刻揭露了"宫市"对劳动人民的残酷剥削，我们看到了作者对底层劳动者的深切同情，以及对那个黑暗时代的揭露和鞭挞。

《资治通鉴》第二百三十五卷记载了这样一段文字：

> 尝有农夫以驴负柴。宦者称宫市取之，与绢数尺，又就索"门户"，仍邀驴送柴至内。农夫啼泣，以所得绢与之。不肯受，曰："须得尔驴。"农夫曰："我有父母妻子，待此然后食。今此柴与汝，不取直而归，汝尚不肯，我有死而已！"遂殴宦者。

这篇短文记述的卖柴翁和白居易笔下的卖炭翁除了柴和炭有别，驴和牛车不同外，他们的遭遇包括具体情节都完全相同。不过，卖柴翁遇到的这个宦者欺人更甚，不但仅付几尺绢布充当柴值，而且还要把卖柴翁用来驮柴的毛驴，这个全家唯一赖以生存的生产工具也要掠夺而去。走投无路的卖柴翁，此时没有选择沉默和隐忍，而是怒而奋起，直接殴打官吏，用拳头和生命捍卫卑微者的尊严。读后让人有一种深深的悲哀，特引小文于此，与白诗互证。清代爱新觉罗·弘历《唐宋诗醇》评价说："直书其事，而其意自见，更不用着一断语。"[1]

2. 代卖薪女赠诸妓

乱蓬为鬓布为巾，晓踏寒山自负薪。

---

[1] 王振军、俞阅主编，《中国古代文学精品导读》，中国广播电视出版社，2017年，第156页。

一种钱塘江畔女，著红骑马是何人？

白居易的这首诗将卖薪妇女和歌妓进行了对比：卖柴妇女乱草一样的头发上扎着粗布头巾，每天拂晓就冒着严寒到山中背柴，去城里售卖。在城里她们总会看到一些穿红戴绿、骑马坐轿的女人招摇过市，于是不禁会问：同样是钱塘江畔长大的女人，为什么她们却过着如此风光的日子？"著红骑马"的是妓女，表面风光，其实她们过的是另一种辛酸的日子，付出的是被人玩弄的代价；真正的剥削者是那些欺压农民、玩弄妓女的达官贵人。从人性方面说，卖柴者在歌妓面前，可能还算有一些人的尊严，但事实上在那个时代，处于最下层的卖柴人，生活毕竟也是悲惨的。

（五）柴喻物事诗

诗人写有关柴的诗句时大多是在表达或寄托某种情感，即通过柴在诗中的意象来表达或加深作者的思想主旨。

1.《赠李镡》

君行君文天合知，见君如此我兴悲。

只残三口兵戈后，才到孤村雨雪时。

著卧衣裳难办洗，旋求粮食莫供炊。

地炉不暖柴枝湿，犹把蒙求授小儿。

这首诗是晚唐诗人杜荀鹤写给友人李镡的。诗中通过衣、食、柴的缺乏，描写了战乱后主人公贫穷的物质生活，同时表现了他在物质穷困中尚不放弃对精神生活以及对未来的执着追求。特别是"地炉不暖柴枝湿"一句，更突出了一种困顿的生活状态：仅有的一些柴枝还是湿的，无法燃烧取暖，不仅"贫"，而且"寒"，这要比直接描写友人家缺柴的状况更令人叹息。但是主人在如此清寒的状态下，仍然拿着一本《蒙求》教授自家小儿。通过读书取仕来改变命运，大概是他心中永久的希望与寄托吧。

古代的文人在面对残酷的现实时，常常选择摆脱仕途、官场的羁绊，归隐田园，在山林或乡村过着粗衣粝食的生活，对物质生活要求甚少，此时柴便成为"隐逸"的象征，成为隐士的指代性称谓。

2.《遣兴》

　　明月临沧海，闲云恋故山。诗名满天下，终日掩柴关。

戴叔伦的这首诗，前两句写沧海明月、高山闲云的美好景色，诗人寄情于此景，表达了自己悠闲、平和的心情；后两句说自己虽然名满天下，但却不愿招摇，终日掩门自乐，进一步点明了诗人想要远离尘世的愿望。此处诗人以"柴关"来代指自己的居所，这是一道将世俗世界之功利生活与隐居深山之平淡自由生活隔开的门。他赋予"柴关"一种隐逸恬淡、不追逐世俗功名的含义。

3.《杂题》

　　茆屋三间已太奢，柴干米白喜无涯。

　　非贤敢窃优贤禄，愿折莼丝与蕨芽。

在物资匮乏的古代，无柴是令人忧愁的，而有柴煮饭便会使人欣喜。陆游在这首诗里说自己有茅屋三间，已经太过奢侈了，有干柴白米更觉喜乐无边。自觉不是贤德之人，不敢窃取优厚的俸禄，只要有柴有米，时常摘些野菜，粗茶淡饭足矣。

4.《礼疏山塔》

　　江横一练平，山色四时青。水足柴犹富，人多爨不停。

　　无弦犹自韵，有耳几曾听。槁矣齐檐柏，频看涕忽零。

释惟一是宋代高僧，同时也是一位诗人。他的这首五律诗是描写疏山塔秀丽的景色和当地人们的生活情况。这里山清水秀，柴薪充足，人烟旺盛，生活在此地实在是令人惬意满足。诗中"水足柴犹富"一句，便知此处水源充足，粮食长得好，树木长得高，不缺柴薪，这是当地百姓富足生活的保障。

5.《咏柴》

夜除黑暗冷驱寒，釜底焚身心也甘。

俸禄酬银它作价，薪名缘此镇头关。

这是当代诗人贾寅珍所作的一首咏柴诗。柴有"驱寒""除暗"之用，更有煮饭之功，柴对人类生活曾是多么重要。古时不论官民都得买柴，因为把"生米做成熟饭"非烧柴不可，于是柴与钱就会形成经常性的比价关系。"柴"亦称"薪"，古人因此便用"薪金"或"薪水"指称俸酬、工资，一直延续至今，俨然成了钱的代称。此诗铺叙柴的多种用途和延伸意思，在本有之文学性的同时还兼具一定的认识价值。"釜底焚身心也甘"一句，更赋予柴一种甘于奉献、自我牺牲的精神意义。

第二章

米

俗话说,"民以食为天",而在中国,"食"在很大程度上指的就是米。

早在3000多年前,甲骨文中就有了"米"字。《说文解字》卷七米部:"米,粟实也。象禾实之形。凡米之属皆从米。"说的是米是一个象形字,像米粒琐碎纵横之状,本义为谷物和其他植物去壳后的籽实。在中国古代培育的粮食作物中,叫"米"的粮食有很多种,如稻米(大米)、糯米、小米、黄米、高粱米以及明代中叶从国外引种的玉米。《周礼·地官·舍人》:"舍人……掌米粟之出入,辨其物。"贾公彦疏解说:"黍稷稻粱菰大豆六者,皆有米。"

米在人类的演变史上,扮演了非同寻常的角色。米食是人类赖以生存和发展的最大宗主食,直接关系着民众生命的延续,是人类文明的基础。尤金·N.安德森曾说,米"通常是最受推崇的谷物,人们常相信米是一种十全十美的食物,乃至是唯一重要的食物(其他食物的存在只是给它调味)"[1]。"开门七件事",米排在第二。在漫长的农耕文明时代,米一粒一粒地繁衍,一季一季地生长,岁岁年年滋养着中华大地的苍生百姓,书写了中国历史。"等米下锅""无米不成炊""一粒米渡过川,三粒米爬过山""当家才知柴米贵"等这些脍炙人口、家喻户晓的谚语,充分说明米作为中国人最主要的粮食作物和主食的重要性。

---

[1] 〔美〕尤金·N.安德森,《中国食物》,马孆、刘东译,江苏人民出版社,2003年,第112页。

一、稻谷飘香

世界农业的发源地有三大中心，分别是西亚被称为"伞形"的地区、东亚由北向南的四个地带和中南美洲区。我国虽处在东亚地区，但国土覆盖了世界三大农业起源中心之一的北华带和南华带，从古至今在世界上都被看作是数一数二的农业大国，在拥有近万年的农耕文化和农业文明发展的过程中，形成了源远流长的米食文化。汉语"锄禾日当午，汗滴禾下土。谁知盘中餐，粒粒皆辛苦"的诗文，"刀耕火种""精耕细作""颗粒归仓""吃了五谷思六谷""五谷丰登"等词语就是中国悠久的米食文化的历史印记。

谷米是从哪里来的呢？中国古代将农业的发明归功于神农氏。神农是传说人物，又称烈山氏、厉山氏，被后世奉为农神。《白虎通义》："古之人民，皆食禽兽肉。至于神农，人民众多，禽兽不足。于是神农因天之时，分地之利，制末耜，教民农作。"《新语·道基》："至于神农，以为行虫走兽难以养民，乃求可食之物，尝百草之实，察酸苦之味，教民食五谷。""这是说在禽兽不足以维持人们的生活时，神农发明农具，教人们根据天时地利进行种植，使谷物成为主要的生活来源。"[1]

（一）五谷为养

农耕文化的显著特征是成功培育和栽植了粮食作物。农业发生之初，往往是多种作物混种，故粮食作物有"百谷百蔬"之称。《诗经·国风·七月》有"其始播百谷"的诗句，《诗经·小雅·大田》和《诗经·周颂·噫嘻》有"播厥百谷"的诗句，《诗经·小雅·信南山》有"生我百谷"的诗句。随着农业栽培的不断发展，许多产量较低、品质不高的作物逐步被淘

---

[1] 王仁湘，《民以食为天——中国饮食文化》，济南出版社，2004年，第23页。

汰，而若干产量较高、质量较优的作物得到相对集中的种植，于是形成了"五谷""六谷"的概念。

"五谷"一词，最早出现于《论语·微子》："四体不勤，五谷不分。"《孟子·滕文公上》："后稷教民稼穑，树艺五谷，五谷熟而民人育。"《管子·立政》："五谷宜其地，国之富也。"《荀子·王制》："五谷不绝而百姓有余食也。"《管子》记载："五谷者，万物之主也"，"五谷食米，民之司命也"。《周礼》中还有"九谷""六谷""五谷"等杂称。后世《三字经》中也有"稻粱菽，麦黍稷。此六谷，人所食"的说法。

历史上所谓"五谷"，具体所指略有不同，基本上可以分为三种说法。第一种认为五谷是指黍、稷、麦、豆、麻；第二种认为五谷是指黍、稷、麦、豆、稻；第三种认为五谷是指稻、稷、麦、豆、麻。王学泰先生综合考据认为："周秦以来，华夏先民已经把谷物作为常食，除了在新石器时期和夏商时代就已广泛种植的粟、稷、黍之外，麦、粱、稻、菽、菰在人们食物中占的比重逐渐增大了。"①

我们这里所说的米食文化所包括的粮食作物主要有粟、稷、黍、粱、稻。

1. 粟

粟，禾类植物，狗尾草属，古代又称禾、谷或谷子，是食用最多的一种谷物。甲骨文中的"粟"字作一株植物及一些仁实的颗粒形。

作为当时的首要作物，常常用来概括其他粮食作物，因而"粟"由专名变为粮食作物的共名，成为一切谷物的代称，其重要性几乎等同于"粮食"。从俗名上来看，现代北方话"谷子"专指粟。《春秋》中，"粟不熟"也时常被当作国家大事记载下来。粟还是俸禄计算的标准。《论语·雍也》："原思为之宰，与之粟九百，辞。"说的就是原思在孔子家当总管，孔子给

---

① 王学泰，《中国饮食文化史》，中国青年出版社，2012年，第30页。

他小米九百斗，他推辞不要。

到战国时代，粟已经被当时的思想家们看作是具有满足人民日常饮食需求、维护国家稳定平安功能的基本口粮之一。《墨子·尚贤中》："贤者之治邑也，蚤（早）出莫（暮）入，耕稼、树艺、聚菽粟，是以菽粟多而民足乎食。"

西北地区种植粟的历史比较悠久。"粟"字由"西"和"米"组成，反映了粟在这一地区的主要地位和悠久历史。考古发现，新石器时代的遗址中就发现了"粟"，主要分布在河北、河南、陕西、山西、辽宁、黑龙江、甘肃等地。

尽管谚语有"天上落雨不落米"的说法，指意外好事不会轻易降临到个人身上，不过古代还真有天雨粟的传说。"古代黄河流域地区的米则大抵以粟米为主。传说粟米来自上天，如《齐民要术·耕田第一》引《周书》就这样讲：'神农之时，天雨粟，神农耕而种之……然后五谷兴。'这种神

图 2-1　天雨粟（来源:《点石斋画报》）

话式的说法当然不可信，但是其中也清楚地反映出粟米在人们心目中有着不同寻常的地位。"①

粟谷通常称为小米，是粟加工去皮后的成品。

小米按谷壳的颜色可分为黄色、白色、褐色等多种，其中红色、灰色者多为糯性；白色、黄色、褐色、青色者多为粳性。一般来说，谷壳色浅者皮薄，出米率高，米质好；而谷壳色深者皮厚，出米率低，米质差。山西沁州黄小米、山东章丘龙山小米、山东金乡金米和河北桃花米等都是闻名中外的优质品种。

2. 稷

稷，由禾及跪拜之人组成。此字在商周时是地名，稷是周人兴起后才成为谷物名称的，是周人所居住地域的谷物，与商人的粟可能大同小异。有人认为稷为黍之不黏者，株形与黍相似而稍异。《辞源》在"稷"的释义上倾向是黍子的观点，在"稷"字下注："谷物名，别称粢、穄、糜。"

由于在先秦时代，稷是当时最重要的粮食及农作物，是人们赖以生存的食物，所以将稷与社连称，即将粮食与国家结合起来，用社稷来代表国家。"《白虎通义·社稷》说：'王者所以有社稷何？为天下求福报功。……五谷众多，不可一一祭也。……稷，五谷之长，故立稷而祭之也。'稷被尊为五谷之长而奉为谷物之神，充分说明了稷的重要地位。"② 另据《山海经·海内经》："后稷是播百谷。稷之孙曰叔均，是始作牛耕。"《淮南子·氾论训》：'后稷作稼穑，死而为稷。'说明稷是粟的发明者。粟是旱地农业的主要粮食作物，古代以社稷称国家，说明粟在社会经济生活中的地位。"③

3. 黍

黍，亦称黍子，俗称黄米，状似小米，色黄而黏。在甲骨文与先秦

① 王建，《说米——"开门七件事"文化札记之二》，《文史杂志》，1993 年第 2 期。
② 徐海荣主编，《中国饮食史》卷二，华夏出版社，1999 年，第 156 页。
③ 宋兆麟、冯莉编著，《中国远古文化》，宁波出版社，2004 年，第 112 页。

典籍中，黍字作一株有直立禾秆的植物形，其叶上伸二末端下垂。李时珍《本草纲目》中有："稷与黍一类二种也。粘者为黍，不粘者为稷。"比起小米来，黍的种植范围可能稍小一些，用它做饭也不如小米可口，多用于煮粥和酿酒。

4. 粱

粱，古代指粟的优良品种。《说文解字》："粱，米名也。"《小雅·黄鸟》："交交黄鸟，无集于桑，无啄我粱。"《辞源》粱下解："①古与粟同物异名，即谷子……②指粟类中的优良品种。主张'粱即粟'。"《后汉书·五行志》："恒帝之初，京都童谣曰：'……以钱为室金为堂，石上慊慊舂黄粱。'"黄粱则是粱中的上品。《三苍》："粱，好粟也。"汉语有"粱米""粱饭""膏粱""粱粱子弟""粱糇""一枕黄粱"等词语。"粱米"即优良的米；"粱饭"指用精良的米煮成的饭；"膏粱"指精美的饭食，泛指美味的饭菜；"粱糇"指粱制的干粮；"粱粱子弟"旧时指达官贵人家的子弟。

5. 稻

稻是草本类稻属植物粳、糯等谷物的统称。一般来讲，稻就是指需要在水田种植的庄稼的总称。稻字在甲骨文由二物组成，一是谷粒形状，一是储藏谷物的罐子形。稻米的新石器时代遗址很多，主要都在长江流域及其以南的地区，那里气候比较温暖，适合水稻喜湿热的特性。"如果说黄河流域孕育了中国最早的黍、稷，那么长江流域则培植了中国最早的稻谷。栽培稻谷在中国有着悠久的历史，能够使人们清楚地认识这一点的是距今7000年至4000年间的长江流域新石器时代的遗址：即河姆渡文化、马家浜文化、良渚文化和屈家岭文化等，它们都是以出土了大量稻谷而著称于世的。"[1] 南方自古是稻米的主要产区，《周礼·夏官·职方氏》在总结各地物产的时候就指出："东南曰扬州……其谷宜稻。……正南曰荆州……其谷

---

[1] 徐海荣主编，《中国饮食史》卷二，华夏出版社，1999年，第10页。

宜稻。"

大米是稻谷通过清理、砻谷、碾米、成品整理等几道工序后制成的成品。汉代水稻基本成形的有粳、籼、糯三大品类。经历代人民在长期生产实践中的精心选育，水稻的品种及其体系日益庞大，到魏晋南北朝时期已经具有了一定的规模，在文献记载中可以找到的品名就有几十个之多。民间以种稻的田地来分，有水稻和旱稻；以收成的时间来分，有早稻和晚稻；以稻米的特性来分，有籼米、粳米、糯米。

粟、稷、黍、粱、稻是传统上对粮食作物的称法。此外，从古代社会开始，人们就将谷类或其他植物的籽实去了皮的粮食作物通称为米。如成语有"米珠薪桂""百里负米"。

（二）膏腴之壤

粮食的种植离不开土地。土地是人类的保姆，是粮食生长的土壤，是神圣的衣食之源。距今四五千年前，中国的农业就走上了以种植业为主的道路。《说文解字》："土，地之吐生物者也。二象地之下、地之中，丨，物出形也。凡土之属皆从土。"《荀子·富国》："今是土之生五谷也，人善治之。"历代中国人从刀耕火种开始，大多是面朝黄土，背朝青天，日出而作，日落而息，农民用在土地上的辛劳、辛酸和奉献延续着中华文明的香火，土地承载着五千年的历史，奠定着民族进步的根基。汉语谚语说"米面油盐菜，全从土里来""米面油盐柴，全从地里来"，指物质生活用品都来自农业生产。土地是庄稼人的命根子，离开了土地，也就没有了谷物。

1. 增辟土地

土地上生长着养育人类的庄稼。"为了养活众多的人口，中国世世代代的农民，在充分利用土地上创造了值得赞叹的业绩。"[①] 为了增加粮食产量，

---

① 阴法鲁、许树安主编，《中国古代文化史》（三），北京大学出版社，1991年，第170页。

中国古代就开展了“向山争地”“向水夺田”的斗争。中国有广大的丘陵地带和山区，农田向山坡扩展是必然的趋势。向山争地开辟了大量的梯田，《诗经》里就提到了“坂田”。“南宋时，梯田在江西、福建、四川等地已成为普遍的田法。南宋以后，梯田仍继续发展。”[①] 向水夺田主要是围湖造田。“北宋沈括（1031—1095）《长兴集·万春圩图记》说，万春圩在南唐以前叫‘秦家圩’，‘土豪秦氏世擅其利’。宋廷南渡后，大量南撤的军队屯驻在沿江一带，大规模开垦圩田。从此以后，圩田成为长江中下游广大沼泽低洼地区的重要水田类型，对促进这一地区农业生产的发展起了很大的作用。”[②]

2. 精耕细作

夏商周时期，我国就已经出现了精耕细作的生产方式，战国、秦汉、魏晋南北朝时，这样的生产方式所用到的技术已经基本成形，并且在隋唐宋辽金元时大规模扩展开来，它是中国古代农业重要且行之有效的生产模式。在我国古代农业制度中有农业耕作制度与农业土地制度，其中农业耕作制度的核心是正确处理用地和养地的矛盾。中国农民自古以来对土壤一向采取主动态度，总结形成了一整套的土壤耕作、作物轮作、引水灌溉和合理施肥等提高地力的方法，大大提高了粮食的生产能力。“春耕多一遍，秋后多一石”“春耕如翻饼，秋耕如掘井”“春天锄又耙，沟平麦粒大”“春天多锄一遍，秋天多打一面”“春天浅耕细耙，秋天早耕深耕”“上粪不浇水，庄稼噘着嘴”“见病株就拔，见害虫就拿”“种地不倒茬，十年九抓瞎”“谷子粪大赛黄金，高粱粪大赛珍珠”“庄稼一枝花，全靠肥当家”等，体现的就是这种传统的农事观。这些谚语从多个角度，完美体现了中华民族数千年来的农业生产活动，也显示了人类在生存过程中从自然获取各种物质生活资料的拼搏精神。

---

① 阴法鲁、许树安主编，《中国古代文化史》（三），北京大学出版社，1991 年，第 171 页。

② 同上注，第 171—172 页。

图 2-2　耕田（来源:《康熙御制耕织诗图》）

3. 制造农具

粮食的种植离不开耕作工具，中国古代农业耕作技术也是以耕作工具的发展为基础而进步的。据考古发现，"早在八九千年前，中原华夏族就开始了农耕实践。河南裴李岗文化堪称是整个黄河流域迄今发现最早的也是最有代表性的农耕文化遗址。这里出土了农业生产工具和粮食加工工具，表明农耕文化已经确立，并有了一定发展。"[①]

原始农业时代，先人最初是沿用采集、狩猎的工具，最早是石、骨、蚌、角等，后来渐渐用棒、石块以及野兽骨、蚌壳等陆续创造出一些最原始的农具。商周时出现了青铜农具，有锛、耜、斧、戕、镈、铲、镰、犁

---

① 丁声俊,《农耕文化与粮食文化》,《中国粮食经济》, 2013 年第 1 期。

等。随着农业的发展，耒、耜、铫、镬、耧、锄、耙、碌碡等农具也相继出现。

农具的发明创造，大大提高了劳动生产力，使土地增产、稻谷飘香成了可能。

二、米俗解码

汉民族的米食文化渗透在社会生活的方方面面，形成了数量可观、异彩纷呈的米食俗语。反过来，这些米食俗语像化石一样记载和呈现了汉民族人民在长期的粮食实践活动中形成的米食生活习俗和行为习惯，体现了源远流长的具有人文性、社会性、历史性、地域性、多元性的米食文化传统。"引成辞""举人事"，米熟语在行文中或说话中被引用，和其他六件事一样，也是古人较为普遍的一种言说方式。

（一）历史典故

古人喜欢用典型的词语或用某个故事、某个传说中有代表性的人或事来表示这个典故。米食文化在汉民族的文化领域中具有较为悠久的历史，汉语形成了"不食周粟""不为五斗米折腰""百里负米""尺布斗粟""粥炉燎须"等记载反映汉民族特有米食文化历史的米食事典词语。

1.不食周粟

《史记·伯夷列传》中记载了伯夷、叔齐的事迹："武王已平殷乱，天下宗周，而伯夷、叔齐耻之，义不食周粟，隐于首阳山，采薇而食之。"商朝末年，孤竹国君二子伯夷、叔齐西投周地。待到周境，姬昌已死，见其子周武王姬发正载文王灵柩，统兵东伐商纣。伯夷、叔齐叩马而谏说："父死不葬，爰及干戈，可谓孝乎？以臣弑君，可谓仁乎？"周武王不听，最终灭商建周。伯夷、叔齐以归顺西周为耻，义不食周粟，不作周臣，隐居首阳山，采野菜充饥，最后饿死在首阳山。

伯夷、叔齐坚持自己的立场，至死不渝，气节高尚，在我国历史上传为佳话。

2. 不为五斗米折腰

田园诗人陶渊明有一句名言："我不能为五斗米折腰向乡里小人！"后来，这句话简化为一句妇孺皆知的成语："不为五斗米折腰。"

"不为五斗米折腰"源出唐代房玄龄《晋书·陶潜传》："（陶潜）为彭泽令，郡遣督邮至县，吏白应束带见之；潜叹曰：'吾不能为五斗米折腰，拳拳事乡里小人邪！'解印去县，乃赋《归去来兮辞》。"义熙元年（405），晋代诗人陶渊明出任彭泽县令，到任八十一天，遇浔阳郡派遣督邮刘云检查公务。县吏提醒陶渊明穿戴官服，备好礼品，恭迎督邮。陶渊明愤然叹道："我怎能为了县令的五斗薪俸，就低声下气去向这些小人贿赂献殷勤。"说完挂冠而去，辞职归乡。"不能为五斗米折腰"后演化为"不为五斗米折腰"，比喻为人清高，有骨气，不为利禄所动。这一典故在宋代王钦若《册府元龟》、明代蒋一葵笔记《尧山堂外纪》、清代方浚师笔记《蕉轩随录》等多部文献中均有记载。

3. 百里负米

元代郭居敬编录的《全相二十四孝诗选》中记载："周仲由，字子路。家贫，常食藜藿之食，为亲负米百里之外。亲殁，南游于楚，从车百乘，积粟万钟，累茵而坐，列鼎而食，乃叹曰：'虽欲食藜藿，为亲负米，不可得也。'"讲的是孔子的弟子子路百里负米奉双亲的故事。后来被人们简化为"百里负米"，也作"负米百里""子路负米"。孝是人与生俱来的美好情感，也是子女义不容辞的责任。这一典故的传播与流布，体现的是中华传统孝文化的传承。

4. 尺布斗粟

"尺布斗粟"指兄弟因利害关系冲突而不能和睦相处。典出《史记·淮南衡山列传》：汉文帝的兄弟淮南王刘长谋反失败，在押送途中绝食而死。民间作歌谣讽刺他们说："一尺布，尚可缝；一斗粟，尚可舂；兄弟二人不能相容！"意思是说，一尺布还可以缝一缝一起穿，一斗米也还可以舂一下来一起吃，为什么帝王家能够胸怀天下，却不能包容自己的兄弟呢？

5. 粥炉燎须

燎，指烧、烫。须，指胡须。"粥炉燎须"形容兄弟姐妹之间情意深厚，关怀照顾无微不至。典出《新唐书·李绩传》：唐代李绩为人友爱，姐姐有病，他虽身居高位，但亲自为她熬粥，不慎将胡须烧着。其姐不让他再熬，他说："姐姐多病，我也老了，即使想经常给姐姐熬粥，又能有几回呢？"明代徐渭《读张君叔学所作姊氏状》诗："潭水每归怜放逐，粥炉无复燎须眉。"

"粥炉燎须"也省作"燎须"。宋代苏轼《次韵刘贡父所和》之二："燎须谁识英公意，黄发聊知子建心。"

（二）民间传说与笑话

民间传说与笑话反映了汉民族米食的来源以及具有鲜活特性的米食生活故事。

1. 八仙造米

江苏民间流传"八仙造米"的故事。

古时，人间还没有米。吃的东西很少，饿死的人无数。于是，玉皇大帝就派八仙下凡造米。八仙中，铁拐李是个瘸子，跑不快，其余七个仙人都早早到了人间。他们等了好久，仍不见铁拐李的踪影。等得不耐烦了，七个仙人一商量，决定先造起米来，留一份等铁拐李来后补上。七个仙人把缺了角的米造好后，铁拐李才一瘸一拐地来了。他看到七个仙人把米造得差不多了，只留一份给他，便不服气了。他想：玉皇大帝派八仙造米，你们却七仙造米。好，我一个人造一粒米给你们看看！哪知他造的米，就是现在的稗草籽。后来的人间种稻必有稗草同在，而米呢？也总是缺一个角，米就是这么来的。①

2. 麻姑掷米

麻姑，五代后赵麻秋之女也。《神仙传·王远传》记载了麻姑得道成仙后为新产的蔡经弟妇"掷米"除秽之事。《四库全书》本《神仙传》内容如下：

> 麻姑欲见蔡经母及妇侄，时经弟妇新产数十日，麻姑望见，乃知之曰："噫！且止勿前。"即求少许米，至得米，便以撒地，谓以米祛其秽也，视米皆成真珠。方平笑曰："姑故少年也，吾老矣，不喜复作此曹辈狡狯变化也。"②

后来，人们将麻姑的行为进行美化，称为"掷米成珠"，分给贫苦百姓。在魏晋及以后，这个故事的流传范围非常广。"麻姑掷米"反映了我国奉米为神、以米驱除邪病的巫文化。也作"掷米成珠""掷米成丹"。

3. 和尚分粥

"和尚分粥"说的是庙里有七个和尚，早餐只有一桶粥，最早的分配方式是自由打粥，你争我抢浪费多不说，且严重分配不均。于是，方丈决定定人分粥。

起初，让一个小和尚分粥，结果小和尚给自己分得又多又稠。换了一个老和尚后，结果又是老和尚及身边人分得的粥又多又稠。方丈只好改变方法，决定轮流分粥，每人一天。结果主管分粥的和尚碗里的粥总是最多最稠，每个和尚在一周中只有一天吃得饱吃得好，其余六天都饥饿难耐。

方丈只得再次修改方法，在轮流分粥方法的基础上，规定主管分粥的和尚要最后一个领粥。令人惊奇的是，在这个制度下，每次的七碗粥几乎

---

① 怡安选编，《八仙造米》，中国社会出版社，2010年，第23页。
② ［晋］葛洪，《神仙传》卷三《王远传》，文渊阁《四库全书》本。

都像用仪器量过一样均匀。

和尚分粥故事的背后有什么奥秘呢？那就是制度建设至关重要。不好的制度，可以使好人变坏；好的制度，可以使坏人变好。

4. 讨饭

清代石成金《笑得好》中讲了一个富翁"讨饭"的笑话：

> 一富翁有米数仓，遇荒年，乡人出加一加二重利，俱嫌利少不借。有人献计曰："翁可将此数仓米都煮成粥借与人，每粥一桶，期约半年还饭二桶。若到丰收熟年，翁主的子孙又多，近则老翁自己去讨饭。若或远些，子孙去讨饭，一些不错。"①

中国传统价值观念的一个基本倾向是"重义轻利"。借出一桶粥，到半年还饭两桶，可谓高利贷了，可以说是利欲熏心。此笑话用"讨饭"一词来喻指收"高利贷"，对富翁重利薄义进行了巧妙的讥讽。

5. 米珠

清代黄图珌《看山阁闲笔》记有一"米珠"的故事：

> 歉岁米贵若珠，一富翁饱餐而骄贫士曰："字不疗饥，徒有满胸锦绣。"士答曰："学不求饱，愧无一袋珠玑。"盖言其酒囊饭袋耳。②

一个吃饱了饭的富翁炫富，用"满胸锦绣"讥讽贫士饥贫，而贫士毫不退让，用"学不求饱，愧无一袋珠玑"反讽富翁，说他只是一个酒囊饭袋。

6. 少米少床

《笑得好》中亦有一笑话《少米少床》：

> 贫人对众客自夸曰："我家虽不大富，然而器物件件不少。"乃屈指曰："所少者只是龙车凤辇。饮食样样俱有。"乃屈指曰："所无的只

---

① ［清］石成金编著，《传家宝全集》（一），线装书局，2008 年，第 195 页。
② ［清］黄图珌著，袁啸波校注，《看山阁闲笔》，上海古籍出版社，2013 年，第 236 页。

是龙心凤肝。"旁边有小哥愁眉曰:"夜里床也没得,睡地下困草铺。今日晚饭米一粒也没得了,还在人面前说大话。"其人仰头想一想,曰:"是极是极,我也忘了,我家里到底件件俱有,所少的不过是凤肝龙心晚饭米,龙车凤辇夜里床。"①

吃饭没有米,睡觉睡草铺,居然还说只缺"龙车凤辇",真是大言不惭。

7. 索米

《笑林广记》中有一"索米"的故事:

一家请客,酒甚淡。客曰:"肴馔只此足矣,倒是米求得一撮出来。"主曰:"要他何用?"答曰:"此酒想是不曾下得米,倒要放几颗。"②

主人请客酒没味想必是寡酒,实为吝啬小气。客人不好明言就拐弯说:"如果有米请给我拿出一撮儿来,下到酒里。"讥讽主人吝啬。

(三)日常习俗

汉语反映米食风尚和米食习俗的谚语较多,如反映农业生产习俗的有"稻耘三遍谷满仓""种田无定例,全靠看节气""秋分在社前,斗米换斗钱;秋分在社后,斗米换斗豆""颗粒归仓",反映生活消费习俗的有"堆金不如积谷""滴水成河,粒米成箩""宁省囤尖,勿省囤底""糠菜半年粮""柴米夫妻""砌屋三担米,拆屋一顿粥""三月三,荠菜花赛牡丹,女人不插无钱用,女人一插米满仓",反映饮食文化习俗的有"腊八粥与八宝粥""及第粥""百家米与百家饭""粽子与端午节",反映社会历史习俗的有"送祝米""百里不贩樵,千里不贩籴""苏湖熟,天下足""吃皇粮""开仓放粮"。这些谚语既反映了汉民族粮食生产的历史进程和生活经验,蕴含着汉民族米食文化的丰富智慧,同时又具有非常强的传承性,这

---

① [清] 石成金编著,《传家宝全集》(一),线装书局,2008年,第196页。
② [清] 游戏主人编撰,桑圣彤注译,《崇文国学经典文库:笑林广记》,崇文书局,2012年,第164页。

些民俗惯制一经形成以后，具有相对的稳定性，甚至可以上千年不变。通过这些生动形象的词语，我们可以寻觅粮食文化血脉，可以复活我们的粮食文化传统，可以解密一个古老农耕民族代代相传的米食生活习惯。

1. 稻耘三遍谷满仓

这句说的就是水稻插秧种下以后，耘田是田间管理工作的一部分。农民要赤脚弯腰蹲在水稻田里，挨着稻根一株一株、一排一排地摸过去，见有插得不正的稻秧要扶正，见有杂草如稗草等便要拔去，如此等等都是耘田工作的内容。水稻在成熟之前，经过三遍耘田后苗壮成长，到收割时就能获得一个好收成。"谷满仓"之说就是这个意思。

2. 种田无定例，全靠看节气

古代农业生产基本上是靠天吃饭。历代农民千百年来对千变万化的各种自然现象进行观测总结，揭示了"天变于上物候于下"的内在联系，而将之运用于农业生产以掌握农时。民间很多物候学和二十四节气谚语反映了种米种稻的知识。这方面的谚语有："惊蛰闻雷米似泥""处暑下雨，仓里满米""到了立秋节，锄苗不敢歇""到了芒种节，亲家有话田里说""霜降见霜，米烂陈仓"。

"惊蛰闻雷米似泥"语出《清嘉录》卷二："二月，惊蛰闻雷：土俗以惊蛰节日闻雷，主岁有秋。谚云：'惊蛰闻雷米似泥。'若雷动于未交惊蛰之前，则主岁歉。谚云：'未蛰先雷，人吃狗食。'"

"处暑下雨，仓里满米"，指处暑时雨量充沛，稻子就会丰收。也作"处暑有雨，中稻粒粒米""处暑有雨，庄稼粒粒都是米""处暑雨，滴滴都是米""处暑雨，粒粒皆是米"。

"到了立秋节，锄苗不敢歇"，指到了立秋时节，要抓紧锄苗。

"到了芒种节，亲家有话田里说。"亲家指儿女结为婚姻的亲戚关系。本句是指芒种前后正是农忙时节，亲家有话也要边干活边说。

"霜降见霜，米烂陈仓"，霜降日见霜，主来岁丰稔。

汉语中关于种米种稻的物候谚语也有不少，如"南风吹我面，有米也不贱；北风吹我背，无米也不贵""秋霹雳，损晚谷"。

不同作物的播种期和收获期也不一样，这和作物本身所具备的特性有关。"南风吹我面，有米也不贱；北风吹我背，无米也不贵"，语出清代金埴《不下带编》卷六："凡天下丛林，三门之内，必有佛大肚笑容，曰：'弥勒尊者。'其佛面南背北，甚灵应。南方俗传十一月十七日佛生日，农人每岁于是日至十八、十九三日之内占风以定米直之低昂。流传佛语四句云：'南风吹我面，有米也不贱；北风吹我背，无米也不贵。'验之皆信。"

"秋霹雳，损晚谷"，语出明代徐光启《农政全书·农事·占候》："（七月）有雷损晚稻。谚云：'秋霹雳，损晚谷。'大抵秋后雷多，晚稻少收。"

3. 颗粒归仓

"颗粒归仓"是指把每一颗每一粒粮食都收进仓库里。它体现的是一种节约精神，并且是非常严苛的尽量追求完满的节约精神。把每一颗粮食都收到仓内，也比喻做事周全。颗粒归仓的同义语有"涓滴归公"。《官场现形记》第三十三回："真正是涓滴归公，一丝一毫不敢乱用。"涓滴指的是小水滴，用来比喻非常细致且微小的事物。水在中国文化中也被用来表示金钱财物，意思是要公私分明，不可以将公家的钱财收入囊中。

源远流长、博大精深的中华粮食文化极其重视节俭，重视节约粮食。"一分耕耘一分收获""一粥一饭，当思来之不易；半丝半缕，恒念物力维艰""饮食约而精，园蔬愈珍馐""克勤于邦，克俭于家""一粒米入地，万粒米归仓""宁流千滴汗，不坏一粒粮""一粒粮食一粒金，颗粒还家要当心""一粒米也有九斤四两力""一粒千金休暴殄，饱时应记饿时难"。这些谚语都是优秀的中华粮食道德文化观的概括表述，都劝诫人们要爱惜粮食，即使是一粒也不能浪费。

4. 堆金不如积谷

这句的意思是堆积金子，不如储存粮食，指饥荒时粮食比金子更珍贵。

粮本性、粮安性是中国农耕文化的基本思想。与"堆金不如积谷"类似的表达还有："家中有粮，心中不慌""积谷防饥，养子防老"，说的都是粮食的重要性。"长久以来，中国都是凭借农业来立国、强国，处处都体现着民以食为天的理念，几千年来，粮食都被看作是一个国家国泰民安、发展进步的基础。"《周礼·地官·廪人》提到："廪人，掌九谷之数……以治年之凶丰。"同书"仓人"也提到："仓人掌粟之入藏……以待邦用。……有余则藏之，以待凶而颁之。""储藏以待凶荒，这是自古以来的社会共识。"[1] "堆金不如积谷"是汉民族的一种文化习俗。

5. 滴水成河，粒米成箩

一滴滴水积聚起来，可以成为一条河；一粒粒米集积起来，可以积聚成为一大箩。这句也即"积少成多，聚沙成塔"的意思。同样的说法还有"一天捡把米，一年一石几""一天省一把，十年买匹马"。朱德《勤俭持家》："这样日积月累，就是一个很大的数目。俗话说得好：'一天省一把，十年买匹马。'"

6. 宁省囤尖，勿省囤底

消费观念在人们消费时具有指导作用。中国老百姓有万事万物有余裕的思想观念。"量入为出，食陈储新"是我国独特的粮食消费文化观，是一种节俭的生活方式。"宁省囤尖，勿省囤底"是说尽管仓库中的粮食已经多到冒尖了，我们宁愿在这个时候节省一点，也不要在仓库中粮食见底的时候，才醒悟要节约粮食。"宁省囤尖，勿省囤底"也说成"囤尖上不打算盘，囤底上打算盘""大处不省小处省，囤尖不省囤底省"。

7. 糠菜半年粮

把糠、青菜视作半年的主粮，这是旧时资养匮乏的一种生活写照。

民国时期，河南《续安阳县志》卷三记载："土人摘取熟柿，和以糠秕

---

[1] 朱启新，《说文谈物》，上海书店出版社，2002 年，第 81 页。

杂粮，碾糅成块，晒干，入冬碾面蒸食，名曰柿糠，甘美可口，不嫌粗糙，谚谓糠菜半年粮。即东乡之菜，西乡之糠，均为农户必备之佐食品，视作半年之粮食也。"晋、冀、豫太行山内外地区，都有此谚。

8. 柴米夫妻

"柴米夫妻"即为谋生计而结合的夫妻，指物质条件低微的贫贱夫妻。又作"米面夫妻""钱米夫妻""炭廒（门闩）夫妻"。

"柴"是传统烹饪所需的燃料，"米"是主要的粮食种类，有柴无米难为炊，有米无柴是生饭，二者连用泛指日常必需的生活资料。谚语有云："有柴有米是夫妻，没柴没米两分离""有米有面好夫妻，没米没面两分离""有柴有米是夫妻，无柴无米各东西""有柴有米是夫妻，无柴无米是别人的"。男女相配结合为夫妻，组成家庭，就是要一起过日子。作为传统农耕社会形成的生活观，过日子主要指经营家庭生活，开展饮食起居，"柴米"就成了过日子必不可少的物质资料。夫妻之间的关系不仅仅是靠感情来维系的，如果缺少了过日子最基本的物质条件，日子就无法正常过下去，这种关系就很难维持，故谓"有米有面好夫妻，没米没面打搁起""有柴有米是夫妻，无柴无米各东西""有柴有米是夫妻，无柴无米两分离""有米有面好夫妻，没米没面受恶气"。"柴米夫妻"反映了旧时夫妻关系常依赖于相应的物质基础的文化背景。当然，汉语也有"米面夫妻不到头"的谚语，指靠物质维持的夫妻关系不会长久。

"柴米夫妻"常常和"酒肉朋友""盒儿亲戚"连用，谚语有"柴米夫妻，酒肉朋友""米面夫妻，酒肉朋友""有酒有肉皆兄弟，无柴无米不夫妻"等说法，有时也说成"柴米夫妻，酒肉朋友，盒儿亲戚"。《客座赘语·谚语》有云："南都闾巷中常谚，往往有粗俚而可味者，漫记数则。如曰……柴米夫妻，酒肉朋友，盒儿亲戚。"清代钱大昕《恒言录》卷六也称之为"闾巷常谚"。

"柴米夫妻，酒肉朋友，盒儿亲戚"中的"酒肉朋友"的意义不是指在一起只是吃喝玩乐而不干正经事的朋友，而是指是朋友就要共同分享酒和肉。"盒儿亲戚"是指亲戚之间需要互送礼盒，你一盒儿来我一盒儿去。

"柴米夫妻，酒肉朋友，盒儿亲戚"是过去家庭生活、社会交往的真实写照，这条谚语中，我们看到的是男耕女织的单纯质朴，友人之间的豪爽，亲戚之间的血缘温情。

9. 腊八粥与八宝粥

论粥品的名头当属腊八粥与八宝粥最大。

农历十二月初八是我国传统节日，叫"腊八节"。每逢这天，家家户户都要按照习俗吃粥，名曰腊八粥，也叫七宝五味粥，这种粥包含了人们对来年五谷丰登的美好期盼。腊八粥产生至今已有 2000 多年的历史。传说，佛教的开创者释迦牟尼成道就是在腊月初八那一天，正是因为这样，古代的各寺院在腊月初八这天，都会用蔬菜水果以及各种米来熬粥，以此供奉佛祖，以表虔诚，并将这种粥尊称为"佛粥"。在用作贡品祭祀佛祖之后，还会将腊八粥施舍给穷苦人家。随着佛教影响的不断扩大，腊月初八这一天吃腊八粥就逐渐成了一种民俗，已经不仅仅是专门在佛门寺庙传承了。

最早的腊八粥是用红小豆来煮，后经演变，加之地方特色，逐渐丰富多彩起来。腊八粥一般是以糯米、红豆、桂圆、枣、栗子、花生、榛子、白果、松子等食材煮成。中国各地腊八粥的花样繁多，其中北京的腊八粥是最讲究的，据说是将红枣、莲子、核桃、栗子、杏仁、松仁、桂圆、榛子、葡萄、白果、菱角、青丝、玫瑰、红豆、花生等食物与白米一起熬制成粥。因为所需用料较多较杂，人们通常会在前一天晚上就开始准备，洗米、泡果、剥皮、去核、精拣，然后在半夜时分开始煮，再用微火炖，一直炖到第二天的清晨，腊八粥才算熬好了。

习俗上，女儿回娘家，到腊八这天，必须接回婆家。即便有特殊情况，仍要住娘家，也绝不吃这顿腊八粥，以为这会不利于婆家，使婆家变穷。所以谚语有"不吃娘家腊八粥""吃了腊八米，一辈子还不起""吃了娘家米，子子孙孙还不起"的说法。当然，也不绝对是这样。北方乡间，忙过秋收，媳妇都要回娘家，有住得久的，直住过腊八才走。所以，谚语又有"喝了腊八粥，往婆家溜；吃了腊八饭，往婆家转"的说法。

八宝粥的原意是指用八种不同的原料熬制成的粥。一般以粳米、糯米或黑糯米为主料，再添加辅料，如绿豆、赤豆、扁豆、白扁豆、红枣、核桃仁、花生、莲子、桂圆、松子、山药、百合、枸杞、芡实、薏仁米等熬制成粥。今天的"八宝粥"用料已经超出八种。

"八宝粥"还有很好的文化喻指意义。电视剧《康熙微服私访记》有一部《八宝粥记》，说的是康熙一行在街头，遇到苏州恶少哈六同欺行霸市，倚仗旗人身份，欺压汉人秀才谭一德，康熙等十分愤慨，出手相助。是夜，康熙和秀才谭一德相谈甚欢。谭一德借粥大发感慨：一碗八宝粥没熬的时候，枣子、豆子、花生、桂圆，分得清清楚楚。一旦放入锅中，熬呀熬呀，你我相混、你我相惜、你我相熟，熬好了之后再端出来，谁还分得清谁是谁，这就是一碗粥哇。在一碗粥中，这些东西难道还分成三六九等吗？这与一个国家有十几个民族有什么不同呢？谭一德还即兴挥毫，写下脍炙人口的《八宝粥记》。《八宝粥记》一文由粥论及国事，提出满汉平则天下平的观点，呼吁国家民族要像八宝粥般凝聚在一起，和睦相处。此文受到康熙皇帝的称赞。

10. 及第粥

"及第粥"又名"三元及第粥"，是广东省的地方传统名吃之一，用猪瘦肉丸、猪肝片、猪粉肠加入粥中煮熟而成，属于粤式粥点。

相传在清朝，广东的林召棠中了状元回乡拜祖，他每天都喜欢把猪肝、猪腰、猪肚和上好的大米放在一起煮粥吃。有一天，有位退居广州的御史前来探访林召棠，恰巧碰上林召棠正在吃粥。林忙叫老御史一同食用。老御史闻到一股诱人的香味，便问是什么粥。林状元深知老御史的最大心愿是自己的儿子能在科场高中金榜题名，因此他指着粥非常认真地回答说：

"这是及第粥。"老御史也不客气，连忙与林状元一起津津有味地吃起来。

在我国科举取士时代，状元、榜眼、探花为殿试头三名，合称三及第。而林召棠便用猪肝、猪腰、猪肚这三种猪的内脏比作三及第，老御史在吃过及第粥后，又向林状元学会了制作方法，回到家中便命厨师如法炮制，精心熬制及第粥给儿子吃，后来儿子果真中了状元。老御史高兴地逢人便讲此粥的来历及其营养丰富和预兆大吉大利的好处。因此，及第粥很快在当地传开，并家喻户晓，后来代代相传。

直到今天，及第粥在广州地区仍然被许多盼望子女考上大学的苦心父母所偏爱，每天都会亲自熬制或者去有名气的饭馆买来这种粥给儿女们吃，希望孩子金榜题名。

11. 百家米与百家饭

"百家米""百家饭"是我国古代民间一种古老的祈寿习俗，寄托人们对健康长寿的美好向往。古人认为一家之米包含了该主人的祝福之意，得到百家米之人将会得到百家的护佑。过去，人家的小孩子掉进泥潭里，大人们就在自家的院子里支起一口大锅，让小孩子去别人家去讨米。不管你家是穷是富，都要施舍点米或豆，小孩子吃完就会平安的。有的小孩生下来体弱多病，爱在夜晚哭闹，会被家长认为是薄命多灾的体现，因此需要吃"百家米"，让大家一起来供养他。如此，该小孩才能消除凶灾，平安无事，健康成长。于是，家人便到村里的各家各户为孩子讨米，每户得到的些许大米，凑起来便形成了"百家米"，然后再拿到家里给其煮食。而有的老年人如果体弱多病，其子女也常常给其讨来"百家米"，煮熟后让其食用。据说，如此能使这些小孩和老人消灾除病，或健康成长，或安享晚年。

"讨百米"也叫吃百家饭，民间有"吃百家饭，得百家福"的说法。胡正《汾水长流》一八章："他还有个道理，就是：'吃百家饭，得百家福。'所以今响上春海妈一敬让他吃饭，他就坐在春海身旁，和春海一起吃起来。"王仁湘说:"我们很多人可能都不知道古时有'百家饭'的风俗,这是夏至日的一种非常特别的食俗,它已经在现代节日生活中消逝了。《岁时杂记》记述了这种风俗:'京辅旧俗,皆谓夏至食百家饭则耐夏。然百家饭难集,相传于姓柏人家求饭以当之。'集成百家饭的过程,就是一个亲近邻里的过程,你到我家集,我到你家集,集饭的时候很自然地就把彼此的关系拉近了。当然'百家'只是一个概数,实为多家,也许是越多越佳。古人如何认为食百家饭能耐炎热,却让我们不容易明白,这种以健康目的为出发点的食俗,其实为人们带来了更多的收益,增进了邻里之间的感情。"①

与百家饭相似的节日食俗,还有"七家饭""七家粥"。"七家饭""七家粥"具体是用从邻里乡亲家中讨来的米加以各类豆子和红糖一起熬制成的粥,由大家来分食。七家茶则是由各家自己烘焙好的新茶混合起来泡成一大壶茶,来与大家一起饮用。这些粥或茶都是很常见的食物,并非珍馐美食,但这些仪式却可以说是过去农村社会中重要的联谊活动。江苏无锡人在立夏日合七家米为饭,以为这样在夏日能防暑热伤身。集七家米的效果,与集百家饭是相同的。

12. 粽子与端午节

端,初也。端五,五月的第一个五日,古"五"与"午"通用。端午节为每年农历五月初五,又称端阳节、五月节、五日节。在春秋之前端午节是祛病防疫的节日。应劭《风俗通》:"五月五日,以五彩丝系臂,名长命缕,一名续命缕,一命辟兵缯,一名五色缕,一名朱索,辟兵及鬼,命人不病瘟。"后来爱国诗人屈原在这一天投江以殉国明志,这一天也逐渐成了人们祭奠屈原表达爱国情怀的传统民族节日。《续齐谐记》:"屈原五月五日自投汩罗江而死,楚人哀之,每至此日,以竹筒贮米,投水祭之。"

---

① 王仁湘,《往古的滋味——中国饮食的历史与文化》,山东画报出版社,2006年,第304页。

端午节家家户户都少不了吃粽子，这是中国人的传统习俗。据记载，早在春秋时期，用菰叶（茭白叶）包黍米成牛角状，称"角黍"。用竹筒装米密封烤熟，称"筒粽"。东汉末年，以草木灰水浸泡黍米，用菰叶包黍米成四角形，煮熟。因水中含碱，称为广东碱水粽。《太平御览》卷八百五十一引晋周处《风土记》记载："俗以菰叶裹黍米，以淳浓灰汁煮之令烂熟，于五月五日及夏至啖之。一名粽，一名角黍，盖取阴阳相裹米分散之时像也。"宋代的粽子，形状不一，有角粽、锥粽、菱粽、秤锤粽等。从原料来看，有九子粽、松

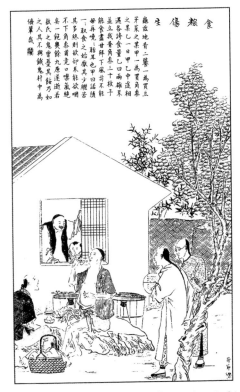

图 2-3　食粽伤生（来源：《点石斋画报》）

栗粽、胡桃粽、姜桂粽、麝香粽等。近世粽子更是花样繁多，包糯米的叫米粽，米中掺小豆的叫小豆粽，掺红枣的叫枣粽，不一而足。包粽子主要是用河塘边盛产的嫩芦苇叶，某些地区也有用竹叶的，统称粽叶。端午节的早晨家家吃的粽子一般是前一天把粽子包好，在夜间煮熟，早晨食用。

13. 送祝米

"送祝米"是我国一项流行地域广、涉及民族多的传统贺诞民俗。"送祝米"又称"送粥米"，乃音转之变。山东肥城、莒县、临沂等地区称"送助米"，安徽淮北地区称"送钟美"，河南商丘、山东青州、山东寿光、四川雅安、河南濮阳等地称"送中米"。

"粥米"为新产母子的营养品，"祝"为祝贺、庆贺之义。作为汉民族代代传承的习俗，送祝米这种习俗都有确定的日子，一般在新生儿出生后的第三、六、九或十二天举行。

"送祝米"的传统贺诞民俗源远流长，一直到今天它还流行于某些农村地区。

14. 百里不贩樵，千里不贩籴

这条谚语来自《史记·货殖列传》，说的是"贩柴的不出一百里，贩粮的不出一千里"。谚语是对生活的提炼，是广大劳动人民从生产、生活的实践中总结出来的规律、方法。"百里不贩樵，千里不贩籴"在《史记》中就已被引用，这说明它出现于我国西汉时期甚至更早，是当时的劳动人民对生活的总结，反映了当时的交通运输条件和社会环境，告诉人们一个简单的道理：一个贩柴的人活动范围当在百里以内（古时一县辖地约百里，因以百里为县的代称），一个贩粮的人活动范围当在千里以内。买卖货物不能舍近求远，应力争降低成本。如果超出了这个贩运的距离，百里之外，运销柴草，千里之外，贩卖粮食，其商品流通费之高、其商品损耗之大可以想象，肯定是不合算的。该谚语为那些正在或即将从事贩柴、贩粮活动的人们提供了很好的指导建议，以免做亏本的生意。

在中国封建社会里，粮食是最重要、最大宗的商品。宋代时进入流通领域的粮食数量就较前代大大增加了，"百里不贩樵，千里不贩籴"的状况已完全改变，远距离的粮食贩运贸易已相当兴盛。叶适《水心文集》卷一《上宁宗皇帝札子》云："湖南、湖北一带，江湖连接，地无不通，一舟出门，万里惟意，靡有碍隔。民计每岁种食之外，余米尽以贸易。大商则聚小家之所有，小舟亦附大舰而同营，辗转贩粜，以规厚利。父子相袭，老于风波，习为常俗。"

15. 苏湖熟，天下足

这句指的是如果苏州、湖州粮食丰产，全国都不愁吃穿。自南宋中期开始，汉语出现了"苏湖熟，天下足"的谚语。

最早记载这一谚语的是范成大，他在《吴郡志》卷五中记载："谚曰：'天上天堂，地下苏杭。'又曰：'苏湖熟，天下足。'"《吴郡志》成书于宋光宗绍熙三年（1192），可见这一谚语在绍熙三年以前就已经出现了。陆游在《常州奔牛闸记》中把"苏湖熟，天下足"说成"苏常熟，天下足"。"'苏湖熟，天下足'谚语的出现和定型，完全是这两州农业发展的产物。"①

16. 吃皇粮

民间俗称的皇粮，其实就是地方政府按朝廷下达的指标，无偿上缴的公粮，也称漕粮、漕米、贡米、御米。在古代，老百姓代代耕种，岁岁纳贡——质量上乘的大米和小米要进贡到皇宫，供皇家享用。

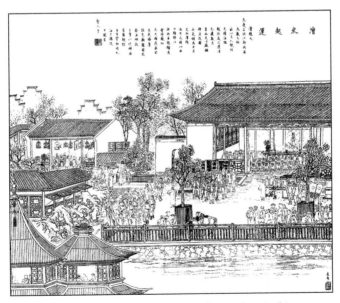

图 2-4　漕米起运（来源：《点石斋画报》）

---

① 朱瑞熙，《宋代"苏湖熟，天下足"谚语的形成》，《农业考古》，1987 年第 2 期。

每年通过漕运，向京城调运粮食，是我国历史上一项重要的经济制度，直接关系到国家的命脉。漕运虽然有一套较完善的管理规章，但由于潮湿霉变、自然损耗，再加上地方官员贪污腐败，每年到京的皇粮都得打折扣，故谚语曰"三升皇粮，七合到京"。

拿朝廷的粮食或俸禄叫吃皇粮。过去官员管拿工资叫"吃皇粮"；"吃皇粮"现在指在政府部门或靠国家开支经费的事业单位任职。

17. 开仓放粮

古时候经常闹灾荒，一出现灾荒，百姓往往是食不果腹，流离失所，甚至会出现饿殍遍地、哀鸿遍野的惨象。严重的自然灾害会给社会造成物质财富的严重流失，导致大量劳动力的消失，甚至直接导致社会动乱，威胁政权统治。为解决这一社会问题，历朝历代都比较重视储粮备荒、减免赋役，同时还采取措施进行救济。古代的小说、故事、戏曲记述了许多赈灾故事。

元杂剧《陈州粜米》，全名《包待制陈州粜米》记述了大宋年间包拯赈灾的故事：

> 陈州大旱三年，颗粒不收，黎民苦楚，饥至相食。朝廷派刘得中、杨金吾前去救灾。他们不仅私自抬高米价。钦定米价是五两白银粜一石细米，他们改作了十两一石，米里又插上泥土糠，出的是八升的小斗，入的又是加三的大秤，即大秤收银、小斗售米，大肆搜刮百姓。而且还用敕赐紫金锤打死同他们辩理的农民张敝古。张敝古之子张小古上告到开封府。包拯微服暗访，查明事实真相，智斩了杨金吾，又让张小古以同样的方式，用紫金锤击死刘得中，为受害者雪冤。①

此外还有根据《三侠五义》改编的故事和戏曲《陈州放粮》，讲述的是

---

① [元] 关汉卿等著，王薇评注，《元杂剧精选》，三晋出版社，2008 年，第 162 页。

包拯到陈州去考察赈灾情况，安乐侯国舅庞昱贪污腐败苛刻百姓，包拯用龙头铡刀铡了他，为黎民百姓伸张正义的故事。

清代著名画家、书法家郑板桥曾任潍县县令，他因"以岁饥为民请赈，忤大吏，遂乞病归"颇有政声。闹饥荒之年，他为民请命要求赈灾，忤逆了上司，于是以生病为由请求归乡。

粥厂施赈，是过去荒年赈济的一种形式，尤其是有清一代，灾荒连绵，粥厂的开设也最为普遍。电视剧《天下粮仓》就是以清乾隆元年江南饥荒为背景，当时任刑部尚书的刘统勋受命调查赈灾赈粥活动，结果发现大锅里的米粥几乎无米，好像清水一般，于是怒不可遏，向粥厂的胥吏发出严令："筷子浮起，人头落地。"

图 2-5　开仓移粟（来源：《点石斋画报》）

三、米喻视界

悠久的农耕文化和以米食为基础的粮食文化，是中国优秀传统文化产生和发展的基础和渊源，贯穿于中华传统文化发展的始终。农耕文化和粮食文化提供了人们生存与生活的基础，满足了人们最基本的生存需求，丰富了人们的精神文化活动。

谚语作为一种映射模式是一种常规化的过程。"在熟语常规化的形成过程中，超隐喻和超转喻扮演着重要角色。所谓超隐喻和超转喻，是指隐喻或转喻超越了原来的语言使用环境，被运用到更为广泛的相关语境中，这一超越使熟语获得了更为普遍的概括意义。"① 米食作为一种为大众所关心的世俗生活内容，也是一种极其容易获得理解、促成沟通、隐喻观念与揭示奥义的通俗形式。汉民族凡事都爱用米食事项讲道理的传统可谓源远流长，极为普遍。《乡言解颐》中就有米的比喻："生米做成熟饭，慎终于始也。讨米下不得锅，备豫不虞也。当家才知柴米贵，物力不可不惜也。"据不完全统计，汉语中的涉米熟语有数百条。可以说，汉民族喜欢用米来观察审视世界，喜欢用米来打比方、讲道理，米喻已成为汉民族观照外界的文化模式，这些涉米熟语是我们的文化记忆。

（一）米粟喻理

米粟是人们餐桌上习见的一种谷物，是基本的吃食，也是评判价值的尺度。数量非常少或极其渺小，用汉语喻称"太仓一粟"；所做之事已成定局，无法改变，难以逆转，在熟语中的形象说法是"生米做成了熟饭"；人格之建立，非仅一端，在汉语熟语中谓之"谁是一把米长大的"。与浮光掠影的描述和带有道德判断的评论相比，米粟喻理更为直接而真切地表达和

---

① 张辉，《熟语：常规化的映现模式和心理表征——熟语的认知研究之一》，《现代外语》，2003年第3期。

反映了人民群众的智慧、经验和情感。

1. 太仓一粟

太仓，是古时国都附近最大的粮仓。粟，即我们平时所说的"小米"，又叫"秫米"。"太仓一粟"意为太仓中的一粒小米，人们通过太仓或者是沧海和粟米的尺寸对比，凸显出粟米的渺小，比喻数量非常少或极其渺小。

与此相似的成语还有"一粟太仓""太仓秫米""沧海一粟"。这些成语用相同或相近的词构成，表达的含义也是完全一致的，都是通过大小两类事物在形体和尺寸上的对比，说明小的一类事物，即粟米的渺小。

与"太仓一粟"具有相近含义的谚语还有"富家一盏灯，太仓一粒粟"。

2. 黍稷无成，不能为荣；黍不为黍，不能蕃庑；稷不为稷，不能蕃殖

稷，粟，即谷子。荣，指结穗。庑，通"芜"，意为丰茂。蕃殖，即繁殖。这句谚语的意思是，黍、稷长不成，自然结不出穗；想收黍却不种黍，当然谈不上黍的丰收；想收稷却不种稷，当然谈不上稷的繁殖。这句谚语比喻施恩才能得报，树怨必然结仇。语出《国语·晋语四》："公子过郑，郑文公亦不礼焉……叔詹曰：'若不礼焉，则请杀之。谚曰：'黍稷无成，不能为荣；黍不为黍，不能蕃庑；稷不为稷，不能蕃殖。所生不疑，惟德之基。'公弗听。"

3. 巧妇难为无米之炊

这是一条人们耳熟能详的谚语，从字面上解读的意思是擅长烹饪、心灵手巧的妇人如果没有米也是做不出饭来的，比喻本领很大的人如果缺少必要条件，事情也难以办成；也比喻能力再强，不具备必要条件也办不好事。

"巧妇难为无米之炊"的形成有一个复杂的历史过程。宋代陆游《老学庵笔记》卷三："晏景初尚书请僧住院，僧辞以穷陋，不可为，景初曰：'高才固易耳。'僧曰：'巧妇安能作无面汤饼乎？'景初曰：'有面则拙妇亦

图 2-6　巧媳妇煮勿出无米饭（来源：《图画日报》）

办矣.'僧惭而退。"馎饦即汤饼，把面做成圆片状下在汤里，类似面片，
又写作"不托"。宋代庄绰《鸡肋编》："谚有'巧媳妇做不得没面馎饦'，
与'远井不救近渴'之语，陈无己用以为诗云：'巧手莫为无面饼，谁能
留渴须远井。'"明代冯梦龙《古今谭概》也记载了晏景初的典故："晏景
初请一名僧住院，僧辞以穷陋不可为。景初曰：'高才固易耳。'僧曰：'巧
妇煮不得无米粥。'景初曰：'若有米，拙妇亦自能煮。'"从这几个书证来
看，谚语中的核心词有不同的称说，这里面有一个变化的过程，明代已经
用"粥"替换了宋代的"汤饼"和"馎饦"。在明清的白话小说中，基本上
都用"无米粥"的说法，而不用"无面汤饼"和"无面馎饦"。如《喻世明
言》里出现的是"巧妇煮不得无米粥"，《红楼梦》里出现的是"巧媳妇做
不出没米的粥来"，《歧路灯》里出现的是"巧媳妇难做无米粥"。到了晚

110

清，干脆用更为常见的"饭"来代替"粥"，如"猛将军无刀杀不得人，巧媳妇无米煮不得饭"。清代就已经出现了"无米炊"的用法，如清代袁枚《随园诗话》补遗六："毛大瀛妻某氏，能诗……后寄毛家信云：出门七年，寄银八两，儿要衣穿，女要首饰，巧妇不能为无米之炊，此之谓也。"可见，这句谚语形式历经宋、元、明、清，到现在基本定型为"巧妇难为无米之炊"，又省作"无米之炊"。

4. 偷鸡不成反而蚀把米

这句是说鸡没偷成，还损失了一把米，比喻本想占便宜，反倒吃了亏；也比喻害人不成，反倒害了自己。陈登科《风雷》："黄龙飞道：'俺这个人，一生无才，也无大志。但是，有一条，偷鸡不成反而蚀把米，这种傻事，俺是不干的。'"

"偷鸡不成反而蚀把米"的变体有很多种，如"偷鸡不着蚀把米""偷鸡勿着蚀把米""偷鸡不到蚀把米""偷鸡不着亏把米""偷鸡不着白蚀米""偷鸡不成白搭上几把米""偷鸡不成反蚀一把米""偷鸡不着反蚀把米""偷鸡不成反丢一把米""偷鸡不着反折一把米""抓鸡不成蚀把米""叉鸡没有叉得着，反丢掉了一把米"。

"偷鸡不成蚀把米"和"赔了夫人又折兵"有异曲同工之妙，是对咎由自取行为的讽刺。

图 2-7 攘鸡失鸡（来源：《点石斋画报》）

5. 舍不得白米，抓不着鸡

这句是指不付出代价，就不会有收获，也作"舍不得米，捉不来鸡"。

呼鸡是要用米的，鸡和米的联系在谚语中有多种体现，如"日无呼鸡之食，夜无鼠耗之粮"。白天没有让鸡吃的一粒米，晚上没有让老鼠偷吃的一点粮，形容家境贫苦，连一点余粮都没有。

舍得舍得，有舍才有得，抓鸡也是同样道理，"舍不得白米抓不住鸡"，比喻不付出小的代价，得不到大的好处。"手中没把米，叫鸡鸡不理"也作"手中没把米，叫鸡鸡不来"，比喻什么也没有，不能给人任何报酬，对方不愿干。反过来，"只要舍得谷子，不怕引不来满院的雀子"，指要舍得投放谷子为诱饵，就不怕引不来麻雀，比喻干什么事情都要舍得投入。更通俗的说法还有"扣个麻雀还得几颗谷子""捉鹌鹑还要个谷穗儿"。路遥《平凡的世界》："那这没问题！你先给人家去个信，我回去让少安准备一下，就让他尽快走一回柳林！不得成也没关系！这又花不了几个路费！人常说，扣个麻雀还得几颗谷子哩！"

6. 生米做成了熟饭

生的米经过烹煮，做成了熟的饭，这一含米谚语中的米，泛指一切五谷杂粮，用来比喻所做之事已成定局，无法改变或难以逆转。而这句具有口语化形式的俗语生动而形象地表达出了"木已成舟，覆水难收"的深刻含义。

"生米做成了熟饭"语出明代沈受先《三元记·遣妾》："如今生米做成熟饭了，又何必如此推阻。"清代李百川《绿野仙踪》："依小妇人的主见，将齐老爷闹的远去几日，我们那边，便急急下定礼，急急择日完婚。齐老爷到回来时，只好白看两眼，生米已成熟饭，会做什么？"

"生米做成了熟饭"存在多种变体，也有作"生米煮成熟饭""生米已经做成熟饭""米已成饭""米已成粥""生米成炊"。不管何种变体，其根本含义都是在隐喻人们为达到某种目的而忽略过程，直达结果，事成定局后无论接受与否，都存在着的既定事实，而通常情况下这一事实伴随的是无可奈何，只好认可的态度。

7. 当家才知柴米贵

这句比喻在没有亲身经历一件事情的时候，是不了解其中的难处的。《乡言解颐》解释此句为："物力不可不惜也。"

"当家才知柴米贵"是单句谚语，由于它的表意平实有力，经验性强，老百姓乐于使用，所以在此基础上演化出许多复句谚语，而且数量还不少，如"当家才知柴米贵，养儿方知父母心""当家才知柴米贵，养儿方知父母恩""当家才知柴米贵，养孩才知娘辛苦""当家才知柴米贵，处世方知世事艰""当家才知盐米贵，出门才晓路难行""当家才知柴米价，出门方晓行路难"。以当家为题，形成了如此众多的谚语，这实在是一种非同寻常的语言文化现象。

"当家才知柴米贵"反过来说便是"不当家便不知柴米贵"。由此也形成了下列谚语："不当家不知柴米贵，不养儿不知父母恩""不当家不知柴米贵，不创业不知钱艰难""不当家不知柴米贵，不拿秤不知斤和两""不当家不知柴米贵，常温饱不知三冬寒""不是当家人，不知柴米贵""不当家不知柴米价，不养子不知父母恩"。

8. 数米而炊，称薪而爨

这句是指只能干小事，干不了大事。《庄子·庚桑楚》："简发而栉，数米而炊，窃窃乎又何足以济世哉？"《淮南子·泰族训》："称薪而爨，数米而炊，可以治小而未可以治大也。"

"数米而炊，称薪而爨"亦常用来形容生活的穷困艰窘，或比喻人一毛不拔的吝啬之态。《警世通言》卷五："积财聚谷，目不暇给，真个是数米而炊，称薪而爨。因此乡里给他一个异名，叫作金冷水，又叫金剥皮。"

9. 水米无交

"水米无交"比喻没有任何礼尚往来，谓居官清廉，无所取于民。元代关汉卿《谢天香》四折："老夫在此为理三年，治百姓水米无交，于天香秋毫不染。"也作"水火无交"。

10. 一样米养百样人

这句也作"一样米食百样人""一样的米，吃出百样的人""一样饭喂出百样人""一样米，吃百样""一碗米养七十二等人"等，都是说人吃着同样的饭，但品性各不相同。梵扬《瑶家寨》："我看他变了，同过去一起当雇工时很不一样，同他大哥唐丹谷比较，更是一个高山顶上栽松树，一个山谷底下挖深坑，两副模样哪。真像汉人俗语说的那样，一娘生九品，一种米养出千样人。"

与"一种米养出千样人"类似的谚语有"一样的米面，各人的手段"，比喻同样的事物，因人而异。

11. 煮饭要下米，说话要有理

这句意思是就像煮饭不放米就煮不成饭，说话不讲理就不被人接受。谚语用的是对比的手法，上句是陪衬，下句是正意。之所以这样比，一方面是因为"米"和"理"之间存在相似性，"米"是煮饭的必要条件，"理"是说话的必要条件；另一方面是因为"米"和"理"的韵母相同，都放在句尾可形成押韵，使谚语读起来朗朗上口，富有音乐感和节奏感，便于谚语的广泛传播。莫伸《生命在凝聚·三岔镇风波》："'煮饭要放米，说话要讲理。'你挣着公家的钱，不愁吃不愁穿，干啥子来唬我们穷人百姓？"

"煮饭要放米，说话要讲理"也作"吃着盐和米，就得讲道理""人多出正理，谷多出好米""谷多舂出米，人多讲出理""吃饭吃米，说话说理""吃的盐和米，讲的情和理""熬粥要有米，说话要讲理""人多讲出理，田多长出米""稻多打出米来，人多讲出理来""煮饭要下米，说话要有理""小鸡打架为吃米，人打官司为说理""吃饭吃米，说话说理""话事要话理，吃饭要吃米""省米有饭吃，省布有衣穿""烧酒米做，人心肉做""煮饭要放米，讲话要有理""稻多打出米，人多讲出理"。

12. 糟糠之妻不下堂

汉民族的饮食文化中米食占首要地位，"米"是谷类或其他植物的籽实去了皮的名称，稻、麦、谷子等籽实所脱下的皮或壳称为"糠"。糟糠，即酒糟和糠麸等粗劣的食物，是旧时穷人用来充饥的食物，南朝起逐渐出现用"糟糠"婉指"原配妻子"的记载，指能够一同吃粗劣食物的妻子，比喻夫妻间同甘苦共患难的情意，也作"糟糠之妻""糟糠妻"。谚语"贫贱之交不可忘，糟糠之妻不下堂"用来劝诫人富贵时不要忘记贫贱时的朋友，不要抛弃共同患难过的妻子。语出《后汉书·宋弘传》："时帝姊湖阳公主新寡，帝与共论朝臣，微观其意。主曰：'宋公威容德器，群臣莫及。'帝曰：'方且图之。'后弘被引见，帝令主坐屏风后，因谓弘曰：'谚言贵易交，富易妻，人情乎？'弘曰：'臣闻贫贱之知不可忘，糟糠之妻不下堂。'帝顾谓主曰：'事不谐矣。'"又见《南齐书·刘悛传》："后悛从驾登蒋山，上数叹曰：'贫贱之交不可忘，糟糠之妻不下堂。'顾谓悛曰：'此况卿也。'"

13. 先下米，先吃饭

这句比喻事情早办早成，也比喻先行动者先得益。《金瓶梅词话》："如今他家要发脱的紧，又有三四处官户人家争着要，都回阻了，价钱不对。你这银子，作速些便好。常言先下米，先吃饭，千里姻缘着线牵，休要落在别人手内。"《儿女英雄传》："俗话说的'先下米，先吃饭'。'果然有命，水到渠成'。十年之间，不愁到不了台阁封疆的地位。"

"先下米，先吃饭"固然不错，但是心急吃不得热豆腐。汉语中还有"吃生米"一说，比喻办事厉害、不讲情理。叶蔚林《在没有航标的河流上》："盘老五撇撇嘴，掏出一盒火柴交给赵良，又说：'谁丢了火柴，谁吃生米。'"

14. 一粒米要藏大千世界

大千世界是佛教语，指广大无边的世界。佛家认为小大是相对的，大

115

中容得下小，小中也可以容得下大。所以一粒米虽小，却容得下大千世界。清代古吴墨浪子《西湖佳话》"南屏醉迹"："济公在旁听了，笑道：'你一个蠢和尚，怎得知佛家的妙用？岂不闻一粒米要藏大千世界？何况偌大一井，怎容不得几根木头？'"

汉语用"粒米"作喻的谚语还有"一粒渡三关"，比喻平日看起来极其微小的食物，关键时候能起到重要作用。"一粒渡三关"也作"一粒米渡三关，三粒米爬过山""一粒米渡过川，三粒米爬过山""一水渡三关，一米度三荒""粒米定三心"。另外还有"吃饭还掉饭米粒"，比喻实属自然，不必太在意。另"柴无一根，米无一粒"形容非常贫困，一无所有。"贪他一粒粟，失却半年粮"比喻因贪小便宜，遭到了大损失。《五灯会元》卷十五："图他一粒米，失却半年粮。如此行脚，有甚么利益。"又作"贪他一粒粟，失却半年粮。"《五灯会元》卷十九："师曰：'贪他一粒粟，失却半年粮。'"

15. 吃米不会忘记种谷的人

这句是告诉人们做人要懂得在享受成果的时候，不要忘了给你创造成果的人，指做人要懂得饮水思源。柳杞《战争奇观》第三篇："你放心吧，俗话说吃米不会忘记种谷的人。要是忘掉了你，就算忘掉我的八辈祖宗啦！"

汉语以"谷子"为题材形成了许多寓意深刻的谚语。如"吃了五谷思六谷"形容贪得无厌。"七百年谷子八百年糠"和"陈谷子烂芝麻"比喻陈旧的、不太重要的话语或事物。如老舍《四世同堂》："然后，两个老人把多年的陈谷子烂芝麻都由记忆中翻拾出来，整整的谈了一个半钟头。"李英儒《女儿家》："过去的这些陈谷子烂芝麻的你就别提了。那时节，你们网个什么圈套儿。我就钻个什么套儿。"

"陈谷子烂芝麻"也作"陈谷子烂米""陈芝麻烂谷子""陈芝麻烂黄豆""陈糠旧谷子"。

16. 不知道吃几碗高粱米

这句是形容人狂妄自大或不知道自己有多大本事。《一九八三年中篇小说选》："你小子，心野了，野得收不住笼头了，出了几天外，不知道天多高、地多厚了，不知道吃了几碗高粱米了，满口狂话，拿大帽子压人哩！"也作"不知道吃几碗干饭"。马春《龙滩春色》："本来我不想批评你，不过，从你今天的表现来看，不敲敲警钟不行了，你已经不知道吃几碗干饭了！"

17. 砌屋三担米，拆屋一顿粥

砌，指建筑时以泥灰黏合砖石。"建房难，建房要费三担米；拆房容易，拆屋只需一顿粥"，这句谚语既反映了民间习俗，也泛指凡事创建艰难，毁坏极易。王丽堂《武松》："俗语说得好，'砌屋三担米，拆屋一顿粥。'到了火头烧起来，就更快了，即便在这一刻蒋忠赶来，这个火也救不下来了。"

（二）粥汤喻理

食粥，在我国已有数千年的历史。《周书》有"黄帝时烹谷为粥"的记载，《礼记》也有"馆粥之食"的说法。古人认为，粥不但可以解饥、健身，还能够消除病疫。自我国进入农业社会后，饭和粥一直是人们的主食。

粥，古时称饘、糜、酏，俗称稀饭，亦称多水之食，是用米谷或米谷加入其他东西煮成的半流质食物。米汤是米煮的汤汁。粥是半流质食物，米汤就是流质食物了。介于粥和米汤的食物，民间俗称稀饭。有时粥也称稀饭、稀粥。

以粥汤喻理是汉语的一种形象生动又常用的表达方式。常见的有"无米不成粥，无巧不成书"，指没有米不能煮粥，没有巧合难以成书。"吃旧锅里粥"，比喻重操旧业，还做老行当（贬义），回到原来的生活环境中过从前的日子。"汤热还是水，粥冷会粘连"比喻是亲戚关系就有瓜葛、有牵连。"食粥不怕稀，只怕无米断火烟"指吃上稀粥说明还有米可食用，就怕无米断炊。"稀粥烂饭不伤人，吃全杂粮不生病"指煮米饭或熬粥熟烂一些，多吃一些杂粮，对人的身体有好处，也作"稀饭烂粥不伤人""稀粥烂饭不伤人"。"僧多粥少"比喻物质条件有限，满足不了众多人的需要。"别人碗里粥稠"比喻嫉妒或羡慕别人。与"别人碗里粥稠"语义相近的谚语有"别人碗里肉肥"。

粥又被称为"清贫粥"。"百姓家中缺粮少米，吃不起饭或不敢吃饭，只能数米度日，煮粥果腹，这是很普遍的情况，遇上灾荒之年更是如此。"①

1. 一锅粥

"一锅粥"指就像煮粥的锅开了一样，形容场面极其混乱，一团糟。浩然《艳阳天》："这会儿，在沟南边萧长春家门口，弯弯绕和马大炮已经被群众包围了，焦振丛已经把猪毛绳拿了出来，人们正吵得像是一锅粥！"

"一锅粥"经常说成"乱成一锅粥""闹成一锅粥"。刘忠立《觉醒》："'不敢管，怕吃亏！'他气得呼吸都不正常了，'你就不怕社会乱成一锅粥？！'"水运宪《祸起萧墙》："傅连山和梁友汉刚刚走进办公室，就只见院内院外，楼上楼下，吵成了一锅粥。"赵大年等《第三代》："就在当天晚上，按照刘雨芳和她未来的女婿李保本的锦囊妙计，工厂里乱成了一锅粥。"刘绍棠《水边人的哀乐故事》："小红兜肚儿身背着龙蛋子一出村口，就只见大火烧红了满天星，浓烟遮黑了天边月，人喊狗叫乱成一锅粥。"这句用"乱成一锅粥"比喻火灾时场面的混乱和不可控制。

2. 宁吃开眉粥，不吃愁眉饭

这句指宁愿高高兴兴地喝粥，也不愿愁眉苦脸地吃饭。于逢《金沙洲》："你一个人，劳动力又强，自己挣工分，自己吃饭，多自由，多快活！要是我，我早就分出来了。俗语说：'宁吃开眉粥，不吃愁眉饭。'谁能受得住那股闲气啊！"

---

① 徐海荣主编，《中国饮食史》卷三，华夏出版社，1999年，第80页。

图 2-8　害乡邻吃薄粥（来源：《图画日报》）

3. 带累乡邻吃薄粥

所谓"薄粥"就是少米不稠之粥，比喻简单生活或食不果腹。俗话还说："家中有三件宝：稀饭，破屋，烂棉袄。""薄粥""稀饭"指的就是最低限度的生活。陆游曾作《薄粥》诗："薄粥枝梧未死身，饥肠且免转车轮。从来不解周家意，养老常须祝鲠人。"说的就是自己穷困潦倒的生活。"带累乡邻吃薄粥"意思是自己受罪，还连累身边的人，有歉然不安之意。如果不是说自己而是说别人，此谚语的意思是指连累别人，有责备他人之意。也作"害乡邻吃薄粥""带害乡邻吃薄粥""带累乡邻吃薄粥，揎掇老爷煨砂锅"。

4. 得粥莫嫌薄

薄，指稀，不稠。这句的意思是得了别人给的粥不要嫌稀薄，得到别人救助的东西不要嫌不好。《喻世明言》："就是那可怜善述母子的，也只说道:'男子不吃分时饭,女子不着嫁时衣。'多少白手成家的!如今有屋住,有田种,不算没根基了,只要自去挣持。得粥莫嫌薄。各人自有个命在。"

5. 肚饥思量冷滗粥

滗,指挡住煮或泡的东西,只取汤汁。冷滗粥,指冷粥,残渣剩饭。肚子饥饿时想着有一碗冷粥剩饭也好,这句比喻人穷困时,只求满足最低需要。《西湖二集》:"因见冷谦征聘做了协律郎之职,想穷官儿好如富百姓,俗语道:'肚饥思量冷滗粥。'遂走到南京来见冷谦,指望他周济。"

6. 灌米汤

米汤又叫米油,是用上等大米熬稀饭或做干饭时,凝聚在锅面上的一层粥油。"灌米汤"原指让人或动物喝煮米之汤水,比喻用甜言蜜语奉承人、迷惑人、讨好人。曾国藩攻克金陵后,得了许多人赞扬恭贺的诗文,曾国藩命人将这些都抄编在一起,亲自题签,名为《米汤大全》,这《米汤大全》的寓意就是讥讽"灌米汤"。《官场现形记》:"次日陶子尧上院谢委,又蒙抚院传上去,着实灌了些米汤,把他兴头的了不得。"《二十年目睹之怪现状》:"巡道受了这个米汤,自然是觉得宪恩高厚,宪眷优隆了。"周恩来《论统一战线》:"十二月二十五日圣诞节那一天,就是当年西安事变后蒋介石被放回去的那个日子,他忽然请我去他那里,大谈我们是患难朋友,大灌米汤。"

汉语用"灌米汤"形成了一系列歇后语,如"米汤锅里洗澡——稀里糊涂""米汤锅里熬芋头——糊里糊涂""米汤炒莲藕——糊了眼""米汤锅里洗澡——糊涂人""米汤里洗澡——浑身不利索""米汤泡饭——官(归)还原职(汁)""米汤洗头——糊涂到顶"。

7. 是粥是水,揭开锅盖

见水不见米,非粥也;见米不见水,非粥也。最好的粥是米水交融,柔腻如一。《释名》云:"煮米为糜,使糜烂也。"如果未经熬制,米是米,水是水，这就不算粥。"是粥是水，揭开锅盖"比喻事物的真相，揭开表象自然就一清二楚。

（三）量器喻理

旧时计算粮食容积的量具有龠、合、升、斗、斛，皆为十进制计量单位，即十龠为合，十合为升、十升为斗、十斗为斛。这些量具在古代经济史和老百姓的日常生活当中具有相当重要的意义，因为它们并不简简单单是计量工具，还是文化符号，浸润着民族的文化和民众的认识和情感。以计量单位为喻体，汉语在漫长的历史发展过程中衍生出不少耳熟能详的熟语，如成语"升斗小民""日进斗金"，谚语"不为五斗米折腰""海水不可斗量""一粒米养个恩人，一斗米养个仇人"，歇后语"卖米不带升——居心不良（量）"等。

1. 升斗小民

升与斗作为民间流传最广的两种量具经常被用作打比方的喻体，通常比喻微小、少量。升斗小民即比喻每天现买现吃、没有多余粮食的人家，意指寻常百姓。高阳《胡雪岩全传·红顶商人》："升斗小民，却立刻就感到了威胁，米店在闭城之前，就已歇业。"熊召政《张居正》第三卷第四回："升斗小民，穿窬之徒，尚且有尊严不可冒犯，何况我辈？"汉语还有许多含有升、斗的谚语和歇后语，如："一碗米闹饥荒，一斗米也闹饥荒""一斗米养个恩人，一石米养个仇人""命里该有七升米，临死吃不满一斗粮""卖米不带升——居心不良（量）"等。可见，含量具升斗的熟语是平民百姓日常生活和情感的历史记录。

与"升斗小民"语义相近的谚语还有"穷人买米一升头""日无半升米，夜无半床被"，形容生活贫困。"升米，个柴，包烟，零打油"比喻贫户景况。

用"升斗"作喻的谚语还有"九斗石一"，意为九斗生意要做，一石一斗生意也要做，比喻做生意要灵活；"一人一口，十担八斗"指人多力量大就会积少成多；"一餐省一口，一年省三斗"指居家节俭要持之以恒，时间长了就有明显效果；"自家背着一斗，别说人家五升"告诫自身有问题就不要说别人的不是；"千日吃了千升米"指时间长了，花费自然就大。

2. 命里只有八合米，跑遍天下不满升

在中国人的日常生活中，经常会听到这样的谚语："命里只有八合米，跑遍天下不满升""命里注定八合米，走遍人间不满升""命定应该八合米，走遍天下不满升"。这些谚语旧指命里该受穷，走到哪里也富不了。李满天《水向东流》："儿呀！前头的路是黑的，谁知道那是好哇赖呀，不听老辈子说：命里只有八合米，跑遍天下不满升，一步失脚百步错呀！"迷信者认为一个人的财富有多少都是命中注定的，命里注定该有多少，不管怎样努力也是多不出来的。李英儒《上一代人》："他经常宣传：人敬的有钱的，狗咬的拷篮的。他常说：命里无财该受穷，富贵都是天铸成；命里注定八合米，走遍人间不满升。"

除以上说法外，"命里只有八合米，跑遍天下不满升"还有许多变体，如"命里只有八合米，行走天下不满升""命里注定八合米，休想高攀讨一升""命里只有八合米，不能让你积满升""命里只有三合，你就休想半升""命中只有八合米，行走天下不满升""命里注定八合粮，休想高攀讨一升""命里有三升，不去求一斗"等，这些谚语都是受宿命论思想影响而产生出来的。

3. 借升米，还升糠

俗话说"好借好还，再借不难"，这是常理。在那些饥饿年代，穷苦之人常有，无米炊之时常见，举债借米度饥荒是常事。可是，好借有了，好还却没条件，于是"借升米，还升糠"就成了无奈之举。久而久之，这句谚语就用来讥讽那些拖延还债、打折还债、还本不还息、还息不还本、还一部分欠一部分、赖债、有钱不还等行为。

"借升米，还升糠"还说成"借你一升米，还你一升糠"。类似意义的歇后语还有："借米一斗还六升——赖四""借米还糠——气鼓鼓""借米还糠——气鼓气胀""借米一斗还七升——赖三""借一斗还六升六——拖三拉四"等。

4.饥时一粒，胜似饱时一斗

这句是说当人遇到困难甚至饥寒交迫的时候，给他一升米，解了燃眉之急，他会对你充满感激，这也告诫人们要扶危济困，在别人最困难、最需要时出手相助。《醒世恒言》："俗谚道得好：饥时一粒，胜似饱时一斗。便是三万个钱，也值得三十多两，够我好几日用度，岂可不去？"明代高明《琵琶记》作"饥时得一口，强似饱时得一斗"。清代李玉《人兽关》作"饥时一口，饱时一斗"。

"饥时一粒，胜似饱时一斗"民间还说成"饥了给一口，强于饱时给一斗""饿了给一口，强似饱了给一斗""饱时给一斗，不如饥时给一口""饱给一斗，不如饿给一口"。

5.升米恩，斗谷仇

这句是指在关键的时候给予他人一斗米，如同雪中送炭，别人会心怀感恩。如果给予的太多，久而久之，就会使人贪得无厌，会把这些给予视为理所当然。

"升米恩，斗谷仇"也说成"一粒米养出个恩人，一碗米养出个仇人""一粒米养个恩人，一斗米养个仇人"，也作"升米恩人斗米仇""一粒米个恩人，一石米养个仇人""一斗米养恩人，一石米养仇人""升米养恩人，斗米养仇人"。

6.贪他一斗米，失却半年粮

这句指因小失大，也作"贪他一粒粟，失却半年粮"。《五灯会元》："师曰：'贪他一粒粟，失却半年粮。'"

用斗米作喻的谚语还有"斗米愿天荒"，极言其人之自私，也作"一碗米，望天干"。

（四）储藏喻理

粮食储藏的设施与容器主要有仓、廪、囤、窖、缸、瓮、桶、袋子。以储藏设施与容器喻理的谚语也颇有特色。

1. 拐米倒做了仓官

"拐"的一般意义是拐骗，在这里指偷。"仓"指粮仓。这句指的是偷米的贼反倒做了粮仓的官吏，比喻事情荒谬不合理。古代官仓是贮藏粮食的重要机构，因此管仓人是经过严格选拔的。拐米的人是小偷，不符合常理，进而喻指事情的不合理性和荒谬性。

与此意思相近的谚语还有"扫米却做官仓人"。《金瓶梅》："这雪娥听了，口中只叫苦。自古世间打墙板儿翻上下，扫米却做管仓人。既在他檐下，怎敢不低头？"

2. 仓里没粮稗子贵

稗子是一年生草本，外形与稻子极为相似，籽实像米。收割的时候稗子也往往被收进仓里，所以有"稻田里的稗子——你算哪棵苗"的说法。这句谚语的意思是聊胜于无。也作"仓里无米糁子贵，老来无儿女花香"。糁子，是指稻米、小米破碎后形成的小颗粒。

3. 钱过北斗，米烂成仓

这是形容极其富裕的一种夸张说法。《水浒传》："家里钱过北斗，米烂成仓，赤的是金，白的是银，圆的是珠，光的是宝。"《儒林外史》："赵氏在家掌管家务，真个是钱过北斗，米烂成仓，僮仆成群，享福度日。"

4. 靠着米囤却饿死

米囤是用席子、竹篾等围成或编成的盛米器具。"靠着米囤却饿死"，比喻守财自苦，也形容人呆板、糊涂，做事情不懂得变通，靠着有利的资源却不懂得运用。《二刻拍案惊奇》："相传此经值价不少，徒然守着他，救

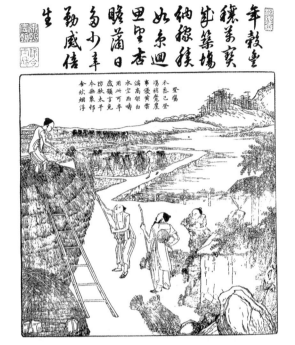

图 2-9　登场（来源：《康熙御制耕织诗图》）

不得饥饿，真是戤米囤饿杀了。把他去当米，诚是算计。"

此谚语还有其他变体，如"靠米缸饿死""看米饿杀""看了米囤到饿死""现放着米囤儿，情愿饿死""靠着米囤却饿死"等，因其形象生动，多用于明清时期的小说中。

5. 大囤满，小囤流

中华人民共和国成立之前，北方地区不少人取名叫"满囤"，这恐怕和饥饿的生活经历有关。如今，农村发生了天翻地覆的变化，叫"满囤"的人屈指可数了。

谚语"大囤满，小囤流"表达的是对美好生活的期盼。与此句相关联的谚语有"宁可囤尖留，不可囤底愁"，指富足时要注意开源节流，勤俭节约，以防匮乏时犯难。也作"宁在瓮顶抠，不在瓮底愁""宁肯在囤尖上留，不敢在囤底上愁"。

用"米囤"喻理的歇后语有"老鼠跌在米囤里——再好没有"，形容事情非常圆满，好得不能再好了。

6. 瓮里无粮，锅碗咣当

瓮是一种口小腹大的陶制容器，供盛水盛米或装酒等用。这句指巧妇难为无米之炊。相反，"瓮里有存粮，灾年心不慌"指过日子有粮食心里就踏实。

以"瓮"喻理的歇后语有"扳倒大瓮掏小米——摸到底了"。

7. 当家人叹气，米缸要沉一层

缸也是一种盛水盛米盛酒的容器。这句说的是当家人灰心丧气，精神不振，情绪低落，米缸随之也要下沉一层。此谚语意思是当家人不可以叹气，那是因为当家人一叹气，他所表露出来的消极情绪会影响全家成员的精神状态。所以，谚语的正面意思还是在于鼓励"当家人"，即使在事业或生活上遭遇到一点挫折或困难，也不要垂头丧气，不要叹气，而要积极地振作起来，排除万难，带领全家人共同发奋前进。

以"米缸"喻理的歇后语和谚语还有"敲着空米缸唱戏——穷开心""水缸翻顶倒，米缸出青草"，比喻贫穷。

8. 米袋子

这句惯用语是指粮食问题，从粮食的种植，一直到收购、运销和市场价格的调控。粮食是国民赖以生存和发展的第一要件。多年来，我国坚持"米袋子"省长负责制，对确保粮食安全起到了举足轻重的作用。

以"米袋子"喻理的谚语还有"打不成米，把口袋掉了""打不成米把口袋丢"，比喻适得其反；"口袋找到，米市散了"，比喻时过境迁。

（五）锅碗喻理

锅是一种炊事用具，可用于对食物进行烹、煮、煎、炸、炒等多种熟制工作。碗作为人们的饮食器皿，主要是盛装食物。汉语谚语往往也以"锅""碗"等灶具与食器喻理。如"揭不开锅"指没有粮食或没有伙食钱；"一个锅里煮不出两样饭来"指生活在一个同甘苦共命运的集体中，要富大家都富，要穷大家都穷；"做饭瞒不了锅台，挑水瞒不了井台"指做事难以瞒过身边的人；"大火开锅，小火焖饭"指思想工作得慢慢来；"饭不熟不揭锅"指火候不到，不将真相或结果公之于众；"有柴一灶，有米一锅"比喻不知节省；"锅里无米白填柴"比喻缺乏关键的东西，一切都会落空；"叫你熬粥，就把锅打了"比喻事没办成功，反而惹出了麻烦，多指人没有能力办事；"空甑子里蒸不出白米饭来"，比喻没有物质条件，生活不会得到改善。

1. 吃大锅饭

这句熟语也称"吃大锅煮"或"吃大锅粥"。"吃大锅饭"原指供多数人吃的伙食。清代宋赓平《矿学心要新编》卷中编下中记载："工匠人等各下家门亲友来会，各自接待其大锅饭，每餐白钱在各人工价内扣以杜滥食之弊。"此外，明代庆云寺中作为"撞钟和尚"们生活依靠和来源的大铁锅也被称为"大锅饭"。谌容《人到中年》："进了医学院，她住女生宿舍，在食堂吃大锅饭。"王东满《实打实小传》："……相反，就去院里排长龙队，吃大锅煮。"

在 20 世纪 50 年代末，当时盛行"吃大锅饭"，这是对当时大家都围在一口大锅旁吃饭状态的描述，另外这一惯用语也有了特指义，那就是比喻平均主义，并成了不按劳取酬、一律同等待遇的代名词。

与"吃大锅饭"相对的惯用语是"吃小锅饭"，原指吃小锅做的饭菜，深层上比喻区别对待或特殊照顾。如浩然《苍生》："双泉寺的和尚、燕山镇的老板、田家庄的巴家财主，全都争着雇他当长工，给他出大价钱，麦大两秋单让他吃小锅饭。"李国文《花园街五号》："只要市委点头，权力下放，经理负责，赏勤罚懒，工资浮动，从吃大锅饭到吃小锅饭。"

中国社会制度的变化蕴含在"吃大锅饭"与"吃小锅饭"的词语演变之中，可谓饶有趣味。

2. 锅盖上的米——熬出来了

"熬"有双关义，本指长时间煮（粮食等），实指忍受。锅盖上的米粒是熬粥开锅时溢上来的。这句比喻人度过了艰难困苦的日子，处境变好了。崔巍等《爱与恨》："他觉得盼头大着哩。遇上对心思人还断不了说句开心话：'咱呀，我瞧是锅盖上的米，快熬出来了。'"房群等《剑与盾》："翁师长受了他如此重礼，当然满口答应。从此他是锅盖上的小米，总算是熬了出来。"

3. 等米下锅

"等米下锅"的意思是说做饭的时候没有米，等着米来才能下锅做饭，指生活困难、缺少物资，一般用来形容境况的窘迫或比喻某种急需。《红楼梦》："我在这衙门内已经三代了，外头也有些体面，家里还过得，就规规矩矩伺候本官升了还能够，不像那些等米下锅的。"《儒林外史》："哪知他有钱的人只想便宜，岂但不肯多出钱，照时值估价，还要少几两，分明知道我等米下锅，要杀我的巧。"

"等米下锅"有时比喻由于某种急需，等着得到某些东西。《花城》1981年第2期中载："因为钢铁厂为了适应四化建设的需要，生产的规模要扩大，等米下锅，我们的矿山也要扩大。"

与此句相对的成语有"找米下锅""借米下锅""讨米下锅"，这是一种积极主动、打破窘境的做法。与此句语义相近的谚语还有"锅开着等下米""有米不愁下不进锅里""米下到锅里，就有点等头了"。"锅开着等下米"比喻十分紧迫，"有米不愁下不进锅里"比喻条件已具备，事情总会办成。另外，"米下到锅里，就有点等头了"比喻事情开始做了，有指望了。

4. 讨米下不得锅

在《乡言解颐·物部下·开门七件事》中有"'讨米下不得锅'，备豫不虞也"的说法。"豫"通"预",预备、事先准备义。《礼记·学记》:"禁于未发之谓豫。""虞"为意料、料想义。因此,这句话的意思是讨米下锅靠不住,做事要早有准备,防止意外。

与此句意义相近的谚语有"借米赶得上下锅,还米就赶不上下锅"。田东照《农家·亲戚》:"我不同意!'借米赶得上下锅,还米就赶不上下锅。'万一叔叔找下对象,急用怎么办?自家的钱借出去,再去向别人伸手?"意为借出去的米能赶上人家往锅里下,自己烧饭却要等人还来的米下锅,往往久等不来,比喻借出去容易收回来难。也作"借米下得锅,讨米下不得锅"。

事情都是有两面性的。汉语还有"讨米讨得久,定会碰到一餐酒"的谚语,比喻坚持不懈地做一件事,总会出现好的转机。曾辉《八月雪》:"刚等任汉子发完一阵火,杜顾植就圈到任汉子面前来了。他把粪筐朝任汉子的棉苗边一放,摇头摆脑地说:'任汉子,怎么样?老早就说了的吧:讨米讨得久,定会碰到一餐酒!'"

5. 心头要有个打米碗

打米碗,指作为量度标准的碗。打米,指装米。这句比喻人人心中都要有一个衡量事情的尺度和标准。周克芹《许茂和他的女儿们》:"好啦,莫争输赢了。管人家闲事干啥子?各人心头有个打米碗。"

6. 锅里没米,碗里难有饭

这句比喻集体贫穷,个人也难以富裕。反过来,"锅里有米,碗里有饭",则比喻集体富裕了,个人也会富裕,个人依靠集体。"锅里有,碗里就有"比喻国家或集体富裕了,个人也就会富裕起来。

7. 十家锅灶九不同

这句比喻人的境遇、思想等互不相同。李茂荣《人望幸福树望春》:"你姓张,他姓李,人多心多,十家锅灶九不同。"

（六）加工喻理

粮食的种植离不开耕种和收割工具，农作物成熟收割后还需要加工。汉语熟语以收割工具"镰刀"和加工工具"杵""臼""磨""碾""簸箕""筛子""箩"等形成若干谚语。

1. 镰刀吊起，瓮中无米

这句指农家人不劳动干农活，就没有粮食吃。也作"镰刀吊起，米瓮无米""镰刀挂壁，肚子如豆荚""镰刀挂上壁，家里没有吃"。

2. 会推磨，就会推碾

南方人所说的推磨，在北方的说法是推碾子。这两种劳动的性质是相同的，都是使用外力让磨或者碾子转动起来压碎谷物。"会推磨，就会推碾"比喻做事触类旁通。也作"会推碾子，就会推磨子"。

以"磨"和"碾子"为题材形成的谚语还有"米靠碾，面靠磨，遇到难题靠琢磨""磨不推不转，米不熬不烂"。"米靠碾，面靠磨，遇到难题靠琢磨"指遇到困难要动脑筋，想办法。"磨不推不转，米不熬不烂"比喻人需接受教育、培养，才能改变提高自己。

以"磨"和"碾子"为题材形成的歇后语有："碾轱辘掉在地上——都下手""碾磨道上寻驴蹄印——步步不缺""碾砣砸碾盘——实打实""碾子撞磨盘——石碰石""碾砣砸碾盘——石对石""碾子撞磨盘——硬碰硬"等。

3. 杵臼交

杵臼，舂米的工具。舂米是古时候人们加工米的一种方式，用到的器具就是臼。在远古及上古时代，臼都被看作最主要的用来加工米的工具，杵臼舂捣也是最为普遍采用的一种脱壳加工方法。现代考古发现证实，在新石器时代，杵臼的使用已相当普及并且逐步改进。最初人们"断木为杵，掘地为臼"，使用木杵、土窝（臼）进行谷物加工，后又发展到石杵和石臼的制作、使用。

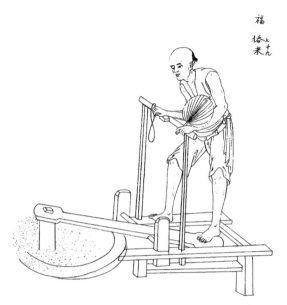

福
捣上
米九

图 2-10　捣米图（来源:《三百六十行》）

　　歇后语"米臼捣石灰——白杵""米臼捣沙——实言（石研）""米臼里的泥鳅——无路钻"，都是借春米米臼来说理，同时也是对这种春米器具的形象记述。

　　"杵臼交"比喻不计较身份地位而结交的友谊。典出《后汉书·吴祐传》：东汉时，有个儒生公沙穆到京城游学，因为缺少路费，就去当佣工。一次，他帮经学家吴祐春米。吴祐同他谈话，认为他谈吐不俗，就在杵臼之间结为朋友。《聊斋志异·成仙》："文登周生，与成生少共笔砚，遂订为杵臼交。"

　　与"杵臼"相关的歇后语有"糙老米——不想白"。臼与"旧"同音相谐，指人忘恩负义，不记旧情。元代无名氏《渔樵记》："他全不想在我家这二十年，把冷水温作热水，热水烧作滚汤与他吃。如今做了官，糙老米——不想旧了，可怎生则记短处？"此外，谚语有"笨贼偷捣臼"，比喻做了一件大傻事。

4. 滴水成河，粒米成箩

箩是对粮食、谷物中的杂物进行挑选的重要工具之一，用它可以除去粮食、谷物中的杂质。"滴水成河，粒米成箩"是一句耳熟能详的熟语，意思是一滴水一滴水汇集起来能成河，一粒米一粒米聚起来能装满箩，即积少成多。

以"箩"为题材形成的谚语还有"你不嫌我箩疏，我不嫌你米碎""从糠箩里跳到米箩里"。"你不嫌我箩疏，我不嫌你米碎"比喻互相谅解；"从糠箩里跳到米箩里"比喻到了另一个境况好的地方。《武松》："伙家，你现在不坏呀，你是从糠箩里跳到米箩里去啦，你看脸上长得多好呀，又白又胖。"

5. 簸之扬之，糠秕在前

南朝宋刘义庆《世说新语·排调》："王文度、范荣期俱为简文所要，范年大而位小，王年小而位大，将前，更相推在前，既移久，王遂在范后。王因谓曰：'簸之扬之，糠秕在前。'范曰：'洮之汰之，沙砾在后。'"这句本为调侃之词，谓位卑而居前列。后亦用作谦词，谓无才而居前。《〈二刻拍案惊奇〉原序》："亦曰：'簸之扬之，糠秕在前'云尔。"

6. 人怕求，米怕筛

筛子也是对粮食、谷物中杂物进行挑选的重要工具之一。这句比喻人怕被反复不断地苦苦哀求，这就如同筛子筛米一样，把东西放在箩或筛子里，来回反复摇动，使细碎的漏下去，粗的留在上头。

以"筛子"为题形成的歇后语还有："淘米筛子当锅盖——眼儿不少""米筛挡阳光——遮不住""米筛里睡觉——浑身是眼""米筛眼里的米——不上不下""米筛罩麻雀——飞不掉了""米筛筛芝麻——空劳神""米筛装水——漏洞多""米筛子筛胡豆——一个都漏不掉""米箩筛糠——直抖"等。

四、米联撷趣

中国是一个农耕大国，以农为本，重农抑商在我国有数千年的传统。"以农为本"实质上就是"以粮为本"，在中华人民共和国成立后相当长的时间里，我们仍奉行"以粮为纲"之国策。因此，稼穑粮米之事始终是历代文人以及各类文体始终关注和描写的对象。

林林总总的古今对联中，我们可以看到不少以"米"为对象创制的对联，读来饶有兴味。

（一）惜米重农稼穑联

以农为本，珍惜粮食，是中华民族自古以来的传统美德。一方面，历代治国者总是把稼穑视为第一政务，确保水旱皆耕，不误农时；另一方面，

图 2-11　浸种（来源：《康熙御制耕织诗图》）

我国大部分地区灾害频繁，农事靠天，必须节粮惜米，丰凶相济。因此，惜米重农不仅是每个人、每一家的小事，也是关系整个民族国家的大事。反映这一主题的对联也不胜枚举。

1. 惜米组联一

> 谷乃国之宝；民以食为天。

这是一副几乎所有与粮米农事相关的行业机构以及粮行米店都喜爱用的对联，寥寥十个字道出了粮食与国计民生息息相关的重要地位。

> 近者悦，远者来，莫以斗筲自限；
>
> 志同方，道同术，须知稼穑维艰。

此联的上联说经营粮米者，应体察无米者的难处，不要斤斤计较，努力解其一时之困，让远近的人都高兴；下联说天下人都知道民以食为天，应知农事之艰辛，都要爱惜粮食。

2. 惜米组联二

> 一粒谷粮千滴汗；三餐饮食万民根。
>
> 粒米皆从辛苦得；寸薪不是等闲来。
>
> 一粥一饭，当思来之不易；半丝半缕，恒念物力维艰。
>
> 无时巧妇难为力；歉岁司农费尽心。

如上数联虽然立言角度略有不同，但表达的都是农业生产的重要以及农民种田的艰辛这一共同主题。读这些对联，会让我们自然联想到"锄禾日当午，汗滴禾下土。谁知盘中餐，粒粒皆辛苦"这首古诗。其诗其联都是告诫人们要重耕悯农，珍惜粮食。食用"一粥一饭"，都应该知道其得来是多么不易；取用"半丝半缕"，都须想到其产出是何等艰难。对于粮食以及其他物力，人人都须节省和控制，切不可轻易浪费，须知"无时巧妇难为力；歉岁司农费尽心"啊！

3. 五谷丰登联

> 五谷丰登银蛇载誉去；百花争艳金马踏春来。

瑞气盈庭一门兴旺；甘霖沃野五谷丰登。

虎跃龙腾九州焕彩；风调雨顺五谷丰登。

万紫千红百花齐放；三江四海五谷丰登。

三阳开泰小康日；五谷丰登大有年。

专业承包百业兴隆家家有存款；联产计酬五谷丰登户户有余粮。

"五谷"统称各种谷物，先秦时便有"五谷丰熟，社稷安宁"之说。祈盼年景好，多产粮，谓五谷丰登，这是国人重农惜米的另一种表达，特别是在过年的时候，人们通过春联这一特有的形式，表达对"五谷丰登"的喜悦与期冀。

"五谷丰登"是涉农部门、机构，特别是农村家庭的春联里写得既多又持久的内容，这些春联既表达出农家对过去一年丰收的喜悦之情与庆贺之心，又是他们对新一年风调雨顺的真诚祈盼与美好祝愿。它们大多是当代作品，有着鲜明的时代特色，阅读起来不仅有一种亲切感，还可以唤起我们对某些特定历史事件的记忆。

（二）国本民生店铺联

楹联中有一种专门张贴于各行各业的门庭、店堂大门之上，具有鲜明的职业标志和行业广告特征的常年使用的对联，称为行业联。一副对仗工整、用词精确

图2-12　粥店（来源：《营业写真》）

的行业联，包括古朴素雅的书法篆刻，加之讲究的格局和装饰华丽的牌匾，从美的形式、意境和内涵出发，展示了其独特的魅力，因此也会招揽来更多顾客。米铺（经销米、面、油等粮食产品的专业店铺）自然也不例外。

1. 粮店组联一

果腹自当怜饿殍；终身何敢弃糟糠。

这是一副广泛流传的粮店联，据说是有"联圣"之誉的清代联家钟云舫为某粮店所题。此联看似与实体米铺无关，但恰恰写的是米可果腹之实。上联是说能吃饱肚子的时候，当怜悯天下那些正在遭受饥饿的人，提醒人们"饱汉当知饿汉饥"；下联表面上是说人一辈子都要节约粮食，不要丢弃糟糠粗粝，劝诫人们"饱时莫忘饿时饥"，但"糟糠"又指原配妻子，这里一语双关，诙谐中启人警醒。

云舫先生写这类楹联作品大多为急就，正是这种一任文思泉涌，不予过多推敲，造就了其在遣词造句上给人以信手拈来，妙语连珠，虚实相生，无意于佳境实乃佳境之感。

一世经营，为人口腹；万家饥饱，在我心头。

经营粮米店铺关乎人之口腹，自然不可怠忽，业主能把千家万户的饥饱口腹放在心头，可见其高于利益的情怀。

洁白粢盛，无劳精凿；晶莹玉粒，巧善簸扬。

"粢盛"指古代盛在祭器内以供祭祀的谷物，"精凿"在这里是指舂去谷物的皮壳。全联是店家夸赞自家经营的粮食优质干净，无须消费者再行拾掇，可放心食用。

2. 粮店组联二

行业店铺在创作联语时，常常会把店名字号嵌入联中，既可揭示店号的意思，又可将其名号传播出去，让顾客记住。

多钱善贾，为民口腹；聚米成山，在我肩头。

此联的上联第五、六字嵌入店名"为民"二字。

玉粒金杭，民食所裕；红陈黄茂，国利为沾。

上联第三字和下联第三、四字分别嵌入"黄金茂"之名。

前圣有言民为食；辉今博古地增粮。

"前辉"粮油店联，上下联首字分别嵌入"前辉"店号。

都市繁荣，粮开盛世；城乡活跃，油供村乡。

"都城"粮油店联，也是以上下联首字嵌名。

天赐珠玉，堆雪积云，满店好粮；

地盈春晖，瑞金璇玑，惠民宜人。

这副米店联的上下联首字用"天地"二字，末尾取"粮人"二字，合成"天地粮人"，道出店家为卖"粮人"之实，这是另外一种嵌字联，且嵌得自然妥帖，意蕴深厚，也给人耳目一新之感。古人有"农，助天地以生衣食者"之说，这副对联可视为对此语的最好诠释。

民食攸关，岂敢抬高市价；人言莫信，不妨细访行情。

兴吾业，只要公道常平价；安此所，未敢私存昧良心。

诚实守信做天下粮仓；质优价廉属丽辉粮油。

米面粮油涉及千家万户之生存，关乎人的生命，守诚信、讲公平尤为重要，上面三副店铺联便是以诚信公平来标榜其童叟无欺（前两联还分别嵌入"民人""兴安"店名）。

得来莫把燃箕叹；售出能承啜菽欢。

夏屋广储千里粟；斗筲分送万家春。

尚亦有利哉；可以无饥矣。

食为民天济所不足；家乃国本利其有余。

斯仓斯箱五谷所聚；如墉如栉万囷皆盈。

如上罗列的几副米店粮行联各具特色，堪称词雅意切的佳作。

图 2-13　卖糖饭（来源:《营业写真》）

（三）以米喻事谐趣联

把汉字的"米"拆开，其上下各是八，中间是十，可读作八十八，因此"米寿"就成为八十八岁的雅称。同样的道理还有"茶寿"说，"茶"上草字头代表"廿"，下边的"米"代表"八十八"，相加为一百零八，因此"茶寿"就成了一百零八岁高寿者的雅称。

1. "米寿""茶寿"联

何止于米，相期以茶；胸怀四化，意寄三松。

何止于米，相期以茶；论高白马，道超青牛。

冯友兰先生与金岳霖先生都是我国著名的哲学家，且二人同庚。两位老先生八十八岁寿诞时，冯先生分别为自己和金先生各撰写了一副寿联，给自己的是："何止于米，相期以茶；胸怀四化，意寄三松。"意思是不能止于"米寿"，期望能活到"茶寿"，为国家四化建设努力工作，将其意寄"三松"（冯友兰在北京大学的寓所外有一亭，亭中有三棵松树，冯遂命其寓所为"三松堂"），不计现实得失，可见其意境高远。贺金先生的寿联是："何止于米，相期以茶；论高白马，道超青牛。"两联的上联相同，下联是对金岳霖教授在逻辑学方面取得的成就与贡献的赞誉：论辩比公孙龙的"白马非马"论要高；论道超过骑着青牛的老子（金先生著有《论道》一书，为其代表作）。两副寿联写得极好，不愧是大家手笔。

2. 粒米稻黍联

一粒米中藏世界；半边锅内煮乾坤。

这一联用"一粒米"比喻以小见大的道理。"一粒米"很小，似乎微不足道，但知微可见著，小事里往往隐藏有大玄机，细节中常常显示出大趋势。永远不要忽视生活中的细微末节处，某些细节往往会决定人生高度，或许会透露事物的向度。千里之堤毁于蚁穴，人不可好高骛远，盯紧细微处，或可有大发现。下联之意如斯。

意念社稷，食稻黍，替人忧；心系天下，居庙堂，为民愁。

米系万民，米系家国，米系天下！百姓凡人常念米稻之香，居庙堂者，常思稻黍之事。

3. 拆字联

有水有米又有田；添人添口更添丁。

这是一副潘姓和何姓两家通婚结亲的婚庆联。从拆字的角度来看，水、米、田加起来是个"潘"字，人、口、丁加起来则是一个"何"字。从意义分析的角度来看，又是在恭贺新婚家庭生活富裕，人丁兴旺。对联构思独具匠心，平常事里颇见新意，读来饶有兴味。

有木便是桥，无木也是乔，去木添个女，添女便为娇，阿娇休避我，我最爱阿娇；

有米便是粮，无米也是良，去米添个女，添女便成娘，老娘虽爱子，子不敬老娘。

这副对联似游戏又似戏谑，其实有一个故事：古时，有一个年轻人见到一个姓乔名娇的美女，心生爱慕，便说出如是上联去调情，女子听罢，便念出下联以回击，且自称"老娘"。从意思上看，上联是少年挑逗少女，下联是少女羞辱少年；从形式上解读，则运用了填字的方式，分别用了"桥、乔、娇"三字，下联用了"粮、良、娘"三字，巧妙对仗，诙谐有趣，又极具讽刺意味。

4. 连用联

《联话丛编》收有一"酱柴米"连用巧对联。

酱缸边总有日头过；行灶里推出木柴来。

家火弗起，野火弗发；柴船是去，米船是来。①

一副对联中，酱柴关联，柴米连用，可见七件事联系之紧密。

5. 叠音联

花伴花色花瓣涩；水到水乡水稻香。

这一联运用了叠字和叠音，从整体上看加强了此联的气势，同时也增加了楹联的谐趣，丰富了它的文学性和艺术性。叠字的使用，使这副对联音律和谐，读起来朗朗上口，有一种音乐美。

---

① [清] 梁章钜、梁恭辰辑录，陈焕良点校，《巧对录》，岳麓书社，1991年，第128页。

五、米诗撷萃

咏米诗是中国米文化的重要组成部分，对米文化的形成、发展和丰富起了积极的作用。以"米"为创作对象的诗词，从先秦两汉时期一直持续到现在。米诗除了直接以米为吟咏对象的诗词外，也包括提及米或与米有关联的诗词。本书分别从稻米农事、惜米悯农、咏米抒志等方面来探讨米诗的独特景象。

（一）稻米农事诗

我国是农业古国，稼穑牧养至少有超过一万年的历史。稼穑者，五谷农事也。"五谷""百谷"犹后世所说之"稻、粮""粮、米"，皆是粮食作物的总称，诗词中出现这些称谓及其相关农事，都可视为"米诗"一类。

图 2-14　布秧（来源：《康熙御制耕织诗图》）

1.《布秧》

农家布种避春寒，甲坼初萌最可观。

自昔虞书传播谷，民间莫作等闲看。

这首绝句出自清康熙皇帝之手。一年之计在于春，此诗用通俗质朴的语言劝诫民间农人对春耕不可等闲视之，可见康熙本人对农事的牵挂与重视。

2.《行官张望补稻畦水归》

东屯大江北，百顷平若案。六月青稻多，千畦碧泉乱。

插秧适云已，引溜加溉灌。更仆往方塘，决渠当断岸。

公私各地著，浸润无天旱。主守问家臣，分明见溪伴。

芊芊炯翠羽，剡剡生银汉。鸥鸟镜里来，关山云边看。

秋菰成黑米，精凿传白粲。玉粒足晨炊，红鲜任霞散。

终然添旅食，作苦期壮观。遗穗及众多，我仓戒滋蔓。

这是诗圣杜甫漂泊西南暂居夔州时写下的一首诗，详细记录了农民引水灌溉稻田的景象。全诗分三段，每段各八句，第一段写农人引水灌田插秧后的百顷稻田；第二段描述灌水后的稻田，一望无际，秧苗芊芊，犹如翠羽，是一幅田园美景；第三段展望秋天，表达了诗人对稻谷丰收后白米盈仓、玉粒足炊的向往与信心。通观全诗，可见杜甫对普通农民及农业生产的深切关注之情。

3.《四时田园杂兴》之一

新筑场泥镜面平，家家打稻趁霜晴。

笑歌声里轻雷动，一夜连枷响到明。

《四时田园杂兴》是范成大描写田园四季风光的组诗，共六十首。这首写的是秋天收获后打谷子的场景（用连枷把稻谷皮包裹的米粒打出来），表达了作者对丰收的喜悦和对朴实的劳动者的赞美。农民打稻子的场院用新泥碾压后，平展如镜，家家户户趁着秋霜未至的晴天连夜抢打稻谷，如

图 2-15　打谷图（来源:《三百六十行》）

轻雷响动的连枷声伴随着欢歌笑语，直到天明。诗人通过打场收粮这一特定的场面，用平实朴素的语言，把丰收后粮谷归仓与农民喜气洋洋的画面描写得既真实又生动，让读者有亲临其境之感。

（二）惜米悯农诗

一粥一饭汗珠换。在以"米"为题的诗篇中，爱惜粮食常常会和农民的辛勤劳作、官府的繁重赋税、贪官胥吏的敲诈勒索巧取豪夺、战乱及自然灾害给百姓带来的深重灾难放在一起，使历代的惜米悯农诗具有了丰富的内容和深刻的思想价值。

1.《硕鼠》

硕鼠硕鼠，无食我黍！三岁贯女，莫我肯顾。

逝将去女，适彼乐土。乐土乐土，爰得我所！

硕鼠硕鼠，无食我麦！三岁贯女，莫我肯德。

逝将去女，适彼乐国。乐国乐国，爰得我直！

硕鼠硕鼠，无食我苗！三岁贯女，莫我肯劳。

逝将去女，适彼乐郊。乐郊乐郊，谁之永号！

《魏风·硕鼠》是现在可以看到的最早的一首刺重敛、反剥削的诗歌。诗中直接地、反复地呼喊："无食我黍""无食我麦""无食我苗"，这是长期遭受严重盘剥的农民忍无可忍的反抗之声，警告剥削者不要窃取自己的劳动果实——"黍、麦、苗"，表现了人民对贪婪和不劳而获的剥削者的无比愤恨之情。"诗中运用比喻的手法，把大老鼠比喻统治者，生动形象地道出了剥削阶级的贪婪、残忍、寄生的本质，倾诉出古代农民在残酷剥削下的怨怒和抗议。"[①]

2.《悯农》诗之一

锄禾日当午，汗滴禾下土。谁知盘中餐，粒粒皆辛苦。

唐代李绅这首诗的主题是惜米。我们餐桌上的每一粒米都来之不易，是农民顶着烈日酷暑，千辛万苦换来的，因此我们都应当真心实意地去珍惜粮食。诗人用朴素的语言生动形象地描绘出中午烈日下农民辛勤劳作的场面，体现了农民在田间的苦情，以此告诫人们要珍惜粮食，体谅农民的艰辛。全诗句浅意深，家喻户晓，千古流传。

3.《田园杂兴》之一

租船满载候开仓，粒粒如珠白似霜。

不惜两钟输一斛，尚赢糠核饱儿郎！

这是范成大《田园杂兴》中的一首。古时候，贫苦人家辛辛苦苦劳作一整年，即使收获颇丰也往往无法享受到自己的劳动果实。脱粒打场之后，交租粮是农民年复一年的"义务"，农民只能眼睁睁地看着满船"粒粒如珠

---

① 李修生、朱安群主编，《四书五经辞典》，中国文联出版公司，1998年，第298页。

白似霜"的稻米被拉走运进他人的粮仓，而自己只能用剩下的几斗糠皮糙米来养活儿女家人，真是令人唏嘘不已！

4.《次韵王立之雪中以酒见饷》

同云惨惨驱朝暄，龙沙一雪人相怜。

寒猿哀啸失山木，饥鹤仰唳空无天。

当年补天真戏尔，不知修月何时已。

坐烦耆旧说辛卯，至遣儿童忧甲子。

城中米价贵如玉，举家倒廪无斗粟。

千金狐裘岂易得，百结鹑衣不堪鬻。

这是宋代晁说之诗《次韵王立之雪中以酒见饷》的节选。诗作抒发了作者在一个愁云惨淡的寒冷雪天与朋友相见后的感想。诗的开头几句描写自然环境，"寒猿哀啸、饥鹤仰唳"，这简直就是作者本人惨淡悲凉的境况和形象！"城中米价贵如玉，举家倒廪无斗粟"，少米无炊，米价如玉，家里又没有任何值钱的东西可卖，眼下生活尚无着落，更不知来年如何度过。天灾人祸，米价昂贵，穷苦人家纵是呼天唤地，也是朝不保夕！

5.《吴中田妇叹（和贾收韵）》

今年粳稻熟苦迟，庶见霜风来几时。

霜风来时雨如泻，把头出菌镰生衣。

眼枯泪尽雨不尽，忍见黄穗卧青泥！

茆苫一月垅上宿，天晴获稻随车归。

汗流肩赪载入市，价贱乞与如糠粞。

卖牛纳税拆屋炊，虑浅不及明年饥。

官今要钱不要米，西北万里招羌儿。

龚黄满朝人更苦，不如却作河伯妇！

苏轼的这首诗似乎在说凶灾之年的粮食更贱了。诗的前八句写雨多成灾，黄穗卧泥，农夫连续一个月宿于田间护粮，直到晴天才把保住的稻谷

图 2-16　簸扬图（来源：《康熙御制耕织诗图》）

运回来；后八句写虐政害民更甚于秋涝。诗人叙述农民担粮入市，汗流浃背，磨肿肩膀，米价却同糠和碎米一样低贱。为何出现如此情况呢？原来是"官今要钱不要米"所致。这首诗"借田妇之口，道出了江南人民在天灾、重税下走投无路的悲惨命运"①，以此表达作者对农民悲惨生活的深切同情，以及对苛税弊政的揭露抨击。

（三）咏米抒志诗

民以食为天。自古以来只有谷米丰稔，国库充盈，民无饥寒，国家才

---

① 季镇淮、冯钟芸、陈贻焮、倪其心选注，《历代诗歌选》（下册），中国青年出版社，2013 年，第 42 页。

能安定长久。因此，历代文人常以米、农为意象寄托情感，抒发志向。

1.《忆昔》

> 忆昔开元全盛日，小邑犹藏万家室。
>
> 稻米流脂粟米白，公私仓廪俱丰实。
>
> 岂闻一绢直万钱，有田种谷今流血。
>
> 洛阳宫殿烧焚尽，宗庙新除狐兔穴。
>
> 伤心不忍问耆旧，复恐初从乱离说。

这是杜甫在安史之乱之后写的《忆昔》一诗的节选，其实是讽今之作。作者回忆唐玄宗开元年代"稻米流脂粟米白，公私仓廪俱丰实"的盛世景象，与今天"岂闻一绢直万钱，有田种谷今流血"的现实情形形成鲜明对照，其目的在于鼓舞代宗恢复往日繁荣。作为一个伟大的现实主义诗人，杜甫是在为人民代言，他在诗中呼唤的人丁兴旺、和平环境、丰衣足食的太平社会，也正是劳动人民所祈望的。

2.《乞食》

> 饥来驱我去，不知竟何之。行行至斯里，叩门拙言辞。
>
> 主人解余意，遗赠岂虚来。谈谐终日夕，觞至辄倾杯。
>
> 情欣新知欢，言咏遂赋诗。感子漂母意，愧我非韩才。
>
> 衔戢知何谢，冥报以相贻。

陶渊明的这首诗为其晚年所作。诗中记叙了一次因饥饿而出门借米，并得人遗赠、留饮的事情。前四句通过具体的动作和内心状态，形象地表露出诗人复杂的心情；中间写受到主人的盛情款待，由"谈谐"而"情欣"，由酣饮而赋诗的情景；末四句对主人表示感激之情，写得悲愤而寄慨遥深。这首诗比较真实地反映了陶渊明晚年贫困生活的一个侧面，也反映出陶渊明朴拙真率的个性。

3.《初授官题高冠草堂》

> 三十始一命，宦情多欲阑。自怜无旧业，不敢耻微官。

涧水吞樵路，山花醉药栏。只缘五斗米，辜负一渔竿。

这首诗是唐代诗人岑参赴官时所作，抒发了作者赴官时对原隐居地依依不舍的情感。作者对初授的卑微官职，流露出某种不屑之意，可是为生活所迫，又不敢以此为耻。"只缘五斗米，辜负一渔竿"，尾联巧用旧典，暗喻诗人为了微薄的官禄而不得不割舍闲适自得的生活的矛盾心理。

4.《岁暮》

惨澹岁云暮，穷阴动经旬。霜风裂人面，冰雪摧车轮。

而我当是时，独不知苦辛。晨炊廪有米，夕爨厨有薪。

夹帽长覆耳，重裘宽裹身。加之一杯酒，煦妪如阳春。

洛城士与庶，比屋多饥贫。何处炉有火？谁家甑无尘？

如我饱暖者，百人无一人。安得不惭愧，放歌聊自陈。

白居易这首诗写的是自己过上温饱生活，心里却牵挂贫苦人家的自惭心情。"晨炊廪有米，夕爨厨有薪。夹帽长覆耳，重裘宽裹身。加之一杯酒，煦妪如阳春"，这几句是说在冰雪之天，自己安居家中，早晨和晚上烧火做饭的时候粮仓里有米，厨房里有柴火，有夹帽裘衣，还能饮一杯酒，似乎应为此而感到惬意。然而，作者此时想到的却是整个洛阳城中平民士子，"何处炉有火？谁家甑无尘？如我饱暖者，百人无一人"，于是心生惭愧而放歌自陈，作者忧国忧民的情怀是何等强烈！正所谓"意念社稷，食稻黍，替人忧；心系天下，居庙堂，为民愁"。

第三章

油

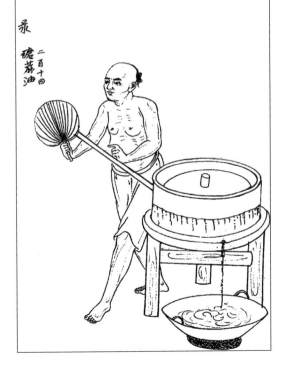

录

糖蔗油

二百十四

这里所说的油也称为食油、食用油、脂肪，是指在制作食品过程中使用的动物或者植物的油脂。

"油"是形声字，左边的三点水"氵"是形旁，表示这个字的本义和水有关。《说文解字》："油水，出武陵孱陵西，东南入江。"是说这个字的本义是一条河流——油水的名字，是专称。这条河大致在今湖北宜昌地区。清代学者段玉裁在给《说文解字》作注时说，一般人都用表示河流名称"油水"的"油"来表示"油膏"——无论是"脂""膏"，还是后来制成的素油，通通称为"油"。

人类饮食离不开油。油是日常饮食不可缺少的食物之一，是提供人们所需脂肪的重要来源，也是人体维生素E的首要来源，同时还是必需脂肪酸亚油酸和亚麻酸的主要来源。食用油中含有的脂类是人体必需营养素之一，它与蛋白质、碳水化合物是产能的三大营养素，在供给人体能量方面起着重要作用。经食用油烹制的食物不仅由生变熟，口味改善，还能促进食欲和增加饱腹感。飘散着浓浓香味的香油又醇又香，点点滴滴滋润着百姓的生活。

中国烹饪十分注重用油，油是人们饮食中不可缺少的重要调味品之一，是居家过日子必不可少的东西。南宋时，油已经成为普通百姓开门七件事之一。有时，作为生活必需物资的四个代表，汉语叫"柴米油盐"，油也有一份儿。

一、油的由来

"非菜非麻非果参，春华秋实结仁芯。粉身碎骨留膏脂，美食和羹愉世人。"探究油的由来、油脂的制作、油的种类是一个饶有趣味的话题。《黄帝内传》："王母授帝以九华灯檠，注膏油于卮，以燃灯。"这是说油是西王母授给黄帝的。《渊鉴类函》："黄帝得河图书，昼夜观之，乃令力牧采木实制造为油，以绵为心，夜则燃之读书，油自此始。"这是说黄帝从河图书中得到的启示，采木实为油，显然已是榨油。而黄帝时既无书也无榨油技术，故此说不可信，乃后人伪托。另据古书《事物绀珠》载，油是炎帝最先创制的。当时，炎帝遍尝百草之后，大大拓宽了人们的食物来源。但很多植物虽然能吃，却不好吃，需要加些作料。后来，炎帝又经过一番艰苦的努力，终于发明了从动物身上提取油的方法。另外民间还有所谓"神农作油，轩辕作灯，唐尧作灯檠，成汤作蜡烛"的传说。

（一）从脂膏到植物油

中国古时食用动物油很早，烹饪史料表明中国人先用脂后用油，脂油之间有很长的过渡时期。今天的油经历了从脂膏到植物油的历程。

1. 膏与脂

早时称油为"膏"或"脂"，现代烹调中不可或缺的油脂在周秦两汉时期已经广泛食用。

周代，人们针对不同的原料和季节，使用不同的动物油进行烹饪。如春天烹饪小猪、小羊用牛油；夏天烹饪干鱼、干野鸡用狗油；秋天烹饪小牛、麋鹿用猪油；冬天烹饪鲜鱼、野雁用羊油。

先秦时人们所吃的油主要也是动物脂肪，"凝者曰脂，释者曰膏。"也就是说，"脂"为固体的油，"膏"为液体的油。《释名》："戴角曰脂，无角曰膏。"即从有角的动物身上提炼出来的油叫"脂"，从无角的动物身上提炼出来的油叫"膏"。"脂"是有角的家畜（如牛羊）的脂肪，常温下较坚硬，色泽洁白；"膏"是无角家畜（如犬豕）的脂肪，较稀软。"人们在烹饪时用脂膏作为传热介质（如油炸和油煎）和调味料。"[①] 依照这种说法，牛、羊的油要称"脂"，而猪、兔的油只能称"膏"。狗虽然属于无角动物，但瘦肉多，肥肉少，从它身上提炼的油很有限，所以人们常说"狗肚子盛不了二两油"。魏晋南北朝时期，食用油一般不再称"脂"而称"油"了。

2. 素油

随着生产的发展和社会的进步，人们发现沙果仁和杏仁中也含有油。于是，将它们除去外壳，捣碎后搅拌，然后涂在丝织物上晾干，从中刮出像油一样的东西，人称"素油"。

植物油的加工利用起始于东汉末年、三国和西晋时期。据东汉末年刘熙的《释名》记载："柰油，捣实和以涂缯上，燥而发之，形似油也。杏油亦如之。"柰是果木，也称"花红"和"沙果"。

缯是当时丝织物的总称，古谓之"帛"，汉谓之"缯"。将沙果和杏捣烂搅和后涂在丝织物上，待干后像油一样，这表明当时人们已经知道植物果实中含油，但其提取的方法和成品还是比较简单和原始的。其实这并非真正的素油，真正的素油最早是从一种名叫"乌桕"的乔木果仁里榨取的。《天中记》："荆州有树，名乌臼，其实如胡麻子，捣其汁，可为脂，其味亦如猪脂。"这里的"乌臼"就是"乌桕"树。

汉代已出现芝麻油之类的植物油。芝麻系胡麻科胡麻属一年生草本植物，芝麻种子含油达50%—60%，是重要的油料作物。魏晋南北朝时期植物油已较多地用于烹饪，《齐民要术·炙法第八十》：炙豚法，"取新猪膏极白净者，涂拭勿住。若无新猪膏，净麻油亦得。"西晋张华《博物志·卷

---

① 王学泰，《中国饮食文化史》，广西师范大学出版社，2006 年，第 35 页。

四·物理》："煎麻油，水气尽无烟，不复沸则还冷。可内手搅之。得水则焰起，散卒不灭。"按《汉书》所说，芝麻乃张骞从西域带回的种子，所以芝麻初名"胡麻"。《梦溪笔谈》："汉史张骞始自大宛得油麻种来，故名'胡麻'。"芝麻油在唐宋成为极普遍食用的素油。"从《齐民要术》看，当时的食用植物油至少已有芝麻（胡麻）、荏子、麻子（大麻）、蔓菁四种。"[①]

目前我国最常用的植物食用油有十八种，分别是：棉籽油、大豆油、菜籽油、椰子油、调和油、玉米油、茶籽油、芝麻油（麻油和香油）、米糠油、橄榄油、亚麻油、红花籽油、核桃油、棕榈油、花生油、葵花子油、葡萄籽油、小麦胚芽油。植物油用于食用，极大地丰富了人们的饮食，促进了油料作物种植和榨油技术的发展。

（二）油脂的制作

油脂的传统制取方法有煎炼法、压榨法、水代法、磨法、舂法。下面着重介绍其中三种。

1. 煎炼法

煎炼即把动物脂肪放到锅里加热制油。《齐民要术》记有古人的炼油方法，即"猪肪炒取脂"。这里的炒就是把猪的脂肪割下来切成块，再放入陶釜中煎炼，待脂肪达到一定的温度，便化成了油。当然，这不仅限于猪脂肪，羊脂肪、牛脂肪也一样。

2. 压榨法

压榨法是用物理压榨方式，从植物中榨取油脂的方法，它渊源于传统作坊的制油方法，是传统的提取工艺。李时珍在《本草纲目》中转引南朝陶弘景的话说："胡麻生榨者良，若蒸炒者，只可供食及燃灯者，不可入药。"由此可见，南北朝时期，人们已经开始榨油，并有生榨、熟榨之分。

[①] 俞为洁，《中国食料史》，上海古籍出版社，2011年，第195页。

汉语中有"属芝麻的——不打不出油"和"少一粒芝麻不缺油"的熟语。"属芝麻的——不打不出油"比喻只有高压才能使人出血或出力。"少一粒芝麻不缺油"比喻少了这一份无足轻重，无妨大局。除了其形象的寓意外，这两条熟语反映了植物油产生的历史背景。

早在北魏贾思勰的《齐民要术》中，就有压榨取油的记载。明代的《天工开物》记载："凡取油，榨法而外，有两镬煮取法，以治蓖麻与苏麻。北京有磨法，朝鲜有舂法，以治胡麻。其余皆从榨出也。凡榨木巨者围必合抱，而中空之，其木樟为上，檀与杞次之。"

《天工开物》说，用榨油法，胡麻每石得油四十斤，莱菔子每石得油二十七斤，芸台子（油菜籽）每石得三十斤，菘菜、苋菜子每石得三十斤，茶子得一十五斤，黄豆得九斤。

元代《东鲁王氏农书译注》中第一次绘制了榨油的机器"油榨车"，并用文字解释道："用四根坚硬大木，周围各五尺，各一丈多长，在地上叠作卧床。上面做槽，底下用厚板嵌成底檠，檠上开凿圆小沟，下面通到槽底出口，以备注油进承接器内。凡在榨油时，先用大锅炒芝麻，炒熟了用碓舂，或者用碾碾烂，再上甑蒸过。……现在燕赵间创有一种新法：用铁作成灶面，灶膛上接上蒸锅和甑项，就倒芝麻在（甑中），拿杴来匀搅；等熟了，用磨磨，一磨就烂。比用锅炒再舂碾，省力几倍。南北农家，一年用油既多，更宜仿效此法。"[①]

3. 水代法

水代法在油脂制取中是较为特殊的一种方法。对于香油，特别是小磨香油的制作，知道的人可能不多。制取小磨香油通常选用粒大饱满的芝麻，用大火反复炒制，放入石磨中磨成芝麻酱，倒入制油器具，加入适温适量的水替代出香油。

---

① [元] 王祯撰，缪启愉、缪桂龙译注，《东鲁王氏农书译注》，上海古籍出版社，2008年，第515页。

水代法的原理不同于压榨法。此法是利用油料中非油成分对水和油的亲和力的不同，以及油水之间的密度差，经过一系列工艺过程，将油脂和亲水性的蛋白质、碳水化合物等分开。芝麻种子的细胞中除含有油分外，还含有蛋白质、磷脂等，它们相互结合成胶状物，经过炒籽，使可溶性蛋白质变性，成为不可溶性蛋白质。在炒熟磨细的芝麻酱中加入水，经过适当的搅动，水逐步渗透到芝麻酱之中，油脂就被代替出来。

具体来说，水代法生产香油的生产工艺流程是：芝麻→筛选→漂洗→炒籽→扬烟→磨酱→兑浆搅油→振荡分油→毛油处理→小磨香油。

（三）油坊与油行

历史上，传统手工艺的传承是在生产和消费的过程中实现的，尽管随着社会的进步和科技的发展，传统的榨油工艺和售油方式已经渐行渐远，但油坊与油行依然留在我们的记忆中。

1. 油坊

图 3-1　油坊（来源:《中国传统行业》）

油坊，用传统方法加工植物油的作坊，即农村民间榨油的场所。

魏晋南北朝时期就出现了油坊，北朝专业的榨油坊被标为"压油家"。据《齐民要术》记载，芜菁可以榨油，"一顷收子二百斤，输与压油家，三量成米。"意即将菁籽卖给榨油坊，可换得三倍的粮食。《梦粱录》卷十三《团行》中所载的"油作"，也是专门制作食用油的私营作坊。陈藻《乐轩集》卷一《赠叔嘉叔平刘丈》有诗云："木槽压油三石余，半为灯火半煮蔬。"明清时期油坊更是大量出现，遍及我国各地。如今我国不少地区都还存有规模大、年代久、保存完整的手工榨油作坊：

图 3-2　制油灰（来源：《营业写真》）

这时正三月，是油坊打油当忙的时候，山桃花已红满了村落，打桃花油时候已到，工人换班打油，还是忙，油坊日夜不停工，热闹极了。[①]

这是沈从文小说《阿黑小史》中写到的油坊。中国古老的榨油坊秉承传统工艺，延续传统、古朴的压榨方式，或以河水为动力，或利用杠杆原理工作，从采集原料、磨胚、蒸胚、包沱、压榨到沉淀成油，历经三十余

───────────────

① 沈从文，《阿黑小史》，民主与建设出版社，2018年，第190页。

道工序，榨出的油品质纯、色泽亮、口感好。

也许用不了多少年，老油坊将消失殆尽。尽管如此，传统的榨油工艺曾经在人类的生产和生活中发挥过历史性作用，堪称民间手工榨油技艺的"活化石"，在历史上留下了珍贵的一笔。

2. 油行

有专业的榨油坊，表明社会上有油商存在。油行，指经营油脂买卖的商行。油行在唐代的商业行市中占有一席之地，"北京房山石刻佛经中记载唐代幽州已经有了'油行'。"[1] 在宋代，官府往往设有规模较大的油坊，如北宋汴京有油醋库，南宋临安有官营油坊，它们产量很高，据宋仁宗天圣元年（1023）四月定夺所奏言，汴京油醋库单每年受纳的"脂麻"一项即达万余石。

油脂是饮食中的重要调料，油脂贩卖业便应运而生了。据《酉阳杂俎》记载，在长安城的油市中活跃着走街串巷的油贩子，"京宣平坊，有官人夜归，人曲，有卖油者张帽驮桶，不避道。……里人有买其油者月余，怪其油好而贱。"这位卖油者深入于居民里巷之间，夜间还在经营。《稽神录》记载，有位庐山卖油者，"养其母甚孝谨，为暴雷震死，其母自以无罪，日号泣于九天使者之祠，愿知其故。一夕，梦朱人告曰：'汝子恒以鱼膏杂油中，以图厚利。且庙中斋醮，恒用此油，腥气薰蒸。'"这位不法油商将鱼油掺入油中，遭到了天打雷劈的报应。

二、油俗解码

动物油脂也好，植物油脂也好，当它们广泛用于食物烹制后，极大地丰富了人们的饮食。换句话说，脂油对改善伙食大有裨益，没有油水的日子人们会觉得日子不知道该怎么过。中国在漫长的五千年食用油脂的历

---

[1] 徐海荣主编，《中国饮食史》卷三，杭州出版社，2014年，第454页。

史过程中不但是在品味油的滋味，还积淀形成了特有的油俗文化。"入监油""油花卜""省油灯"等历史典故反映了古时的一种乡风。"长老种芝麻""老鼠偷油""赵老送灯台，一去更不来""炸油条""卖油郎"等民间习俗和笑话反映了饶有趣味的民俗风情，"家有千石油，莫点双头灯""春雨贵似油""精打细算，油盐不断""芝麻稠，不可留，留来留去少出油""油花卜"等熟语则反映了劳动人民对食油、用油的生活经验。它们作为一面民族文化精神的镜子，以其独特的形态，折射了汉族油文化历史和油民俗痕迹。

（一）历史典故

汉语涉油典故有"民脂民膏""继晷焚膏""投膏止火""火上浇油""肤如凝脂""秣马脂车""画脂镂冰""卖油翁"和"卖油郎"等，它们记载和呈现了汉民族历史的油俗传说或故事。

1. 民膏民脂

脂、膏，指油脂。"民膏民脂"语出五代后蜀孟昶《戒石铭》："尔俸尔禄，民膏民脂，下民易虐，上天难欺。"比喻人民用血汗创造的财富。宋代张唐英《蜀梼杌》卷下："朕之爵赏，固不逾时。尔俸尔禄，民膏民脂。为人父母，罔不仁慈。特为尔戒，体朕深思。"宋代王洋《东牟集·到邵武军任谢表》："臣敢不上体薰陶，益思砥砺，观民膏民脂之戒，夙夜靡忘，奉一心一德之规。"

2. 继晷焚膏

"继晷焚膏"指夜以继日地工作或学习。语出唐代韩愈《进学解》："焚膏油以继晷，恒兀兀以穷年。"明代邵璨《香囊记·庆寿》："青云梦杳，且就学趋庭，继晷焚膏。"明代沈鲸《双珠记下》："我苦苦读你，只为功名之事，论功名务在继晷焚膏。"明代无名氏《金雀记下》："圣朝天子网英豪，把俊士旁招。思量惟有读书高，不负继晷焚膏。"

3. 投膏止火

"投膏止火"意思是用油去浇灭火，火反而烧得更旺，比喻举措失当，适得其反。语出《新五代史·唐书·安重诲》："四方骚动，师旅并兴，如投膏止火，适足速之。"

4. 火上浇油

"火上浇油"比喻于矛盾中增加激化因素，使人更加恼怒，或使事态更加严重。元代无名氏《冻苏秦》第二折："你只该劝你那丈夫便好，你倒走将来火上浇油。"元代关汉卿《金线池》第二折："我见了他扑邓邓火上浇油。"《水浒传》第六三回："这个秦明，又是一个性急的人，听了这话，正是炉中添炭，火上浇油，拍马向前，抢狼牙棍直奔将来。"

5. 肤如凝脂

"肤如凝脂"是说皮肤像凝固的油脂，形容洁白柔润的皮肤或器物。语出《诗经·卫风·硕人》："手如柔荑，肤如凝脂。"唐代李白《上安州裴长史书》："伏惟君侯，贵而且贤，鹰扬虎视，齿若编贝，肤如凝脂。"唐代陆海羽《三洞珠囊·救导品》："病者身体通赤，无复皮，甚痛。得水浴，即不复痛。二十日皮生，疮尽愈，肤如凝脂也。"唐代王维《唐故京兆尹长山公韩府君墓志铭》："齐侯之子兮，卫侯之妻，肤如凝脂兮，手如柔荑。"

6. 秣马脂车

"秣马脂车"是说喂饱马，给车轴涂好油脂，指准备作战。语出三国魏曹植《应诏诗》："星陈凤驾，秣马脂车。"东晋习凿齿《汉晋春秋》："便当秣马脂车，陵蹈城邑，乘胜逐北，以定华夏。"一般辞书认为此例是出处，但《应诏诗》已见用例，时代更早。

7. 画脂镂冰

"画脂镂冰"指在油脂上作画，在冰上雕刻，一旦融化，都归乌有，比喻徒劳无功。语出汉代桓宽《盐铁论·殊路》："故内无其质而外学其文，虽有贤师良友，若画脂镂冰，费日损功。"宋代朱熹《答梁文叔书》："若于此有个奋迅兴起处，方有田地可下功夫，不然，即是画脂镂冰，无真实得力处也。"

8. 卖油翁

《卖油翁》是北宋欧阳修所著的一则写事明理的寓言故事，记述了陈尧咨射箭和卖油翁酌油的故事，寓意是所有技能都能通过长期反复苦练而至熟能生巧之境，形象地说明了"熟能生巧""实践出真知""人外有人"的道理。

从前有个射手叫陈尧咨，射箭很准，当时是第一神射手。有一天，他正在花园里射箭，有位卖油的老翁路过这里，放下担子，看他射箭，十中八九，老翁轻轻地点了点头，但并未鼓掌为他叫好。陈尧咨十分不满，问老翁为何不以为意。老翁说，以我往葫芦中注油的经验，便明白这个道理。他说完话，拿出一个空油瓶，瓶口放一枚铜钱，从高处舀油注入瓶中，直

图 3-3 卖零油（来源：《中国传统行业》）

到瓶满，取来铜钱一看，一滴油也没沾上。陈尧咨大为吃惊，问老翁如何做到的。老翁说，不过是熟能生巧罢了。陈尧咨再也说不出话来，只好让老翁走了。

9.卖油郎

唐代油市有了进一步发展，油脂贩卖业更为普遍。卖油郎原意是指卖油的小伙子，特指《醒世恒言》中《卖油郎独占花魁》的主人公，南宋初年卖油郎秦钟，积攒十两银子去会见沦落风尘的花魁辛瑶琴。直到三更，瑶琴才大醉而归，秦钟奉茶端汤服侍至天明方离去。后来，瑶琴遭恶少吴公子欺辱，被抛在雪地上受冻，又逢卖油郎相救。二人产生了爱情，后瑶琴与做了官的父亲团聚，仍不嫌弃秦钟"贫贱"，

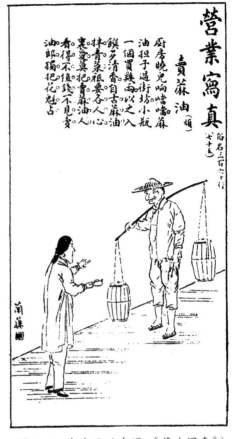

图 3-4　卖麻油（来源：《营业写真》）

与之成婚。易得千金宝，难得有情郎。卖油郎秦钟以厚道与真诚赢得芳心，收获了自己的爱情与美好人生。

（二）民间传说与笑话

一些涉油传说与笑话也饶有趣味，间接反映了油文化的民俗风情。

1.炸油条

"油条"是一种古老的汉族面食，为长条形中空的油炸食品，口感松

脆，是中国传统的早点之一。《齐民要术》就记载了油炸食品的制作方法。诗歌《寒具》描述了油条形状及制作过程："纤手搓来玉数寻，碧油煎出嫩黄深。夜来春意无轻梦，压褊佳人缠臂金。"油条的叫法各地不同，天津称油条为果子，安徽一些地区称油果子，东北地区称大果子，闽南地区称油炸鬼，潮汕地区称油炸果。

油条还有"油炸桧""油炸鬼（儿）"的俗称，它的由来与奸臣秦桧有关。"据传说，抗金名将岳飞被奸人秦桧夫妻害死的消息传出后，都城临安百姓都恨死了秦桧夫妇，欲将其千刀万剐。但因惧秦桧的权势，敢怒不敢言。于是，卖烧饼的王二和卖油炸米团的李四合计，用两片面条分别捏成秦桧夫妇状，然后将其背对背地绞合在一起，丢进油锅炸熟，并将其命名为'油炸桧'……'油炸桧'的名称很快在社会上传扬开来，成为一种酥脆香美的早点食品。"[1]可见，"炸油条"一词虽说是百姓的日常生活事象，但因具有礼敬岳王父子忠勇坚贞、唾弃秦桧夫妇奸邪的文化内涵，所以普遍流行于人们的日常生活里，成了一种社会习俗。

2.长老种芝麻——未见得

有句歇后语叫"长老种芝麻——未见得"，这是至今仍在一些地方流传的一种乡风。据明代顾元庆《夷白斋诗话》说，南方种植芝麻必须夫妇同时下种，才能丰收。长老是和尚，若独自种植必无可得之理，所以歇后语说"未见得"。当然，这只是人们的经验之谈，有无科学道理还有待于证实。鲁迅先生对这条歇后语的考证也曾关注过。早在1927年，鲁迅先生阅读明代顾元庆的《夷白斋诗话》时，就有一番追根溯源：

> 南方谚语有"长老种芝麻——未见得"。余不解其意。偶阅唐诗，始悟斯言其来远矣。诗云："蓬鬓荆钗世所稀，布裙犹是嫁时衣。胡麻好种无人种，合是归时底不归。"胡麻，即令芝麻也，种时，必得夫妇

---

[1] 徐海荣主编，《中国饮食史》卷四，华夏出版社，1999年，第163页。

两手同种，其麻倍收。长老，言僧也，若独种必无可得之理，故云。[①]
"长老种芝麻——未见得"，其源即为当时种芝麻必须夫妇二人两手同种这一民俗。

3. 老鼠偷油

在民间，"老鼠偷油"是一个富有民俗情趣的话题。"小老鼠，上灯台，偷油吃，下不来……"这是流传于中国的经典童谣。此外还有老鼠偷油的民间故事和游戏。

与"老鼠偷油"相关联的民俗词语是"油老鼠"和"油耗子"。人们习惯用"油老鼠"指从事偷窃、倒卖食油的人，即"油耗子"，用"落缸的老鼠——怕出也费劲"比喻陷入困境难脱身。这里有着很深的民俗基础。

4. 赵老送灯台，一去更不来

我国过去农村用的油灯，基本上是豆形灯，乡里人称之为灯台儿。灯台是用黏土做成的巴掌大的圆台，圆台中间支一个灯架，再捏一只可以盛油的盘，置于灯架上，圆盘里倒上火油，浸一根或者两根灯芯草，露出一小节在外面，点着了，灯台儿就亮起来了。

民间传说，鲁班弟子赵巧代鲁班送他制作的灯台给做百岁大寿的龙王，灯台共两座，一座漂亮的灯台内藏夜明珠，一座简朴普通的灯台内藏一颗避水神珠。赵巧把后一座献给龙王，把漂亮的灯台藏在怀里，私带回家，谁知刚出大门，海涛扑天而来，赵巧被淹死。民间因有"赵巧送灯台，一去不回来"之语，指有去无回。宋代欧阳修《归田录》卷二："俚谚云：'赵老送灯台，一去更不来。'不知是何等语，虽士大夫亦往往道之。天圣中有尚书郎赵世长者，常以滑稽自负，其老也，求为西京留台御史，有轻薄子送以诗云：'此回真是送灯台。'世长深恶之，亦以不能酬酢为恨。其后竟卒于留台也。"

---

① 顾元庆，《夷白斋诗话》，中华书局，1985 年，第 16 页。

5. 半油半水

近代吴个厂所著的《笑话大观》里有一则"半油半水"的笑话：

> 说某公署每盏灯油钱只限十文，管这个事的人很难从中占便宜，于是把水搀进油中，这样灯点起来就昏暗无光。好事者作词一阕讥讽此事。词曰："一盏十文钱，未敲更，只得眠，半油半水搀来点。时时旋转，腾腾墨烟，此中狼狈情可见。最堪怜，装腔作势，不过二三焉。"[①]

这阕词以形象犀利的笔锋讥讽抨击了油里掺水的作假行为，既形象又深刻。

6. 个个受伤

近代憨斋士所辑的《笑林博记》中有一则"个个受伤"的笑话：

> 一个厨师做菜，总要揩油，主人明知，因无证据，也没有奈何他。这天主人烧酱肉，又怕他揩油，于是亲自切好，详数其数为三十六块，然后送请厨师烧煮，暗想：这回万无一失了，纵然少了，也有话可说。等到肉烧好送到桌上来吃时，主人一看，数目虽未短少，分量却已大减，每块肉上都有暗伤，原来厨师已有戒心，恐数目不符，易被主人发觉，于是在烧好后，在每一块上都切了一点下来。

> 主人叹了一口气，吟诗一首曰："出兵三十六，收兵十八双，点兵兵不少，个个都受伤。"[②]

这首诗以幽默含蓄的笔调讥讽了某厨师处心积虑"揩油"的行为，堪称绝妙。

（三）日常习俗

日常习俗作为最广泛的传承文化，以悠久的历史、浓厚的内涵和特有的功能影响和制约着社会群体的思维观念和生活方式。"入监油""家有千

---

① 吴个厂，《笑话大观》，上海新民书局，1935 年，第 13 页。
② 憨斋士纂辑，晓阳校点，《笑林博记》，陕西摄影出版社，1995 年，第 223—224 页。

石油，莫点双头灯""春雨贵似油""精打细算，油盐不断""芝麻稠，不可留，留来留去少出油""油花卜"等，这些承载着油文化历史印记和文化传统的熟语，既反映了劳动人民食油用油的生活经验，又向我们展示出中国人特有的惜油爱油、节约用油的优良传统。

1. 春雨贵如油

这是一句农业社会的谚语，形容春雨的可贵。春季是作物下种、发芽的时候，非常需要雨水，而此时我国大部分地区干旱少雨，说春雨"贵似油"，一点也不夸张。《乡言解颐·天部》："春雨贵如油，如膏雨也，日好雨正是当儿，知时节也。"《醒世姻缘传》："从来说，'春雨贵如油'，这一年油倒少如了雨，一连两日不止。"冯德英《迎春花》："春雨贵如油。清明节后，正当下种的时候，落了场一犁深的细雨。这真是及时雨。人们都抓紧时机，赶着播种。"

"春雨贵如油"因地区不同而有许多种说法："一滴春水一滴油""春雨贵似油，有点不发愁""三月雨，贵似油，四月雨，好动锄""春雨似油，瘦马不瘦牛""春雨贵如油，春风狂似虎""要得年岁熟，先要春水足""若要年成熟，除非春雨落""春得一犁雨，秋收万石粮""春社无雨莫种田""春雨贵如油，不让一滴流"等。

2. 入监油

中国历史上对监狱的叫法多种多样，比如圜土、夏台、囹圄、班房、监、狱、监狱。历史上"狱吏之贵"十分普遍，牢头狱霸往往向初入狱犯人索要贿赂，这种贿赂俗称入监油，油指油水。明代汤显祖《牡丹亭·硬拷》："（净扮狱官，丑扮狱卒持棍上）：'试唤皋陶鬼，方知狱吏尊。咄！淮安府解来囚徒哪里？'（生见举手介）［净］：'见面钱？'［生］：'少有。'［丑］：'入监油？'［生］：'也无。'"

3. 家有千斤油，不点双灯头

古代盛油的灯盘，中央立一小椎，用来搁置灯芯（即捻子，一般用麻丝、棉条、丝絮和纸张等捻成细条）。灯芯特别吸油，将芯拨至灯盘外，点燃即可照明。歇后语"不拨灯不添油——省心（芯）""灯盏无油——火烧心（芯）""熬尽了灯油——烧心（芯）"以及"灯盏添油——不变心（芯）"，就是用"灯芯"的"芯"喻"心"。俗话说，吃不穷喝不穷，算计不到一世穷。谚语"家有千斤油，不点双灯头"是说往昔时代，好多人家都十分节约灯油，舍不得燃双头灯芯，这是一种传统的价值观，也是一种节俭的生活习惯和文化习俗。

"家有千斤油，不点双灯头"也说成"家有千金，不点双灯""家有千石油，莫点双头灯""家有千缸油，不点双灯头""家有千条牛，不点双灯头""有钱不买双灯盖，不费灯草也费油"。"家有千斤油，不点双灯头"的现实生活样态在《儒林外史》中有典型例证。

严监生临死时，"痰响得一进一出，一声不倒一声的，总不得断气。还把手从被单里拿出来，伸着两个指头。"[1] 知夫莫若妻，只有赵氏明白严监生是因为舍不得两根灯芯燃着，所以迟迟不肯咽气，于是就拔掉一根，严监生才闭上眼睛安然辞世。小说对严监生的这段描写和刻画的认识一般都是说严监生吝啬，但我们认为这其实是一种传统习俗使然。

4. 省把米，省滴油，三年换头大黄牛

日常节省，贵在坚持。老百姓的节约理念是"精打细算，油盐不断""浅浅水，长长流""省吃俭用，细水长流"。正是因为有这种理念，所以又有"省把米，省滴油，三年换头大黄牛"的说法，非常形象生动。梁实秋对节约这种文化习俗曾做过分析："乡下也有油吃，菜油花生油豆油之类，但是吃法奇绝，不用匙臿，用一根细木棒套上一枚有孔的铜钱，伸到油瓶里，凭这铜钱一滴一滴把油带出来，这名叫'钱油'。这话一晃儿好几十年了，现在情形如何我不知道，应该比以前好一些才对。华北情形较穷

---

[1] [清] 吴敬梓，《儒林外史》，天津人民出版社，2016年，第46页。

苦，江南要好得多。"[1]

5. 油炸糕

"油炸糕"是有着浓郁黄土高原气息、世代传承的饮食习俗。

油炸糕是山西、陕西、河北以及内蒙古等地汉族的特色油炸食品。

油炸糕的食材是黍子，黍子籽去皮后就是黄米。油炸糕的做法是将黄米面放入很少量的水，用手耐心迅速地搓成均匀湿润的小颗粒，然后撒到笼屉上蒸透、蒸熟。蒸好之后倒出来开始揉面成形，放入油锅炸制即成油炸糕。

油炸糕以"软溜溜""黄澄澄"而闻名。贺敬之《回延安》中有"热腾腾的油糕摆上桌，滚滚的米酒捧给咱亲人喝"的诗句，说明油炸糕是一种待客的美食。内蒙古有谚语"三十里的莜面四十里的糕，五十里的荞面饿断腰"，说的是油炸糕抗饿。

6. 油花卜

涂了油的东西不但不会被腐蚀，而且光彩鲜明。唐代诗人皮日休在一首诗中说："一夜春光绽绛囊，碧油枝上昼煌煌。"意思是，一夜春光打开了石榴花绛红色的花蕾，碧绿鲜亮的花枝上闪耀着日光。其中的"碧油"就是绿油油的，像涂了油一样鲜亮。

五代后唐的张泌在《妆楼记》中记载了当时一种有趣的民俗："池阳上巳日，妇女以齐花点油，祝而洒之水中，若成龙凤花卉之状，则吉，谓之油花卜。"宋代洪迈《夷贤三志己·萧县陶匠》："萧沛土俗，多以上巳节群集郊野，倾油于溪水不流之处，用占一岁休咎，曰油花卜。"农历三月三日，洛阳的妇女们在花上滴些油，到水边许下心愿，然后将花上的油抛撒在水中，如果水中的油形成龙凤或花卉的形状，表示大吉，这种活动被称为"油花卜"。

---

[1] 梁实秋，《雅舍谈吃》，山东画报出版社，2005年，第181页。

三、油喻视界

隐喻具有民族性。马清华在《文化语义学》一书中谈及"概念""取象"时，设立了"意念"这一概念。他指出，人们为了使语言表达更加生动，在字面意义和实际意义之间建立起了意念关系，"意念关系应语言生动性表达的需要而产生，为抽象的性质或动作概念补足意象性，通过描述，将它具体化为一种可感的图景。"① 以"油"为象也是汉语谚语"取象"的常见手段。

油是烹调的必备物品，是居家过日子必不可少的东西，同时也是中国老百姓习用的流行的喻理方式。日常生活中，人们认为饭菜中所含的脂肪多，就叫"油水大"，反过来就叫"油水少"或"没油水"。因此，人们习惯把意外的物质收获、额外的好处或不正当的收入都叫"油水"，反之，则是"没油水"或"油水不大"。比喻从旁捞到一些好处叫"捞油水""讨油水""沾油水"，用敲诈或强制的手段，搜刮钱财叫"榨油水"。围绕"油"，汉语产生了数量可观的成语、谚语、惯用语和歇后语。一个个含油熟语其实是一个个文化符号，蕴含了深刻的理性思维，具有超越性、概括性，表明了与之相对应的事物及行为的关联性与普遍性，为我们展示了一个油喻视界。

（一）以油喻理

清代王有光《吴下谚联》中有"菜油麻油，寻一件头由"。作为一种表达方式，油喻是借助于油这种食物或特性，寄寓某种精神品质或抽象事理，它主要通过联想的作用，把主观意识托付于客观事物，是特定具体的事物（象征客体）显现出的抽象意蕴。汉语以油为喻的谚语特别多，如："秕糠

---

① 马清华，《文化语义学》，江西人民出版社，2000 年，第 225 页。

榨不出油"比喻经济拮据，即使逼迫，也拿不出钱财来；"撇开油喝汤，不与我商量"比喻不与人商量的行为；"布衫溅油洗不清"比喻很难摆脱关系，避免不了嫌疑；"黑狗偷了油，打了白狗头"义同"背黑锅"，被人误解；"狗窝寄油糕"指找错了地方找错了人，没指望；"公伙的油，满街流"意思是集体的东西没人珍惜；"打耗子还得个油纸捻儿"比喻办小事也得出本钱；"借你的骨头熬你的油"比喻用对方的观点、言论来反驳对方。下面就一些常用的油喻谚语进行例释。

1. 揩油

"揩油"在《现代汉语词典》中释义为占公家或别人的便宜，也泛指一切占小便宜的行为。其中"揩"是擦和抹的意思。

揩油原是上海方言词，主要指售票员占公家的便宜。民国时期的上海，居民经常乘坐无轨电车出行，售票员揩油贪污的行为屡见不鲜。1933年鲁迅在《申报自由谈》的专栏里写道："他一面留心着可揩的客人，一面留心着突来的查票，眼睛都练得像老鼠和老鹰的混合物一样。付钱而不给票，客人本该索取的，然而很难索取，也很少见有人索取，因为他所揩的是洋商（指租界里的电车公司）的油，同是中国人，当然有帮忙的义务，一索取就变成帮助洋商了。"这段话的意思是售票员收了乘客的钱却不给车票，将本该上交的票钱据为己有，他得到了好处，乘客也没什么损失，所以乘客们缄默不言。

揩油的对象如果用在女人身上，则是占女人便宜的意思。在古代，揩油多指在风月场所中的占便宜。当时女人地位低下甚至被物化，如同物品金钱一般，因此经常发生男人吃女人豆腐而女人无计可施的事情，由此揩油在很多语境中指男人从女人身上得到好处，也隐含着社会对女性的歧视和不尊重。后来，"揩油"喻指一切占小便宜的行为。"揩油"，有时作"揩白油"。上海话有"有揩伐（不）揩猪头三"的说法，反映了一些人典型的贪小心态。

2. 油多不坏菜

中国人做菜喜欢多放油，"油多不坏菜"是说油多了，菜就不那么容易坏掉。人们常用这句来打比方讲道理。如"油多不坏菜，礼多人不怪"，意思是对人多行礼仪，人不会怪罪。《官场现形记》："横竖'礼多人不怪'，多作两个揖算得什么！"李伯元《文明小史》："我今日的一番举动，岂不成了蛇足么？好在礼多人不怪，现在里头尚且十分迁就他们，何况我呢？"

3. 熟油苦菜，各由所爱

苦菜是夏季常见的蔬菜之一。据《本草纲目·菜部·苦菜》中记载，苦菜味苦，性寒。主治五脏邪气，久服可安心益气、耐饥寒、强力。苦菜虽苦，但深得众多人的喜爱。熟油是加热过的油。"熟油苦菜，由人心爱"，指的是对于熟油苦菜的喜好是由个人的喜爱决定的，实指不同人对待同一事物的观点、态度、标准不同，因此爱好和追求也不尽相同。

图 3-5　麻油拌青菜，各人所爱（来源：《图画日报》）

"熟油苦菜，各由所爱"也作"熟油苦菜，由人心爱""偏喜爱熟油苦菜""热油苦菜，各随心爱""麻油浇菜，各有所爱"，意义同"萝卜白菜，各有所爱"。

4. 喝香油

飘洒着浓浓香味的香油又纯又香，点点滴滴滋润着百姓的生活。农业社会的观念认为吃饭过日子有香油，会觉得生活是香香甜甜的。汉语用"喝香油"比喻过甜蜜、芳香、幸福的生活。胡可《槐树庄》："李满仓笑道：'要是合作社天天吃白面喝香油，我就参加。'"汉语谚语还有"二两香油没捞着，倒搭半锅粘火勺"，比喻不仅没有得到，反而失去许多。

5. 哪儿不抹油哪儿不转

油是滑润的，汉语用"哪儿不抹油哪儿不转"比喻不给哪里好处，事情在哪里就不能顺利进行。也说"哪儿不浇油哪儿不转"。相反，"油膏三两半，车轮自然转。"

根据油的滑润性，汉语将悄悄溜走、逃跑说成"脚底板抹油"，也说"鞋底板子抹油，溜之乎也"。溜，有双关义，本义指滑溜，转指溜走。之乎也，常为文言语助词，起加重语气作用，表示诙谐，指人悄悄地溜走了。又作"脚底板抹香油——溜了""脚底擦油——溜了""脚下抹油——溜之大吉""脚底板抹油——溜""脚底下擦油——滑溜""鞋底上抹油——溜吧""鞋底抹油——溜之乎也"。

6. 肚子里盛不下二两油

这句比喻有点事就说出去，心里装不住，藏不住话，也用来讥讽人没有知识或学问。也作"肚里盛不下二斤油""肚里一两油，满脸放出光""肚里一两油，满脸放红光"。另外，狗不能吃太多油，吃多了拉稀，所以"肚子里盛不下二两油"也往往说成"狗肚里装不住二两酥油""狗肚子盛不了四两香油""狗肚子里存不住三两油""狗肚子里盛不住四两酥油""狗肚里藏不住热脂油""狗肚子里盛不下二两荤油""狗肚子里能盛几两黄油"等。

7. 哪个耗子不偷油

这句比喻人没有不贪便宜的。《红楼梦》："奶奶要真瞧二爷的好，我倒有个主意。奶奶想，哪个耗子不偷油呢，他也不过怕事情不密，大家闹出乱子来不好看。""哪个耗子不偷油"也作"老鼠没有不偷油的"。同理，做了事不会掩饰便叫"偷了油吃不会揩嘴"。陈残云《香飘四季》："他向来不关心男女间的事，对此也很迟钝，可水生真像个'偷了油吃不会揩嘴'的人，样子尴尬得厉害，使他一看就明白是什么回事。"

8. 一撞三斗油

这句比喻人鲁莽冒失，到处闯祸。如果一个人阅历多，熟悉情况而狡猾，人们往往称之为"油子"，也有"街油子""车油子""京油子""兵油子""会油子"的说法。"街油子"指市镇街道中狡猾刁钻的人，"车油子"指富有经验、熟悉情况、能够巧妙乘车的人，"京油子"指久住北京而老于世故的油滑的人，"兵油子"指在旧军队中长期当兵并沾染了恶习的士兵，"会油子"指对各种规格会议的情况很熟悉的人。"街油子""车油子""京油子""兵油子""会油子"的比喻义正好与"一撞三斗油"相反。

与"一撞三斗油"语义相近的谚语有"糊涂油蒙了心"，形容人糊涂，不明事理，或被某种假象所蒙蔽。

9. 菜油麻油，寻一件头由

"油""由"同音。头由，指缘由。这句指不论干什么事情总要有个理由，也指事情的发生总有个起因。清代王有光《吴下谚联》："菜油麻油，寻一件头由。'油'隐'由'字，起因也，故曰头由。出师有名，立言有体，谚故以'菜油、麻油'发其凡焉。"

10. 油一路，水一路

"油""水"各自一路，所以"油一路，水一路"比喻不是一路人。《吴下谚联》："油喻小人，其性腻，其质浊，其体滑，其用顺。其趋炎也，若矢之赴的。投以水，爆而不和。水喻君子，其性凉，其质白，其味淡，其体清。其用能令不洁之物至于洁。滴以油，沸焉若惊，故各自一路。"①

用"油"和其他事物关联作比的谚语还有："买油的叮嘱买蛋的""撇开油喝汤，不与我商量""布衫溅油洗不清""黑狗偷了油，打了白狗头""狗窝寄油糕""公伙的油，满街流""公家的油，点千大灯头""公众的油，大灯头；一边洒，一边流""油膏三两半，车轮自然转""打耗子还得个油纸捻儿""借你的骨头熬你的油"等。

11. 打油的钱不买醋

这句比喻干一件事的时候，不能同时又干另一件事，即做事要有全面的安排，不能只图眼前而乱了整个计划，或做事不能分散心思，失去目标。冯志《敌后武工队》："常说'打油的钱不买醋，你俩怎么在枪子底下还东张西望的？看把个坏羔羔子给放跑了。'"另外，"打油的钱不买醋"现在多用于政府机关的财政问题，也比喻专项资金必须专项使用，不得挪作他用。

（二）芝麻喻理

芝麻初名"胡麻"。《梦溪笔谈》："如今之北方人喜用麻油煎物，不问何物皆用油煎。庆历中群学士会于玉堂，使人置得生蛤蜊一篑，令饔人烹之，久且不至。客讶之，使人检视，则曰：'煎之已焦黑而尚未烂。'坐客莫不大笑。"②芝麻是一种油料作物，榨取的油称为麻油、胡麻油、香油，特点是气味醇香，生用热用皆可。根据芝麻的生长特点、功用、加工方式和形状特点，汉语产生了一系列芝麻喻理的熟语。

1. 芝麻开花节节高

芝麻开花从下一节开始，每上长一节开一层花，花越开越高，所以这句比喻逐步发展提高，越来越好。丁秋生《源泉》："人，还是那伙穷兄弟；

---

① ［清］李光庭、［清］王有光，《乡言解颐 吴下谚联》，中华书局，1982年，第85页。
② ［宋］沈括撰，施适校点，《梦溪笔谈》，上海古籍出版社，2015年，第162页。

地，还是那些薄地，但芝麻开花节节高，生活一天比一天好。"

2. 属芝麻的——不打不出油

芝麻是重要的油料作物，芝麻种子含油量达 50%—60%。汉语中有"属芝麻的——不打不出油""白米不煮不成饭，芝麻不压不出油"和"少一粒芝麻不缺油"的熟语。"属芝麻的——不打不出油""白米不煮不成饭，芝麻不压不出油"比喻只有高压才能使人出血或出力。"少一粒芝麻不缺油"比喻少了这一份无足轻重，不会妨碍大局。当然，如果芝麻是瘪的那就另当别论了，所以汉语产生了"瘪芝麻榨不出油来"的谚语，比喻穷酸，从中榨不出一点好处。

3. 陈芝麻，烂谷子

这句比喻陈旧的无用的话语或事情。也作"陈谷子，烂芝麻"。《红楼梦》："可是我糊涂了，正经说的话且不说，且说陈谷子、烂芝麻的混捣熟。"老舍《老张的哲学》："她把陈谷子、烂芝麻尽量地往外倒，她说上句，她兄弟猜到下句，因为她的言语，和大学教授的讲义一样，是永远不变，总是那一套。"秦兆阳《幸福》："看你这人，自个不歇晌，还耽误人家睡觉，尽说些陈谷子、烂芝麻的事！"

4. 芝麻粒与芝麻官

粒，指小圆珠形的东西。"芝麻粒"，原指芝麻种子，惯用语"芝麻粒"比喻微不足道的事情。此外还有"芝麻事"，也比喻细小琐碎微不足道的事情。

芝麻官指职位低、权力小的官，具有诙谐和讽刺意义。豫剧电影《七品芝麻官》又名《唐知县审诰命》讲述了县官唐成为民做主，斗倒权贵的故事。虽然官小，但"当官不为民做主，不如回家卖红薯"这句台词却风靡一时，充分表达了做官的境界和责任感。

以"芝麻"为题形成的谚语有"芝麻里出不了绿豆""拾芝麻，能凑斗"等。以"芝麻"为题形成的歇后语有："芝麻里的黄豆——老大""芝麻地里长苞米——高低不齐"芝麻掉进针鼻儿里——巧到家了""一斗芝麻掉一颗——有你不多,无你不少""芝麻掉进杏筐里——不显眼"等。

(三)油器喻理

油是一种珍贵的调味品,用什么来盛放储存至关重要。用来盛油的瓮、缸、坛、瓶子、罐、壶、葫芦,分别叫作油瓮、油缸、油坛子、油瓶、油罐子、油壶、油葫芦。古往今来,以油坊、油缸、油篓、油壶、油瓶、油葫芦为题,汉语形成了众多脍炙人口的熟语。

1.拖油瓶

这句俗语指再嫁的妇女带前夫儿女到后夫家去,也作"带渡儿"。它最初出现在《初刻拍案惊奇》卷三:"天祥没有儿女,杨氏是个二婚头,初嫁时带个女儿来,俗名叫作'拖油瓶'。"

"拖油瓶"的由来有一种说法。说是当玻璃洋瓶尚未输入中国以前,民间油瓶都是用竹筒做的,形状与现在浴堂贮小账的钱筒一样,乡下村落离市镇很远,村民不能天天入市,每逢有一两个村民上街去,左邻右舍全都托他代购杂物。那时点灯烹调都要用油,油为大宗消耗,代购的日用品中以油为最多,笨重的竹筒,七八个系在一起只能在地下拖着走了。乡下人拖的油瓶,都是别人家的东西,拖在手里又十分累赘。再醮妇带过来的子女,要顶前夫的姓氏,在后夫看来,也是别人家的东西,并且像上街拖带的油瓶似的,拖泥带水,跟了一群,也觉得十分累赘,所以就将拖带子女比作"拖油瓶"了。

"拖油瓶"有时还用来表达另外一种含义,即用来形容那些做事情时不积极进取,反而拖累别人,最后影响了事情进度的这一类人,人们通常把这一类人俗称为"拖油瓶"。

2.油瓶倒了不扶

在过去,油一般都是放到玻璃瓶中的,也因此有了"油瓶"一说。由

"油瓶"生发出了熟语"油瓶子倒了不扶"。有两条歇后语很好地说明了其内涵:"倒了油瓶不扶——懒到家了""倒了油瓶不扶——袖手旁观"。

"油瓶子倒了不扶"常被用来形容一个人的懒惰,这样的用法在日常生活中很常见。比如说一个人很懒,会说:"那小子懒得,是油瓶子倒了不扶的主儿。"老一辈人也会跟小辈说,"不要做油瓶子倒了都不扶的人",就是在告诫小辈,不要懒惰,要勤快。浩然的《苍生》中,村支书老伴儿说了这样的一段话:"从打大媳妇儿一进门,我就针不拿,笤帚不摸,油瓶子倒了不扶,吃饭得给我盛好了端到手上。"这里的"油瓶子倒了不扶"受语境的影响,不仅仅是形容人懒了,而且带有某种向别人示威的感情色彩,家里的大小事情都不管,所有活儿都让大儿媳妇干,以此表明婆婆身份的"崇高"。

"油瓶子倒了不扶"也被用于形容人袖手旁观,这种袖手旁观的态度与"事不关己,高高挂起"的心态类似,是责任感缺失的一种体现。油对于我们很重要,特别是在物资匮乏的年代,恨不得让每一滴油都发挥它最大的作用。在这样的情形下,油瓶子倒了不扶,是万万说不过去的。

"油瓶子倒了不扶"也可以说成"倒了油瓶也不扶""踢倒油瓶也不扶起""脚踢油瓶不扶",表意相同。另有俗语的表现形式——"推倒了油瓶儿不扶"。还有"油瓶子倒了不扶,还推上一把"的说法,比喻不但不帮助人,反而损害人。

3. 合着油瓶盖

这句是俗语"弯刀撞着瓢切菜,夜壶合着油瓶盖"的缩略。在瓢里切菜弯刀正适用,而夜壶(尿壶)盖的大小恰跟油瓶盖大小相合,比喻两者正相配,办事方法对头,处理问题切合实际情况。

油瓶盖有时为形容男女情洽的市井语。"合着油瓶盖"则指郎才女貌,男女相配,多含贬义。《野叟曝言》第二十三回:"官府是不吃盐米的。"意即不讲道理。"李衙内和玉楼两个,女貌郎才,如鱼似水,正合着油瓶盖上。"

从简单的日常生活用品油瓶盖，凝练出一个具有多层含义的俗语，为后世所运用并且可以获得启发。

4. 挂油瓶

挂油瓶，又称"嘴上挂油瓶"，用来形容因生气而把嘴巴噘得老高。将油瓶挂起来在过去是很常见的，旧时油店为了吸引顾客买油，就会"打广告"，因为油不能悬挂，所以就将所售商品油的附属物油瓶作为幌子挂起来。店家往往会在墙上固定一枚长钉子，用麻绳在油瓶口打结，然后将油瓶挂起来。油瓶过去常常是挂在钉子上的。那么挂在钉子上的油瓶，怎么会用来形容人生气噘嘴的状态呢？

用"挂油瓶"形容人生气，是和大众的认识脱离不了关系的。早在明代，这类比喻就已出现。明代毛晋《六十种曲〈双珠记〉》中就写到了"嘴尖可挂油瓶"。明代徐渭《英烈传》第六十四回《破元兵顺取汴梁》中形容"黑踢塔"也写到"尖着雷公嘴，好挂油瓶"。

在日常使用中，为方便起见，人们常会简言之"挂油瓶"或"嘴上挂油瓶"。除此之外还有很多丰富的表达，如"嘴巴噘得能挂个油瓶儿""小嘴上能挂个油瓶儿""嘴巴上挂油勺子""小嘴噘得能拴个油瓶儿""嘴能拴驴"。无论是"挂油瓶""拴油瓶"还是"小油嘴儿"，都是大众对于生气的妙趣横生的比喻罢了，当然，没有人会真的尝试在生气时用嘴挂油瓶，但其中折射出的民间的智慧和大众的诙谐幽默，不禁令我们莞尔。

5. 油瓮里捉鲇鱼

油瓮里的鲇鱼滑溜溜的，难以捉住，意谓枉费气力。元代马致远《荐福碑》："他每那里省的鸦窝里出凤雏，您兄弟常则是油瓮里捉鲇鱼。"

6. 扳倒葫芦洒了油

唐代赵元一《奉天录》："光晟临死言曰：'传语后人，第一莫作，第二莫休。'"一不做，二不休，原义是要么不做，做了就索性做到底，指事情既然做了开头，就干脆全部完成，形容下最后的决心。用"扳倒葫芦洒了油"与"一不做，二不休"作比连用，来表示要么不做，做了就索性做到底的意思，既高度概括，又极为形象生动。

与"扳倒葫芦洒了油"语义相近的谚语有"打烂葫芦洒了油"，比喻一无所得。歇后语有"打烂葫芦洒了油——一无所得""打烂葫芦洒了油——倒霉透了"。

与此语义相反的谚语有"搬不倒葫芦洒不了油"，比喻如果不这样做，就达不到目的。刘兰芳、王印权《岳飞传》："一不做，二不休，搬不倒葫芦洒不了油。整死他得了。"

7. 油壶卢不惹醋壶卢

壶卢，即葫芦，常作盛器用，意谓各不相干。《乡言解颐·开门七事》："乡言七事中有关乎世情者……油壶卢不惹醋壶卢，薰莸不同器也。"

8. 猫儿踏破油瓶盖，一场快活一场空

猫不吃油，故踏破油瓶盖是空欢喜，这句比喻到手的东西不能享受，空欢喜一场。明代罗懋登《西洋记》："这些南军看见个事情不谐，各人奔命，各自逃生，那里又管个什么老星忽刺。恰好的猫儿踏破油瓶盖，一场快活一场空。"

"八个油瓶七个盖——难以周全"，八个油瓶应该有八个盖，八个油瓶七个盖就只能东挪西借了，比喻拆了东墙补西墙。

9. 捕得老鼠，打破油瓮

这句比喻得不偿失。《五灯会元》："我是人行邪道，不能见如来。虽然恁么，正是捕得老鼠，打破油瓮。"

10. 挂油壶也该试三遍钉子

这句指做事应该谨慎细心。也作"挂油壶都要试三道钉子"。

11. 整篓洒油，满地捡芝麻

篓子用柳条编成，内外都涂上一层猪血、石灰和麻纸混合而成的涂料。

这样的油篓不仅重量轻，不渗漏，价格便宜，还有一定的弹性，经得起碰撞，很适合运输。油篓的大小有很多种，容量从两三斤至二三十斤不等。

芝麻是榨油的重要原料，芝麻粒很小，从地上捡起芝麻费时费力且收获很小。"整篓洒油，满地捡芝麻"用来指在大的方面浪费，在小的方面节省，大处不算小处算；也指对小的物件斤斤计较，得不偿失。也作"满地捡芝麻，大篓撒香油"。

与"整篓洒油，满地捡芝麻"语义相同的谚语是"沉了一船芝麻，水面上撒油花""大船芝麻泼掉了，还能靠水上撒油""大缸里打翻了油，沿路儿拾芝麻"，也是比喻大处挥霍浪费，小处节俭吝啬的民间经典话语。《乡言解颐·物部》："当家才知柴米贵，物力不可不惜也。沉了一船芝麻，水面上撒油花，弃大而见小也。"

（四）油灯喻理

点灯应是油较早的用途。唐代韩愈在《进学解》中形容照明说"焚膏油以继晷"。油灯是以油为介质的灯具，起源于火的发现和人类照明的需要。以灯盏、灯油、灯芯、灯捻为题材，汉语形成了一系列油灯喻理熟语。

1. 东选西选，选个破油灯盏

这是普遍流传于民间的一条谚语，意思是过分挑选，要求太高，最后反而落得个最糟的结果。昔日没有电灯，百姓只能用"油灯"照明。"油灯"即"灯盏"，已属平常之物，而"破油灯盏"则更糟糕。谚语以传统的常见乡俗用品"灯盏"和"破油灯盏"为喻，极为形象生动。

2. 向灯的也有，向火的也有

这句比喻人们的意见总是不一致，有偏向这一方的，也有偏向另一方的。世情小说《林兰香》："路上说话，草里有人听。向灯的也有，向火的也有。人心隔肚皮。似你这疯疯癫癫，信口开河的。不怕太岁头上动土？"

以"灯"与"火"为题材构成的谚语还有"有灯不愁火""早知灯是

火，饭熟几多时"。"有灯不愁火"比喻有条件，不必过虑。"早知灯是火，饭熟几多时"，比喻早知道是这样，事情已办成多时。明代徐畛《杀狗记》："见此事方知，员外，你早知灯是火，饭熟几多时。"明代汤显祖《邯郸记》："生死长安道，邯郸正午炊。早知灯是火，饭熟几多时。"

此外，"光有挑灯的，没有添油的"比喻只知贪图得利，不肯为此付出代价和劳动。"屋里点灯外头亮"，比喻家中的事情易被外人知晓。

3. 灯台照人不照己

灯台，灯盏下的托台，灯光能照远处，灯台周围却一片暗影。这句比喻人们容易看到别人的缺点，却看不见自身的缺点。《客座赘语》："南都间巷中常谚，往往有粗俚而可味者，漫记数则，如……'灯台照人不照己。'"

"灯台照人不照己"也作"丈八的灯台，照远不照近"。《红楼梦》："那宝玉是个丈八的灯台——照见人家，照不见自己的。"另作"灯台不自照""灯台下面是黑的"。

4. 省油灯

省油灯，又称夹瓷盏，本义指省油的灯盏，是宋代的一种十分有特色的节能灯具，也是我国古代灯具中的佼佼者。英国著名学者李约瑟称："省油灯是一个有趣的化学冷却、水套预处理蒸馏法，它包含了蒸汽和水循环系统的全部现代技术。"作为古代劳动人民智慧才华的结晶，省油灯一直沿用到今天。浩然《艳阳天》："马凤兰翻了翻白眼，从外间堂屋墙上的灯窨里端过一盏老式的'省油灯'，把它点着，又把那罩子灯吹灭。"

植物油用于点灯照明，在人类的历史长河中功不可没。《三秦记》说"秦始皇墓中燃烧鲸鱼膏为灯"。西汉《淮南万毕术》记载"取蚖脂为灯"。"西汉《淮南子·原道》与《西京杂记》都出现'膏烛'等名词。直接用植物油类燃为光源，在这个时期普遍地采用，从出土的各种古灯具可以证明。汉代的巧匠丁缓发明过'常满灯'，能自动添油。到东汉明帝以后，佛教传入中国，佛堂上的灯烛使用植物油，这就增加了在照明方面的需求量，也大大促进了植物油的增产和发展，汉朝以后，随着佛教的迅猛发展，植物油的供应量也随之大增。"[1]

在宋代，以大张灯火粉饰太平盛世之风十分炽盛，这种奢靡的风气耗去了大量的油料。当时有个叫陈烈的人制作了一盏大灯笼，径长丈余，并在上面题诗一首，以示讽刺。诗云："富家一盏灯，太仓一粒粟。贫家一盏灯，父子相对哭。风流太守知不知，犹恨笙歌无妙曲。"

正是在这种大肆放灯的情境下，省油灯应运而生。"省油灯的灯盏做成中空夹层状，其形就如同一个小碗套在大碗里，跟瓷器中的孔明碗差不多。在省油灯的外壁上有一小孔，用以注水。注上水的省油灯，点起灯火时，夹层里的水就起到降低灯盏的热度，减少灯盏里的油的蒸发，从而达到省油的作用。这种简单的冷却原理，被巧妙地运用到灯具的制作中，充分反映了古代人节约能源的积极意识。"[2]陆游在《老学庵笔记》中曾评述道："宋文安公集中，有《省油灯盏》诗，今汉嘉有之，盖夹灯盏也。一端作小窍，注清冷水于其中，每夕一易之。寻常盏为火所灼而燥，故速干，此独不然，其省油几半。"对陶瓷省油灯赞美可谓溢于言表。也许是大诗人陆游的笔下生辉，才使省油灯名扬千古。

"省油灯"比喻好说话、好对付，不愿招惹麻烦、宁愿息事罢手的人。

5. 不是省油的灯

"省油灯"是一种耗油少的灯盏。根据"省油灯"的特性，汉语产生了"省油灯"和"不是省油的灯"的比喻用法。"省油灯"比喻好说话、好对付，不愿招惹麻烦、宁愿息事罢手的人。现实语言生活中，"省油灯"用得较少，"不是省油的灯"用得更为普遍，意思是说某人不是好惹的，脾气不好，脾气暴躁，容易惹是生非，或者是说不怎么老实，做事情总是给人添麻烦，没有一刻让人省心。陈登科《风雷》："叫他有本事捣吧！总有一

---

[1] 何东平、袁剑秋、崔瑞福主编，《中国制油史》，中国轻工业出版社，2015年，第12页。
[2] 吴少华，《古灯千年》，百家出版社，2004年，第117页。

天，他会知道，姓黄的不是省油灯。"韩静霆《大出殡》："她那一身大红，即使在黄风里也是那么鲜亮耀眼。人说'扔头老婆沁头汉，都不是省油灯'。"有时候人们也将一个人不节约、铺张浪费称为"不是省油的灯"。

6. 出了灯油钱，站在黑地里

这句比喻白白付出了代价，未得到任何报酬。《解放区短篇小说选》："当年那么大灾荒都能带他们一家糊过来，换了旁人真不易得的，帮工五六年没有算过一回工钱，反而倒捞自己腰包，这笔工钱算算也吓人，人心换人心，不能叫刘二'出了灯油钱，站在黑地里'。"

"出了灯油钱，站在黑地里"也说"出了灯油钱，站在黑处"。

7. 灯里没油捻子干，人没钱了鬼一般

捻子，用纸搓成的条状物或用线织成的带状物做的灯芯。这句比喻人没钱，被人看不起。刘江《太行风云》："老保根心中念道：'怨不得人常说，灯里没油捻子干，人没钱了鬼一般。可一点也不假呀。'"

此外，民间还有"灯里没油点芯子，锅里没米骂汉子"的谚语。

8. 油尽灯灭

"油尽灯灭"指油熬光了，灯熄灭了，比喻人的心血、精力枯竭，就要死亡。灯火之所以能一直保持旺盛，是因为有油及时补充、添加到灯里以满足灯火燃烧的需要。如果灯里的油量不能满足灯火燃烧的需要，那么无论多旺盛的灯火，都会逐渐油尽火熄。宋延寿《宗镜录》："又如油尽灯灭，业丧苦亡。"

"油尽灯灭"又作"灯尽油干""油干灯草尽""油干火尽""灯尽油干"。《镜花缘》："因他终年不眠，熬得头晕眼花，四肢无力……一经睡去，精神焕散，就如灯尽油干，要想气聚神全，如何能彀？自然魄散魂销，命归泉路了！"

"灯尽油干"有时也比喻财产、金钱丧失得一干二净。《石点头》："催征牌票雪片交加，差人个个如狼似虎。莫说鸡犬不留，那怕你卖男鬻女，

总是有田产的人，少不得直弄得灯尽油干。"

9. 不费灯芯也费油

灯靠油，人靠饭。油灯靠油才能照明，人靠吃饭才能维持生命。这句比喻无法节省，总得有些损耗、花费。

与此相关的谚语有"灯里没油捻子干，被窝里没人心里酸""灯里没油点捻子，锅里没米骂汉子"。"灯里没油捻子干，被窝里没人心里酸"指单身汉或失去伴侣的人，无人关心照顾，日子不好过；"灯里没油点捻子，锅里没米骂汉子"指灯里没油就烧灯芯，锅里没米就骂丈夫。此外，以"灯捻子"为题构成的歇后语有"脂油点灯——布捻"，旧时用油脂点灯须用布制的灯捻儿。"布"与"步"同音相谐，"捻"与"撵"同音相谐，指步行。

灯草不能断，油要满满的。那最好的办法是"长添灯草满添油"，这句谚语的意思是早做准备或做好充分准备。

10. 吃根灯草，说得轻巧

灯草又称灯芯草，其茎细长，茎的中心部分用作油灯的灯芯，很长时间以来一直作为灯芯用的灯草，现在在中药铺药柜的抽屉里还可以找到。民间一般将油灯里用麻丝、棉条、丝絮和纸张等捻成的绳也叫灯草。用"灯草"为喻的谚语、惯用语、歇后语有

图 3-6　卖灯草（来源：《营业写真》）

若干条，非常接地气。

灯草很轻，谚语"吃根灯草，说得轻巧"用灯草作比，讽刺人说话太随意，不负责任。徐慎《老贫哥和小能弟》："'没吃过猪肉，还没见过猪走！地主教他的少爷学量地时，我在旁边侍候，眼一扫，也就学会了。'嘿，'吃根灯草，说得轻巧。'这一说，大伙更感到他是个大能人了。"《老残游记·续集遗稿》："我才说是这一案欠命的案定了，还有别的案子呢！我知道哪一天是了期？像你这快活老儿，吃了灯草灰，放轻巧屁哩！"郭泳戈等《刘公案》："宗婆子闻听，微微冷笑，说：'何二嫂，你吃了灯草灰咧，说得这么轻巧！来也由你们，去也由你们？'"谚语还用夸张的手法形成了"一根灯草沾缸油"的说法，指长期地捞取一点小利益，也会使别人受大损失。沙汀《淘金记》："常言说：'一根灯草沾缸油。'你是稀的，他是干的，沾来沾去，他总要沾你几个呀！"另外惯用语"吹灯草"比喻轻而易举就能办到的事情。万立人《"电灯泡"巧胜"马夜草"》："我财路多过水牛毛，找钱好比吹灯草，只要允许我搞钞票，利息也能吃到老。"

以"灯草"为题，汉语形成了一系列的歇后语，如"灯草编囤——莫扯""灯草秤杆——称不了""灯草搓绳——白费工夫""灯草架屋——枉费工""灯草火把——一亮而尽"等。

11. 灯不拨不亮，话不说不明

油灯一般需要用一根小木棍来挑动灯捻子，使其更好地燃烧照亮。所以汉语里"拨灯棍"比喻开导别人，使人开窍或醒悟的话语。浩然《艳阳天》里有这样的话："一句话，像拨灯棍似的把马之悦的心拨亮了。"

汉语以拨灯为题材形成了许多谚语。"灯不拨不亮，话不说不明"指坦诚的对话和交流，会使人明白道理。也作"灯不拨不亮，理不辩不明""灯不拨不明，理不辩不清""灯不拨不亮，情况不摸不明""灯不拨，灯芯就燃不亮；话不说透，人心里不明白""油灯不拨不亮，木头不钻不透""灯不挑不明，鼓不打不响""灯花不拨灯不亮，人有过失须人帮""灯勿拨勿亮，账勿算勿清""灯不亮，要人拨；理不顺，要人说""灯不亮，要人剔；人不明，要人提""灯盏不明有人拨，事情不平有人说""灯不明，只用一拨；事不清，只用一说""灯不明一拨，火不旺一扎""灯常拨才亮，刀常磨才快""油灯不拨不明，真理不传不知"。

（五）油锅喻理

烹调手段离不开油，也离不开锅，油煎火燎，身心会感受到极大的痛苦。以油锅为素材形成了众多含油熟语。

1. 下油锅

油锅通常指盛有沸油的锅，常用来比喻险境。惯用语"下油锅"比喻受熬煎，受酷刑。旧时迷信说法，人在生前造了孽，死后到阴间要受下油锅的酷刑。梁实秋先生曾说，"下油锅"乃是阳间之人所能想象的阴间里最酷的酷刑。"下油锅"与"上刀山""下火海"一样，都是置于险地的代名词。汉语涉"油锅"的谚语、歇后语有："上刀山，下油锅""上刀山过油锅""刀山上爬，油锅里滚""下油锅也找个干地方站""抱人家儿子下油锅""滚油锅里捡金子——难下手""啄木鸟下油锅——嘴硬骨头酥"等。

2. 油锅里的钱都敢抓

这句是形容人贪婪，为了钱不怕冒险。李准《黄河东流去》："海骡子平常明夺暗算，欺负咱们穷人一辈子，今儿个忽然变成大慈大悲的菩萨了！他这个人油锅里的钱都敢抓，他要是不得点什么好处，就这么给咱用心办事，我不信。"

"油锅里的钱都敢抓"也作"在滚油锅里捞钱"。张友鸾《章回小说大师张恨水》："通货膨胀，民不聊生，走私猖獗，偏有人在滚油锅里捞钱，大发其'国难财'。"

（六）油食喻理

油炸、油炒、油煎食品是我国传统的食品，麻花、春卷、丸子、油条、油饼、面窝、薯条、面包、鸡翅都可以炸制而成，米饭可以用油炒制而食，馅饼一般用油慢煎制成。油炸、油炒、油煎食品酥脆可口、香气扑鼻，深受人们喜爱。以油炸、油煎食品喻理也是汉语熟语常用的喻理方式和喻理手段。

1. 老油条

"老油条"是指在油锅里炸得"过了火"的油条，多用于贬义，比喻那些过于圆滑且老于世故的人。梁实秋先生在《烧饼油条》中写道："现在台湾的炒饼油条，我以前在北平还没见过……有一天和齐如山先生谈起，他也很感慨，他嫌此地油条不够脆，有一次他请炸油条的人给他特别炸焦，'我加倍给你钱'，那个炸油条的人好像是前一夜没睡好觉（事实上凡是炸油条、炒烙饼的人都是睡眠不足），一翻白眼说：'你有钱？我不伺候！'"①

汉语还有"软油条"的惯用语，比喻体质虚弱消瘦的人。李建彤《刘志丹》："不要看这个小小的烟葫芦，它能把万亩良田、楼房瓦屋，都抽进去。它能使'硬汉子'变成'软油条'。"

2. 热油糕

油糕，用油炸成的食品。"热油糕"比喻大家都喜欢的人。《刘志丹》："罗炎也笑起来，这批'犯人'倒成了'热油糕'啦！这是群众的心情。"

以"油糕"为题，汉语还形成了一些谚语："又想吃油糕，又怕腻了嘴""不吃油糕，不沾油手""不吃炸油糕，不算赶好会""想要吃油糕，又怕腻了嘴""想吃油糕，就别怕油了嘴"。

3. 吃油饼

"吃油饼"义同"揩油"，用得相对少一些。

---

① 梁实秋，《还生命以丰盛》，贵州人民出版社，2018 年，第 142 页。

4. 油炸的麻花——老是扭在一起

麻花是几股条状面拧在一起炸成的，这句比喻彼此关系密切，命运相连。也作"油炸麻花儿——净别扭"，比喻意见不一致。徐本夫《降龙湾》："牛大海瓮声瓮气地说，'厂里的怪事一个接一个，我们正要追查，张副厂长又说些没法建厂的泄气话，这不是油炸麻花，净别扭吗？'"

5. 馅儿饼抹油——白搭

除油条、油糕、油饼、麻花外，制作馅饼也要用油。烙馅饼时，馅里的油会渗出来，皮上再抹油就白费了。这句是指白费了人力物力等，没有起作用或毫无代价地给了别人。浩然《艳阳天》："马凤兰说：'意见白提了？'把门虎说：'是呀，还是光让我替她干呀？'瓦刀脸也来了一句：'我觉着就是馅儿饼抹油，白搭。'萧长春说：'不白搭。谁都得干活儿，谁不劳动也不行。'"

（七）卖油喻理

以卖油为题喻理的谚语有"卖油娘子水梳头"和"光敲梆子不卖油"。

1. 卖油娘子水梳头

这句民间谚语是说卖梳头油的娘子穷得只能用水来梳头。这里的"油"指女用梳妆油。艾芜《都市的忧郁》："卖油娘子水梳头，这是一句极其流行的俗话，意思是说，卖油人的娘子舍不得用油梳头，只拿点水来润润头发。"

"卖油娘子水梳头"也作"卖油娘子水搽头""卖油娘子水梳头，卖扇娘子手遮头""卖油娘子水洗头，卖肉儿郎啃骨头""卖油的娘子水洗头——守着的倒没得使""卖油姑娘水梳头——自家刻薄自家"。

与此意思相同的熟语还有："编席的睡土炕""卖菜的吃黄叶，做鞋的赤脚跑""卖肉娘子啃骨头""卖花娘子插竹叶，卖线姑娘裙脚裂""卖扇娘子手遮头""卖油的只闻香""瓦匠住草房，纺织姑娘没衣裳""种田的吃米糠，卖盐的喝淡汤""裁缝衣破没人补，木匠屋里没凳坐""造车者步行""篾匠家里没有好稻箩""卖盐的老婆喝淡汤"等。这些谚语皆是形容劳动者得不到应有的报酬。

2. 光敲梆子不卖油

从前，卖油郎走村串户做生意都要敲梆子，这句谚语比喻只宣传，不行动。李准《野姑娘》："群众说：'乡干部是光敲梆子不卖油！'整天说合作社好，又不叫办合作社。"

与卖油相关的歇后语还有："卖香油的敲锅盖——牌子不小""卖香油的敲碾底——好大的牌子""卖油的敲锅盖——好大的牌子""卖油的梆子——挨敲打的货""卖油的不带秤——提啦""卖油的不打盐——不管闲（咸）事""卖油的敲碾盘——好大好硬的牌子""卖油的不带笔——石画（谐"实话"）""卖油的叮嘱卖蛋的——各自当心"等。

四、油联撷趣

油作为日常所必需的食物、燃料，不仅满足人们日常生活的需要，也给文人们的诗、词、曲、赋、联等文学创作活动提供了不少材料。但因为油品多与人们的寻常生活相关，所以与油有关的对联显示宏大主题的比较少，而以表达它的生产、压榨、销售以至使用等方面的内容居多。此类联语或写实，或咏叹，或转象某物，或借喻某事，有的质朴，有的诙谐。从这些对联中我们不仅可以了解我国民众在不同时期的生产活动和生活状况，还可以从对联这种短小活泼、极具实用性的文学形式中体悟到汉语言文字独特的气质与魅力。

（一）油坊油店联

在所有关于油的对联中，以油坊或粮油店为对象而作的不在少数。在历史的长河中，人们使用了相当长时间的动物油后，因为榨油技术的诞生，才开始有植物油。植物油的提炼大约始于汉代，油坊就是用传统方法加工食用油的地方。油坊一般规模不大，通常是用石器、木材、金属物等器具从固态油料里压榨出液态油汁，以供食用。由于古时候没有可完全代替人工的机械，因此从油料植物中榨油这一复杂耗力的工作都是由人力来完成的，这便赋予了油坊及油店更为特别的价值。

1. 油坊联一

榨响如雷，惊动满天星斗；油光似月，照亮万里乾坤。

传说这是清代有个叫陶澍的人十三岁时为父亲的油坊作的一副对联。

上联中，"榨响如雷"是一种夸张的说法，借以表现榨油时发出的声响之大，接着进一步渲染，此声能够惊动天上的星斗，营造一种非同寻常的意境；下联"照亮万里乾坤"是驰骋想象引出的幻境，令人惊叹而振奋，这也从侧面说明了这家油坊所制的油质量之好。横批为"油然而生"，表达了对这家油坊美好的祝愿，希望声名远扬，生意兴隆。

2. 油坊联二

欲得声名光宇内；宜将膏泽布人间。

在古代，膏也代指油，所谓

图 3-7　磨麻油（来源:《营业写真》）

"凝者曰脂，释者曰膏"。此联中的"膏泽"比喻恩惠，膏为油，泽为雨露或水。这副对联为将要营业的油坊而作，带有勉励色彩，认为只有以惠泽百姓为目标，才能使自己店铺的名声远扬。这样警句式的对联挂于店外会给人以谦卑的感觉，是开业赠联中比较好的一种形式。还有一副类似油坊联曰："盛名如油，香透大江南北；信誉胜榨，响遍万里河山。"与此联有异曲同工之处。

3. 油坊联三

滴滴滋润飘清馥；啧啧赞许好油坊。

这是平铺直叙的一副联，"滴滴"与"啧啧"叠声词的使用使整副对联读起来比较轻快。这是对该油坊所产的油与油坊本身共同的赞许。"石磨磨出可口脂；铁榨榨来健康油"，与该联类似。

（二）油食油用联

中国人食油、用油都可以追溯到很久以前，从食用动物油到掌握压榨技术食用植物油，再到制作燃油灯用于照明，人们对油这种物质越来越依赖，油的使用也渗透到生活的各个方面。所以涉及油的制作、食用、使用的对联也不在少数，而且用来榨油、制油的原料也常出现在对联中。

1. 油料联一

芝麻开花节节高；玉兔东升星星亮。

芝麻、花生等都是常见的油料，因为芝麻这种植物总是从下往上开花的，所以常用来形容人们步步高升、生活越过越好。故对联中也借这一寓意来表达越来越好的意思。将芝麻开花、玉兔东升这些象征吉祥、美满的词放在一联中，皆有极为美好的寓意。

2. 油料联二

花生菜籽经翻炒醇香四溢；大豆芝麻入压榨福润万家。

花生、菜籽、大豆、芝麻等，都是制油原料，此处上下联将其并列使用，虽有直白之嫌，但接着分别道出翻炒、压榨的工艺，及其醇香四溢、福润万家的美好，全联倒也显得真实而工整。

3. 香油联

香油点火闻无味；古书翻页听有声。

香油本来有很强烈的香气，但用于灯火照明时，其火却是无味的，作者抓住了这一特点，便有了上联"香油点火闻无味"。古人夜晚读书，多用油灯来照明，灯下翻书却会发出声音来，这便有了下联"古书翻页听有声"的意境。灯火无味与书页有声形成的对比，相互衬托，一幅士子夜读的画面跃然纸上，一无一有之间产生了独特的艺术效果，可谓平中见奇。后人又有"香油点火闻无味；红烛流泪看有声""香油点火闻无味；落蕊随尘泣有声"一类的联语，或许都是受到了此联的启发。

（三）油喻油趣联

一些涉油联是借油作比喻、隐喻来说明某种道理。油有表示富裕的含义，所以也可借此义来反说贫困。另有一些与油相关的对联出自民间故事，常常带有一些幽默诙谐之色彩与趣味。

1. 柴米油盐联一

回思往事伤心，枉学了几十年诗文辞赋；

巴到今朝撒手，尚剩着两三月柴米油盐。

这副对联出自《联话丛编》第三册。联作者有一堂兄，苦读几十年，"屡困童试，卒未售，潦倒中年，家无儋石。"[1] 患病后自知来日无多，作此联自挽。这段文字像个冷幽默，让人看到一个未仕书生穷困潦倒的辛酸形象，掩卷默然，让人动容。

2. 柴米油盐联二

伤心夜雨蕉窗，点半盏寒灯，替诸生改之乎也者；

---

① 龚联寿主编，《联话丛编》（第三册），江西人民出版社，2000 年，第 1462 页。

回首秋风桂院，剩一枝秃笔，为举家谋柴米油盐。

这是清末举人李璧瑜的自题联。"泰兴李璧瑜孝廉以一第终老于乡，乃设帐授徒。藉所得修金，聊资糊口。"[1] 李璧瑜因科举受挫，仕途未达，只能以坐馆授徒糊口，遂作此联题于学馆墙壁之上，自言苦况：日复一日为学生授业批文，不过是为全家糊口而已。既贫且苦，生趣索然，却用油这一丰腴、富足之物象征其清苦，反而有更强烈的效果，读来让人唏嘘。

3. 油蘸蜡烛联

油蘸蜡烛，烛内一心，心中有火；

纸糊灯笼，笼边多眼，眼里无珠。

这副对联的下联是清代思想家、史学家、文学家魏源所对。据说魏源的家乡有个举人，经常抄袭别人的诗冒充为自己的作品，并四处炫耀。十一岁的魏源揭穿了此事，举人恼羞成怒，用顶针和双关的修辞手法，写了上联要魏源作答。"油蘸蜡烛"，暗指魏源多此一举，多管闲事；"心中有火"，表达对魏源的极度不满。魏源也用同样手法吟出下联予以回敬："纸糊灯笼"，暗喻举人腹内空空少学问；"笼边多眼"，指出抄袭他人作品，漏洞百出，一戳即破；"眼里无珠"，实际上是讽刺这位举人老爷有眼无珠，不知天高地厚。举人听了，觉得丢丑败兴，却又无可奈何。

4. 谐音联

雨打儒冠，好似盛油木勺；雪飘僧顶，犹如椿粉擂槌。

这是利用同音字作的一副"谐音格"趣联。"一儒生姓尤者，雨湿其巾。过市中，有姓雷和尚，出此对，盖以其姓为戏也。儒生亦以其姓复之，更谑得妙。"[2] 说的是古时有一儒生，姓尤，出门遇雨，打湿了头上的冠巾。路过某一闹市时，被一个姓雷的和尚看到了，和尚便念出"雨打儒冠，好似盛油木勺"一句取笑尤姓儒生，因为儒生姓"尤"，就用同音字"油"影

---

① 龚联寿主编，《联话丛编》（第四册），江西人民出版社，2000 年，第 2819 页。
② 龚联寿主编，《联话丛编》（第一册），江西人民出版社，2000 年，第 188 页。

射"尤"。儒生知道和尚姓雷，也就用其姓的同音字回复和尚，"雪飘僧顶，犹如搽粉搌槌"，以"搌"影射"雷"。你嘲笑我的帽子是"盛油木勺"，我讥笑你的脑袋像"搽粉搌槌"，彼此互谑，也算巧妙。

5. 苦读联

　　　　口呵冻笔唇沾墨；手剔残灯指带油。

《联话丛编》载有一篇题为《某学究》的故事。"某学究馆于乡村，冬日，其徒请示联语，呵冻凝思，遂书'口呵冻笔唇沾墨'七字，徒弗能对，师亦不能对，因郁郁死。室遂不安，无敢居者。偶有过客宿此，半夜鬼至，以联索对。客构思良久，无以应。鬼坚请不肯释，而灯已将灭，以手挑之，忽曰：'有之矣：手剔残灯指带油。'鬼大笑去，室中遂安。"[1]

五、油诗撷萃

"油""膏""脂"各自具有基本相同的本义和文化比喻义，因时代或某些特定含义表达的需要，常以三种形态进入诗人的视野，其作品历代可见。以"油""膏""脂"类为题材的诗作，内容不仅有油脂、油水、用油涂饰或润泽等写实类作品，更有恩泽、好处、甜头、油滑等比喻类作品。

（一）油用诗

无论古今，不论族群，油脂始终在人们的生活中不可或缺，不仅可燃火用以烹饪烧煮，而且点燃之火光能够用以照明，还可以用来作涂饰等。

1.《寒具》

　　　　纤手搓来玉数寻，碧油煎出嫩黄深。

　　　　夜来春意无轻梦，压褊佳人缠臂金。

---

① 龚联寿主编，《联话丛编》（第三册），江西人民出版社，2000年，第1390页。

苏东坡提笔给炸制寒具的店家写下了一首七言绝句，直接题为《寒具》，将深藏小巷的美食写成了"舌尖上的美味"，原本生意惨淡的店铺，也许因为苏轼的题诗而成为旺铺。诗歌描写厨娘"纤手"揉面做油馓子，以及炸馓子时的油温火候，馓子炸成后金黄的颜色和一圈圈似手钏的形态。在苏轼笔下，一款宋代点心的样式跃然纸上，勾画出寒具色鲜、酥脆的特点和形似美人环钏的形象。可见美食的第一特质是美，若经美人之手制作，那便更美了。

2.《咏油》

非菜非麻非果参，春华秋实结仁芯。

粉身碎骨留膏脂，美食和羹愉世人。

这是当代学者贾寅珍的一首绝句。诗的首句"菜、麻、果"分别指油菜、胡麻、花生果三种油料作物，所以称"菜非菜"，号"麻非麻"，谓"果非果"。次句以"仁芯"比喻其籽实，既是谐音，又予美饰。将"仁芯""粉身碎骨"，是榨取油脂的过程，如此制成食用油品，用于烹饪，做成美味，愉悦口舌，餍足肠胃，且充实养分于身形，"慨然献身"之"仁芯"善莫大焉！作者着眼于油料的品类、特征和油品的生产过程，并将其人格化，这样的想象力和诙谐之笔为这首小诗增添了些许意趣。

3.《韩玉汝遗油》

朝读百纸书，夜成几篇书。

明明白昼有阳乌，默默暗室无蟾蜍。

目睛须藉外物光，日月不到卑蒜居。

君能置以清油壶，暝照文字灯焰舒。

妇将膏发云鬟梳，瓶底浊浓留脂车。

所益既如此，所感当何如。

油在宋代的社会生活中不仅被广泛运用于烹饪，还被用来做照明的燃料和车轴的润滑剂等，用途可谓广泛。宋代诗人梅尧臣在《韩玉汝遗油》中，将油的用途进行了详尽的描写。默默，指黑色无光和暗沉；阳乌，俗称太阳鸟，此处代表太阳；蟾蜍，比喻月亮；簟，指搭棚用的席；"油""膏""脂"分别具有基本相同的本义。诗人在诗中先是将白天和夜晚对比，白天因为有太阳可以看书，晚上天色暗沉，月光也很难照进屋中，很难读书，但是因为有了油，制成油灯，就可以以油为燃料而照明。不单如此，油还可以涂抹在头发上，作为妇女梳头发时所用的头油。盛放油脂的瓶子底部沉淀的比较浊浓的部分，还可以用作车轴的润滑剂。

4.《影灯夜二首》

偃王灯塔古徐州，二十年来乐事休。

此日将军心似海，四更身领万人游。

十万军城百万灯，酥油香暖夜如烝。

红妆满地烟光好，只恐笙歌引上升。

《影灯夜二首》是唐代薛能任徐州节度使时所写，生动描绘了徐国为楚所败后，已经停止了二十年的元宵灯会。诗人履职徐州节度使时，把"休"了二十多年的这桩"乐事"又恢复了起来，元宵节夜幕降临时，满城张

图 3-8　修洋灯（来源：《营业写真》）

灯结彩，壮游不已，市民们又闻到了酥油的"香"气，让他们感到了久违的融融暖意。那些身着鲜艳服装的年轻女子们，置身满地烟光的美景中，纵情嬉戏，她们多么希望这美好夜晚能够持续下去，因而深恐这辉煌的元宵灯火会随着悠扬的笙歌而上升、远去。在这首诗中，不仅描述了酥油本身的香气，而且表达了人们对于这种香味的渴望，更体现了人们对于安稳、幸福生活的向往之情。

5.《题钓台三贤堂》

> 辍帆谒肖像，衣冠非汉侪。翩翩挂佛幡，小椟求香油。
>
> 庸衲资诳惑，良为先生羞。后来跻两贤，几与逆祠俦。
>
> 扁堂失本旨，贻诮何时休。盍归白而长，是正兹谬悠。

油脂分为动物油和植物油，自身都带有一定的香气，在食物的制作过程中加入适量油脂可以提升食物的味道，还可以补给人们身体所需要的营养元素。这是南宋谢采伯为钓台三贤堂的题诗。根据谢采伯的诗序可知，到了南宋末年，严光的祠堂已经是"有村姁乞灵之幡，缘化香油之匮""衣冠像设，化为缁黄夷狄之流"。原本是祭祀先贤的祠堂，逐渐失去本旨，演变成人们求仙拜佛的场所了。从中可以看出祭拜三贤堂、祈求香油的人日渐变多，并且这种祭拜已经转变成了一种民间的崇拜与信仰了。

（二）油喻诗

"油"，为形声字，从水，由声。"油"的本义指水，是一条河流的名字。诗中"油"有水义的诗歌也有很多，其中"碧油""绿油"借指绿水的用法比较常见。

1.《摩诃池赠萧中丞》

> 昔以多能佐碧油，今朝同泛旧仙舟。
>
> 凄凉逝水颓波远，惟有碑泉咽不流。

这首诗是唐代女诗人薛涛所作，表现了诗人在摩诃池送别友人萧中丞的悲伤与哀愁。"碧游"指碧绿的水，诗人巧妙地用这一汪池水写出了情感的变化，可谓今非昔比。还有一些诗歌，如唐代诗人白居易《答客问杭州》中"湖号钱唐泻绿油"和唐代诗人杨巨源《和汴州令狐相公白菊》中"今来碧油下"等，都用"碧油""绿油"借指绿水。

2.《喜雨》

圃旱忧葵堇，农旱忧禾菽。人各有所私，我旱忧松竹。

松干竹焦死，眷眷在心目。洒叶溉其根，汲水劳僮仆。

油云忽东起，凉雨凄相续。似面洗垢尘，如头得膏沐。

图 3-9　收猪油（来源：《营业写真》）

千柯习习润，万叶欣欣绿。千日浇灌功，不如一霡霂。

方知宰生灵，何异活草木。所以圣与贤，同心调玉烛。

"油"有时可用来形容浓密而饱满润泽的物象。《尚书大传》卷二："乃为麦秀之歌曰：'麦秀渐渐兮，禾黍油油'"，就是形容即将成熟的麦黍浓密光亮、丰收在望的喜人景象。又有"油云"一词，指浓云、乌云，形容积雨云厚，颜色黑暗浓密，常会带来阵风与暴雨雷电。唐代诗人白居易的《喜雨》就是在久旱逢雨时，表达盼望已久终于如愿的欣喜心情之作。

图 3-10　油沸焚身（来源：《古今丛谈二百图》）

这首诗开篇直陈时遇大旱，世人各有所私，因而各忧其忧，有忧葵堇者，有忧禾菽者，而作者之忧虑是干焦将死之松竹。为防旱死，只好汲水而洒溉其根。经过一场持续的如膏喜雨沐浴，田野草木恢复了勃勃生机，才知老天的一场小雨也胜过千日浇灌之人功，何况大雨乎！作者由衷地感叹：漫山遍野鲜活的草木，才是大自然一切生灵生生不息的主宰与象征！于是，作者对历代圣贤调和四季气候的最大心愿，以及使四时之气和畅的良苦用心有了更深刻的理解，风调雨顺才是五谷丰稔、万民安宁、天下太平的真正基础。"身居主宰万民苦乐生死的圣与贤（皇帝和他的大臣们），只有像天公下雨普惠天下一样，不分彼此与亲疏，圃田林木都得到滋润，为大家创造一个适合于生存发展的环境，才能出现和谐繁荣的局面。"①

---

① 胡淼，《唐诗的博物学解读》，上海书店出版社，2016 年，第 786 页。

第四章 盐

鹽煮寬場

中国人的饮食讲究口味。自古民不食淡,谁能去盐?盐为"百味之祖","盐能吊鲜",只有多放些盐,菜肴吃起来才鲜美。民间谚语有"三天不吃盐基汤,脚下水汪汪"的说法。

在人类饮食史上,有过两次最伟大的革命。第一次革命是用火熟食,它改变了人类茹毛饮血的饮食状况,使人类饮食从野蛮走向文明。第二次革命是发明了用盐调味,它使人类的饮食从单一的生理需求变为生理需求与味觉享受兼而有之的两种功能。盐是人类祖先得以生存和生活的重要物质资源,是人体发育、生长得以正常维持所必需的营养物质,是人类日常生活饮食中的基本内容。"从远古到当代,盐资源的开发利用对于经济发展、社会稳定、文化进步都有着特殊的功绩,盐在人类文明演进嬗变的过程中一直扮演着主要角色。从早期人们的寻盐意识到后来进行工业性资源开发,盐贯穿了整个人类社会发展的历史,渗透到了人类生活的每一个角落,体现在人们的物质生活、精神生活、行为方式和社会活动等方方面面。"[1] "她从古至今,影响着人类生活的方方面面,是人类进步及其所创造的各类绚丽多彩文明的源泉。"[2]《汉书·食货志》里有"夫盐为食肴之将"的论语,并简称为肴将,可见盐的作用非同一般。

---

[1] 曾凡英,《〈南通盐业志〉序》,《盐业史研究》,2012 年第 4 期。
[2] 曾凡英,《品味盐文明》,《中国文化遗产》,2010 年第 3 期。

盐通常称作食盐、咸盐、盐巴，此外还有许多异名别称。《礼记》："盐曰咸鹾。"在东汉，袁康《越绝书》："越人谓盐曰余。"许慎《说文解字》："东方谓之斥，西方谓之卤。"另外的别名还有金卤、甘卤、斥卤、卤肖、卤奏、卤襄、卤扁、神液、天藏、海沙、寒石、苏甘等。

一、盐的演进

"自古朝廷重夙沙，豪强巨贾悉争他。猗顿如何能敌国？家家膳食用盐巴。"盐是生命的食粮，在人类发展的历史上有着超乎寻常的意义，因此，盐是如何发现的，如何被加工、利用和演进的，它的种类有哪些，功用如何，我们不能不去了解和关注。

（一）盐的发现

人类食用盐的历史，几乎和人类的历史一样古老。盐的发现和食用，经历了极其漫长的岁月。"史前人最初过着居岩处穴的原始采集生活，尚未萌发寻找食盐的意识，维持生命所需盐分，全凭借其本能，摄取含盐分丰富的动植物而获得。熟食促进了史前人类体质和大脑的进化，也促进了对盐分需求量的增加，使盐与粮食、水一样，成为人类生存、发展进化不可缺少的食物。这样，早期人类不得不为了生存而四处寻找食盐，人们追逐盐的意识便不断增强。所以，我们今天所观察到的一个有趣现象就是：围绕古老的天然盐湖、盐池、盐泉和岩盐，往往聚居着许多史前人类。在这些地方逐渐形成早期的原始群落，进而发展成为氏族集团，最终发展为人类文明的摇篮。"[1]人类是逐盐而居的。人与动物对盐岩、盐水的舐饮一样，往往出自生理的本能。最初，盐是存在于自然环境状态下的一种物质，后

---

[1] 曾凡英，《品味盐文明》，《中国文化遗产》，2010 年第 3 期。

来，由于人和动物的生理需要以及生理本能的驱动，各种自然盐才被人和动物发现并食用。"中国盐文化是中国人几千年来对食盐的采集和制盐工艺、技术发展演变过程中形成的经验认识、体制政策、行为模式，以及凝结在以盐为中心的个人与个人的、个人与国家的相互关系等一切事象总和。"①

中国古代盐业史的开端常以神话传说的形式流传下来。曹学佺《蜀中名胜记》、康熙《黑盐井志》等著作上均有记载我国古代流传下来的不少民间神话和传说，向我们透露了盐文明的最初信息，具有独特的文化韵味。

关于动物首先发现盐的传说有"白鹿饮泉"的传说。南宋王象之《舆地纪胜》："宝源咸泉，其地初属袁氏，地日出猎，见白鹿往来上下，猎者逐之，入洞不复见。因酌泉知味，意白鹿者，山灵发祥以示人也。""白鹿饮泉"的传说揭示了人类嗜盐的起源。与之相似的神话和传说还有"牛舔地出盐""群猴舔地""羝羊舔土"。"牛舔地出盐"说的是牛会在吃饱之后找到它熟悉的崖头舔食地上咸咸的石头和泥土，人们看到有地被舔光，就知道那片地是牛们经常去舔食的地方。

野生动物与自然的关系极为密切，再加上动物因其生理需要和特殊的嗅觉、味觉，因此成为自然盐的最初发现者也不是没有可能的。

《世本》记载巴人始祖廪君乘土船从夷水至盐阳，盐水女神谓廪君曰："此地广大，鱼盐所出，愿留共居。"廪君不许。盐神暮辄来取宿，旦即化为虫，与诸虫群飞，掩蔽日光，天地晦暝。积十余日廪君不知东西所向。有学者提出，"古代'盐巴文化'产生于距今7000年左右。古代盐巴的产区主要在古代巴国境内（重庆市彭水县郁山古镇与重庆市巫溪县大昌古镇）。"②

---

① 周鸿承，《试论盐在中国酱文化史上的意义》，《中国首届酱文化（绍兴）国际高峰论坛文集》，2007年，第151页。
② 田景和，《巴蜀、盐巴之谜》，见曾凡英主编《中国盐文化》（第8辑），中国经济出版社，2015年，第274页。

关于盐的来源四川有一个摩梭人传说，说的是"远古有一位姑娘，经常到山脚下牧羊，发现羊常到一个水池里喝水，其他水池的水不喝，姑娘去试了试，原来羊喝的水有咸味，后来转告村人，人们取咸水浇在火炭上，在炭上形成一层白盐。由于姑娘发现盐水有功，被人们奉为盐姑娘、盐神"[①]。

1. 宿沙作煮盐

人类对盐卤的发现和利用与动物一样，也应当是出自生理本能。自然盐也应该是人类最早发现和利用的盐，但依靠大自然的恩赐所得到的自然盐毕竟有限，于是，人类想到了自己生产盐——开始摸索从海水、盐湖水、盐岩、盐土中制取食盐。

地球上盐储量最多的是海水。传说在神农氏时代，宿沙氏煮海为盐，即所谓"宿沙作煮盐"，开创了海盐生产的历史。《说文解字》中载有"古者宿沙初作煮海盐"。《山堂肆考》："宿沙氏始以海水煮乳煎成盐，其色有青、红、白、黑、紫五样。"这种传说流行于沿海地区。据说，有一次，宿沙见流到低洼地带的海水干涸后，留下一层白色的盐碱。他尝了尝，又咸又香，用它调拌菜蔬，吃起来分外可口。于是，他率人四处找盐碱，拌和食物一起吃。后遇连阴雨，盐碱全都溶化在水中。于是，他又发明了将海水放在器皿中煮，从而获得食盐的办法。人们闻知，竞相取海水煮起盐来。虽然历史上是否真有宿沙氏这个人暂且无法断定，但不可否认的是，宿沙氏已经成为中国古代劳动人民发明用海水煮盐的智慧的化身。实际上，用海水煮盐的智慧，并不能真正完全归功于宿沙氏一人，更准确地说，应该是生活在古代的先民们智慧的结晶，用海水煮盐的方法是他们经过长期摸索和实践创造的。在当前尚无更新的考古发现和典籍可资证明的情况下，"宿沙作煮盐"可视为中国海盐业的开端，宿沙氏是中国海盐业的创始人，

---

① 徐海荣主编，《中国饮食史》卷一，华夏出版社，1999年，第206页。

是我国古代制盐始祖。宋代罗泌《路史·后纪四》："今安邑（山西夏县）东南十里有盐宗庙……宿沙氏煮盐之神，谓之盐宗，尊之也。"

还有一个民间传说，叫作"张羽煮海"，说的是张羽是一个非常聪慧的男子，他面对无道的龙王，找来一口神锅，把海水放在锅中熬制，海水因此被熬得滚烫，龙王见状也只好放下尊贵的架子，彻底向张羽屈服。这个故事也说明海盐是我国食盐的一个重要来源。

2. 焚薪成盐

在人类的文明史中，南美洲的玛雅人焚烧特定的棕榈植物及草，再将灰烬放入水中，蒸发成盐。这种焚薪成盐的技术，同样

图 4-1　烧盐（来源:《营业写真》）

发生在古老的中国。《晋书·东夷传》记述古代东北肃慎氏无盐，人们"烧木作灰，取汁而食之"，这就是焚薪成盐。"动物体内有盐，植物体内也含盐，虽然含量并不多，但总胜于无。"① 《太平御览》卷八百六十五引《益州记》："越巂煮盐，先烧炭，以盐井水泼炭，取盐。"《华阳国志》有这样的记载："定筰县在郡西，渡泸水。白摩沙夷，有盐池，积薪以齐水灌而焚之

---

① 王仁湘、张征雁，《中国滋味：盐与文明》，辽宁人民出版社，2012 年，第 4 页。

成盐。"可见盐源自从汉代就开始产盐，距今已有2000多年的历史。"具有原始传统的焚薪成盐方法，在古代中国还影响到后来池盐的开采。《华阳国志》说，西南'越巂笮夷有盐池，积薪以池水灌而后焚之成盐'。将木柴放进盐池泡一泡，再点火一烧，就得到了更多的盐。"[1] 明代诗歌中所谓的"山深路远不通盐，蕉叶烧灰把菜腌"也是焚薪成盐做法的佐证。

中国是一个产盐大国，盐的品种很多，分布范围极广，遍及四面八方。古代食盐的种类繁多，按颜色上分就有绛雪盐、桃花盐、青盐、紫盐、白盐等。《天工开物》中按来源将盐分作"海、池、井、土、崖、砂石"六种，即以海水为原料晒制而得的海盐、开采盐湖制得的湖盐（又称池盐）、运用凿井法汲取地表浅部或地下天然卤水制取的井盐、从土里提炼的土盐（即碱盐）、由开采的盐矿经炼制而成的岩盐以及砂石盐。

现代食用盐一般可分为原盐、精盐和特种盐三种。原盐利用自然条件晒制，结构紧密，色泽灰白，纯度约为94%，多用于腌制咸菜和鱼、肉等。原盐是精盐的主要原料，精盐则采用化盐卤水净化、真空蒸发、脱水、干燥等工艺，色洁白，呈粉末状，氯化钠含量在99.6%以上，适合于烹饪调味。特种食盐是在普通食盐中添加一定剂量的微量元素（如碘、钾、硒和锌等元素）的盐，主要有低钠盐、加碘盐、加硒盐、加锌盐、加铁盐、加钙盐、加氟盐、加维生素盐、加海群生盐、风味盐（在精盐中加入芝麻、辣椒、五香面、虾米粉、花椒面等制成）等。

（二）盐的加工和获取

我国的制盐技术除原始煮盐法外，主要有以下四种。

1. 煎炼海盐

海盐生产资源丰富、工艺简单，因此在盐业人工生产历史上，海盐早

---

[1] 王仁湘、张征雁，《中国滋味：盐与文明》，辽宁人民出版社，2012年，第4页。

图 4-2　淋沙制卤（来源:《天工开物》）

于井盐和池（湖）盐。我国的海盐主要分布在河北、天津、辽宁、山东和江苏等产区，以及浙江、福建和广东等地区。

煎炼海盐首先要取得足够浓的卤水，然后开始煎炼。汉代管煎炼海卤的锅叫"牢盆"，到了宋代以后一般称作"盐盘"。据《图经本草》记载，煮盐之器有两类，一种是"鼓铁为之"，是用生铁铸造的，耐用但成本高；另一种是用竹篾编织成的，内外再用海边牡蛎之类的遗壳所烧成的生石灰厚厚地涂上一层，它"广丈，深尺，平底"，其状似盘，虽易烧坏，但可就地取材，成本低廉。

在煮卤的过程中，卤水渐渐浓厚，最终会析出食盐晶粒。取得食盐有两种方法：一种是把卤水完全烧干得到食盐；另一种是一边煮一边将已经析出的食盐结晶捞出后再加入新的卤水，重复此步骤。

2. 晒制海盐

海盐的晒制法在我国出现较晚，元代时才兴起于福建，大概是借鉴了解州晒制池盐的经验。到了明代中期时，更多的地方已经把煎盐法改为了晒制法。

海滩晒盐需要先在海滨挖出潮沟，等待海水漫入其中；接着在潮沟旁两侧建造由高至低的七层或九层的晒池。这种晒池在长芦、山东、辽宁呼作"卤台"，在淮北称作"沙格"，在闽粤地区叫"盐埕"，也叫"石池"。

图 4-3　煎煮海盐（来源：宋代苏颂《图经本草》）

每当涨潮时海水灌满沟渠，退潮后将沟中海水舀入最高一层晒池，注满暴晒，经适当浓缩后，放入次一层晒池。如此逐层放至最低池。在此过程中，一般沿用上述石莲子等估测卤水浓度。及至已成浓卤，便趁晴暴晒，于是得到颗盐。

3. 池盐生产

"池盐"是中国最早的自然盐。《山海经·北山经》："景山，南望盐贩之泽。"盐贩之泽即指池盐。"池盐"具有天然结晶而无须加工的特点。古代池盐主要产于河东、关内及陇右诸道，即今山西、陕西、内蒙古、宁夏、青海、甘肃等地。青海地处高原，柴达木盆地是我国盐湖的主要分布区，特点是盐湖数量多、储量大，盐矿资源极为丰富。《天工开物·作咸·池盐》："土人种盐者池旁耕地为畦垄，引清水入所耕畦中。"

4. 井盐开采

井盐生产历史悠久，最早开采大约在公元前 250 年的周秦时期。巴蜀之地是我国井盐开采的中心，商剑平撰文认为，"四川自贡是我国最早的

井盐产地，也是我国井盐生产最
集中的地区，以富荣盐场最为有
名。富荣盐场分东、西两场。东
场的卤水自己喷出，被称为'自
流井'。西场的井盐质量特别好，
曾用来进贡宫廷，故称为'贡
井'。自贡还有极为丰富的岩盐
和天然卤水资源，具有规模大、
晶位高、埋藏浅等特点。古代我
国井盐生产集中在四川及甘肃、
云贵地区。目前我国井盐生产主
要在四川等地。"[①]

图4-4　布灰种盐（来源：《天工开物》）

（三）盐的功用

人类在上古时期即已懂得食
用盐，它对改善人类的体质起了
巨大作用。日常生活中，食盐有以下四大功用。

1. 维持生命

盐与生命有着相当密切的联系，每时每刻都参与着人体的运转。盐分
中的钠在人体中的比重大约为0.3%，在我们的生命构成中起着维持生理平
衡的重要作用。人体肌肉、神经、心脏等器官能否正常运转与食盐的摄入
有着很大的关系，另外适量地摄入食盐对于人的消化功能、血压等都有着
至关重要的作用。科学的建议是健康人群每人每天食盐摄入量大约在5克
到10克。

[①] 商剑平，《论我国盐税对社会发展的影响与贡献》，见曾凡英主编《中国盐文化》（第8辑），中
国经济出版社，2015年，第37页。

图 4-5　井火煮盐（来源：《天工开物》）

2. 调味

烹饪调味，离不了盐，盐是最基本的调味品。人类在数万年的生存中不断进化，在这个漫长的历史过程中，除了要用食物果腹外，也在不断追求食物的味道，美食则需要调味，食盐便是最重要的调味品。汉语中"调味盐为先，无盐则味淡""盐提百味"，说的就是盐的调味功能。

盐在中国远古时代就被当作调味品。《尚书·说命》一文中就有"若作和羹，尔惟盐梅"的记载。据《吕氏春秋·本味》记载，商汤时有个庖宰名伊尹，擅长给美食调味，他曾向商汤介绍天下的各种美味，其中就包括盐："和之美者，阳朴之姜，招摇之桂，越骆之菌，鳣鲔之醢，大夏之盐，宰揭之露。"《吕氏春秋》中还有"调合之事，必以甘酸苦辛咸，先后多少，其齐甚微，皆有自起"的论述，还具体地谈到了咸味的调理方法。《左传·僖公三十年》记，周天子派使臣周公出使鲁国，鲁国设国宴招待，席上摆了黑白两种形盐。周公拒绝入席，并要求撤掉形盐，还说明摆形盐是用来招待国君的，他不敢接受。由此可见设置形盐与礼仪规格有密切的关系。

3. 药用价值

盐除了调味外，其药用价值也是很高的。周代，人们已经把咸味作为"五味"（酸、苦、辛、咸、甘）之一，并用于医治疾病。《周礼·天官冢宰》中就有"以咸养脉"的记载，这是周代人对盐的医疗功用的新认识。清代王士雄在《随息居饮食谱》中写道："（食盐）咸凉。补肾，引火下行，润燥祛风。清热渗湿，明目，杀虫，专治脚气。和羹腌物，民食所需。宿久卤尽色白，而味带甘者良。擦牙固齿，洗目去翳，点蒂钟坠，傅蛇虫螫，吐干霍乱，熨诸胀痛。霍乱转筋，盐卤摩拓患处，或以裹足布浸卤束之。并治诸般脚气病。无卤用极咸盐汤亦可。凡无病人濯足，汤中常加盐卤，永无脚疾。"这段论述里，王士雄讲了盐的诸多药用价值。

4. 保鲜和防腐

盐的一个重要功能是食物的保鲜和防腐。众所周知，古埃及人壁画中有腌鱼、腌肉和制作木乃伊的画面。用盐来保存食物在地理大发现过程中发挥了重要作用。中世纪，北欧的农民把稻谷浸在盐水里，可以避免真菌的传染，以获得丰收。腌制食品中的盐促使某些细菌产生酸，酸具有防腐剂的特性，可以防止其他细菌生长。

二、盐俗解码

盐与人类社会的进步和发展关系密切，一部盐的历史就是人类文明的发展史。从文化的视角来看，盐不只是人们味蕾的需要，还浸润着文化的味道。我们应该从一种更广阔的视角，把盐作为一种内涵丰富的人类文化现象来审视。在盐文化的发展过程中，不同民族形成了不同的文化习俗。荷兰语、法语、葡萄牙语涉盐谚语中，盐往往与鸡蛋有关，盐在这些谚语中是社交的标志。因为在耶稣的话中，调味用的盐有一种比喻意义，即给人们之间的关系带来价值。如一则葡萄牙谚语这样说："不放盐的鸡蛋不好也不坏。"汉语的"山东食海盐，山西食盐卤""骥服盐车""愚人食盐""盖盐钵头""饺子里面包盐块""敬奉盐婆""贩私盐"等，都有着极强的生命力和广泛传播性的历史典故、民间传说与笑话、日常习俗，汇成了体现汉族盐文化民俗的语言印记和读解盐文化历史的钥匙。

（一）历史典故

汉语有一些历史悠久的盐文化典故熟语，如"山东食海盐，山西食盐卤""骥服盐车""朝齑暮盐""盐梅和鼎""六月好合酱，切忌著盐多"等，它们记载了汉民族特有的盐俗文化状况和盐俗风情，具有特殊的史料价值和文化价值。

1. 山东食海盐，山西食盐卤

中国关于食盐制作的最早记载是关于海盐制作的记载。古籍记载，炎帝（一说是神农氏）时的诸侯宿沙氏首创用海水煮制海盐，即所谓"宿沙作煮盐"。关于这个时期盐的食用分布区域情况，司马迁在《史记·货殖列传》中记述："山东食海盐，山西食盐卤，领南、沙北固往往出盐，大体如此矣。"由此可见，这一时期食用食盐的地区分布情况大体上是以崤山或华山为界，山的东边一般吃的是海盐，山的西边吃的是岩盐和池盐，另外，在岭南地区和池水、汉水以北地区吃的是土盐。

2. 骥服盐车

"骥服盐车"语出《战国策·楚策》：

图 4-6　场灶煮盐（来源：《天工开物》）

夫骥之齿至矣，服盐车而上太行。蹄申膝折，尾湛胕溃，漉汁洒地，白汗交流，中阪迁延，负辕不能上。伯乐遭之，下车攀而哭之，解纻衣以幂之。骥于是俯而喷，仰而鸣，声达于天，若出金石声者，何也？彼见伯乐之知己也。①

骥是名马，比喻杰出的人才。盐车是指运载盐的车子，名马拉这种载盐的车子，干笨重肮脏的工作，太受屈辱了。多用于比喻贤才屈沉于天下或才华遭到抑制。

"骥服盐车"还有许多变体："骥伏盐车""汗血盐车""骥困盐车""久服盐车""良马轭盐车""骒耳困盐车""骐骥困盐车""盐车伏骥""盐车天马""骏骨牵盐"等。

3. 朝齑暮盐

齑，指切碎的腌菜。早晨用咸菜、晚上用盐下饭，形容生活清苦，饮食菲薄。"朝齑暮盐"语出韩愈的《送穷文》："太学四年，朝齑暮盐，惟我保汝，人皆汝嫌。"也作"朝盐暮齑""朝暮盐齑"，也省作"齑盐"。这条成语一方面反映生活的疾苦，另一方面也透露出文人艰苦朴素，吃苦耐劳，孜孜不倦的求学精神。

4. 盐梅和鼎

《尚书·说命下》载：殷高宗武丁命傅说作相，曰："若作和羹，尔惟盐梅。"孔传："盐咸梅醋，羹须咸醋以和之。"后因以"盐梅和鼎"为称颂宰相的典故，比喻可托付重任。唐代沈佺期《和户部岑尚书参迹枢揆》："盐梅和鼎食，家声众所归。"

"盐梅和鼎"又作"鼎梅助味""盐梅事业""盐梅相成""盐梅之寄""盐梅舟楫""佐鼎调梅"。

中国烹饪艺术所追求的最高境界是"和"。"盐梅"具有和谐、和平与

---

① [战国] 左丘明、[秦] 吕不韦、[汉] 刘向著，吴茹芝编译，《左传·吕氏春秋·战国策》，上海文化出版社，2016年，第401页。

调和的概念。将治理国家比喻为调和羹汤，盐梅之于羹汤就好比贤相之于国家，就不难看出盐的非同寻常的意义。

5.六月好合酱，切忌著盐多

《五灯会元》载："广德军光孝悟初首座，分座日示众，举风幡话，至仁者心动处，乃曰：'祖师恁么道，赚杀一船人。今时衲僧，也不可恁么会。既不恁么会，毕竟作么生？'良久曰：'六月好合酱，切忌著盐多。'"

"六月好合酱，切忌著盐多"是禅林的"代语"形式。孝悟首座在代替住持说法之日告示大众，提到六祖慧能关于风幡的话，说到仁者心动之处，就说："祖师这样说教，骗死一船人不得渡彼岸。现在的僧人，也不可这样领会。既然不可这样领会，究竟怎么领会呢？"过了很久孝悟首座自问自答道："六月天正好合酱，切忌放盐太多。"这里用做酱放盐暗示不能过分咀嚼祖师留下的言句，那样无益于悟道。

禅宗提倡教外别传，以心传心，不立文字，所以隐喻是禅宗传教的一种主要方法，而以盐为载体和意象成了一种常用的手段。与"六月好合酱，切忌著盐多"类似的谚语还有："豆好合酱，盐好煮羹""不少盐酱""酱里得盐，雪中送炭"。

（二）民间传说与笑话

盐是"百味之祖"。以盐为题，汉民族形成了"愚人食盐""盖盐钵头""淡而无味""盐为何淡""盐豆家当"等传说与笑话，数量虽然不多，但也颇具特色，耐人寻味。

1.愚人食盐

《百喻经》有这样一个故事：

> 昔有愚人，至于他家，主人与食，嫌淡无味。主人闻已，更为益盐。既得盐美，便自念言："所以美者，缘有盐故。少有尚尔，况复多也？"愚人无智，便空食盐。食已口爽，返为其患。譬彼外道，闻节

饮食可以得道，即便断食。或经七日，或十五日，徒自困饿，无益于道。如彼愚人，以盐美故，而空食之，至令口爽，此亦复尔。[①]

从前有一个愚人，到别人家做客。主人端出食物来，他嫌淡而无味，主人听罢便另外为他添了点盐。愚人尝到了盐的美味，心想：味道这么美，是有盐的缘故。少少一撮，尚且如此，满满一把，岂不更妙？这愚人不懂其中的道理，便单单吃那盐。吃罢，口颤舌抖，反而得了苦楚。

这是《百喻经》的第一个故事。此人在探索未知的过程中确实愚笨，教训实在深刻。

2. 盖盐钵头

《笑林广记》有一则笑话：

一人娶一老妻，坐床时，见面多皱纹，因问曰："汝有多少年纪？"妇曰："四十五六。"夫曰："婚书上写三十八岁，依我看来还不止四十五六，可实对我说。"曰："实五十四岁矣。"夫复再三诘之，只以前言对。上床后更不过心。乃巧生一计，曰："我要起来盖盐瓮，不然被老鼠吃去矣。"妇曰："倒好笑，我活了六十八岁，并不闻老鼠会偷盐吃。"[②]

不知不觉中暴露了年龄，看样子盐吃得还是不多。

3. 淡而无味

清代俞樾《一笑》中有这么一则笑话：

有一老生，每闻人言，辄摇首曰："淡而无味。"一日，与客言，问客曰："有新闻乎？"客曰："昨暮盐船与粪船相触，盐船破，所贵之盐尽倾入粪船中矣。"老生亦摇首曰："淡而无味。"[③]

说到什么老生都是淡而无味，连一条盐船所载的盐都倒进粪船中去了

---

① ［印度］伽斯那，《百喻经》，求那毗地译，文学古籍刊行社，1955年，第3页。
② ［清］游戏主人辑，蒋筱波编译，《笑林广记》，三秦出版社，2008年，第69页。
③ 王利器辑录，《历代笑话集》，上海古籍出版社，1981年，第575页。

还说是淡而无味，可见其对待生活是多么冷淡无心，着实可笑。

4. 盐为何淡

三国魏邯郸淳所著《笑林》曰：

> 人有和羹者，以勺尝之，少盐，便益之。后复尝之向勺中者，故云盐不足。如此数益升许盐，故不咸，因以为怪。[①]

有人煮了一锅汤，先盛出一勺尝了尝，觉得味淡，就往锅里加了些盐。然后又拿原先舀在勺里的汤再尝了尝，仍觉味淡，说："盐少！"又往锅里放了些盐。就这样，勺里尝一口，往锅里加把盐，前后共加了一升多盐，还是觉得汤很淡。这人感到很奇怪。

加盐于锅中，尝汤却在勺中，此人用错误的思维方式，必然得出"盐不足"的错误结论。

5. 贩盐

《墨憨斋三笑》中有一则《贩盐》：

> 贾似道令人贩盐百艘至临安。太学生有诗云："昨夜江头涌碧波，满船都载相公醝。虽然要作调羹用，未必调羹用许多。"贾闻之，遂以士人付狱。[②]

南宋的大奸臣贾似道以权经商，派了一百只船到临安贩盐，有个太学生写诗讽刺他，贾似道听说后，就派人把这个太学生抓起来并关进了监狱。

醝即盐。贾似道利用官船走私，大发不义之财，书生不畏强暴，用诗巧妙讥讽，堪称一绝。

6. 盐豆家当

明代冯梦龙《笑府》有一"盐豆家当"笑话：

> 徽人多吝。有客苏州者，制盐豆置瓶中，而以箸下取，每顿自限

① 李昉编纂，孙雍长、熊毓兰校点，《太平御览》（第7卷），河北教育出版社，1994年，第944页。
② [明]冯梦龙纂辑，白岭、筝鸣校译，《墨憨斋三笑》，河南人民出版社，1998年，第1418页。

不得过数粒。或谓之日:"令郎在某处大嫖。"其人大怒,倾瓶中豆一掬,尽纳之口。嚷曰:"我也败些家当罢。"①

吝啬的富商把全部家当都塞进嘴里,可见无奈到了何种程度,着实令人捧腹。

(三)日常习俗

人类文明的产生到发展繁荣,都与盐息息相关。盐留给我们的不仅是制盐的残影、盐路的繁盛、财富的象征,它还融入了人类的日常生活和习俗,在盐民中长期形成并流传着特殊的风俗民情。"饺子里面包盐块""敬奉盐婆""敬龙王""晒盐日""池神祭祀""'老和尚'制度""一天不吃盐,吃饭不香甜""贩私盐""船过大悲口,盐方是你的""早喝盐汤如参汤,晚喝盐汤如砒霜""羊吃食盐,胜似过年""盐缸还潮,大雨将到""鸡蛋换盐,两不见钱""盐水把种浸,麦苗绿青青""望望盐"等谚语,保存了鲜活的风俗习惯,见证了古老盐文化历史发展的轨迹,铭刻了汉民族的生活理想和愿望,成为历史传统延续和人文精神传递传承不可少的元素。

1. 饺子里面包盐块

陕西过年时有一风俗,在饺子里面包上硬币、辣子面、碱面之类的东西,吃饺子时吃到这些的人则预示着幸运和祝福,这样一来,便有了过年的喜庆氛围和独特的民俗气息。除上述这些内容外,还有一种饺子里包盐块的习惯,这除了逗乐烘托节日气氛外,还寓意吃到盐块的人来年会发大财。

2. 敬奉盐婆

江苏连云港有"敬奉盐婆"的盐俗文化。民间传说很久以前有一位阿婆每天都用泉水煮饭做菜,脸色红润,头发乌黑,精神焕发。阿婆潜心研

---

① [明]冯梦龙编纂,竹君校点,《笑府》,海峡文艺出版社,1992年,第145页。

究，用泉水制成食盐。有了食盐，人们都有了一头乌黑漂亮的头发。人们为了纪念这位阿婆，便尊称她为"盐神"。当地盐民以农历正月初六作为盐神婆婆的生日，这天清晨，家长要带领全家能上滩干活的人，到滩头或风车头"烧盐婆纸"（也叫"烧滩头纸"），边烧纸边祷告：请盐婆显灵开恩，保佑今年产盐多，盐粒大，盐花白。祷告后，所有的盐民都要拿上铁锹等工具去滩上简单地干些活，如转转风车，挖几锹泥，动一动盐席，表示从今天正式开始一年的晒盐工作。

3. 敬龙王

连云港还有"敬龙王"的盐俗。过去盐民晒盐主要依靠涨潮的时候将海水引入盐池，俗称"拿潮"。由于龙王在中国古代传说中是掌管海水的，盐民们认为龙王也决定着海水涨潮退潮以及海水的含盐量，也因此都对龙王有着敬畏之心。于是，盐民们会在每年正月十五，去龙王庙祭拜龙王，在一些没有龙王庙的地方，盐民们就在海边面向大海烧纸磕头敬龙王，叫"烧龙王纸"。盐民们边烧纸边祈祷，祈求龙王为他们送来含有更多盐的海水，也保佑他们能晒出更多的盐，晒出更好的盐。

4. 晒盐日

连云港盐民有晒盐的习俗。三月三开晒是盐民们约定俗成的日子，这一天无论是刮风下雨都要到滩上去干些简单的活，象征开工，以此表示今年正式开始晒盐。盐民认为："小满䐃头足，六月晒火谷，夏至水门开，水斗挂起来。"谚语的意思是从农历三月三到夏至，即小满前后是产盐的最好季节，这个季节产出的盐洁白如雪且粒粒饱满，俗称"䐃水足"。到了农历六月中旬，晒出的盐品质就会下降，像被煸炒过的谷子一样，故称"火谷"。夏至后，雨季来临，晒盐工作便需要暂停，盐民们就把取卤用的水斗挂起来不用了。下半年晒盐工作一般从七月中旬到十月初进行。其中农历八月是最适合晒盐的时节，九月盐的品质较差，盐民们形容九月的盐和菊花一样，表面好看，实际上有很多杂质，味道也苦涩。到了十月，盐就入土里不出来了，这时晒的盐会很容易生硝，失去了盐的实用价值。谚语"七月半定水头，八月半定太平""八月卤水贵，九月菊花盐，十月盐归土"说的就是这个意思。

5. 池神祭祀

山西运城市南有池神庙，是人们祭祀盐神的建筑。黄娟在《运城盐池生产习俗研究》一文中介绍，"在古代，池神庙建筑群巍峨壮观，错落有致，现在仅存有三座大殿、一座戏台和东西厢房，还有一些唐、宋、明、清诸代的石碑。通过碑刻上的铭文，可以想象当年盐神祭拜的繁盛场面。"[①]

对运城盐池影响最大的盐神是灵庆公。与池神同样受到重视的，还有中条山、风洞、雨神、甘泉、土地等诸神。在祭祀池神之时，诸神一并受到祭拜。

池神祭祀日期是每年的农历八月十五。潞盐生产完场之后，各盐号掌柜齐聚池神庙祭神、演戏、宴客，热烈地庆祝一番，以感谢盐池之神的庇佑。

6. "老和尚"制度

这是运城盐池的生产组织习俗。明代运城盐池有许多称谓都与和尚有关。盐商经营的盐场称作"庵"；盐滩上供工人休息，看守盐料的小工棚叫作"小庵"；盐工用来铲盐的铲子，形状也与云游和尚随身携带的禅杖相似。"之所以出现这种现象，是因为唐朝出现的垦畦浇晒法，促进了盐业生产的飞速发展。而当时社会上，无论上层统治阶级还是平民百姓都有信佛的风气，佛教甚至成为国教，佛教僧人受到高度的重视。因而，人们不自觉地将物质生产和佛教文化相结合，将生产方式的发明归功于和尚，从而盐业生产的各种称谓也相应地随了佛教称谓。"当时盐场的结构组织中，老和尚是最大的工头，掌管潞盐生产技术、盐畦建设等；"老伴"是老和尚的

---

① 黄娟，《运城盐池生产习俗研究》，《科技信息》，2006年第2期。

助手，主要统领下级盐工和工头；再下级有"二掌锨""三甲曹""四等工头""四排子"；最低一级工头叫"小师傅"，具体统管盐工进行生产操作。

7. 贩私盐

旧时盐由官营，称为官盐。在上古社会，人们采集自然盐，食盐无税流通。从春秋早期齐国推行食盐专卖始，政府开始收盐税。历朝历代直至民国，都严禁私盐私贩。

私盐是指私商违法贩盐。普通百姓如果违禁制盐、运盐、贩盐，就算作违法，要受到重处，正所谓"越境称盐——犯禁"。

然而，历朝历代都有贩卖私盐的现象，谚语将这种现象概括为"私盐越紧越好卖"。私盐可以获得暴利，因而很多人不惜铤而走险，特别在一些原盐产区，贩卖私盐的现象更是泛滥成灾。老百姓把这种行为称为"种湾田，贩私盐，逮到一年是一年""一茶，二木，三盐贩，后边跟着烂当铺"。《水浒全传》中就有"这两个兄弟是此间浔江边人，专贩私盐来这里货卖"和"掉船出来江里赶些私盐"的说法。

造成私盐泛滥的原因不是单一的，其中主要的原因就是官府的食盐政策，私盐的巨额利润也是私贩禁而不止的直接诱因。正如白居易《盐商妇》诗所云："盐商妇，多金帛，不事田农与蚕绩。……婿作盐商十五年，不属州县属天子。每年盐利入官时，少入官家多入私。官家利薄私家厚，盐铁尚书远不知。"此外，还有更深层的原因，包括政府对食盐的管理力度不足、管理者的徇私枉法及盐场官商勾结等。

8. 船过大悲口，盐方是你的

大悲口，在四川省巫溪县境内，溪心有两巨石相对，水流湍急，船只经常遇险沉没。船过得了大悲口，船上装的盐才算是货主的，形容大悲口水情险恶，航行艰难。《舆地纪胜》："大悲口：在郡西十六里，溪心两巨石相对峙，上广下狭，故名，行人乞灵之祠也。谚云：'船过大悲口，盐方是你有。'"

"船过大悲口，盐方是你有"也作"船过大悲口，盐始为吾有"。

9.一天不吃盐，吃饭不香甜；三天不吃盐，一身软绵绵

《管子·轻重甲篇》卷二十三有"无盐则肿"的说法，这是对盐的保健功能的较早记载。《汉书·食货志》称盐为"食者之将，人人仰给"。人缺了盐，生理机能就会紊乱，会产生头昏、恶心、呕吐等现象，甚至休克。汉语产生了许多反映这一基本认识的谚语。

"一天不吃盐，吃饭不香甜；三天不吃盐，一身软绵绵"，盐是最基本的调味品，失去它，什么名珍佳肴都将失色。而且，食盐不仅是刺激食欲的调味品，也是一系列身体组织器官进行生理活动的必需品。它可以改善机体营养状况，增强抗病能力，维持正常的生理机能。人一旦缺乏盐分，不仅吃饭不香，而且浑身无力，甚至会造成一系列组织器官的功能紊乱，继而危及生命。可见盐对于人们是非常重要、不可或缺的。

与此语义相近的谚语有："不穿不穿，裤子要穿；不吃不吃，盐巴要吃""不咸不淡，每天二钱半""不咸不淡，十一斤半（指一人每年的用盐量）""多吃四两盐，走路在人前""一人一天三钱盐"等。

10.早喝盐汤如参汤，晚喝盐汤如砒霜

盐融入我们生活的方方面面，有着不可或缺的作用。用盐炒出的花生米，香脆不易焦。在甜口的羹汤中放少许盐，味道会更加鲜甜爽口。早晨起床后空腹喝杯盐水，可以起到清洁肠胃、促进消化的作用。民间谚语说得好，"早喝盐汤如参汤，晚喝盐汤如砒霜""早吃盐汤似人参，晚吃盐汤早丧生"。早晨起床后喝淡盐水可以稀释血液浓度，促进血液循环，达到预防脑血栓和软化血管的功效，还可以加快肠胃蠕动，预防便秘等。民间曾有"晨起喝杯淡盐汤，胜过医生去洗肠"的谚语。但应注意的是食盐量不宜过多，否则适得其反。

11.羊吃食盐，胜似过年

食盐是所有动物维持生命不可或缺的营养物质。动物像人一样也离不

开盐，也需要补充盐，它们补充食盐都是"偷偷摸摸"进行的。许多食草动物从盐沼地区的植物和含盐水里获得盐，食肉动物从猎获的动物血肉里得到盐。汉语谚语有"羊吃食盐，胜似过年""食水加盐，等于过年"，指喂羊或其他牲口时，在其草料中加上盐能增强其胃口。另外"盐水草上浇，越冬不掉膘"，指养牲口用浇过盐水的草料，牲口越冬不掉膘，强调的也是盐对于动物的重要性。

12. 盐缸还潮，大雨将到

人类最初凭着经验逐渐认识天气和气候。盐罐是我国古代家庭用的盛盐的容器，假如家人发现盐罐返潮，出现了水痕，不用说就知道大雨快要来了。以储盐的盐缸盐罐是否潮湿来判定天气是古人积累的生活经验。"盐缸还潮，大雨将到"，指缸中盐发潮，预示着将要下大雨。也作"盐缸还潮，阴雨难逃""盐罐反潮阴雨难逃""盐水缸潮，大雨难逃""盐罐里头流水，婆娘坐家盘腿""盐罐发卤，大雨如注"。此外还有"盐出水，铁出汗，大雨不难见"的说法，指盐、铁发潮预兆天将下雨。也作"盐出水，铁生汗，雨水马上见"。

13. 鸡蛋换盐，两不见钱

盐对于中国百姓是须臾不能离开的调味品。

过去村子里家家户户都养鸡，鸡蛋一般不舍得吃，许多时候都是等到攒满十余个鸡蛋的时候，放在小篮子里去供销社换一斤盐。"鸡蛋换盐，两不见钱"，是妇孺皆知的口头禅。谁家盐多，在人们心目中，简直能与"富而骄"画等号。倘若有哪家在乡亲们面前要穷横，就会有打抱不平的人站出来说："怎么啦——你家开了盐店不成？"

"鸡蛋换盐，两不见钱"还有一些类似的谚语，如"多喂鸡和鸭，油盐有办法""家里养了兔，不愁油盐醋""家里有了兔，不愁油盐醋""家有两只兔，油盐酱醋有出数""家有三只兔，不愁油盐醋""家有十只兔，不缺油盐醋""小家户的鸡圈儿，油盐坛子酱罐儿"等，都是指贫寒人家靠养兔或养鸡下蛋，来换取油盐等生活必需品。

14. 盐水把种浸，麦苗绿青青

植物也离不开盐。这句指用盐水浸过的麦种麦苗长势旺盛，可以提高收成。也作"盐水把籽浸，麦苗绿茵茵""盐水拌子种，麦苗绿茵茵""盐水浸种，苗不生病""盐水浸了种，收获多一瓮""盐水选了种，收获多几桶"。

15. 望望盐

贵州不产盐，食盐奇缺，吃盐是贫苦人民面临的一大难题。许多地方"吃盐当过年"，有"要吃盐，过大年"的说法。有的地方要用七八十斤大米才能换到一斤盐巴，有"斗米斤盐"之说。"望望盐"就是把一坨岩盐吊在饭桌上方，全家老小吃饭时，吃一口饭菜便望一眼盐，聊以自慰，想象着菜中已经放了盐，跟望梅止渴是一个道理。

除"望望盐"外，贵州和其他缺盐的地方还有一些奇特的吃盐方法。有的穷苦人家把盐巴用绳子吊在锅台上面，用时往锅里涮一下就捞出来，叫"滚水盐"或"跳水盐""涮涮盐""洗澡盐"，有的地方把"望望盐"叫作"吊吊盐""舔舔盐""杵杵盐"，从这些称谓上我们可以看出盐是多么稀缺。

三、盐喻视界

盐与人类社会的进步和发展关系密切，"人类的历史，就是在嗅着盐的味道前行。"古往今来，盐一直被赋予一种特殊意义，这种意义远远超出了它与生俱来的自然属性。

英国著名学者雅可布·布洛诺夫斯基认为，在所有文化形态中，盐历来具有某种象征的性质。以盐喻理是世界上许多语言都有的一种喻理方式。古希腊吟游盲诗人荷马将盐称为"神赐之物"。历史上，古希腊人和古罗马人还将盐作为货币来使用。人们把一个人的所得叫"salary"，其实这个词的意思就是"买盐的钱"。英语、法语、俄语中都有大量与盐相关的词组、短语和习惯用语，比如在英语中，above the salt 的意思是"坐在上席"（按英国宴席的旧礼仪，贵客坐在盐瓶之上首，以便其取盐），eat salt with sb. 或者 eat sb's salt 意思是在某人处做客或受到某人的款待，而 salt of the earth 是"社会中坚"的意思。法国布里多尼人的一种习惯说法是：忠告和盐只要想要，就可以获得。在中东，人们仍然用盐来表示最后成交，正如《旧约全书》所说，"盐的契约永远有效。"东乡谚语说："骆驼吃的盐多，弱者流的泪多。"

汉语也形成了大量以盐喻理的熟语，并表现出了不可思议的语言魔力。"有盐同咸，无盐同淡"比喻有福一同分享，有难一同承担；"无盐不解淡"比喻没有钱解决不了问题；"在伤痕上揉一把盐"比喻故意加剧别人的伤痛；"撮盐入火"比喻情绪激动，火气更大，事态更加严重；"越渴越加盐，越冷越打扇"比喻有意增加困难；"咸不咸，加点盐"比喻进一步夸大渲染，增添气氛或分量。"咸菜炒大葱——有盐（言）在先""盐堆里爬出来的——咸（闲）话不少"，日常口语中还形成了大量盐与言相谐、咸与闲相谐、咸与嫌相谐的具有幽默色彩的歇后语。

有人说，谚语是语言中的"盐"。汉语含盐熟语丰富的文化意蕴和独特的喻理方式，值得我们细细品味。

（一）以盐喻理

盐能吊百味，盐和味觉之间有着持久的密不可分的联系，并由此派生出一系列的特征，盐成了汉民族观察世界隐喻万物的一种习用方式，成了人们日常生活中用来打比方的常见手段。如"想煮糖粥，错放了盐"比喻无意间说错了话；"咸不咸，淡不淡"比喻平平淡淡，普普通通；"盐多了不咸，话多了不甜"比喻说话要适可而止，说多了反而不好；"干指头蘸盐"

比喻空手套白狼，不付出一点点就想得到好处。

1. 有盐同咸，无盐同淡

这是一句经常被人们提到的谚语，意思是有盐入饭时，大家一同品尝咸味，无盐入饭时，大家一同吃淡味的食物，比喻有福一同分享，有难一同承担。罗旋《梅》："大家信得过你，你跟我们有盐同咸，无盐同淡嘛！"马忆湘《朝阳花》："生活上从来不特殊，处处以身作则，有盐同咸，无盐同淡，与战士同甘共苦。"

"有盐同咸，无盐同淡"与"有福同享，有难同当""有官同做，有马同骑""同病相怜，同爱相救"等表达共荣辱、共利害等共享意义的成语一样，共同构建了汉民族共荣辱、共利害的价值观。

2. 无盐不解淡

这句本义指只要有了盐，就不怕解决不了淡而无味的问题，比喻没有钱解决不了的问题。清代吴趼人《糊涂世界》："我更夜写几封信，你带了去，但是无盐不解淡，总还得带些银子去。"《活地狱》："俗语说的，无盐不解淡，不是我帮着他，看来老板是多少要破费两个了。只当是行个好，看顾他便了。"

"无盐不解淡"用盐解决淡而无味的问题、用钱解决事情，都是抓住了事物的关键，用一物去控制或解决另一物。用日常生活中非常普通又息息相关的事物喻理，体现了汉民族的思维模式。谚语"山珍海味，离不了盐；走遍天下，离不了钱""钱是英雄胆""一文钱逼死英雄汉"，都和"无盐不解淡"有类似的意义。

3. 比你多吃几年咸盐

人的年龄越大，吃盐的总量自然就越多，吃盐的多少与人的年龄有关，自然与社会经验的多少有必然的联系，因此，"比你多吃几年咸盐"或"吃咸盐也比你多吃几年"便成了汉语中有经验、阅历深的通俗而习惯的表达语式。刘绍棠《京门脸子》有"吃的盐比吃过的饭还多几锅"的说法，他的《十步香草》有"多吃了几年咸盐"的话。梁斌《翻身记事》有"吃过的盐比我们吃过的米还要多",秦兆阳《在田野上前进》有"吃的盐比你吃的饭还多",柳杞《长城烟尘》有"吃的盐粒子比你们吃的米粒子多"等。这些都是用吃盐多过吃饭来强调人生在世时间更长,自然积累的经验则更为丰富。

把吃咸盐与过日子看成是同义说法,因而也有谚语"多出来一年,多吃一包盐""吃的咸盐,比你吃的米也多""吃的咸盐,比你吃的白面还多""我吃的盐比你吃的酱还多"。这些谚语除了比喻人年纪大,见多识广外,也是自负、自夸之语。

4. 在伤痕上揉一把盐

这句谚语比喻故意加剧别人的伤痛。任大霖《患难之交》:"说什么'谅解',说什么'苦衷',原来今天的访问,是要在伤痕上揉一把盐!"相类似的说法还有"往伤口上撒盐""伤口上撒盐""在伤口上撒盐""在伤口上揉辣子面儿"。

5. 吃饭不管盐价钱

这句比喻只知享乐,不愿劳作或只知享福,不管家务。也作"吃盐不晓得盐价,吃米不晓得米价"。

6. 盐贵咸,事贵全

俗话说"盐贵咸,事贵全",比喻事情办得周全才好。《一层楼》:"好姐姐,'盐贵咸,事贵全',还是求你周全这事,替我留心瞭着,我因每日上学,没工夫望着他,日后必重重地报你大德。"

7. 撮盐入火

火中撒一把盐可以助燃,会发出噼里啪啦的声音,黄色火焰烧得更旺。成语"撮盐入火"比喻情绪激动,火气更大,事态更加严重。

与"撮盐入火"语义相近的歇后语有:"一把盐撒进油锅——炸开了""热油锅里扔进一把盐——炸开了""撒了盐的油锅——热闹开了"等。

与此相反的成语是"撮盐入水",形容立刻消灭干净;有时形容大而化之,没有形迹。"撮盐入水"也作"水中著盐",比喻不着痕迹。把盐放入水中便立刻溶化,表示对所恐惧的现象希望像盐入水一样立刻消失,化为乌有。

撮盐入火、撮盐入水,一体两面,出现不同的反应,被古人用以描述截然不同的场合和心态,可谓妙哉!

8.如盐药

"盐药"为药名,其主要功效为治赤眼,明目。《本草纲目·戎盐部》:"盐药,味咸无毒,疗赤眼,明目,生海西南雷诸州,山石似芒硝,入口极冷,可傅疮肿。"惯用语"如盐药"意谓稀少而难以得到。宋代姚宽《西溪丛语》记载:"今俗谚云:如盐药。言其少而难得。""少而难得"后成为"如盐药"的固化含义,并运用到现实事物以及日常生活中。

9.雪落里挑盐包——一步重一步

盐包,指装盐的口袋。雪落在盐包上,盐包越来越重,比喻开销越来越大,负担越来越重。《石点头》:"常言道:'开了大门七件事:柴米油盐酱醋茶。'那一件少得?却又要行人情礼数,又要当官私门户。弄得像雪落里挑盐包——一步重一步。""雪落里挑盐包——一步重一步"也作"雪里挑盐包——一步重一步"。《蜃楼志》:"老时不知那里打算到了银子,又做买卖去了,今冬又顺顺溜溜地过年。只我们两个,雪里挑盐包——一步重一步,这把式再也打不开。"

10.烹牛而不盐

这句指烧牛肉舍不得用盐,比喻人做事省了小钱,丢失了大利。《淮南子·说山训》:"遗人马而解其羁。遗人车而税其輓。所爱者少,而所亡者多。故里人谚曰:'烹牛而不盐,败其所为也。'"[1]

---

[1] [汉]刘安著,[汉]许慎注,陈广忠校点,《淮南子》,上海古籍出版社,2016年,第406页。

11. 吃遍天下盐好，走遍天下娘好

这句说的是盐为百味之首，任何美味佳肴没有了盐都缺几分味道。同时，母爱是世界上最重要的情感，走遍了天下才发现家里的娘是最好的。这条谚语巧妙地运用我们日常生活中再熟悉不过又必不可少的盐，来衬托"世上只有母亲最好"这个具有普世价值的人伦之道。谚语寓抽象于具体，可谓鞭辟入里，匠心独具，是一句阅尽世道、饱经沧桑后的至理之言。

"吃遍天下盐好，走遍天下娘好"还有许多相近的说法，如"吃尽百味盐好，走遍天下娘好""吃尽天边盐好，走尽天边娘好""吃尽味道盐好，走遍天下娘好""吃尽滋味盐好，走尽天下娘好""吃来吃去盐好，走来走去娘好""吃尽美味还是盐，穿尽绫罗还是棉""吃尽五味还是盐好，走遍江湖还是田好""吃尽五味盐好，走遍天下田好""吃尽五味总是盐，走尽天下少不了钱""吃尽滋味盐最好，用尽天下钱最好"等。

12. 越渴越加盐，越冷越打扇

这句比喻有意增加困难或助长事态恶化。梁信《龙虎风云记》："虽然，巴特尔很懂得：'越渴越加盐，越冷越打扇'，用加倍严酷的条件磨炼他。但那人生课题却很单纯，就是：把他锤炼成一个英勇顽强、骑术超群、能忍受任何艰难困苦的蒙古骑士。"

"越渴越加盐，越冷越打扇"也说"越渴越给盐吃"。李彦乔《天怒》："有哪些会牵涉到我呢？他毕竟给我当过两年秘书啊，真是越渴越给盐吃。"也作"越渴越吃盐，越冷越打颤""越渴越吃盐，越穷越赌钱"。

（二）贩盐喻理

早期文字"卤"为象形字，水滴状的袋子里装有卤水，还有小的盐粒。"鹽"字的左上方为一只大眼睛，即臣字，代表监察的官员，右上方为制盐工匠，中间为制盐的"卤"，下方为装盐的器皿。马克·科尔兰斯基在其论著中提到："古代汉字'盐'是由三部分组成的象形文字。下面那部分表示

工具，左上是一位朝廷官员，右上是盐水。所以盐这个字本身就表示了国家对产盐的控制。"①

以食盐的买卖为题材，汉语形成了"私盐私醋""私盐越紧越好卖""官盐不当私盐卖""官盐成了私盐""打死卖盐的""大盐都卖馊了""卖盐的喝淡汤，种田的吃谷糠，编席的睡光炕"等谚语。

1. 私盐私醋

这句比喻不敢公开见人的事情。《金瓶梅词话》第七二回："我在那边睡也非为别的，因越了不过李大姐情，一两夜不在那边歇了，他守灵儿，谁和他有私盐私醋？"

2. 私盐越紧越好卖

盐，自古以来都是官卖的，古代贩卖私盐的人很多，官方要查禁，可是如同"野火烧不尽，春风吹又生"，私盐反而是越禁越好卖。"私盐越紧越好卖"，比谓有机可乘，有空子可钻。陈登科《淮河边上的儿女》："'那你估计错了，越在这时候，越好干。''干！就这样干！私盐越紧越好卖。'"

"私盐越紧越好卖"也作"私盐越禁越好卖"。与此语义相近的谚语有："盐紧好卖，贼紧好偷"，比喻防备愈严，愈容易出

图 4-7 卖盐图（来源:《三百六十行》）

---

① ［美］马克·科尔兰斯基，《盐》，夏业良等译，机械工业出版社，2005 年，第 9 页。

现漏洞;"卖惯了私盐走惯了硝"比喻人做惯了非法的事情,胆子越来越大。

3. 官盐不当私盐卖

这句比喻光明正大的事无须背着人做。竹丛《敌后战场》:"咱上卧佛寺来,厂里的黄鼠狼和宋胖子,庙里的红鼻头和伪军们,全都知道,早晚也会传到瘸老虎耳朵里去。现在咱要避着他一走,日后他必定会疑心咱们。干脆,咱是官盐不当私盐卖,在大殿前头见他一面也好!"

4. 官盐成了私盐

这句比喻本来是合法的事,倒弄成不合法的了。《红楼梦》:"实是你哥哥赏他哥哥的,只不该私自传送,如今官盐竟成了私盐了。"

图 4-8　卖盐婆图(来源:《营业写真》)

5. 没有不开张的油盐店

这句比喻世上没有不营业、不成交的油盐店铺;也比喻世上没有永远不发达的人。刘绍棠《荆钗》:"没有不开张的油盐店,瞎猫早晚有一天碰见死耗子,深更半夜在牛蒡的柳篱小院外蹲坑,皇天不负苦心人,一天终于有所发现,有所突破。"

6. 挑担卖盐——各赚各的钱

这是一条歇后语,指各做各的生意,各有赚钱的门路。陈定兴《香港之滨》："我们是打鱼的，挑担卖盐，各赚各的钱，您给我们黄金也不去！"

7. 打死卖盐的

盐是咸味的主要来源，咸是盐的主要特性。如果是形容味太咸了，俗语常戏说成"打死卖盐的"，形容菜太咸了，极具夸张色彩。曲波《山呼海啸》："凌少辉笑了笑，'如果菜的咸淡正合适，好不好再舀上它两勺子盐？'黄克山一搓大腿：'磨道上卸驴——越说越下道了。那不就打死卖盐的啦！'"

8. 大盐都卖馊了

馊，指饭菜等变质发出来的酸臭味。盐无论如何不可能变馊。这句比喻说大话不着边际，不可信。陈登科《赤龙与丹凤》："宋蚺在旁不禁大笑，道：'你听他吹呀，嘿嘿，大盐都卖馊了。他是孔夫子的门徒，牛皮都能吹炸了。'"

9. 卖盐的喝淡汤，种田的吃谷糠，编席的睡光炕

旧时劳动人民在政治上受压迫，在经济上受剥削，他们自己往往享受不到自己生产或经营的东西。林井然《巍巍的青峦山》："俗话说，'卖盐的喝淡汤，种田的吃谷糠，编席的睡光炕'，肖老五干了一辈子木匠活，年年都要给有钱人砌楼盖房，他自己住的却是这样三间墙裂屋漏的破房子。"

（三）容器喻理

以盛盐的容器喻理的谚语歇后语数量较少，主要有"人背时盐罐子生蛆，人走运卵子都放光""盐罐生蛆，内里有鬼""盐缸里出蛆"等。

1. 人背时盐罐子生蛆，人走运卵子都放光

背时，指倒运。卵子，指禽蛋。人倒霉时连放盐的罐子都会生出蛆来，人走运时连禽蛋都会放出光来。旧时认为人如果不走运，什么倒霉的事都会碰上；一旦走运，什么好事都会出现。王继《喷红的地平线》："潘福顺

在心里埋怨着自己的运气，同时他还想起了他们湖南家乡的一句俗话：'人背时盐罐子生蛆，人走运卵子都放光。'"

2. 盐罐生蛆，内里有鬼

这句比喻出了事情是因为有人从中捣鬼。武剑青《云飞嶂》："老九叔，盐罐生蛆，内里有鬼。我看大娘受害是坏人从中挑拨捣乱。"

3. 盐缸里出蛆

盐缸里出蛆是不可能的事。汉语谚语"盐卤里找蛆"，比喻故意挑剔毛病。乡间有赌咒语，叫"盐钵头里出虫"，意思是明确告诫他人：咄咄怪事，不可能。基于同理，盐缸里出蛆自然也是不可能的事，所以汉语有了"盐缸里出蛆——怪事一桩""盐缸里出蛆——稀奇"的歇后语。

（四）谐音喻理

谐音喻理就是利用音同或音近的词语，构成语义的变异，具有音同义异的修辞效果。七件事熟语中，盐熟语的谐音喻理现象比较突出，形成了"盐"谐"言"、"咸"谐"闲"、"咸"谐"贤"、"咸"谐"嫌"等谐音喻理模式。这种谐音喻理模式通常要经过顿悟，构成歇后语，使话语具有了幽默、有趣的意味，深受老百姓喜爱。这类谐音歇后语不但表意生动幽默，而且在数量上呈开放态势，具有很强的能产性。

1. "盐"谐"言"

以"盐"谐"言"构成的歇后语有：

咸菜炒大葱——有盐（言）在先

咸菜烧肉——有盐（言）在先

咸菜烧豆腐——有盐（言）在先

盐井不出卤水——出盐（言）不逊

豆腐干煎腊肉——有盐（言）在先

黄花鱼下挂面——不用盐（言）

炒咸菜不放盐——有盐（言）在先

吃挂面不调盐——有盐（言）在先

二大娘腌咸菜——有盐（言）在先

重咸菜拌豆腐——哪还用盐（言）

咸鱼下挂面——不用盐（言）

这里的"有言在先""出言不逊"的"言"，都是通过具体的字面上的"盐"相谐而成的。

2. "咸"谐"闲"

以"咸"谐"闲"构成的歇后语有：

盐堆里爬出来的——咸（闲）话不少

卖盐的做雕銮匠——咸（闲）人

卖萝卜的跟着盐担子走——咸（闲）操心

卖油的不打盐——不管咸（闲）事

打盐店里闹出来——咸（闲）得发慌

炒咸菜放盐——太咸（闲）了

盐堆上安喇叭——咸（闲）话不少

盐堆里找蛆——操咸（闲）心

盐场上冒烟——咸（闲）气

盐堆里的花生——咸仁（闲人）

盐厂的掌柜——尽管咸（闲）事

盐罐里露头——咸（闲）人

盐罐子吐唾沫——咸痰（闲谈）

盐倒酱缸里——咸（闲）搭咸（闲）

盐店里挂棉花弓——咸弹（闲谈）

盐店里的采买——揽咸（闲）事

盐店的老板——咸（闲）人

吃多了盐——尽讲咸（闲）话

喝盐开水聊天——尽讲咸（闲）话

葵花子里拌盐水——唗捞咸（闲）嗑

虾子掉在盐堆里——芒（忙）中有咸（闲）

从盐店里闹出来的伙计——咸（闲）得发慌

吃了盐巴——爱管咸（闲）事

米店卖盐——多管咸（闲）事

3. "咸"谐"贤"

"咸"与"贤"相谐的歇后语有：

烩四两豆腐耗半斤盐——贤惠（咸烩）

盐家媳妇儿——咸（贤）嫂

四两豆腐半斤盐——咸烩（贤惠）

盐缸里露出个人头来——咸人（贤人）

4. "咸"谐"嫌"

"咸"谐"嫌"也能构成歇后语：

盐坛子冒烟——咸气（嫌弃）

盐贩子摆摊——走到哪里哪里咸（嫌）

盐汤——流到哪儿哪儿咸（嫌）

盐井冒烟——咸气（嫌弃）

盐坛子里冒烟——咸气（嫌弃）

茶里放盐——惹人咸（嫌）

四、盐联撷趣

在调味品中向来就有"五味齐备咸为首"之说，由此也产生了许多涉及盐的对联。盐联题旨多是通过盐的形态、颜色、性质、味道或用途，以明其不可或缺之地位，也有隐喻因盐引申的某种意象。古代盐场盐店繁多，那些厂主店商也常会请文人创制撰写盐联，在门楣等醒目处悬挂用来宣传自己。国政民生与盐业密切相关，管理盐产盐运的盐官和富可敌国的盐商也往往是对联描写的对象，或对贪腐盐吏予以嘲讽、批判或鞭挞，或对清正廉明的廉吏给予赞美颂扬。盐联内容较为广泛，风格或雅趣或俚俗，意蕴丰富，展现了古代繁荣的盐业生产、运输和盐喻文化。

（一）盐滋盐味联

广东有些地区将盐称作"上味"，四川人形容自由豪爽、浑身通泰、不拘一格的人为"有盐有味"，称呼谨小慎微、为物所役、以邻为壑的人为"没盐淡味"，可见盐味的重要。食物中加盐，不仅可以使菜肴汤品更加美味，而且每天摄入适量盐，也维持着人们所必需的微量元素。

1. 盐滋盐味联一

要加盐，谢神童抽身出讨；见了汤，吴学士倒口便吞。

此对联就汤中加盐增味一事巧对对子，形成了一段风趣横生的历史故事。有一天，湖南临湘名士吴獬特邀聪明出众、知书善对的谢神童同席进餐。席间，吴学士舀了一匙肉汤品尝，觉得味道寡淡，谢神童便到厨房去讨盐，吴随口吟出上联，将"谢"字中间的"身"字抽出，变成"讨"字，一语双关；谢神童加盐入汤，见吴学士舀汤倒入口里，脱口续出下联，将"吴"字上边的"口"倒到下边，变成"吞"字。联语意义上相互连贯，内容上贴近文人生活，形象生动，机巧自然，吴学士与谢神童之间的友谊与幽默跃然其间。

2. 盐滋盐味联二

吃尽滋味盐好；走遍天下娘好。

此联平铺直叙，浅显易懂，就是说吃遍山珍海味，尝尽酸甜苦辣辛，都不如盐的滋味好；出门千山万水，跋涉艰辛，才体悟到亲娘最好，把盐与亲娘相提并论，还有比这更高的比喻吗？

3. 盐滋盐味联三

> 润下作咸，百味不如盐味好；代天宣化，四灵只有龙神昭。

这是云南普洱石膏井龙神祠上的一副对联。"润下作咸"，水周流于天地之间，润下之性无所不在，其味作咸凝结为盐亦无所不在，象征着家家户户食盐，均受到上天泽被，世间百味交杂，但皆不如盐味好。古时天子，代天宣化，乃是真龙化身应验，福佑黎民。上联兴喻盐为福泽雨露滴润万民，下联写此地供祭龙神，敬德保民，表达了对龙神祠庙的虔诚和敬意。

4. 题内室联

《联话丛编》载有一联曰：

> 喜怒哀惧爱恶欲；柴米油盐酱醋茶。

此联为"某君题内室联"。上联是言妻子的性情，下联是说妻子的日常行为。联作者对此联的点评是："案而不断，妙极妙极。"[①]

（二）盐场盐店联

盐场一般位于海滩、湖边或盐井旁，是制盐的场所，也可以说是历朝历代制盐的中心。盐店，即为市井商铺售盐的个体售卖场所，以服务百姓日用。

1. 盐场联一

> 千灶煮海凝玉屑；万畦纳潮起雪山。

这副对联张贴在河北海盐博物馆的门口，描绘的是一幅壮阔的煮海为盐的盐场生产场景：数不胜数的炉灶引入海水沸煮，凝结出如霜的晶体，洁白的海盐如潮水翻滚，瞬间堆起一座如雪盐山，这是何等壮观！

---

① 龚联寿主编，《联话丛编》（第五册），江西人民出版社，2000年，第3378页。

2. 盐场联二

如玉如银凭海力天光功成实业；

保康保泰为神清体健味溢珍厨。

此联描写盐场。盐蕴藏在海水中，经过日晒而成，上联写盐的生产过程，夸赞海力天光成就盐产之实业；下联道盐之功效，加益菜肴，调和食品之美味，且有益于健康。全联意蕴丰富，对仗工整，既形象地勾勒出盐场生产的壮观场景与成品盐的形态，又盛赞食盐在百姓生活中不可或缺的地位及其种种益处。

3. 盐场联三

经邦成大业；煮海仰宏猷。

此联出自《行业对联》。联语高屋建瓴，意境宏大，应是为某盐场所制。上联写盐业可以富国利民，是济世经邦之大业；下联写煮海制盐者，腹藏宏伟计划，胸怀远大谋略。全联表达了创业者一展宏图、成就大业的高远大志。

4. 盐栈联

两点金焦，劫后山容申旧好；万家食货，舟中水调似承平。

此联是太平天国的战争结束不久后，时任两广总督的曾国藩在邗江瓜州盐栈所作。上联描写在烟波浩渺的长江两岸，绚丽的

图 4-9　汲卤（来源：《天工开物》）

金山和雄伟的焦山隔水相望，战火浩劫后，此地已恢复往日繁华，一如旧日美好；下联描写长江此段作为历代盐运之要道，行往船只调货循转，并然有序，透露出一片承平气象。一边是水光山色，相互映衬的自然景观；一边是舟楫往来、经济繁荣的生产景象，给我们描绘出一幅盐场工人们紧张劳作与美丽大自然和谐共存的生动画卷。

5. 盐店联一

屑玉披沙品清洁；熬霜煮雪利丰盈。

这是一副盐店联。上联从盐的颜色、性质入手，把盐比喻成"玉屑""晶沙"，"品清洁"一语既说盐质清洁，品质优良，又暗喻了店铺信誉优良，品德清洁高尚；下联用"熬霜煮雪"比喻盐的析出制成，又明白直揭盐利丰厚的特点。全联对仗工切精妙，语言清新优雅，应属上乘之作。

6. 盐店联二

堆盘皆玉粒；调鼎尽金沙。

此联短小精悍，赞誉此处售卖的盐品上乘。上联以"玉粒"形容盐，一取其洁白如玉，二形容其珍贵如玉；下联以"盐梅之寄"为典，仍暗喻其盐品质量优秀。

7. 盐店联三

炼盐能富国；居市可丰家。

此联描写盐店的语言通俗晓畅，直白自然。上联写生产盐，利润之大可以富一国之财；下联写经营一间盐店，亦能使一家有丰厚回报。看来这家店主心气平和，"乐其乐而利其利"，倒也知足。

（三）盐政盐官联

食盐对于人民生活和国家经济都是十分重要的，自汉代起，朝廷就把盐铁收归国有，后来历朝历代都是由中央委派盐官管理各地盐政，形成了周密的盐业管理体系，反映盐政盐官的对联也时有所见。

1. 盐政联一

国以盐为本，开源节流完国课；

民以食为天，奖清罚贪安民心。

盐业关系国政民生。上联写国家重视发展盐业，可以开源节流，达成国家税务目标；下联写百姓吃饭为重，要安民盐品固不可缺。盐利丰厚，因而盐吏是肥差，但应奖惩分明，约束盐吏克己奉公。吏治清明，盐业繁荣，百姓安宁，才能海晏河清，天下太平。

2. 盐政联二

海岳效灵，千古仰生成美利；

唐虞留胜，万年存辉续春风。

清同治三年（1864），一位名叫吕瑞麟的画家绘制了一幅《河东盐务掣签图》，此联即图中大门两侧的对联。此联抒发了对河东吏政盐务清明、地方安宁的赞誉之情。上联写海岳效灵，国家靠盐业赚取丰厚利润，生成美利，这是自然的馈赠；下联引唐尧虞舜之典，赞誉盐官治理有方，盐务晓畅，如唐虞之德，春风化雨，万年存辉，延续不绝。

3. 盐政联三

九万里斯下，乃今培风，合象味译鞮，相彼往来，吾为东道主；

三十年之通，以制国用，收鱼盐蜃蛤，权其轻重，实佐大司农。

此联为清朝官员龚易图所作。史载，龚易图因军功留山东为官，其任内颇有政绩。"东海关为华洋通商口岸，阓阛之区，舟车辐辏。"[1] 此联即赞美盐运口岸之繁荣。上联说海运九万里之遥，而今船舶借风而来，互通有无，从我国客筵四海；下联说三十年通商，口岸收取税利颇丰，可充实国库，弥补财政开支。这副对联描写了开放海运、国际通商之重要。上联末尾"吾为东道主"一句，说明开放并未削弱国家主权。

---

[1] 龚联寿主编，《联话丛编》（第二册），江西人民出版社，2000年，第 1041 页。

4. 盐官联一

改醝法，近悦远来，试观淮浦连年，浩浩穰穰，岂惟追齐相夷吾，府海功施称再造；

荐食馨，春祈秋报，况对郁洲胜境，熙熙嗥嗥，真可继晋贤靖节，名山祀典配三元。

清道光年间，京师派重臣陶澍任两江总督，其时正值两淮盐务凋敝败坏，陶澍不畏强权，推行改革，整顿盐政，除积弊，删浮费，同时实行盐业自由贸易，既繁荣了经济，又保障了盐课。陶澍的官声赢得了全国上下的一片赞许，百姓为他建祠纪念，悬此楹联。

上联追忆陶澍施行盐政改革，受到远近百姓和盐商的拥护，盐业重整，江淮码头客流不息，地方经济重现生机，确如施恩再造，其功业可比齐国管仲；下联描述当时的陶澍祠堂，百姓感念其恩德，春祈秋报，为他荐食焚香者绵绵不息，其节操可谓晋贤在世，如日月光辉，令后世敬仰。

5. 盐官联二

清门甲第传儿辈；旧部湖山属寓公。

清代诗人张青选任盐务官时，勤政爱民，破获多起盐吏贪污大案，革除旧弊，整顿盐政，为盐业发展做出了巨大贡献，但因其秉性耿直而被弃用。此联是林则徐赞颂张青选治事精明强干、家风清正廉洁所作的一副对联，联语清新，质朴无华。

6. 盐官联三

只饮江南一杯水；四海清官数伯行。

这是后人为清康熙年间清官张伯行写的一副对联。张伯行历官20多年，曾任两淮盐务官员，以清正廉明闻名朝野，誉满江南。天下盐赋，两淮为最，而张伯行在任期间，除弊兴利，打击私盐，政绩斐然，却"只饮过江南一杯水"。此联表达了后人对其两袖清风的赞美和颂扬。

（四）盐商故事联

盐商是从事盐业产、运、销的商户。因盐利丰厚，不少盐商成为商界巨擘，家财万贯，富可敌国，为世人惊叹，其故事也常见于楹联之中。

1. 盐商联一

> 读书好，耕田好，学好便好；
>
> 创业难，守成难，知难不难。

《儒林外史》第二十二回描绘扬州大盐商万雪斋居所，其间的慎思堂悬此金笺楹联。上联通过重复几个"好"字，突出表现"学好便好"的主题；下联则使用"难"字重复，表达出"知难不难"的内涵。

2. 盐商联二

> 乐岁同登，闻名八方四野；安澜普庆，荣誉百代千秋。

清代仪征十二圩是两淮食盐集散地，盐霸王贵乐、王子安父子对盐商敲诈勒索，拥有百万家财，命人题联于门，并将他们的名字末字"乐""安"嵌于上下联之首，以示荣耀。

3. 盐商联三

> 饱暖富豪讲风雅；饥馑画人爱银钱。

两江总督唐亦贤要来扬州，他带信给当地大盐商姚有财，替他弄一副郑板桥写的对联。姚有财即派人定制了两张一丈多长、六尺多宽的宣纸，请郑板桥写副特大对联，谁知郑板桥却一口回绝了。姚有财说以重金酬谢，纠缠不休，郑板桥故意说要送两千两银子才写。姚有财舍不得花那么多银子，派人和郑板桥商谈。郑板桥问："你家老爷肯出多少？"来人说："一千两。"郑板桥唰唰几下写好了上联"饱暖富豪讲风雅"，丢下笔就走了。来人急了，催促说："先生，快写完呀！"郑板桥说："讲好两千两银子写一副对联，你家老爷只出一千两，当然我只好写一半了。一半对一半，你我都公平。"姚有财无奈，只好再送一千两银子。郑板桥大笔一挥，又写了下联

"饥馑画人爱银钱"。姚有财出了钱，却买来了讽刺，真是让人哭笑不得。

4. 盐商联四

生意如春意；财源似水源。

此联是明代才子唐寅为某盐商写的一副门联以装点门庭。上联比喻生意如春意盎然，生机不断；下联比喻财富如水源汩汩，流淌不息。联语短小精练，比喻恰切。盐商看后却认为这些词没能点明发财的意思，便求唐寅重写，要突出四季发财的意思。唐寅面对这贪婪的盐商，略加思索，又成一联如下。

5. 盐商联五

门前生意，好似夏夜蚊虫群进群出；

柜里铜钱，犹如冬天虱子越捉越多。

盐商一看有四季发财的意思，便千恩万谢而去。对联贴出后，来往的行人都笑痛了肚子。联中"蚊虫""虱子"都在讽刺盐商目光短浅，只重钱财，肤浅肮脏至极。

五、盐诗撷萃

诗歌是人类精神产品之精华，盐是寻常生活之珍品，以盐为题作诗，历史悠久，据传尧舜时就有《南风歌》一卷，描写河东池盐生产，后世历代文人给我们留下了数量巨大的涉及盐的诗词歌赋，既有长篇巨作，又有绝句小制。"以诗咏盐，诗意更有兴味；以盐入诗，盐味别有风采。"[1]

盐诗题材广泛，有的描述其用途与功效，有的表现盐业的生产与行销，有的记录盐工群体的辛苦劳作，有的借盐喻义。

---

[1] 何清等编著，《诗意之盐——唐代盐诗辑释·绪言》，巴蜀书社，2011年，第2页。

（一）盐味诗

盐乃百味之祖，人不可一日或缺，其重要性甚至与饭食相当。《孟子·告子上》："一箪食，一豆羹，得之则生，弗得则死。"饭食关系着人的精力和生命，盐则关系着饭食的味道与质量。元代胡祗通《题解州盐池》："人生须五味，口体乃充悦。甘辛与酸苦，不备非所屑。惟兹咸齹供，有口不可阙。"诗中说五味之内，甘辛酸苦并非是必不可少的，只有咸这一味，长着嘴的人都是离不了的。

1.《送灵武李侍御》

> 灵州天一涯，幕客似还家。地得江南壤，程分碛里砂。
>
> 禁盐调上味，麦穗结秋花。前席因筹画，清吟塞日斜。

这首诗是唐代无可为送别友人而作，作者担忧友人的生活与环境，遂道朋友那里可能没有盐品调味，说明盐调味的基础作用不可替代。

2.《东都遇春》

> 朝曦入牖来，鸟唤昏不醒。为生鄙计算，盐米告屡罄。
>
> 坐疲都忘起，冠侧懒复正。幸蒙东都官，获离机与阱。

人们穷困潦倒时常用缺少盐来表达生活的困窘与无奈。韩愈的这首诗（节选）中写清晨阳光入户，鸟声叽喳，诗人闲散慵懒，昏昏沉沉的半醒未醒之态，为生计而愁苦，因为盐与米总是匮乏。虽然远离官场，似有一丝幸运，但生活上却遭遇困顿。巧妇难为无米之炊，无米又无盐，其味道可想而知了。

3.《梁园吟》

> 洪波浩荡迷旧国，路远西归安可得？
>
> 人生达命岂暇愁？且饮美酒登高楼。
>
> 平头奴子摇大扇，五月不热疑清秋。
>
> 玉盘杨梅为君设，吴盐如花皎白雪。

李白这首诗（节选）写自己出长安之后，在梁园且登高楼，且饮美酒，身旁又有平头奴子摇着扇子，炎热的五月就如同十月清秋一样凉爽。诗中描写了"玉盘杨梅"上晶莹的盐雪，可见腌制水果已经成为人们用盐的常识了。

4.《题东溪公幽居》

杜陵贤人清且廉，东溪卜筑岁将淹。

宅近青山同谢朓，门垂碧柳似陶潜。

好鸟迎春歌后院，飞花送酒舞前檐。

客到但知留一醉，盘中只有水晶盐。

古代还有以盐佐酒的习惯和传统，酒里入盐可以起到杀菌调味、去毒去腥的作用。就盐把酒，即成为诗歌描写的日常情态之一。这首诗是李白到达长安后所作，诗人以谢朓、陶潜喻东溪公这个杜陵贤人，表达对杜陵贤士的敬佩之情，赞赏东溪公立志言为本、修身行为先的清廉性情，同时赞颂杜陵贤人风情淳真、性格纯朴、热情好客。"客到但知留一醉，盘中只有水晶盐"，可见饮酒时有以盐辅酒的习惯。盐体晶洁，诗人用水晶般剔透来描写畅饮之时盐的美丽和洁白，展现了诗人所处时代人们以盐入酒的饮醉之况。朱谏《李诗选注》："此乃李白之律诗也，一气浑成，不事雕琢。其态度语句清丽，唐之诸诗人竭力为者，反不能及。晚唐纤细，又安能望其后尘乎？"[1]

（二）制盐诗

中国古代以农立国，同时赖食盐以固国本，因此盐的生产与管理便是极其重要的事。历代诗人都有描写此类内容的作品，展现了生产制作食盐的历史图景。

---

[1] 何家荣，《李白皖南诗文千年遗响》，安徽文艺出版社，2017年，第453页。

1.《状江南·仲冬》

江南仲冬天，紫蔗节如鞭。海将盐作雪，山用火耕田。

唐代吕渭的这首诗记录了古代人们围海煮盐、焚山作耕的生产劳作方式，其写作背景正是唐朝经济中心开始南移，江南经济迅猛发展的时期。至于煮盐，则是盐业生产的进步与发展，可以大量广泛地产制食盐，供销全国，是一个国家实力强盛、河清海晏的最好证明。

2.《涟上题樊氏水亭》

煮盐沧海曲，种稻长淮边。四时常晏如，百口无饥年。

高适这首诗（节选）旨在赞美涟水。涟水临海，是滨淮、河湖密布的一个县城，这里土地肥沃，水上交通便利，富鱼盐垦牧丰饶。诗人平实地描写人们在海边煮盐，在河岸种稻，赞美人们生产食盐、种植水稻的辛勤劳作。

3.《十二月一日三首》

霜露晚凄凄，高天逐望低。远烟盐井上，斜景雪峰西。

故国犹兵马，他乡亦鼓鼙。江城今夜客，还与旧乌啼。

诗人杜甫途游江城，看到遥远处烟气缥缈，正是盐井生产，与夕阳西下，山巅的雪峰连绵叠嶂相映，可见井盐场规模之大。杜甫在这首诗中也写道："寒轻市上山烟碧，日满楼前江雾黄。负盐出井此溪女，打鼓发船何郡郎。"细致地描写了井盐生产和运输的场面。

4.《夔州歌》

蜀麻吴盐自古通，万斛之舟行若风。

长年三老长歌里，白昼摊钱高浪中。

食盐的全国性运输和行销也是诗人描写的内容，尤其是吴越之地，盐业产出运输自古闻名。四川和吴越自古就商业交流、物品流通、舟船运输、巨商来往频繁。杜甫的这首诗描写船工们在高浪中驾船飞速行驶，放声歌唱，商贾们则在阳光下摊钱赌博，生动地描述了盐业运输途中人们的日常休闲活动。杜甫《柴门》诗中云："巨渠决太古，众水为长蛇。风烟渺吴蜀，舟楫通盐麻。"写明了吴蜀两地相隔甚远，渺远不见，吴地以盐产丰富闻名，川蜀特产棉麻丝锦，两地全依赖舟楫互通集散食盐和织物。

5.《咏盐》

> 自古朝廷重凤沙，豪强巨贾悉争他。
>
> 猗顿如何能敌国？家家膳食用盐巴。

在古代生产、运输、销售贩卖食盐往往可获暴利，时有盐帮、盐商富可敌国的例子。相传黄帝时有个叫宿沙的人首先发明了煎煮制盐，后世便用宿沙代称盐。春秋时齐国最早实行盐政官营，为历代朝廷垄断盐业之滥觞，而地方豪强和大商人多有串通各级盐政官争取盐权或贩私盐以牟利者，晋代猗顿就是靠制贩食盐而成为名甲天下的大商人。当代诗人贾寅珍的这首诗把这几个有关盐的典故串了起来，把盐的产生、管理、经营、功用诸事都凝缩于几行诗句，俨然一部极简略之盐史，盐的重要地位也由此得以彰显。

6.《官搜盐》

> 江船横关截楼橹，官来搜盐击官鼓。
>
> 搜盐但恐盐不多，私盐搜多官奈何。
>
> 搜盐奉官官横绝，盐快相看惊失色。
>
> 昔年搜盐盐快骄，今年搜盐盐户逃。
>
> 道逢盐户劝勿苦，地不生盐成乐土。

食盐几乎是一个国家经济和政治的命脉，"天下之赋，盐利居半。"所以自古以来，盐的生产和贸易都受朝廷统辖，各级专管盐业的朝廷官员在任何朝代都是肥差，自然也就成为诗人关注的对象。这首诗是清代刘嗣绾所作，描写的是官员搜查私盐运输的场景。当时，清政府加大了对私盐的打击力度，诗中首先看到的是基层官员声势浩大地查搜私盐的情景，其次描写了私盐贩子四处窜逃、不敢作乱的事实。诗中运用对比手法，表现了往年私盐查处不严，盐快（盐贩子）肆意妄为，今年朝廷打击私盐态度强硬，致使盐快望而生畏的状况。

"海盐、井盐、碱盐三者出于人。"可见，古代制盐完全依赖人工，制盐过程中，每道工序都浸透着盐丁的汗水与血泪。

7.《盐井》

卤中草木白，青者官盐烟。官作既有程，煮盐烟在川。

汲井岁榾榾，出车日连连。自公斗三百，转致斛六千。

君子慎止足，小人苦喧阗。我何良叹嗟，物理固自然。

古代从事制盐生产的劳动者均称为"盐丁"，他们社会地位低下，不仅生活贫困，也缺乏人身自由。"一口小小的盐井，就是一个小小的世界，它牵动了诗人的视线。"[1]杜甫这首诗描写了盐丁艰苦的生产劳作以及受到的残酷剥削与压榨，表达了诗人对盐丁苦难生活的怜悯。

盐户世世代代积薪、晒灰、淋卤、煎盐，整日蓬头垢面，异常艰苦。许多盐官和文人诗客用笔墨生动记录下他们的生活。宋代王安石曾在《收盐》中描写海岛上的盐丁："海中诸岛古不毛，岛夷为生今独劳。不煎海水饿死耳，谁肯坐守无亡逃。"明代泰州安丰场人季寅的《盐丁苦》也描写道："盐丁苦，盐丁苦，终日熬波煎淋卤。胼手胝足度朝昏，食不充饥衣难补。每日凌晨只晒灰，赤脚蓬头翻弄土。催征不让险天阻，公差迫捉如狼虎。"

8.《煎盐绝句》

白头灶户低草房，六月煎盐烈火旁。

走出门前炎日里，偷闲一刻是乘凉。

这首绝句为明代泰州的盐民诗人吴嘉纪所作，诗作入木三分地刻画出熬盐工艰辛的生产环境。全诗"采用白描手法，看似措辞平平，却能生动

---

① 王仁湘、张征雁，《中国滋味：盐与文明》，辽宁人民出版社，2012年，第199页。

地反映出底层灶户盐民的辛苦生活。此诗笔法质朴，寓意深刻"。[①]

酷暑六月，老迈的盐工在低矮的草房火炉前煎盐，炙烤得大汗淋漓，偷闲出门，面对炎炎烈日偷得一刻时间出来乘凉。作者用自嘲的口吻写盐丁的艰难与辛酸，流露出对他们深切的同情和悲悯之情。俗话说，盐课是棵摇钱树，盐场是只聚宝盒。岂不知采盐是一份十分艰苦的活儿，一个人如果下了盐池，自然浑身是盐的苦味，在盐池干活的人尽是苦命人。

（三）盐喻诗

在人类社会发展演变中，围绕盐而产生的诗歌里展现了各种社会历史现象背后的文化内涵、政治影响和文化典故，盐本来的意义得以延伸。

1.《执契静三边》

> 元首伫盐梅，股肱惟辅弼。羽贤崆岭四，翼圣襄城七。
>
> 浇俗庶反淳，替文聊就质。已知隆至道，共欢区宇一。

相传上古时人们不知烹调，故善以盐梅（酸味）调味的人被视为圣人。后根据其意义的演变，衍生出殷高宗武丁把宰相傅说调理政事比作生活中不可缺少的和羹调料。之后用盐梅比喻可托付的重任之人。唐太宗这首诗（节选）盛赞诸公大臣，就是以盐梅喻之，表达了对股肱大臣的辅佐和协助倚重的情感。唐明皇《端午武成殿宴群臣》一诗中也写道："端午临中夏，时清日复长。盐梅已佐鼎，曲蘖且传觞。事古人留迹，年深缕积长。"也以盐梅比喻股肱之臣，盛赞衷心肝胆的臣子之德。

2.《寄两银榼与裴侍郎因题两绝》之一

> 惯和曲蘖堪盛否，重用盐梅试洗看。
>
> 小器不知容几许，襄阳米贱酒升宽。

这是白居易所作干谒诗《寄两银榼与裴侍郎因题》两绝句其一，写诗人寄予裴侍郎一物一诗，借物喻人，表达了自己渴望建功立业，为朝廷效

[①] 方笑一主编，《中华经典诗词2000首》第10卷，上海教育出版社，2018年，第36页。

命的意愿情志。这首诗中盐梅一语双关：一是盐与酸调制而成的液体，可作清洗之用；二是以盐梅自喻，希望得到重用和赏识，获得一个报效朝廷的机会。

3.《骕骦骏》

瑶池罢游宴，良乐委尘沙。遭遇不遭遇，盐车与鼓车。

杜牧这首诗借吟咏骏马，暗示自己遭贬谪后忧郁和无奈的心情。"遭遇不遭遇，盐车与鼓车"，平步青云还是落下云端，遭谪还是晋迁，不过是盐车和奏鼓喜乐的区别罢了。"盐车"原指运盐之车，后用来比喻贤能之人遭逢厄运或比喻埋没贤才。在诗中就是诗人自况：比喻为骏马不得赏识，比喻成盐车怀才不遇。汉代贾谊《吊屈原赋》中也写道："于嗟默默生之亡故兮，斡弃周鼎宝康瓠兮。腾驾罢牛骖蹇驴兮，骥垂两耳服盐车兮。章父荐屦渐不可久兮，嗟苦先生独离此咎兮！"这里也是用盐车比喻不遇贤明的文人遭遇。爱国词人辛弃疾《贺新郎》中写道："问渠侬神州毕竟，几番离合？汗血盐车无人顾，千里空收骏骨。"也借盐车表达渴望建功立业却无人知晓的激越之情。

4.《吴坂》

蹉跎盐车万里蹄，忽逢良鉴始能嘶。

不缘伯乐称奇骨，几与驽骀价一齐。

这是唐代汪遵的一首咏古诗，作者用伯乐相马、骥伏盐车的典故，说明良马须得真主鉴，否则必将泯然。诗人以此比喻近况，表明自己有志报国、大显身手的强烈愿望无法实现并被湮没的抑郁之情。

5.《和张丞相春朝对雪》

迎气当春至，承恩喜雪来。润从河汉下，花逼艳阳开。

不睹丰年瑞，焉知燮理才。撒盐如可拟，愿糁和羹梅。

《世说新语》中谢太傅寒雪之日，内集子孙儿女探讨诗歌文意。问曰："白雪纷纷何所似？"其儿女答以"撒盐可拟""柳絮风起"，世人由此公认柳絮之喻胜于"撒盐"。但北方下雪有"白毛雪"之称，就是因为雪晶体小，随风而下，比大片雪更加密集和寒冷，与盐体非常相似。孟浩然的这首诗是与丞相张九龄的唱和之作，"是诗人渴望入仕、期盼张九龄提携而写的一首干谒诗。诗人托物抒怀，含蓄委婉，独具风韵。"[1]诗句以撒盐喻雪，又以盐梅寄喻自己有伟大的理想抱负。"愿糁和羹梅"，暗含着愿尽绵薄之力为朝廷做一些事的思想感情。

6.《于阗采花》

> 于阗采花人，自言花相似。
>
> 明妃一朝西入胡，胡中美女多羞死。
>
> 乃知汉地多名姝，胡中无花可方比。
>
> 丹青能令丑者妍，无盐翻在深宫里。
>
> 自古妒蛾眉，胡沙埋皓齿。

这是一首咏史诗，诗人李白基于昭君出塞的史实来表达自己的观点。写有于阗采花人，大言不惭地自矜比花姝丽，等到明妃王昭君西入胡地，那里的美女都要自惭形秽，大愧弗如，才知道汉族美女姿态万千，花容月貌，可与比拟。红颜入胡塞，怪只怪丹青圣手能令丑者美丽，却令美者零落，像那个无盐丑女反而被选入宫里。诗中用无盐来比喻丑女。典出汉代刘向《列女传》："钟离春者，齐无盐邑之女，宣王之正后也。其为人极丑无双，白头深目，长指大节，卬鼻结喉，肥项少发。因是无盐人，故名。"遂以无盐的典故入诗。

李白《效古二首》其一还写道："……自古有秀色，西施与东邻。蛾眉不可妒，况乃效其颦。所以尹婕好，羞见邢夫人。低头不出气，塞默少精神。寄语无盐子，如君何足珍。"诗人毫不留情地说：无盐子啊，丑陋如斯，有什么可珍爱的！

盐梅比良才，无盐喻丑女。盐之翻转可谓甚矣！

---

[1] 何清等编著，《诗意之盐——唐代盐诗辑释》，巴蜀书社，2011年，第40页。

第五章　酱

酱是以大豆为主要原料，经制曲酶变加盐等基本工艺制成的发酵食品，本义是用盐醋等调料腌制而成的肉酱。"柴米油盐酱醋茶"，开门七件事中，酱料占有重要一席。

酱刚开始并非作为调料，而是作为一种重要的食品而诞生的。王仁湘先生认为，"周代天子的饮食分饭、饮、膳、馐、珍、酱六大类，《礼记·曲礼》说：'献孰（熟）食者操酱齐。'孰食即熟肉食，酱齐便是复合调料。"① 宋代陶谷《清异录·馔羞》推崇它为"八珍主人"。可见在珍馐美馔的烹调原料中，酱也占有突出的位置。

《风俗通》："酱成于盐而咸于盐，夫物之变有时而重。"盐是人们不可或缺的日常必需品，但盐是一种极易吸湿潮解的物质，保管有难度，可能正是由于"盐"这只无形的大手，"才很早就全面启动了炎黄先民用盐保藏食料的普遍尝试，于是各种盐渍物接踵出现了，于是最原始的'酱'也就应运而生了。"② 古代先人的这一伟大创新与发明，深深影响了中华民族的饮食生活数千年直至现在，并且也深深地影响了整个东方世界广大地区的许多国家和民族。

① 王仁湘，《往古的滋味——中国饮食的历史与文化》，山东画报出版社，2006 年，第 63 页。
② 赵荣光，《中国酱的起源、品种、工艺与酱文化流变考述》，《饮食文化研究》，2004 年第 4 期。

一、酱香探秘

"太玄适足覆酱瓿，旧藁乃获塓酒尊。从来事有幸不幸，一笑掀髯谁与论。"早在三千年前，中国人生活中的酱品就已经非常丰富了，传承至今，酱品更是花样繁多、应有尽有，让我们一起来品味酱香中蕴藏的中华味道。

（一）酱的来历

关于酱的起源，我国古代文献中有不少记载。《礼记·曲礼》篇上说："脍炙处外，醯酱处内。"又"献熟食者，操酱齐"。由此可见，远在周朝时，人们就已经把酱当作烹调时的作料了。至汉代，酱的生产规模已相当可观。《史记·货殖列传》中就有"醯酱千瓿"的说法。那么，酱究竟是谁发明的，怎么制作的，有哪些品类等，这些问题值得探究。

酱的起源有三种传说，一是西王母传与人间，二是周公制酱，三是范蠡发明。

汉代班固的《汉武帝内传》中，记西王母下人间见汉武帝，并告诉武帝，说神药上有"连珠云酱""玉津金酱""无灵之酱"这三种酱，于是就有制酱法是西王母传于人间的说法。

另有说法是酱乃周公所创。周公就是周叔旦，周武王的弟弟，曾助武王灭商。但人们普遍认为这种说法站不住脚。因为《周礼》中就已有"百酱"之说，酱的制作发明应该在周之前。

民间还流传有另一种说法，说酱是范蠡在无意中创制而成的。相传，范蠡十七岁时在财主家管理厨房。由于当时没有经验，饭菜常常做得不称财主之心而剩下许多，时间一久便成了酸馊食物。为了避免主人发现，范蠡将这些食物放在储藏室里。然而，这件事最终被财主发现，财主骂了他一顿，而且限定他十天之内把酸馊食物变成有用之物。聪明的范蠡先将那些长了绿毛白毛的酸馊食物加以处理，晒干后再用锅炒熟，去除异味杀细菌，加水搅拌成糊喂猪。财主看猪吃得欢也挺高兴。后来，有个小长工戏弄范蠡，将这食物放在面条里给范蠡吃，没想到面条特别有味。得此启发，范蠡用这种酸馊发毛食物创制出了美味可口的酱。

1. 醢即酱

最初的酱，与醢同义。《说文·酉部》："酱，醢也，从肉酉。"段注："从肉者，醢无不用肉也。"

先秦时期是记载酱的开始，酱主要记载在《周礼》《论语》《礼记》等书中，从这些古籍中可知酱在当时是一种比较奢侈的调味品，食酱者大多是天子、王公贵族等上层人物，寻常百姓一般无法享用。《周礼》："醢人掌四豆之实。"这说明在古代宫廷中已经有专门的做酱人。

古代以肉为酱，"醢"的原料主要是取自各种动物。用以制醢的不仅是牛羊豕肉，野味、水产也可以做，如兔醢、麋醢、鱼醢、蜃、蝝等。《周礼·天官》："朝事之豆，其实韭菹、醓醢、昌本、麋臡、菁菹、鹿臡。馈食之豆，其实葵菹、蠃醢、脾析、蠯醢、蜃、蚳醢、豚拍、鱼醢。加豆之实，芹菹、兔醢、深蒲、醓醢、箈菹、雁醢、笋菹、鱼醢。羞豆之食，酏食糁食。凡祭祀，共荐羞之豆实。宾客丧纪，亦如之。为王及后世子，共其内羞。王举则共醢六十瓮，以五齐七醢七菹三臡实之。宾客之礼，共醢五十瓮，致饔饩时。凡事共醢。"这一段元典文字介绍了周王廷所用各种咸味酱类发酵食品的具体名目。

西汉时，就已经出现了以大豆为原料制作的豆酱。据1972年在湖南长沙挖掘的马王堆一号汉墓随葬品中发现，我国豆酱的生产发展，可以说是公元前158年在西汉的文景之治时期就存在了，西汉史游《急就篇》有"芜荑盐豉醢酢酱"，有了把"酱"与其他调味品并列的记载。颜师古注曰："酱，以豆合面而为之也。"此处的酱就是豆酱，它是先秦时期的酱演变而来的新品种。据王国维等考证，春秋战国时秦人所编蒙学读本的《史籀篇》

中的酱字则作"酱"形，也就是说这个从既往的酱字脱衍出来的新造的酱字，是特意表明不以肉为原料的酱，它从酉从皿，而不从肉。赵荣光先生认为："'酱'字字形的演变，也足以表明谷类原料酱——中国酱从'醢'中独立出来，并获得长足发展的历史是完全可信的。"[1]

2. 酱油

东汉时有了酱油。酱油在我国历史文献中的称谓有"清酱""酱清""豆酱清""豉汁""豉清"。东汉末年的《四民月令》中就已经记载了"清酱"被庶民百姓普遍利用的史实："正月……可作诸酱，肉酱、清酱。"这种取酱清作为"酱油"用的方法，是中国普通百姓自汉代以后一直沿袭到现代的可谓源远流长的文化传统。

（二）酱的制作

中国酱的酿造技术，经历了缓慢的历史演进过程。

商代之时，调味品主要是盐、梅，取咸、酸主味，正如《尚书·说命》所言，"若作和羹，尔惟盐梅。"到周代之时，调味固然也少不了用盐、梅，而最重要的人工调料是酱，只有在进食时蘸酱才可增加其咸香之味。"孔子说'脍不厌细'，脍指鱼片或肉片，大块的肉（称为胾）只有切得很细很薄，蘸酱时酱味才会完全渗透到肉片或鱼片之中，否则肉外面蘸（肉酱）汁淋漓，而肉内却毫无味道。"北魏以后，酱的生产和制作又有了进一步的发展，贾思勰在《齐民要术》"作酱法"一章中则专门论述了各种酱的制法。

1. 盐渍法

中国酱的酿造技术，经历了缓慢的历史演进过程。最原始简单的造酱技术理当是盐渍法。

先秦的醢基本是分别用各种肉料加入适量的谷粉与酒合制的。制作过

---

[1] 赵荣光，《中国酱的起源、品种、工艺与酱文化流变考述》，《饮食文化研究》，2004 年第 4 期。

程一般是先把肉制成干肉，然后铡碎，加入粱米制作的酒曲和盐搅拌，再用好酒浸渍，密封在瓶子里，经过一百天才可食用。

2. 燥蒸晾晒发酵法

《齐民要术》记述了汉魏时期的造酱法，有豆酱法、肉酱法、鱼酱法、虾酱法、榆子酱法、麦酱法、生䑋法、燥䑋法等，其中所记豆酱法最能代表中国酱的工艺特点。从先秦以后到《齐民要术》成书的 8 个多世纪里，酱的酿造工艺缓慢演变，形成了标准生产制造流程。其基本程序可以概括为：原料加工、制曲、制醪成酱。

3. 全料制曲法

唐末的《四时纂要》记录了《齐民要术》之后制酱的新方法——十日酱法：

豆黄一斗，净淘三遍，宿浸，漉出，烂蒸。倾下，以面二斗五升相和拌，令面悉裹却豆黄。又再蒸，令面熟，摊却大气，候如人体，以谷叶布地上，置豆黄于其上，摊，又以谷叶布覆之，不得令大厚。三四日，衣上，黄色遍，即晒干收之。要合酱，每斗面豆黄，用水一斗盐五升并作盐汤，如人体，澄滤，和豆黄入瓮内，密封。七日后搅之，取汉椒三两，绢袋盛，安瓮中。又入熟冷油一斤，酒一升。十日便熟。味如肉酱。其椒三两月后取出，晒干，调鼎尤佳。[①]

4. 熟面调稠法

全料制曲法大约沿用了 4 个世纪以后，又有了新的改进。元代鲁明善《农桑衣食撮要》的记录是：

用豆一石，炒熟，磨去皮，煮软捞出。用白面六十斤，就热溲面，匀于案上，以箬叶铺填，摊开约二指厚，候冷，用楮叶或苍耳叶搭盖。发出黄衣为度，去叶，凉一日。次日晒干，簸净，捣碎。约量

---

① [唐] 韩鄂原编，缪启愉选译，《四时纂要选读》，农业出版社，1984 年，第 106 页。

用盐四十斤，无根水二担，或稀者用白面炒熟。候冷和于酱内。若稠者，用甘草同盐煎水，水候冷，添之，于火日晚间点灯下酱，则不生虫。加莳萝、茴香、香草、葱、椒物料，其味香美。[①]

《农桑衣食撮要》的记录，应当理解为对《四时纂要》中国酱工艺的继承和继续。

（三）酱的种类与功效

酱有哪些种类，有何功效，在此也进行简单介绍。

1.酱的种类

南梁著名医药学家陶弘景在谈到酱的种类时说："酱多以豆作，纯麦者少。"赵荣光先生认为，中国历史上庶民大众平居生活中每日相伴的酱，自汉以下基本是"以豆合面而为之"的谷物酱。这种"以豆合面而为之"的谷物酱，几乎一开始就走着以豆为主料和以麦为主料的两种类型并存的道路，也就是说豆酱和麦酱是中国酱料的两大主体类别。当然赵荣光先生还提出，中国酱的种类和品种绝不止豆酱、面酱两类，依据中国食品酿造工艺的基本分类方法，大概可以分为黄酱类、面酱类、豆豉、甜酱类、蚕豆酱、辣椒酱、花生酱、芝麻酱、鱼子酱、果酱、蔬菜酱、虾酱、肉酱等十余种类别。

酱除按酿造工艺分类外，各地又有各地的地方名特产，如山西有"三酱"，即太原腐酱、曲沃面酱、襄垣黑酱。保定府有面酱，郫县有豆瓣酱，安庆有胡玉美蚕豆酱，佛山有柱侯酱，湖南永丰有辣酱等。

此外，中国酱文化的拓展还超越了狭义的酱形态范畴，逐渐衍生出了豉、酱油、酱菜、乳腐以及酱或酱油的各种制成品。

酱类食品有许多不为人知的功用。

---

① 金沛霖主编，《四库全书子部精要》（上），天津古籍出版社、中国世界语出版社，1998年，第736页。

2.酱的功用

酱含有大量的蛋白质，这些蛋白质能在一些微生物的作用下转化成氨基酸，会加快胃肠对食物的消化与吸收，能起到良好的开胃消食作用。这是酱的重要功效。此外，酱能满足人们日常饮食生活中盐的需求，吃酱等于吃盐。吃酱可以调节食物的咸淡，丰富咸味调味品的味道。

酱主要采用大豆、大米为主原料，而大豆、大米具有丰富的蛋白质和脂肪。酱里面含有的脂肪成分大部分为不饱和脂肪酸，所以胆固醇含量很低。酱可以为人体补充植物蛋白，可以防止亚麻酸等胆固醇堆积在体内，可以促进血液循环。

李时珍在《本草纲目》中就指出："酱汁灌入下部，治大便不通。灌耳中，治飞蛾、虫、蚁入耳。涂猘犬咬及汤、火伤灼未成疮者，有效。又中砒毒，调水服即解。"陶弘景据汉、魏以下名医用药增益《神农本草经》而成《名医别录》，就将酱录入药品，认为酱有"除热，止烦满，杀百药及热汤火毒"的功用。陈日华《经验方》认为酱可以"杀一切鱼、肉、菜蔬、蕈毒，并治蛇、虫、蜂、虿等毒。"《本草汇言》："祛时行暑热、疠毒、瘴气。"《本草求真》："解肾热邪。"《方脉正宗》："治百药、百虫、百兽之毒损人者：豆酱，水洗去汁，以豆瓣捣烂一盏，白汤调服。再以豆瓣捣烂，敷伤损处。"可见，用酱治病是历史上中国百姓尤其是下层贫苦大众的习用方法。

二、酱俗解码

民俗即人们在日常生活中靠口头和行为传承的文化模式。这种文化模式并非形成于一朝一夕，而是长时间的日常生活和社会演进的积累，并得到了普通社会群体的接受和承认，是在一定历史经济文化基础上形成的。意大利阿布鲁齐地区有一句谚语，其字面意思是"有爱情就不需要美貌，有胃口就不需要酱汁"，谚语的意思是只有酱汁并不能让人们满足，还需要更多实质性的东西，这则谚语是一个含有道德意义的话语。酱文化作为一个民族的传统和习惯，早已渗透在中国人的血液之中，并聚积为中国人深厚的心理积淀。中国古代历史上，人民大众的饮食生活都比较贫苦，动物性原料的食物比较少。"以豆合面而为之"的谷物酱是中国酱的主要类别，是中国庶民阶层深深依赖的食物。在与酱相关的食事行为过程中，形成的人与人的关系、民俗习惯、风俗思想，以及故事传说、笑话、成语、谚语、歇后语等，都成为中国酱文化习俗的重要组成部分。

（一）历史典故

在中国古代漫长的饮食历史中，酱作为中国人的调味主体，成为人们膳食中不可或缺的组成部分，许多涉酱历史典故中留存着中国饮食的历史与文化的印记，散发着往古酱香的滋味。

1. 不得其酱不食

自先秦始，在贵族们的饮食生活中，酱就占据了极为重要的地位。《论语·乡党》："不得其酱不食。"由此看来，孔夫子不但创立了儒家文化，还给中国人立下了吃酱的规矩。《清异录》："酱，八珍主人也；醋，食总管也。"古人把酱列为第一，作为调味统帅。明代谢肇淛《五杂俎》也曾记载，"礼有醯酱、卵酱、芥酱、豆酱，用之各有所宜，故圣人不得其酱不食。"说明在民俗及宫廷的意义上，食酱有着严格的规矩与排场，是所有与之相关的人都必须遵守并要传承的饮食教义。《全唐诗》中有"措大吃酒点盐，将军吃酒点酱"的诗句，可见吃酱是很讲究排场的事。

2. 覆酱瓿

瓿是古代的器皿，是一种小瓮，圆口、深腹、圈足，由青铜或陶制成，用以盛酒或水。酱瓿，就是酱坛或放酱的瓮，"酱瓿"原指盛酱的器物，后用为"覆酱瓿"之省，比喻著作的价值不为人所认识，只能用来盖酱瓿而已，没有用处，不会加以重视，以致忽视其价值。

"覆酱瓿"出自《汉书·扬雄传赞》："巨鹿侯芭常从雄居，受其《太玄》《法言》焉。刘歆亦尝观之，谓雄曰：'空自苦！今学者有禄利，然尚不能明《易》，又如《玄》何？吾恐后人用覆酱瓿也。'雄笑而不应。"

扬雄是西汉大学者，他不仅善作文赋，还是一位哲学家，著有《太玄》《法言》等哲学著作。这些书思想深刻、逻辑严密，当世很少有人懂，因此受到世人的讥讽。刘歆亦是西汉著名学者，但他对扬雄的书颇不以为然，曾亲口对他说："你真是白白辛苦！现在的学者只贪图功名利禄，把学问当作敲门砖，很少有像你这样专心学问的人。他们连一部《易经》都弄不明白，哪里还顾得上《太玄》呢？我担心后人会用你的书覆盖酱罐。"扬雄听罢，不过笑笑而已。

与"覆酱瓿"一样的说法还有很多，如"覆酱""覆瓿""覆瓶""酱瓿"，还有"尘覆瓿""覆瓿书""酱瓿玄""漫酱瓿""蒙酱瓿""扬雄瓿""扬子瓿""酱缶纸""知覆瓿""著书覆瓿"等惯用语，都是表示有价值的著作被用来盖酱坛子，比喻著作的价值不高、无人理解、不被重视，多用作自谦。

"覆酱瓿"也作"覆酱烧薪"。

3. 酱翁善卜

据宋史《隐逸传》记载："薛翁即酱翁，蜀隐君子，善易，以卖酱隐。"说四川成都有一位姓薛的老翁，以卖酱为业，精通《易经》，是一个隐居逃避尘世之人，人们一般都称他"酱翁"。酱翁很有学问，善于卜卦。一次，有一个农民走失了一头耕牛，向酱翁问卜。酱翁卜了一卦后告诉农民去告状。农民告到官衙，官府派了衙役跟着那个农民到河边去找，果然捉到了偷牛贼。酱翁善于卜卦的名气传开后还带了两个徒弟，一个是张姓的农夫，一个是蔡姓的医生。两个徒弟对酱翁的卜易之术钦佩不已。

（二）民间传说与笑话

一些饶有趣味的涉酱传说与笑话反映了汉民族酱文化的风俗风情，蕴藏着酱的历史味道。

1. 将兵将酱

近代杨汝泉编纂的《滑稽故事类编》中有一则"将兵将酱"笑话：

> 今南方烹庖鱼肉皆用酱，故不论大小门户，当三伏时每家必自制之，取其便也。其制酱时必书"姜太公在此"五字为压胜，处处皆然；有问于袁简斋曰："何义也？"袁笑曰："此太公不善将兵，而善将酱。"盖戏语耳。后阅颜师古《急就章》云："酱者百味之将帅，酱领百味而行。"乃知虽一时戏语，却暗合古人意义。[①]

本应为"将将"，即统帅众将义，俗间讹为"将酱"，这是玩笑话。谐"将"义，颇具幽默色彩。

2. 天河封弄堂，家家晒酱红

天河，即天文学所称的银河。天河的位置变化往往被当作一种物象来反映事理和物理，如"天河南北，屋里难睡""天河掉角，要吃豆荚""天河东西，冻天冻地""天河封大门，家家人家吃大麦，天河封沙滩，人家穿纱衫"。"天河封弄堂，家家晒酱红"的意思是，天河封堵住弄堂，那家家晒的酱就会变成红褐色，会成为味道鲜美的好酱。当然，这只是一种民间乡俗，这种乡俗还有更深层次的意义，不仅指酱红，还比喻丰收、好年成，喻示着乡村安宁，岁月太平，一代又一代的晒酱生涯得以延续。

3. 酱鸡出乌镇，名气靠茅盾

乌镇位于浙江省桐乡市北。乌镇酱鸡选用的是当地农民当年放养的土种雌鸡。加工时整体烧制，原汁浸烧，三次出汤；再放入上等酱油、黄酒、白糖和香料等作料浸烧，出锅后又涂上一层麻油。成品酱鸡由于是原汁原

---

① 杨汝泉辑，《滑稽故事类编》，天津大公报社代办部，1933年，第89页。

汤反复烧制，鸡体内的水分已基本蒸发，所以特别容易保存，有"六月不馊，腊月不冻"之说。而其外观则酱红油亮，入口脆嫩鲜美，后味无尽。

（三）日常习俗

酱是贫苦得几乎一无所有的庶民大众一年365天进食果腹的绝对依赖，是百姓日常生活的一部分。历史上，孔子不得其酱不食，《云仙杂记》说唐代风俗贵重葫芦酱，《方言》说汉代以鱼皮蜌鲗（乌贼）之酱为贵。今天人们的日常生活依然离不开这浓郁芳醇的酱品。民间谚语有"百家酱，百家味""雷鸣不合酱""七夕曲、立春醋、伏日酱、秋节藏""六必居的酱菜""铁球、面酱、春不老""温江的酱油保宁醋，郫县就把豆瓣酱出，荣、隆二昌出麻布，丰都出的豆腐乳""香葱蘸酱，越吃越壮""小根蒜，蘸着酱，山珍海味赶不上""脚荡荡，饭冷冷，下饭吭告花生酱"的说法，这说明酱在日常社会中占据着重要的地位。也有人说，有大酱的日子，生活才变得有滋有味，而"没盐没酱"，生活就乏味。围绕着"酱"这一食材，汉民族形成了一些传统的习俗。

循俗论酱，我们仿佛又回到了家家造酱腌咸菜的年代。

1. 百家酱，百家味

岁月悠深人情暖，余味缭绕是酱香。我国民间自宋以后普遍食酱，积累了丰富的制酱经验，制酱技术不断改进，这是我国古代劳动人民在长期的生产生活实践中积累下来的一笔宝贵财富。由于制酱的原料不同、配方的差异性、食盐的数量不等以及其他配料有多有少，再加上制作程序因各家口传身授而方法各异，因此有"百家酱，百家味"的说法。

2. 雷鸣不合酱

自古制酱有着特殊的讲究和习俗。主要包括：六月好合酱，切忌著盐多；下酱忌辛日；水日造酱必虫；孕妇造酱必苦；防雨点入缸；防不洁身子、眼目；忌缸坛泡法不净；酱晒极热时，不可搅动，晚间不可即盖；月已出或日已没下酱，无蝇；橙合酱，不酸；雷时合酱，令人腹鸣。"雷鸣不合酱"的谚语，就反映了制酱的这种习俗。

合酱，即酱馅做成后，加入作料汤汁，搅拌均匀，放在烈日下暴晒。这句谚语指合酱要选火热天气，最忌雷雨天。《清嘉录》卷六："馅成之后，择上下火日合酱，俗忌雷鸣。谚云：'雷鸣不合酱。'"古人把酱的制成也看成阴阳之气相交而成。《论衡》："作豆酱恶闻雷，此欲使人急作，不欲积久。"因为打雷使人担心下雨，急于制作就不宜久藏，这有一定的道理。

3. 七夕曲、立春醅、伏日酱、秋节藏

这句谚语把汉至唐一千年间传统酿造豆酱的整个工艺流程都涵盖其中。

七夕是指农历七月初七，牛郎织女相会的日子，又称"七巧"。古代酿造豆酱用的曲都统一在七月七日制造，每年一次，仅此一天。谚语的意思是，七月做黄衣、黄蒸曲。立春后将脱皮的豆仁煮熟烂后与曲、盐、香料混合，装满压实在缸内密封起来，制成豆酱醅。立夏前后把酱醅分出来，配水调盐，经过三伏天，豆酱熟了。到了秋节即九九重阳节就收藏起来。与这句语义相近的谚语还有："伏天不做酱，一年吃淡饭""伏天弗落酱，一年食淡饭"。内蒙古奈曼旗地区的人们也有悠久的制酱传统，千百年来流传着"二月不下酱，骡子要上炕""三月炒豆，六月下酱""三月豆香飘满街，六月酱香传户里"的民谚。此外，这里的人们对坛酱的喜爱达到了相当高的程度，他们用谚语淋漓尽致地表达这种情感："宁可十日

图5-1 酱园（来源：《点石斋画报》）

无肉，不可一餐无酱""宁舍肉丸子，不舍酱盘子"。

4. 六必居的酱菜

城市酱园的兴起满足了百姓的食酱需求。司马迁《史记》所载汉代"通邑大都，酤一岁千酿，醯酱千瓨……蘖曲盐豉千荅"的情景，是距今22个世纪前城市酱园经济活跃发展的真实记录。

图 5-2　酱园（来源：《点石斋画报》）

中国历史上的生产加工性酱品作坊或经营销售性的酱品商店，都是规模很小，同时通常是"前店后坊"型生产与销售合一的性质，这类酱园在历史上的中国不可胜计。当然，也不乏有经营有方、传统经年、广布声誉、颇具规模的名店，如历史上有"江北四大酱园"之称的"六必居""槐茂""玉堂""济美"即为代表，其中以北京"六必居"最具典型性。

"六必居"取诸家之长，酸、甜、辣、咸、鲜五味俱全，所以民间有了"六必居的抹布——酸甜苦辣都尝过"的说法，人们用这句歇后语来比喻或说明一个人的坎坷经历、饱经忧患，也形容一个人的经验丰富、见多识广。另外，"六必居的酱菜——另个味儿"，在突出反映六必居酱菜的味道独特外，还特别突出另有曲折、别有意味的含义。

5.铁球、面酱、春不老

保定有三宝，铁球、面酱、春不老。这三样是老保定人最熟悉的东西。

"铁球"即保定铁球，俗称健身球。"面酱"也是保定的特产，始产于清康熙十年（1671），距今已有300多年历史，质量优良，是理想的烹饪调料。"春不老"是一种小菜，与雪里蕻属同科，早在唐宋时就开始栽种。这种菜经过腌制，既不生筋又不长柴，是人们冬春季节喜爱的小菜。

6.温江的酱油保宁醋，郫县就把豆瓣酱出，荣、隆二昌出麻布，丰都出的豆腐乳

这句谚语说的是四川几个地方县出名的土产。保宁即阆中。荣隆二昌，指荣昌与隆昌。

谚语中的"郫县就把豆瓣酱出"说的是郫县出豆瓣酱。成都市郫都区（旧称郫县）的豆瓣酱是中国顶尖调味料之一。郫都区地处盆地，属于中亚热带湿润气候，自然条件得天独厚，郫县豆瓣通过长期翻、晒、露等传统工艺天然精酿发酵而成，具有瓣子酥脆化渣、酱脂香浓郁、红褐油润有光泽、辣而不燥、黏稠适度、回味醇厚悠长的特点，是川味食谱中不可缺少的调味

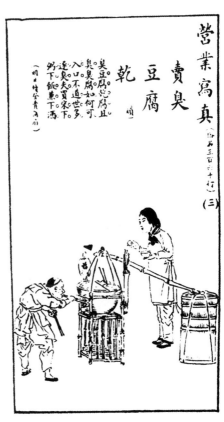

图 5-3　卖臭豆腐干
（来源：《营业写真》）

佳品，有"川菜之魂"之称。

7.大葱蘸酱，越吃越胖

在过去贫苦年代营养不足的时侯，平常老百姓能吃的东西很少。实际上，大葱蘸酱从现代营养学的观点来看也是一种健康食品，故民间谚语有"香葱蘸酱，越吃越壮""大葱蘸酱，越吃越胖"的说法。这一方面说明酱在人们的日常生活中占据着重要的地位；另一方面也给有关日常饮食经验的表达方式涂上了一层古色古香的情调，形成一种民族特有的意味风格。如凌力《星星草》："多吃菜！鱼虾都下酒。这大葱蘸酱，越吃越胖，可是山东有名的好东西。"

8.小根蒜，蘸着酱，山珍海味赶不上

图 5-4 卖乳腐（来源:《营业写真》）

这句指野生的小根蒜趁鲜嫩蘸着面酱吃，味道很香。山珍海味，山野和海里出产的各种珍贵食品，泛指丰富的菜肴。王延东《三月的小根蒜》："一到春天，小根蒜便成了农家顿顿必吃的常菜，'小根蒜，蘸着酱，山珍海味赶不上'，便是对野菜美味的写照。""小根蒜，蘸着酱，山珍海味赶不上"也说"小根蒜，真顶用，蘸酱下饭又治病"。

9.脚荡荡，饭冷冷，下饭呒告花生酱

这是一句宁波谚语，谚语描述了这样一种状态：坐在饭桌前，无聊地晃动着腿脚，让面前的米饭逐渐冷却。虽然没有丰盛的下饭菜肴，但毕竟

还备有花生酱可以佐餐。"呒告"，是宁波话里不计较的意思。

　　谚语反映的是人们对现实生活的无奈，但所暗含的意思则是隐晦地提示人们，消极地对待现实生活是无济于事的。人是要有梦想的，而且要通过不断的、有效的努力去实现自己的梦想，这才是正确的人生道路。

三、酱喻视界

　　中国人在制酱、吃酱、用酱、论酱过程中对中国人的思维方式、民族性格和人文精神产生了重要影响，形成了独具特色的酱文化。中国酱文化是"人们在中国酱制作与使用的过程中逐渐形成的认识能力、行为方式、风俗思想等一切与之相关联的事象总和"[①]。

　　"语言本身就是一种文化力量和文化模式，人们自幼习得了这种语言，也就把其中包含一切文化观念、文化价值、文化准则、文化习俗的文化符号深深地溶进了自己的思想行为之中。"[②]中国人在认知和表述世界时，表现出强烈的类推特性和趋同特性。"柴米油盐"是衡量事物的尺度，酱也不例外。开门七件事中，以酱为题材的俗语、谚语、歇后语在数量上相对而言并不算多，但作为一种文化符号，这些含酱熟语在开门七件事熟语中同样占据着自己的一席之地。"盐酱口""一盐一酱""昏盆打酱""酱里虫，酱里终""不经厨子手，总有酱腥味"，一个个鲜活有趣的熟语蕴含了百姓的丰富生活经验，成了人们评判事理、看待事物的方式方法，折射着民族的精神世界和内心情感。

　　岁月悠深人情暖，余味缭绕是酱香。汉语的酱文化熟语堪称熟语园苑中的一朵奇葩。

---

① 赵荣光，《中国酱的起源、品种、工艺与酱文化流变考述》，《饮食文化研究》，2004 年第 4 期。
② 戴昭铭，《文化语言学导论》，语文出版社，1996 年，第 26 页。

（一）以酱喻理

作为一种凝缩的调味品，大酱深深地渗透在我们民族的生活和民族的语言文化中，大酱散发出的芳香浸染了汉语的谚语、俗语、歇后语，使汉语熟语打上了独特而迷人的酱文化印记。

1. 不是那个酱，吃不了那碗饭

这句谚语一般用来比喻一个人有什么本事，就应该去做什么事情，要认清自己的能力。陈柱国《苦聪人的春天》："不过，怎么改？我和老李他们，就有根本的分歧罗！俗话说：'不是那个酱（将），吃不了那碗饭；不是那块料，做不成那棵梁。'"这段话一方面说明了自己的观点与老李的观点有着根本的区别；另一方面也委婉地表达了自己没有做成这件事的能力，自己的能力不及老李等人。

"不是那个酱，吃不了那碗饭"有时也说成"不是那个将，吃不了那碗饭；不是那块料，做不成那棵梁"。

2. 做别人头研酱

这句指拿着别人研好的酱，当成他自己做的，再送给别人当人情。它最早出现在《醒醉石》中："'钱财是难得的，他肯舍。'有的道：'做别人头研酱。把与他的，是戴家银子，他却做好人。'又有道：'就是别人银子，难得人好意。'"

"做别人头研酱"是一种不想付出却又想收获，总是想着拿别人的东西换取第三人的人情的耍小聪明的行为。

3. 生成的相，晒成的酱

这句指人的性格或长相生成定型后就再也无法改变，就像晒成的酱已成黑色一样。曾辉《八月雪》："哎呀，她那号人是教育不好了的，'生成的相，晒成的酱'，定性了的，还教育得好个屁！"这里说的是人的先天条件已经定型，没有改变的可能。

在酱的制作过程中，"晒酱"是最重要的一步。《齐民要术》记述了当时的制酱法。其方法是用不渗漏的瓮，用春天下种的黑大豆做料，在甑里干蒸，晒干，经过簸净、淘洗、去皮，拌和白盐、黄蒸、草、麦曲入瓮，用泥密封后晒三十天左右，然后开封分瓮，取"井花水"和盐，把瓮里的半成酱调稀，然后敞开瓮口让太阳晒。初晒十天，每天都要彻底地搅几遍。十天后，每天搅一遍，满三十天后才停手。遇下雨就盖上瓮子，不要让水进去。每下过一次雨，就要搅一回。入瓮以后，需要一百天，酱才能真正熟透。

中国古代有很强的宿命论的思想，"生成的相，晒成的酱"就是这一思想的体现。"生成的相，晒成的酱"也称"生成的相，做成的酱""生成的眉毛长成的相，种成的豆子晒成的酱"。

4. 添油加酱

"添油加酱"的本义是添加调味品，使食品合味。转义是夸大事实或编造情节，以使人相信。这里是比喻用法，较生动形象，含戏谑意味，多用于贬义，义同"添油加醋"。

5. 萎蕤葵，日干酱

萎蕤，又作"葳蕤"，草木下垂，引申为凋萎。葵，指冬葵，古代的蔬菜。用萎黄的葵做成的葵菜，在太阳下晒成的酱，味道都很好。《齐民要术》曰："仰瓮口曝之。谚曰：'萎蕤葵，日干酱。'言其美矣。"

6. 萝卜青菜酱在一起——青（清）白难分

以酱和酱油为题材，汉语形成了"萝卜青菜酱在一起——青（清）白难分""大葱蘸虾酱——将就""缸里的酱萝卜——没了缨（影）儿""芝麻拌面酱——稀里糊涂""白水冲酱油——越来越淡"等歇后语。

"萝卜青菜酱在一起——青（清）白难分"形容情况复杂，是非难辨。"萝卜"又名莱菔，根肉质，长圆形，茎直立粗壮，通常为白色。"青菜"，颜色深绿。"青"，谐"清"。这里的"酱"用作动词，指用酱腌制。青色与白色本来区别不是很大，经过酱的腌制更加难以辨别，一语双关，指有些人清白不分，难辨是非。如胡山源等《南明演义》："至于送婢女给钱谦益做小，是他临时安排的'酱缸计'，萝卜青菜酱在一起，青（清）白难分，粘住钱谦益，既是奖赏，又是把柄，不怕他办事不出力，今后不听话。"

（二）盐酱喻理

作为咸味的酱，毫无疑问离不开必须有的咸味调料——盐，盐的颗粒形态通过酱的多种产品形态而被赋予了更多的文化内涵。酱的制作离不了盐，但酱比盐还要咸，可做盐的代用品，故汉代《风俗通义》有了谚语"酱成于盐而咸于盐"。一砖一瓦，一针一线，一点一滴，汉语说成了"一盐一酱"。《红楼梦》就有这样的例子："如今厨房在里头，保不住屋里的人不去叨登，一盐一酱，那不是钱买的？"表达付出代价，才能享受生活，谚语便说"舍得盐，下得酱"。

从这些谚语中我们可以看出，中国大众在社会生活以及精神生活领域对盐酱不可或缺的朴素的真挚情感。以盐酱喻理的熟语既展现了盐在中国酱文化史上的作用和盐酱情结流变的历程，又反映了中国大众对盐酱文化互动关系发展的认识。

1. 酱里没有错放的盐

这句指做一件事有百利而无一害。为什么酱里没有错放的盐呢？盐作为咸味调料的基础，是制酱过程中最基本的一个步骤，在酱中盐放得相对多些不仅不影响制酱的效果，而且是必须的，宁多不能少的。《本草纲目》载："弘景曰：五味之中，惟此不可缺。西北方人食不耐咸，而多寿少病好颜色；东南方人食绝欲咸，而少寿多病，便是损人伤肺之效。然以浸鱼肉，则能经久不败，以沾布帛，则易致朽烂，所施各有所宜也。"在这段记载中，我们可以清楚地了解盐对食物的保鲜防腐作用。酱是由粮食、肉类发酵而制成的，但是在发酵过程中，必须依靠盐来防腐、调味。"酱里没有错放的盐"告诉我们，在现实生活中做事情时，要认清事物之间的利害关系，最大限度地积累有利因素。

"酱里没有错放的盐"也作"酱里没有错下的盐""酱缸内抓把盐——不嫌多"。

2. 针没有线长，酱没有盐咸

针只起牵引作用，而长线才真正用以连缀；酱用盐腌，酱咸实源自盐咸，自然无法与盐相较。这一俗语用不可能对等的事物说明彼事物无法与此事物相比。也作"灰没有火热，酱没有盐咸"。

3. 吃大酱还咸盐

这句惯用语比喻针锋相对、一报还一报的行为，这种一报还一报的行为有时却比对手的手段更加强硬。

酱是一种由豆麦发酵后再加上盐做成的咸味糊状调味品，盐是制酱过程中添加的一种材料。酱与盐都属于一种调味品，因此二者大致属于同一类事物，因此衍生出了针锋相对、一报还一报的含义。但是在制酱的过程中，加入酱中的咸盐有了其他材料的中和就没有那么咸，但是单独拿出来的咸盐却要比大酱咸很多。因此，"还咸盐"还可以指更加强硬、厉害的手段，用这种手段来对付曾经给自己施加压力的对手，显然比对手更加厉害。董玉振《精明人的苦恼》："这时，他出于报复，在心里头想：'严志宏搅得我一家不安宁，他没亲，我没故，我也要搅得他家不消停，吃大酱还咸盐，先去他家里闹一通。'"这里用到的"吃大酱还咸盐"用来说明作品中的人物有一种一报还一报的想法，因为严志宏使得自己的家庭不得安宁，所以自己也要用"以牙还牙，以眼还眼"的方法来报复他。

4. 没盐没酱

这句俗语比喻说话乏味，在山东地区广为流传。在山东一带，因当地自古产盐，人们对盐的重视甚于一般地方。山东人口味整体偏重，饭菜偏咸，酱也在山东的饮食中占有重要位置。民俗学家山曼先生曾说："盐和酱在山东食俗中既是这样的重要，在乡语中扮演一个角色自是当然的事情了。

在乡间，如果一个人哇啦哇啦地说了半天，所说的尽是些没用的话，听的人有些不耐烦，又不好意思打断他。好歹等他说过了兴头，起身走掉，大家松了一口气，评论道："这人从哪里学了这么一些没盐没酱的话，自觉不错，说了大半天，真真烦死人！"这里的"没咸没酱"指的就是说话乏味，没有色彩。

5. 打煞卖盐的，苦了做酱的

打死卖盐的人，使制作豆酱的人难堪。这句比喻伤害了这个，却使得另一个无辜的人受到损失。《乡言解颐》："打煞卖盐的，苦了做酱的，调和之失宜也。"此谚语用浅显的话语表达了事物间的因果关系。

6. 醋打哪酸的，酱打哪咸的

这句比喻要追根究底，搞清楚事情的缘由。申跃中《挂红灯》："思想上的认识问题，可以跟社员讨论的时候，一起提高觉悟。再说，组班子弄化肥这事，究竟醋打哪酸的，酱打哪咸的，先得搞清楚。"

7. 省了一把盐，酸了一缸酱

做酱时如果少放了食盐，就会使得酱发酵变酸。这句比喻不应省俭而省俭，往往会因小失大。《乡言解颐·物部》："省了一把盐，酸了一缸酱。此数语虽是乡里口头话，却亦曲尽人情。"

"省了一把盐，酸了一缸酱"是用盐与酱的密切关系表达了朴素的辩证思想。也说"省了盐，酸了酱，省了柴火睡凉炕"。

8. 盐酱口

"盐酱口"指从某人嘴里说出不吉利的话，且得到了应验。为什么用"盐酱口"指称说不吉利的话呢？这是因为我们通常说某人讲好话，嘴上像抹了蜜一样。蜜是甜的，说出来的自然也是好话。与此相反，盐和酱则都是咸的，与甜反义，"咸嘴"即"盐酱口"，自然是说不出什么好话来的。《西游记》第六十七回："正讲处，只听得呼呼风响，慌得那八九个老者，战战兢兢道：'这和尚盐酱口，说妖精，妖精就来了！'"

"盐酱口"也作"盐酱嘴"。张沪《鸡窝》:"真叫这帮盐酱嘴说中了:那天夜里,生产队的会计被人从九斤黄的被窝里揪出来,揪他的是他的老婆——支书的女儿。"

"盐酱口"有时也说成"妇人盐酱口",指妇人喜欢说闲话,搬弄是非。"闲"通"咸","咸话"出自"盐酱口",指嘴里说不出什么吉利的话来,泛指一切说出的不吉利话都得到了应验,有歧视妇女之意。

(三)酱器喻理

缸、瓮、盆、瓶是盛酱器皿,用盛酱器皿喻理也是汉语熟语喻理的一种重要方式。

1.酱缸倒了,酱架子还在

酱缸,指制作和装酱、酱油、酱菜等食品的缸。酱架子,指用竹木等

图 5-5 酱缸打碎,架子尚在(来源:《图画日报》)

材料纵横交叉构成的东西，用于放置和支撑酱缸。"酱缸倒了，酱架子还在"，比喻人下台或倒霉了，但派头、架势照旧，或比喻人虽不在其位，但架势仍在。

这一俗语的变体有很多，如"酱缸倒了，酱架子在""酱缸打碎，架子仍在""酱缸跌翻，架子还在""酱缸打破，架子还在""酱缸倒了，酱架没倒""酱缸倒了，架子没倒""酱缸倒了，酱架不倒""酱缸倒了，酱架不能倒""酱缸倒了，酱架子却不能倒""酱缸倒了不妨，重要的是不要倒酱架子""酱缸虽坏，架子没有坏""宁倒酱缸，不倒缸架子"等。这一系列谚语的出现，寓意深刻。

2. 一粒鸡屎坏缸酱

酱作为人们生活中重要的食品，其制造过程不仅历史悠久，由于酱的制作有很多程序，要花费很多时间和精力，如果在制作过程中不小心掺进一粒鸡屎，不仅不能食用，还让人们的辛苦白费。"一粒鸡屎坏缸酱"比喻只要有一点点坏的或有害的东西，就会使一个整体遭到破坏，强调细节部分对整体的决定性作用。

在生活中，一个细节非常重要，只有注重生活中点点滴滴的小事，注意身边的细节，才会在事业上有所作为，形成良好的品格。与"一粒鸡屎坏缸酱"类似的谚语有："一粒老鼠屎，搞坏一锅粥""死了一条鱼，臭了一塘水""一个蛤蟆能弄脏整池清水""一滴桐油弄坏一锅汤"。

3. 做在酱缸里

这句比喻陷入坏人群里难以自拔。酱缸是储存面酱的大缸，通常密封，使腌在酱缸中的几种混合物质发酵形成各种口味的酱。酱缸中极为黑暗且黏稠，不管把什么东西放进去，捂在里面，经过发酵、变质，最终都会变成混杂在一起的、面目全非甚至截然相反的东西。

"做在酱缸里"有时比喻蒙蔽人，使人上当。浩然《艳阳天》："你不知你家是贫农？那些沾着富字的人真待见你？你没见马连福、孙桂英让他们做在酱缸里了？”

酱缸密不透风的特点形成了大量歇后语，如："苍蝇掉在酱缸里——糊里糊涂""缸里的酱萝卜——没了影（缨）了""金龟子掉到酱缸里——糊涂虫""鹅卵石掉酱缸———一个糊涂蛋""酱里的蛆——闲（咸）逛""酱缸打破——黄汤了""酱缸里煮元宵——混蛋一个""酱缸里冒泡——闲（咸）气""酱缸里的棒槌———一言（盐）难尽（进）"等。

4. 绿酱缸

"绿酱缸"比喻地里的农作物被雹子打得稀烂。张抗抗《隐形伴侣》："那天清晨落下一场鸡蛋大的雹子，将试验田砸成了一口绿酱缸。"

5. 怕生蛆就不做大酱了

这句比喻由于出了点小毛病或怕出问题就把应该做的事情停下来不干了。正像因噎废食一样，因为有人吃饭噎死了，就想让天下人都不吃饭，这太荒谬了。

大酱生蛆是做大酱过程中经常会出现的，几乎所有人家的大酱都生过蛆。但大酱生蛆对人的身体是没有害处的，只是看着不舒服而已。做事情也是一样，不能因为出了点小毛病或怕出问题就索性不去干。

但话从两头说，酱里生蛆确实惹人不快，所以东北人有一句谚语叫"酱缸里面的蛆，不咬人硌痒人"，这句谚语通常指那些让人讨厌的人。

6. 酱里虫，酱里终

这句用来比喻逃脱不了某种厄运，或比喻贪得无厌的人，必然自食其恶果。

"酱里虫，酱里终"又作"酱里虫，酱里死""酱虫死在酱缸里""酱里蛆，酱里死"。

7. 昏盆打酱

这则熟语比喻没有规律和章法。昏，指黑。酱，是豆、麦发酵后，加上盐做成的糊状调味品，呈紫黑色。打，指搅拌着做。在黑盆子里搅拌做酱，由于盆、酱一色，看不清楚，只能"胡搅"，比喻胡闹，瞎捣乱，胡搅乎。《醒世姻缘传》第九十一回："怎禁得有这样一个奇奇怪怪的小老婆，在那刑厅的卧榻之旁，无明无夜，昏盆打酱，打骂不休。"

8. 酱锅里煮元宵，混蛋

这句是骂人不明事理。罗丹《风雨的黎明》："心里骂道：'呵，这两位亲家，原来是狐狸和猫通着气。他妈的，真是酱油里煮元宵，混蛋。一个大馒头，就卖给了资本家。'"

（四）酱坊喻理

酱坊是制作并出售酱品的作坊、商店，也称酱园。以酱坊来喻理的谚语有"酱园铺倒了货架，心里是五味俱全"，另外还有若干条歇后语。

1. 酱园铺倒了货架，心里是五味俱全

酱园铺，指出售酱、酱油、酱菜等的商店。五味，指酸、甜、苦、辣、咸。这句形容人心情极其复杂。鄢家声《流水落花》："吕希显气得发呆。酱园铺倒了货架，心里是五味俱全。"

"酱园铺倒了货架，心里是五味俱全"也作"酱园铺倒了货架——五味俱全"。

2. 酱坊里的伙计——闲（咸）人

这句比喻无所事事的人、懒惰的人。酱坊，指制造并出售酱、酱油、酱菜等食品的作坊，也称"酱园"。无论是"酱""酱缸""酱油"还是"酱菜"等，都是"咸"的，长期工作在酱坊里的伙计，身上免不了会沾有"咸"味，因"咸"谐"闲"，因此有了"酱坊里的伙计——闲（咸）人"这一歇后语。

类似利用谐音喻理的歇后语还有："酱坊里老板——闲（咸）人儿""酱菜店里的老板——专管闲（咸）事""酱油铺里的伙计——爱管闲（咸）事"等。

（五）烹饪喻理

古人早就开始运用各种酱料如酱清、清酱、豆酱清、豉汁等液体调味品，进行菜肴的调制，这对于中国菜肴的烹调来说具有历史性的意义。汉语关涉用酱烹饪喻理有两条有意思的谚语，叫作"不经厨子手，总有酱腥味""弗用厨郎酱滂气"。

1. 不经厨子手，总有酱腥味

这句比喻不由行家来做，总会有缺失。酱是以豆类、小麦粉、水果、肉类或鱼虾等物为主要原料加工而成的糊状调味品，酱的"腥气"是由原料自身的腥气造成的，而厨师可通过许多方法去除食材的腥气，使酱尝起来更可口。语出《醒世恒言》："试期已到，黄生只得随例入场，举笔一挥，绝不思索。他也只当应个故事，哪有心情去推敲磨炼。谁知那偏是应故事的文字容易入眼。正是：不经厨子手，总有酱腥味。"《飞跎全传》："你今日尝尝我的汤水，试试我的汤头。常言说得好：不经厨子手，总有酱腥味。就有斗大荸荠土息气，都不免油儿、盐儿、长儿、短儿、荤儿、素儿，都要合家，方能算得请客。只管放一千二百心。"

"不经厨子手，总有酱腥味"也作"不经厨子手，总有酱黄味""不经厨子手，难得五香味""不经厨子手，没有五味香""不经厨子手，总有点酱拌气""不经厨师手，总有酱油味""不经厨子手，总有鱼腥羊膳味"。

厨师是日常生活中常见的职业，做饭也是每个人都会遇到的事情，这则谚语充满着浓厚的生活气息。

2. 弗用厨郎酱滂气

浙江省海盐县澉浦镇民间餐饮业有这句谚语。弗用，指不请、不用。厨郎，指厨师。酱滂气，指菜中汤水太多只有酱汤味。整句的意思是：自己烧菜，色、香、味等是好不到哪儿，上不了台面的，摆宴席一定是要请厨师的，不请厨师是糟蹋原料。现在这句谚语还有引申意思：干有技术的活儿，一定要请专业的人，不然干的活儿会达不到要求，反而遭受损失。

四、酱联撷趣

"酱"是我国一种极古老的调味品，几千年来，在中国人日常生活中始终不可或缺，所谓"岁月悠深人情暖，余味缭绕是酱香"。以"酱"为题材的对联数量虽不算丰富，但都颇有趣味，不仅反映了汉民族酱文化源远流长，表现了丰富的酱文化传统与民俗，还蕴含着百姓们丰富的生活经验，也是中华对联中别具特色的一部分。涉"酱"对联可以分为酱味酱香联、酱铺酱店联、酱喻酱意联、涉酱谐趣联四类。

（一）酱味酱香联

酱的发明是中国祖先对人类饮食文化的一项伟大贡献，"酱"原指作为食品的肉酱，后发展成以调味为主的各种酱。酱之香味存在于中国人味觉基因里，涉酱对联中有很大一部分是在描写酱味之香。

1. 酱味联

　　管子记为右具；宰夫授之东房。

"右具""东房"皆为酱的代称。"右具"出自《管子》"左酒右酱"。"东房"出自《公食大夫礼》中的"宰夫自东房授酱"。此联作者匠心独具，把"酱"放到两个典故中去形容，不仅极具知识性，而且显得含蓄典雅，韵格幽远，古朴工整。

　　瓮香浮芍药；鼎实配盐梅。

这副对联的上联是写酱香之妙，下联是说食物味道之丰。瓮中之物香气如芍药浮动，是因为里面酿制好了酱品；鼎中之实味道丰厚，是因为经过了盐梅的调配。枚乘在《七发》中写有"芍药之酱"，芍药便成了酱的雅称。"盐梅"指盐和梅子，盐味咸，梅味酸，均为调味所需。

> 芍药酱记美汉宫，辞成枚叔；
>
> 桃花酸见重唐俗，语本晋公。

上联说见到鲜美的芍药酱会让人们记起"汉宫"之美味，芍药酱之称出自"枚叔"，枚叔即枚乘；下联说见到"桃花酸"就好像恢复到唐代的风俗，桃花酸即指桃花醋，这个醋名原本出自晋公。

2. 酱香联

> 黔毓酒冽天赐茅台滴露明透映壶中日月；
>
> 驴勤酱熏人仰琼浆沁脾柔刚转樽里乾坤。

贵州出好酒，好酒数"茅台"。"人仰琼浆"描写人们羡慕、渴望品尝茅台美酒的一种心情，"沁脾柔刚"，是描写闻酒香与品酒味的感受：闻之能沁人心脾，饮之则刚柔相济，是何等美妙的享受！这副对联本是赞誉茅台酒的，但中国第一名酒却因其香型为"酱香"而令人仰望，此酒之幸耶？亦酱之幸耶？可见中国人对酱香味的推崇。

> 玉缸储积香千日；金盏调和甜万家。

这也是赞美酱香型美酒的对联。"玉缸"是酒瓮的美称。美酒在"玉缸"中酿制了很长时间，积香千日。金盏亦作"金琖"，酒杯的美称。酱香浓郁的美酒盛在酒杯中，香味仿佛可以传遍万家。虽然全联没有一个"酱"字，但读完这副对联，我们好像闻到了芬芳的酱香和酒香。

（二）酱铺酱店联

中国历史上不乏经营有方、传统经年、广布声誉、颇具规模的制酱名店，关于酱铺酱店的对联有许多。

1. 六必居酱铺联

> 黍必齐，曲必实，湛必洁，器必良，火必得，泉必香，京华古都传统，必严必信，居家旅行，懿哉君子；

味斯淳，气斯馨，泽斯清，质斯正，形斯雅，品斯精，嘉靖年间风骨，斯承斯盛，佐餐助酌，莞尔佳宾。

已有四百五十多年历史的北京六必居在酱铺酱店中极具典型性。六必居店名的来历有两种说法：一说是晋代赵氏兄弟在京城开一小店铺，柴米油盐酱醋茶七样中独不卖茶，故起名六必居；另一说是他们在生产原料、工艺上的六个方面必须严格把关，故名六必居。清代杨起为六必居所题的楹联即是此意。

上联的"六必"：原料必须齐全，曲料必须如实，用具必须清洁干净，设备器具必须质量优良，火候必须足时适当，必须用纯洁香洌的泉水；下联的"六斯"：口感淳厚，气味馨香，色泽清亮，质地朴正，外观典雅，品质精良，可以称得上是嘉靖年间的风骨，在宴请宾客之时用以佐餐，能够使嘉宾都满意。这副对联对仗工整，道出了六必居酱园的内涵和品质，让人对这个百年老店的品质心生敬叹。

七件事油盐柴米茶醋，何能缺酱；

六必居齐实洁良得香，用以为园。

此联是清代冯逸翁在品尝了六必居的酱品之后心生感慨而作。开门七件事中万万不可缺少了"酱"，六必居酱品因"六必"而醇香，可以称得上是"园"的规模了。

园贮四时，岂憾冬腊无青翠；

艺承六必，及知豆蔬有醇香。

菜园能够贮藏四时植物，就不必遗憾寒冬腊月看不到青翠颜色。传承了六必居的制酱技艺，方可知晓一蔬一豆都能够散发醇香。此副对联赞扬了六必居的制酱技艺，赞扬六必居的美味酱菜能够留得住原料豆蔬的味道，让人垂涎不止。

2.天源酱园联

天高地厚千年业；源远流长万载基。

酱佐盐梅调鼎鼐；园临长安胜蓬莱。

这本是清末翰林王垿为百年老字号天源酱园题写的一首藏头诗，但诗的首尾两联皆自然对仗，单拿出来也可作为两副对联欣赏。前一联说天源酱园志存高远，历史久远，根基深厚，可成千年大业；后一联说天源酱园的酱品辅佐咸酸之味调和食物，味道更加鲜美，且酱园临京城长安大街而居，风景得天独厚，胜过蓬莱仙岛。

3. 王致和酱铺联

致君美味传千里；和我天机养寸心。

酱配龙蟠调芍药；园开鸡跖钟芙蓉。

上面两联是清代一个叫孙家鼐的状元给王致和的酱铺提的一首藏头诗，对王致和的产品予以高度赞美。第一联赞其味道鲜美，声名远播，夸其天然而成，可养身心。第二联称其原料讲究，香气如花。因其前后两联也都对仗工整，王致和便将其作为两副对联悬挂，与王垿为天源酱园题诗有异曲同工之妙。王致和作为地道的中华老字号，以其产品的细、腻、松、软、香五大特点倍受广大华人消费者的钟爱。

4. 赵信隆酱园联

黑酱自黑非墨染；甜油微甜是蜜香。

这是位于江苏徐州市窑湾古镇赵信隆酱园店的一副门联。建于明朝的赵信隆酱园店，其生产的酱油因工艺独特、口感鲜而略甜，被称为甜油。此甜油自清康乾时期一直作为御膳房的上等作料，并因此声名远播。赵信隆酱油店这副门联的意思是这里生产的酱油颜色深黑但非墨染；这种称其为甜油的酱油自带微甜之味，散发着蜜一样的芬芳香气。在我国历史悠久的酱品大观园里，此香油可谓别具特色。

（三）酱喻酱意联

"油盐酱醋"，泛指烹调用的调味品，由于均不属于饭食中的主料，因此常用来指琐碎普通的东西。油盐酱醋有时各具含义，有时也把它们连在一起用，表达不同的喻义。

1. 油盐酱醋联

　　油盐酱醋寻常事；苦辣酸甜世间情。

油盐酱醋就是百姓日常生活中的寻常事，却蕴含着苦辣酸甜的世间情感。"油盐酱醋"与"苦辣酸甜"相对，"寻常事"与"世间情"相对，在琐碎中见世界，对联虽简单，但蕴含的深意值得品味。有人将此联的下联改作"锅碗瓢盆百姓人"。依旧写的是普通人的普通生活，将百姓人的寻常事寄予在油盐酱醋中，朴实平淡。

　　柴米油盐酱醋茶，一间小店；

　　赤橙黄绿青蓝紫，七彩生活。

这副对联将"柴米油盐酱醋茶"七件小事与"赤橙黄绿青蓝紫"七种颜色相对，柴米油盐酱醋茶可以支起一间小店，赤橙黄绿青蓝紫能够体验七彩生活。意象虽小，却别具意味。

2. 晒酱联

　　酱缸边总有日头过；行灶里推出木柴来。

俗话说："生成的相，晒成的酱。"此上联写出了一个生活常识：做酱需要晒，所以在酱缸旁边总是会有太阳光的照晒；下联讲的是行灶里面因为要烧火，所以一定是得堆出木柴来。这副对联用日常生活中的经验与常识，道出了具有普遍意义的哲理。

3. 食酱联

　　尼父为常食品；微生作转乞谋。

"尼父"即孔子，《论语·乡党》中记孔子："不得其酱不食。""微生"即微生高，《论语·公冶长》载他曾乞醯（醯为醋的古称）于其邻。此副对联巧妙地化用《论语》中的典故，也让我们知道远在春秋时期的古代日常生活中，酱、醋一类的调味品已经十分重要了。

4. 覆瓿联

卖豉史迁传货殖；覆瓿扬子著奇文。

这是一副劝勉联。上联说司马迁在《史记》中有一篇记载商业事迹的《货殖列传》，其中有"蘖曲盐豉千合，比千乘之家"的说法，意思是把上千瓶酒曲和豆豉，贩卖到通都大邑中去，获利之丰堪比千乘之家；下联"酱瓿"之典出自《汉书·扬雄传下》，记述扬雄著《太玄》《法言》两文，时人刘歆读后劝扬雄不要自讨苦吃，这种书没有人能看懂，恐怕人们会拿来盖酱缸用了。后人用"酱瓿""覆酱"比喻著作毫无价值，或无人理解，不被重视。全联的意思是说看似记录小事的文章也可成为千古名篇，司马迁的《货殖列传》便是；好东西不怕暂时不被理解和接受，是金子总会发光，扬雄的《太玄》《法言》便是。

（四）涉酱谐趣联

对联中有许多涉酱谐趣联。

1. 涉酱谐趣联一

豆包蘸大酱，笑问人生几何；

煎饼卷大葱，坐看世间万象。

此联说用豆包蘸着大酱吃，笑看人生百态，用煎饼卷着大葱吃，坐看世间万象。在看似打趣又诙谐的字句中其实也蕴含着超脱淡然的心态。

2. 涉酱谐趣联二

辣味相随，帅锅牛气；馨香缭绕，大酱虎威。

这副用于火锅店的对联用了三个谐音：辣味——辣妹，帅锅——帅哥，大酱——大将。除上面谐音意思以外，这三个词还有双关之义："辣味"指辣椒的味道，吃火锅一般是要辣椒的；"帅锅"不需要解释太多，很帅的火锅就是了；"大酱"指通常吃火锅需要加的调味酱料，这些酱料既然馨香缭绕了，可见威力十足。此联既夸奖了客人，同时又自卖自夸。

3. 涉酱谐趣联三

几片闲云水上游；一勺大酱盘中站。

这副对联出自 2007 年几个网站倡导的对联接龙大会。上联出自网友"云出岫"，下联是网友"羽翁"所对。上联文雅，下联通俗，"几片闲云"对"一勺大酱"，大概都是取自眼前之景，身边之物，雅俗共赏，机敏有趣。

4. 涉酱谐趣联四

拉面卤面炸酱面面面俱到俺爱吃面；

泡菜蒸菜炒酸菜菜菜鲜美您请品菜。

这副对联应该是用于饭店，非常有趣。上联用六个"面"字写了三种面，下联用六个"菜"字写出三种菜。诙谐幽默的对联或可引起食客的注意，让客人觉得好笑又开胃。"酱"字隐藏于上联中，写的是被誉为"中国十大面条"之一的炸酱面，流行于京、津、鲁、冀、辽、吉等北方地区。一碗炸酱面，配数碟小菜，怎能不让人垂涎啊！

5. 涉酱谐趣联五

大山、大酱、大火炕、大煎饼、大豆腐；

小溪、小葱、小家鸡、小笨蛋、小河鱼。

上联五"大"对下联五"小"，平铺直叙。从这些内容上推测，此联应是某地一处农家乐所挂，环境无污染："大山里、小溪边、火炕上"；食料皆自产："家鸡闷笨蛋，小鱼炖豆腐，小葱蘸酱裹大饼"，山清水秀，天然绿色，倒也撩人食欲。对联虽无深刻喻义，却也饶有趣味。

五、酱诗撷萃

"咏酱诗"主要指以"酱"为吟咏题材的诗词，也包括提及酱或与酱相关的诗词，是中国酱文化的重要组成部分。

（一）酱史诗

"酱"在最早的时候并非作为调料，而是作为一种重要的食品而诞生的，始于成汤。早期的酱是用肉和酒加工制成，被视为美食。到了周代，人们发现草木之属都可以做酱，于是酱的品类日益增多。先秦时期，中国人日常生活中的酱品已非常丰富了，肉酱尤为突出，称为"醢"，在日常膳食及朝事、馈食、宾客、祭祀等活动中所用醢的种类已较为广泛。

1.《诗经·大雅·行苇》

> 肆筵设席，授几有缉御。或献或酢，洗爵奠斝。
>
> 醓醢以荐，或燔或炙。嘉肴脾臄，或歌或咢。

这是《诗经·大雅·行苇》一诗的节选，描写的是家族宴会。先写摆筵、设席、授几，侍者忙碌，渲染场面的盛大；次写主人献酒，客人回敬，洗杯捧盏，极尽殷勤；再写肉酱、烧肉、烤肉、牛胃舌等轮番上桌，菜肴丰盛，美味无比；最后写唱歌击鼓，气氛热烈。

汉至魏晋南北朝时期，谷物酱逐渐取代肉酱成为中国酱品的主流，已经成为民众日常生活中不可缺少的调味品了。但是，汉至魏晋南北朝时期的咏酱诗非常少见，较有影响的咏酱诗是南朝刘裕的《四时诗》。

2.《四时诗》

> 堇茹供春膳，粟飧充夏飨。鲍酱调秋菜，白醷解冬寒。

这首诗将春夏秋冬的名称嵌入诗歌里，描述了南朝刘宋开国皇帝刘裕的四季饮食，鲍酱拌秋菜是他秋天主要的菜肴。

唐宋时期，酱的制作工艺更加完善，同时咏酱诗也进入了成熟与发展期。诗歌的兴盛与唐代酱文化的蓬勃发展直接促使酱文化的诗歌在唐代兴起，王维、杜甫、白居易等大诗人都曾引酱入诗。

3.《孟仓曹步趾领新酒酱二物满器见遗老夫》

> 楚岸通秋屐，胡床面夕畦。藉糟分汁滓，瓮酱落提携。

饭粝添香味，朋来有醉泥。理生那免俗，方法报山妻。

孟仓曹兄弟居住在夔州东屯，分别曾做仓曹、主簿。杜甫到夔州时与他们毗邻而居，互有往来，结下了深厚的友情，称赞他们是"孟氏好兄弟"。这首诗是杜甫于大历二年（767）寒露节后所作。孟仓曹提着美酒和美酱赠送杜甫尝新，意诚情厚。孟仓曹提着两瓮满满的酒浆一路走来，由于摇动而使美酒和美酱都溢出瓮外。有了酱，糙米饭便会增添香气和味道；有了酒，朋友来了就可以喝个烂醉如泥。诗人欣喜之余，还想要老伴学这酿酒制酱，意趣横生。

4.《邵考功遗鲎鱼及鲎酱》

已见杨花扑扑飞，鲎鱼江上正鲜肥。

早知甘美胜羊酪，错把莼羹定是非。

杨花飞舞时正是鲎鱼鲜活肥美的时节，用这个时候的鲎鱼制作的鲎酱甘甜味美。梅尧臣收到邵考功送给他的这种鲎鱼和鲎酱，诗兴大发，写下这首诗，抒发了自己内心的喜悦和感激之情。

元代以后，全料制曲法又有了新的改进，中国酱文化得到进一步的拓展，酱不再仅仅是王侯贵族筵席上的食物，而是进入了平常百姓的饮食生活，成了"开门七件事"之一。

5.《除夕口占》

柴米油盐酱醋茶，般般都在别人家。

岁暮清闲无一事，竹堂寺里看梅花。

这是明代才子唐寅的诗。虽已是除夕，但因为家境贫寒，无力购买柴米油盐酱醋茶这些日常生活的必需品，诗人只好躲到寺院里欣赏梅花。这首诗"诉说了大年之夜清贫凄楚的状况，但诗人的洒脱性格同时也跃然纸上。"① 这里的"酱"已是指生活必备的调味品。

---

① 李栋编著，《语词缘起大观》，黄山书社，2007 年，第 235 页。

（二）酱味诗

"酱"是人们日常饮食中必不可少的调味品，不论是肉酱、谷物酱还是其他酱料，都能为食物增添别样的风味。咏酱诗中描写"酱味"的作品数量较多。

1.《诗经·小雅·信南山》

中田有庐，疆埸有瓜。是剥是菹，献之皇祖。

在前文所引《诗经》中提到的是肉酱，这首诗也出自《诗经》，为《诗经·小雅·信南山》的节选。这里提到了酱腌菜。耕种土地的农民将田埂边长着的瓜果菜蔬削皮切块，制成酱腌菜，祭祖求福，希望得到上天的佑护。

2.《送张寺丞觐知富顺监》

汉家五尺道，置吏抚南夷。欲使文翁教，兼令孟获知。

盘馐蒟酱实，歌杂竹枝辞。取酒须勤醉，乡关不可思。

这是北宋司马光的诗作。诗中所说的蒟酱是蜀中的名产，"古西南夷多视为蛮荒之地，其实此处民风淳朴，物产丰富，蜀锦、桐华布、筇竹杖在西汉就销向国外。'蒟酱'向来被视为'山珍'，汉代就销往邻近地区。"[1]汉代蒟酱主要见于宫廷，魏晋后逐渐普及，并频繁地出现在诗歌中。司马光送好友到知富顺（四川南部接近云南）赠此诗，第五、六句选取蒟酱、竹枝词这两个有代表性的事物，说明了蜀中风物之美。

3.《喻世明言》

白玉盘中箸绛茵，光明金鼎露丰神。

椹精八月枝头熟，酿就人间琥珀新。

这是《喻世明言》中一首吟咏蒟酱的诗歌，在众多描写蒟酱的诗里应属上乘。此诗所咏蒟酱产于南越国，它的原料是一种如桑葚的树叶，秋天

---

[1] 傅德岷、李元强、卢晋等编著，《宋诗三百首鉴赏辞典》，长江出版社，2008年，第94页。

打霜时才成熟，其时当地人把叶子采摘下来酿成蒟酱，颜色如琥珀一般晶莹剔透，只要揭开罐子，它的香气就喷出来了，味道十分甜美，是当地官员进贡朝廷的珍品。

4.《鲎酱》

> 忽有瓶罂至，卷将江海来。玄霜冻龟壳，红雾染珠胎。
>
> 鱼鲊兼虾鲊，奴才更婢才。平章堪一饭，断送更三杯。

鲎酱也是酱味中重要的一种。鲎为节肢动物，甲壳类，生活在海中，肉可食。鲎酱则是鲎肉、卵制成的酱。唐代即有人将鲎这种海洋节肢动物制成酱品食用。到了宋代以后，鲎酱已经广为流传了，风雅的诗人也以鲎酱入诗。杨万里的这首诗是对后世影响较大的题鲎酱诗：前两联写鲎酱来自海上，以及它的形态和色泽；后两联写鲎酱鲜美，有了鲎酱，吃饭也吃得香，酒也喝得更多了。

5.《卧病杂题》

> 人间跛男子，物外病维摩。但可妨趋拜，何因废啸歌？
>
> 菜羹醯酱薄，村巷棘茨多。举手谢邻父，非君谁肯过？

这是陆游的诗作。诗人卧病在床，周围的光景也分外惨淡，寡淡的菜羹中酱醋都很少，荒凉的村巷中棘茨却很多，只有身旁的邻居愿意来看望他。"酱"所代表的不足为道的日常调味品与整首诗歌的氛围相融合，更表现出诗人的悲凉心境。

6.《咏酱》

> 日晒缸蒙过暑期，甜咸浓淡各相宜。
>
> 佐餐粝米添香意，蘸食青瓜下醉泥。

当代诗人贾寅珍的这首诗，首句描述酱的生产工序、式法以及节令；第二句点出酱的不同形态和口味之多样性；第三句笔意一转，道出酱的佐餐功用：使粝米添香，可知"无酱不食"是信言了；最后"蘸食青瓜下醉泥"——至此，你是否也想来盘黄瓜蘸酱且自问"能饮一杯无"？

（三）酱趣诗

随着时代的演进与制酱技术的成熟，出于对酱的喜爱，许多诗人都把"酱"融入自己的日常生活，还亲手制作酱品，别有一番趣味。曾巩的《合酱作》便是这方面的代表作。

1.《合酱作》

孺人舍我亡，稚子未堪役。家居拙经营，生理见侵迫。

海盐从私求，厨面自官得。拣豆连数晨，汲泉候将夕。

调挠遵古书，煎熬需日力。庶以具藜羹，故将供胏食。

岂有寄径忧，提瓶无所适。但惭著书非，覆瓿固其职。

写这首诗时曾巩生活清贫，决定亲手制作豆酱。他买来了私盐，经过几个早晨的挑拣选好豆子，又挑来上好的泉水，按照古书上记载的制酱法，煎熬许久完成了制酱工艺。但是做好之后，提着酱瓶又无所适从，自嘲自己写的书可能要被后人拿来盖酱坛了。但有趣的是，曾巩作为"唐宋八大家"之一，文学成就其实十分突出，为后人所敬仰，大家尚且自谦"覆瓿"，我们更该反观自己了！

2.《村舍杂书》

折莲酿作醯，采豆治作酱。闲历拣日时，汲井涤瓷盎。

上奉时祭须，下给春耕饷。咨尔后之人，岁事不可旷。

陆游也亲手做过豆酱：以莲为醯，以豆做酱，亲手做出美味酱品以供祭祀和食用，在村舍生活中为自己找到乐事。

这首诗有趣的地方在于最后两句"咨尔后之人，岁事不可旷"。陆游不但自己做了酱，还建议后来人"每年做酱这件事不可耽搁，你也快做些酱尝尝吧"，着实很有趣啊！

3.《小饮俎豆颇备江西淮浙之品戏题》

满盘山海眩芳珍，未借前筹已咽津。

鲞酱子鱼总佳客，玉狸黄雀是乡人。

杨万里认为，品酱是一种雅事美举，能够深得酱之真味的诗人都是佳客。这首诗歌记述的品鲞酱不仅可以满足自己的口腹之欲，更重要的是与客人一起享受审美愉悦。

"酱"在普通人的日常饮食中扮演了重要的角色，更深得一些僧人的喜爱，他们的诗作中也有一些借助"酱"来抒写雅趣、寄予哲思的。

4.《偈颂一百零二首之一》

梅阳老嘱付此衣，遮护得山僧一半。

借问搭来何所宜，恰似当年卖柴汉。

酱裹堕，雪中炭，留与丛林斫额看。

东晋名僧释慧远在这首诗中，提到了以前有一个梅阳老留下了自己的一件僧衣，一半山僧都曾用这件衣服遮挡过风雨，而今这件衣服穿到自己身上，就好似当年那个卖柴汉。虽然这件衣服好像裹过酱缸那般不堪，但对山僧们来说仍是雪中炭一般的存在。"酱"在这里作为将衣服沾染的意象，值得细细品味。

5.《记事》

平生乐篇翰，至老安敢忘。骏骨正牵盐，玄文终覆酱。

唐代陆龟蒙一生致力于诗文创作，从未懈怠，虽然创作了许多优秀的诗作，却无人赏识。这首《记事》（节选）以骏骨牵盐、玄文覆酱的典故自嘲，并批评当时不正确的文学风气，慨叹知音难觅，怀才不遇。

6.《和陆务观惠五言》

官缚春无分，髯疏雪更欺。云间随词客，事外得心期。

我老诗全退，君才句总宜。一生非浪苦，酱瓿会相知。

这首诗为杨万里所作。在与陆游的应和诗中，杨万里写出自己在官场被束缚，双鬓已稀却又添白发的心境。他自谦年老诗才已退，赞颂陆游"才句总宜"，最后又借助"酱瓿"的隐喻互相勉励，一生不会总是颠沛浪苦，虽然怀才不遇，但一定有人能相知。

（四）酱礼诗

酱与文化的结合，就具有了社会交际功能，在士人的交往中，互相赠送酱品作为一种礼俗早已有之。北宋时赠送酱品的风俗在诗人之间十分盛行，诗人不仅自己做酱，而且经常把酱赠送给友人，以表达其深情厚谊。他们以酱为题彼此唱和，怡情悦性，酱与诗成为他们交往的桥梁，成为联结他们真挚友谊的纽带。

1.《病痈在告韩仲文赠乌贼骨生酯酱蛤蜊酱因笔戏答》

> 我尝为吴客，家亦有吴婢。忽惊韩夫子，来遗越乡味。
>
> 与官官不识，问侬侬不记。虽然苦病痈，馋吻未能忌。

梅尧臣就曾以此诗记录了好友韩仲文赠酱给他的事。收到送来的酱品，梅尧臣领会到了朋友的真挚情谊，以戏答为娱乐，在诙谐调侃中表达自己的内心情感，凸现与对方的深厚友谊。当然，他也品尝过好友亲手制作的酱品，如下一首诗。

2.《学遗苔酱脯云是自采为之》

> 溪流寒且急，岸草已雕摧。石发尚堪把，江人曾不来。
>
> 谁将乌榜去，留采碧潭隈。持作吴乡味，能令案渌杯。

李密学亲自到碧潭边采摘苔，将它与肉干放在一起制成酱，然后送给梅尧臣，梅尧臣深受感动。这首诗歌描写了李密学造酱的辛苦，赞扬了酱品的美味，称它是饮酒的上佳佐品。

第 六 章

醋

醋是我国传统的液状调味佳品，在中国人的生活中扮演着十分重要的角色，是居家过日子必不可少的，"开门七件事"中自然也少不了它。

中国是醋的故乡，醋作为一种佐餐调味品，很早就已经出现了。《礼记》有："凡进食之礼，左殽右胾，食居人之左，羹居人之右。脍炙处外，醯酱处内，葱渫处末，酒浆处右。以脯修置者，左朐右末。"[1] 这里的"醯"即醋。《说文解字》："醋，客酌主人也。从酉昔声。"[2] 清代段玉裁《说文解字注》："诸经多以酢为醋；唯礼经尚仍其旧，后人醋酢互易。"[3]

在醋没诞生之前，古人先用梅作为调味之酸。南北朝时，醋被视为一种十分贵重的奢侈品，官僚、名士之间宴请，甚至把有无醋来调味视为档次高低的一个标准。直至唐宋时期，制醋业才有了较大的发展，醋开始进入寻常百姓家。《梦粱录》记载："盖人家每日不可阙者，柴米油盐酱醋茶。"[4]《清异录》誉之曰："醋，食之总管也。"这些都说明醋在古人的日常生活中占有相当重要的地位。

纵观三千多年来醋的起源与演变，从春秋战国时期的醯、汉代的酢到两晋南北朝的苦酒、唐代的醋再到明朝《养馀月令》中记载的陈酿老米醋、

① 胡平生、陈美兰译注，《礼记·孝经》，中华书局，2007年，第27页。
② ［汉］许慎撰，［宋］徐铉校定，《说文解字》，中华书局，1985年，第495页。
③ ［汉］许慎撰，［清］段玉裁注，《说文解字注》，上海古籍出版社，1981年，第749页。
④ ［宋］吴自牧，《梦粱录》，浙江人民出版社，1980年，第150页。

莲花醋和小麦醋以及清朝有名的山西老陈醋、镇江香醋、天津浙醋，一直到现代的各种食用醋、保健醋，每一步都折射着中国酿醋文化的智慧光芒。驴拉磨、人推碾、火坑熏、瓷盆盖、木锹翻醅等古法酿醋场景虽然已经成为历史，制曲、发酵、蒸熏、淋醋、酿晒等酿醋工艺也在不断改进，但穿行在时光隧道中，我们依然可以品味到一缕绵长依旧的醋香。

一、醋的味道

"五杂组，甘咸醋。往复还，乌与兔。不得已，韶光度。"[①] 醋究竟是谁发明的，有哪些制作方法，有哪些种类，醋的口味如何，醋坊与醋园是个什么样子，醋的功效与作用是什么等，让我们一起品尝中国醋文化的味道，共同探究源远流长的中国醋文化。

（一）醋的发明

醋至迟在春秋时期就开始酿造了，但究竟是谁先酿造出来的，则有不同说法。

1. 杜康造醋

一般认为，醋的创造与酒的创造是同一人，都是杜康。

据说杜康起初将酿酒后的酒糟都作废料扔掉，久而久之，越扔越多，便觉可惜，想要利用起来，再酿出一些有用的东西。于是，他就把酒糟攒在一只缸里，试探着掺上水。过了二十一天，缸内开始出现香味，开缸后尝了尝缸中的糟汁，顿觉味道又甜又酸，便将其中的汁滗出来，另放在一个缸里，杜康称其为"调味浆"。他试探着把这种"调味浆"卖出，结果大受欢迎。后来生意越做越大，杜康就认为应给这种"调味浆"起个名字。

---

① 王全等点校，《全唐诗》卷一五二《颜真卿·三言拟五杂组二首》，中华书局，1960年，第1584页。

因自己是在第二十一天的酉时发现这种"调味浆"的，于是决定把"酉"和"二十一日"合起来，便成了"醋"字。

还有一种说法，认为醋是杜康父子一起创造的。张弛、张兵主编的《醋也酷》一书中对此说法有较详细的介绍：杜康有子名黑塔，承父业，酿酒卖酒。在梦中受一老翁提点，醒来后去尝自己在大缸中装的喂马用的酒糟和水，喝后只觉满嘴香气，又酸又甜，顿觉神清气爽。于是马上告诉父亲，杜康听后在地上用手指写了起来："二十一日酉时，这加起来就是个'醋'字，那就管这琼浆叫'醋'吧！"从此，杜康父子将这种叫"醋"的调味琼浆在镇江城内卖开了，成为镇江名特产。因醋放久了也不会变质，反而越放味道越醇香，于是"香醋摆不坏"，也便成了镇江第一怪了。

2. 刘伶之妻造醋

有一种说法认为醋始于晋刘伶之妻吴氏。刘伶是竹林七贤之一，酷嗜酒，据说"其妻吴氏因夫嗜酒败事，欲其节饮，每酿酒则以盐梅辛辣之物投之酒内，致其酸盖不欲其饮，后人效其所为，因以作醋"[1]。当时醋亦被称为苦酒。

3. "醯""酢"变醋

《周礼·天官》载有"醯人作醯"。《晏子春秋·外篇》："和如羹焉，水火醯醢盐梅，以烹鱼肉。"[2]说明春秋时代的人烹调做菜就懂得用醋酱盐调和味道。庄颁著《物原类考》考证，认为"酱成于盐，周时已有醋，一名苦酒，周时称醯，汉始称醋"。《说文解字》已有"醋"字："醋，客酌主人也。"即客人以酒回敬主人，并不是现在的"醋"意。查史书，至隋，醋乃用"酢"字。《广韵》："酢，浆也，醋也。"《齐民要术》有"作酢法"，自注："酢，今醋也。"又称"醯"。《说文解字》："醯，酸也。"宋代史绳祖《学斋占毕》："《九经》中无'醋'字，止有醯及和用酸而已，至汉方有此

---

[1] 朱伟编，《考吃》，中国书店，1997年，第37页。
[2] [春秋] 晏婴著，杨有庆编译，《晏子春秋：白话版》，敦煌文艺出版社，2014年，第128页。

字。"《论语·公冶长》："子曰：'孰谓微生高直，或乞醯焉，乞诸其邻而与之。'"这个"醯"字就是"醋"字，《论语》的所有版本和历代学者的注释都是一致的，可以说这是"醋"的最早记载。王学泰先生也曾说："醯即醋，是醷的代用品。梅子和醷受到季节的限制，不耐储存。醯在周代已见于记载，可能是在酿酒过程中，有的酒受到醋酸菌的侵入，变成了醋。醋不仅耐储存，而且储之越久越浓香，口感越好，不像梅子、梅浆那样酸极而刺舌，因此醯很快取代了梅和醷。贵族整天吃大鱼大肉，很需要醯。周王有专门掌醯之官名'醯人'。那时醯味可能很淡，所以食醯量很大。《周礼》记醯人供宾客用醯五十瓮，《左传》言宋襄公葬其夫人陪葬醯一百瓮，简直把这位夫人泡在醋海里了。"[1]

（二）醋的酿造

食醋的酿造在我国有着悠久的历史。我国有关酿醋的古籍有鲁明善的《农桑衣食撮要》、徐光启的《农政全书》、贾思勰的《齐民要术》以及元代无名氏编撰的《居家必用事类全集》。从这些著作所述的酿醋技术来看，主要有熏制、发酵两种。《齐民要术》记载了 23 种食醋酿造法，元代《居家必用事类全集》中列举了 10 条制醋法。下面具体介绍几种酿醋法。

1. 动酒醋法

《齐民要术》记载，古代酒酸败，不中饮者，皆可作醋。具体做法是："酒一斗，用水三斗，合瓮盛，置日中曝之。雨则盆盖之，勿令水入；晴还去盆。七日后当臭，衣生，勿得怪也，但停置，勿移动、挠搅之。数十日，醋成衣沉，反更香美。日久弥佳。"[2]

---

① 王学泰，《华夏饮食文化》，商务印书馆，2013 年，第 51 页。

② ［北魏］贾思勰著，缪启愉、缪桂龙译注，《齐民要术译注》，上海古籍出版社，2006 年，第 553 页。

2. 秫米神醋法

"七月七日作。置瓮于屋下。大率麦䴷一斗，水一石，秫米三斗——无秫者，粘黍米亦中用。随瓮大小，以向满为限。先量水，浸麦䴷讫；然后净淘米，炊为再馏，摊令冷，细擘饭破，勿令有块子，一顿下酿，更不再投。又以手就瓮里搦破小块，痛搅令和，如粥乃止，以绵幕口。一七日，一搅；二七日，一搅；三七日，亦一搅。一月日，极熟。"①

3. 大麦醋法

大麦米二斗，内将一斗炒令黄色，水浸一日夜炊饭。以白面六斤拌和，于净室中铺席摊匀，楮叶盖七日，黄衣上，晒干。将余麦一斗炒黄，浸一宿炊饭，摊温，同麦黄拌匀，捺入缸内，以水六斗搅，密盖二十一日可熟。

4. 麦黄醋法

小麦不拘多少，淘净。以清水浸三日，漉出，干蒸熟，于暖处摊开，放芦席上，楮叶盖三五日，黄衣上去叶。晒干凝净，入缸，用水拌匀平之，面可一拳高，水闭七七日则熟。

5. 糟醋法

腊糟一石，用水泡。粗糠三斗，麦二斗，和匀，温暖处放，罨盖，勤拌捺，待其气香，尝有醋味，根据常法淋之。按四时添减，春秋糠四斗半，二斗半，夏以本数。冬用糠五斗，三斗，看天气冷暖，加减用之。

6. 枣醋法

红枣煮烂，连汤放冷。入造酒曲酵少许，或用陈红米炊煮菜投之。拌匀入瓮，瓮面留一小窍，晒日中，候香熟用之。

7. 干醋法

用乌梅肉一升，以酽醋五升浸，晒干，食醋尽为度，研末收贮。欲用醋时，取少许投水中，即如醋。

---

① [北魏] 贾思勰著，缪启愉、缪桂龙译注，《齐民要术译注》，上海古籍出版社，2006 年，第 548 页。

（三）醋的种类

醋按制醋原料区分有米醋、麦醋、糖醋、果醋。按生产工艺区分，醋有蒸醋、黄醋、淋醋、回流醋、封缸醋。按用曲类别区分，醋有大曲醋、快曲醋、自然发酵醋。按时代区分，唐有"桃花醋"，元有"杏花酸"，明有"正阳伏陈醋"，清有"泉州永春老醋"。

按产地和品牌区分，我国有四大名醋。

1. 山西老陈醋

山西老陈醋是中国四大名醋之一，生产历史至今已有三千余年，素有"天下第一醋"的盛誉，以色、香、醇、浓、酸五大特征著称于世。山西老陈醋用料讲究，选用优质高粱、大麦、豌豆等五谷，经蒸、酵、熏、淋、晒的过程酿就而成，含有丰富的氨基酸、有机酸、糖类、维生素和盐等。老陈醋醋液呈黑褐色，液态清亮，具有"酸香浓郁、食之绵柔、醇厚不涩、久放不腐、越放越香"的特点。

2. 镇江香醋

镇江香醋创于 1840 年，是驰名中外的名醋。镇江香醋的传统制法以黄酒糟和优质糯米为主要原料，其酿醋工艺实行固态分层发酵法。与一般食醋相比，镇江香醋别具风格，具有"香气芬芳，酸而不涩，口感微甜，色浓味鲜，愈存愈醇"的特点。

3. 福建红醋

福建红醋产于福建永春县，也叫福建永春红曲老醋，据说有两百多年的历史。其特点在于使用糯米、晚稻、红曲、白糖、芝麻为原料。采用红曲进行液态的糖化、酒精发酵及醋酸发酵。永春红醋酸度高达 7%，具有不涩而甜美、芳香醇厚的独特风味。

4. 保宁醋

保宁醋是因产自四川阆中市保宁镇而得名的四大名醋之一。保宁醋以麸皮、小麦、大米、糯米为原料，用砂仁、麦芽、元楂、独活、肉桂、当归、乌梅、杏仁等中药材制曲，取观音寺莹洁甘冽、沸而无沉之唐代古"松华井"之优质泉水精酿而成，近百年来被人们誉为川菜精灵，有"东方魔醋"之称。民间有"吃好醋，保宁醋""离开保宁醋，川菜无客顾""来到阆中不买醋，等于跑趟冤枉路"的说法，可见保宁醋品质之好，声誉之高。

除四大名醋，据不完全统计，我国还有许多地方名醋。如连云港市板浦有汪恕有滴醋，河南正阳有伏陈醋，天津市静海县独流镇有独流老醋，辽宁西部的喀左县有塔城精制陈醋，台湾有凤梨醋即菠萝醋等。

（四）醋的功效

醋的主要用途是调味。但醋除了具有调节五味、开胃、增加食欲之功效外，还有许多其他功效。

1. 药用价值

醋从古代开始就具有很高的药用价值。我国传统医学认为食醋性温、味酸苦，具有养肝、止血、止痛、解毒、散痕、杀菌等功效。《医林纂要》中记载了醋的神奇解毒功效，认为醋"泻肝、收心。治卒昏，醒睡梦，补肺，发音声，杀鱼虫诸毒"。酿造醋中大量有机酸的存在，不仅使食醋酸味醇厚、绵长、柔和、鲜美，且是各种细菌的天然杀手，因而日常生活中醋也被用来消毒除菌。现代医学认为，经常食醋可以起到软化血管、降低血压、预防动脉硬化的功效。民间广泛流传着"家有二两醋，不用请大夫"的说法，说的就是醋有保健作用，多食醋对健康有利。

2. 软化作用

醋之发生，本用以食用，但商代先民似乎就已将醋用作软化剂。郭沫若先生曾说，甲骨是很坚硬的东西，铜刀或石刀也并不是十分犀利的工具，为什么能刻出那样精巧的文字，大概先民是"悟到甲骨在契刻文字或其他削治手续之前，必然是经过酸性溶液的炮制，使之软化的"。这种炮制甲骨使之软化的酸性溶液，很大可能就是醋液。[①]日常生活中用醋洗衣还有去污的妙用。

3. 美容护肤

醋中的醋酸、乳酸、氨基酸、甘油和苯类化合物对人体皮肤有柔和的刺激作用，能软化肌肤的角质，去除死皮，促进血液循环，帮助肌肤杀菌，使皮肤光滑滋润，因此醋也具有美容养颜的功效。

二、醋俗解码

宋代李之仪《姑溪居士文集》记载，杭州人"食醋多于饮酒"，彼时有谚曰："欲得官，杀人放火受招安；欲得富，赶着行在卖酒醋。"临安城还有官设之"御醋库""公使醋库"。炭醋有时还被作为赠送初生产妇的礼物，如《东京梦华录》卷五《育子》记载："就薄分娩讫，人争送粟米炭醋之类。"此外，古人还有用醋泼洒热炭的习俗，认为可以驱邪避凶。可见，食醋用醋很早就是一种社会习俗。

汉民族文化圈里，味觉在生活和文化方面占有很大的比重。醋是中国人饮食倚重和好尚的味道之一，醋除了具有食用价值外，还具有特殊的民俗文化意义。以"醋"为题，汉语形成了一系列醋俗历史典故、民间故事、笑话和反映日常习俗的俗语，细细品来，饶有滋味。

（一）历史典故

汉语的"吃醋""河东狮子吼""呷醋节帅""宁饮三升酢，不见崔弘度""赶着行在卖酒醋"等典故词语，记载反映了汉民族特有的醋俗文化状况和醋俗风情。

---

① 郭沫若，《古代文字之辩证的发展》，《考古学报》，1972 年第 1 期。

1. 吃醋

醋是一种酸味调味品，"吃醋"的字面本义就是吃这种酸味调料。历史上有记载，有的人特别能吃醋，如唐代名臣魏征犯颜直谏，政治上以严正著称，生活上却嗜醋。《龙城录》中讲述："有日退朝，太宗笑谓侍臣曰：'此羊鼻公不知遗何好而能动其情？'侍臣曰：'魏征好嗜醋芹，每食之欣然称快，此见其真态也。'明旦，召赐食，有醋芹三杯。公见之欣喜，食未竟而醋芹三尽。太宗笑曰：'卿谓无所好，令朕见之矣。'公拜谢曰：'君无为故无所好，臣执作从事，独癖此收敛物。'"[①]"羊鼻公"是唐太宗对魏征的戏称，唐太宗从侍臣中得知魏征喜欢醋芹后，就赐醋芹三杯，结果魏征没吃饭就把醋芹全饮了。

当然，这里说的是吃醋的本义。其实在汉语中通常把男女之间的嫉妒比作"吃醋"。"吃醋"的典故出自何方呢？古代流传下来的有许多不同的说法。

一种说法出自《国史异纂》，唐朝宰相房玄龄的夫人生性好妒，唐太宗有意赐房玄龄几名美女做妾，玄龄坚辞不肯接受。太宗知是房夫人执意不允，便召玄龄夫人下令说："不妒就让你活，妒就要你死！这里有一杯毒酒，你不想活就喝下去。"房夫人毫不迟疑地说："贱妾愿意死，不妒不行。"说完就把那杯毒酒喝下去。太宗大吃一惊，打消了替房玄龄纳妾的主意。房夫人并没有死，因为她喝的不是毒酒，而是"苦酒"，也就是醋，所以后人把善妒的妇人，叫作"吃醋"。

另一种说法出自《朝野佥载》，也是唐初的故事，男主角是兵部尚书任环，女主角是任妻柳氏。唐太宗将两个绝色的宫女赐给任环，任夫人柳氏醋心大发，就把两个宫女的头发用开水烫掉，变成秃头。太宗知道了这件事，立刻命太监送去一瓶毒酒，并且告诉她，以后不妒就不必饮，若是继

___
① 古今图书局编，《古今笔记精华录》(下)，岳麓书社，1997年，第1422页。

图 6-1　妇人奇妒（来源：《点石斋画报》）

续娶，就要赐死。柳氏拜过圣旨说："妾与任环是结发夫妻，出身微贱，相互勉励，才有今天富贵，如让他娶许多妾侍，不如早死！"说罢就喝下那瓶毒酒。太宗听了对任环说："她的性情如此，朕也害怕，算了吧。"柳氏喝的其实也是醋。

还有一种说法，是出自宋朝名将狄青的身上，故事和上述情节大同小异。

由于以上典故和传说的影响，"吃醋"一词在汉语中已变成了嫉妒的代名词。而嫉妒的概念与源域"醋"的概念挂上钩后，一发不可收拾，汉语中衍生了数量可观的用醋喻指嫉妒心理的文化符号，如"醋意""醋性""醋劲儿""吃干醋""喝白醋""吃酸醋""吃飞醋""吃寡醋""无名醋""喝陈年旧醋"等，不一而足。

2. 河东狮子吼

宋时，苏东坡好友陈季常的妻子柳氏善妒。每当宴客，若有歌女陪酒，柳氏就敲打墙壁，把客人骂走，并在陈季常归家后对其施以严厉惩罚。苏

图 6-2　醋海风波（来源:《点石斋画报》)

轼于宋神宗元丰八年（1085）戏作诗《寄吴德仁兼简陈季常》:

> 龙丘居士亦可怜，谈空说有夜不眠。
>
> 忽闻河东狮子吼，拄杖落手心茫然。 ①

"河东"是柳姓的郡望，陈季常妻姓柳，故以"河东"指代。陈季常
好佛，而佛家以"狮子吼则百兽惊"比喻佛教神威，故苏轼在诗中借用
佛教用语道出柳氏之悍与陈季常之惧。从此"河东狮吼"成了妒妻悍妇
的代称。

按说"狮吼说"与"吃醋"应该没有必然联系，但明成化六年
（1470），兵部职方郎中陆容在《菽园杂记》中说自己从西域进二狮子，养
狮糜费甚多:"每一狮日食活羊一羫，醋蜜酪各一瓶。" ②《真珠船》也称:
"狮子房狮子二号，日食活羊一只半、白糖四两、羊乳二瓶、醋二瓶、花

---

① 邓立勋编校，《苏东坡全集》（上），黄山书社，1997 年，第 283 页。
② [明] 陆容，《菽园杂记》，中华书局，1997 年，第 70 页。

椒一两二钱。"① 于是，清代王棠《燕在阁知新录》载："世以妒妇比狮子。"②《续文献通考》又载："狮子日食醋、酪各一瓶，吃醋之说本此。"据此，形容女人大发雌威的"狮吼说"便成了"吃醋""嫉妒""醋意"的另一个源头。

3. 呷醋节帅

另一个因喝醋而留名的人物是唐代判官任迪简。《旧唐书·良吏》："任迪简，京兆万年人。举进士。初为天德军使李景略判官。性重厚，尝有军宴，行酒者误以醯进，迪简知误，以景略性严，虑坐主酒者，乃勉饮尽之，而伪容其过，以酒薄白景略，请换之，于是军中皆感悦。

图 6-3 狮吼可怖
（来源：《点石斋画报》）

及景略卒，众以迪简长者，议请为帅。"③任迪简生性温厚，在一次参加军使李景略的宴会中，倒酒的军吏误将醋当作酒倒给了任迪简，任迪简深知李军使治军严苛，于是将醋一饮而尽。此后军中壮士闻听此事，都很感激他。李景略死后，军中便报请朝廷让任迪简为主帅。任迪简从此平步青云，

① ［明］胡侍，《真珠船》，中华书局，1985 年，第 85 页。
② 江苏广陵古籍刻印社编辑，《笔记小说大观》（第 32、33 册），江苏广陵古籍刻印社，1984 年，第 528 页。
③ ［后晋］刘昫等，《旧唐书》卷一百五十五《良吏下·任迪简》，中华书局，1975 年，第 1258 页。

一直官至节度使。他的升官起因于喝醋，于是就有了"呷醋节帅"的雅号。

4. 宁饮三升酢，不见崔弘度

据《隋书·酷吏》记载，崔弘度为隋文帝时一太卿，字摩诃衍，博陵安平人也。他生性严酷，膂力绝人，仪貌魁岸，脸上长满胡须。每次训诫僚吏都强调"人当诚恕，无得欺诳"。有一次吃鳖，服侍的人有八九个，崔弘度一一问他们："鳖美乎？"这些人都怕他，都说鳖美。弘度大骂曰："佣奴何敢诳我？汝初未食鳖，安知其美？"每人都杖责八十，其他官属百工没有不流汗的，没有再敢欺瞒隐匿的，所以当时就流行这样一句民谣："宁饮三升酢，不见崔弘度。"民间也有一种说法是崔弘度在担任幽州总管时，为政甚为严酷，在审问囚徒时，多以酢灌鼻。"宁饮三升酢，不见崔弘度"就此流行开来了。①

5. 赶着行在卖酒醋

行在，就是皇帝所在地，专指天子巡行所到之地。"赶着行在卖酒醋"为宋代的一条谚语，意思是天子脚下好卖酒醋。

宋朝对行在最通行的指称地是临安，即杭州。马可·波罗说的行在（Quinsay）即是杭州。宋高宗赵构于建炎三年（1129）驻跸行在越州（今绍兴）。宋绍兴元年（1131），赵构升行在越州为都城绍兴，南宋皇帝称"绍兴天子"，意图中兴。绍兴八年（1138），赵构以临安为行在，绍兴仍为都城。

宋朝对醋实行征税，酒和醋之类都是官府专卖，就和盐一般。宋朝醋的生产有两个系统，一是民间酿造，一是官府酿造，民间醋的私酿私卖在北宋没有"禁文""约束"，南宋禁醋则有了明文规定，不能私自酿造买卖，酿造买卖要交醋息钱。醋息成了一种苛捐杂税，加重了百姓的负担。南宋各州普遍设有醋库、醋坊酿醋买卖食醋，官营醋坊占据了统治地位。不过

---

① [唐]魏征、令狐德棻，《隋书》卷七四《酷吏》，中华书局，1973年，第1698—1699页。

因为私酿私卖有大利，所以民间不少人还是像贩私盐一样冒着风险去贩醋，所以有了这样的谚语。宋代庄绰《鸡肋编》记载："有见当时之事者。……又云'欲得官，杀人放火受招安；欲得富，赶着行在卖酒醋。'"

"欲得官，杀人放火受招安；欲得富，赶着行在卖酒醋"也说成"若要富，守定行在卖酒醋；若要官，杀人放火受招安"或"若要官，杀人放火受招安；若要富，跟着行在卖酒醋"。鲁迅《且介亭杂文二集·萧军作〈八月的乡村〉序》："'若要官，杀人放火受招安；若要富，跟着行在卖酒醋。'这是当时的百姓提取了朝政的精华的结语。"

（二）民间传说与笑话

"束手无措""重庆寺，捞醋矸""醋招牌""酸酒""王婆醋钵""卖盐官""买酱醋""缴枪不缴醋葫芦"等饶有趣味的涉醋传说与笑话，反映了汉民族的醋文化风俗风情。

1. 束手无措

> 束元嘉知海陵（今泰州）。禁醋甚严，有大书于郡门曰："束手无措。"[1]

周密的《癸辛杂识》记载一故事，说束元嘉知嘉陵（即今泰州），在岁饥时赈济有法，全活甚众。但束元嘉禁醋甚严，百姓无醋可食，故有人在州衙大门写"束手无措"。"醋""措"，一音之转，用同音设歧，借音换形制造出了误会，产生了谐趣的效果，从而达到讽刺知州的目的。当然，这一典故也反映了南宋榷醋的实情。

2. 重庆寺，捞醋矸

《中华谚语志》收录有"重庆寺，捞醋矸"的谚语，说的是重庆寺是台南历史最久的寺院之一，原建于南市中区中正路路中，寺中有一个特别

---

[1] ［宋］周密，《癸辛杂识》，上海古籍出版社，2012年，第108页。

图 6-4　余桃泼醋（来源：《点石斋画报》）

的习俗叫"搅醋矸"。说重庆寺的月老擅长处理变心出轨、吵架失和、花心等疑难杂症，月老桌供奉一瓮"醋矸"，拿竹枝搅醋矸，顺三圈求夫妻和合，逆三圈为求回心转意。该寺适合感情多波折者祭拜。特别是当丈夫有外遇时，妇女来寺礼佛，搅拌此"醋矸"，可使良人回心转意。此谚传说甚灵验，因而重庆寺香火甚盛。后因辟马路，又加上抗战末期被飞机炸毁，重庆寺重建后，醋缸不设，自是门前冷落。

3. 醋招牌

《笑得好》中有一笑话：

　　有一酒店，来买酒的但说酒酸，就锁在柱上。适有道人背一大葫芦进店，问之，店主曰："他谎说我酒酸，因此锁他。"道人曰："取杯我尝尝看。"道人咬着牙吃了一口，急急跑去。店主喜其不说酸，呼之曰："你忘记葫芦了。"道人曰："我不要，我不要，你留着踏扁了，做醋招牌。"[①]

道人尝过酒后，酒的确是酸的。他不愿意驳人面子，更不愿意被锁在柱子上，所以赶紧溜之乎也。当店主招呼他拿葫芦的时候，他幽默地来了一句我不要了，你踩扁了它，做个醋招牌吧! 话语中既是无奈，又是对店主的揶揄。

4. 酸酒

《精选雅笑》中有一笑话：

> 客谓店主曰："殽只菜腐足矣，酒须绝美者。"少顷，来问："菜内可着醋? "客曰："着些亦好。"取菜置讫，又问："豆腐可着醋。"客曰："着些亦好。"取腐置讫，又问："酒中可着醋? "客笑曰："酒中如何着醋? "店主攒眉云："怎好，怎好，已着醋了。"[②]

"白菜里可要放醋""豆腐里可要放醋"的问题提出来也就罢了，又问"酒里面是不是也放一些醋"，而且不等客人同意已经放进去了，这种喜好放醋的行为着实让人难以接受。

5. 王婆醋钵

> 至正丙申春，张士诚僭号诚王，据有平江日，又以贿通松江伪尹郑焕，署宰华亭，用酷刑胺剥，邑民恨入骨髓。郡士袁海叟有诗曰："四海清宁未有期，诸公衮衮正当时。忽然一日天兵至，打破王婆醋钵儿。"或者不知醋钵之义，以问叟。叟曰："昔有不轨伏诛，暴尸于竿，王婆买醋，经过其下，适索朽尸坠，醋钵为其所压，着地而碎，王婆年老无知，将谓死者所致，顾谓之曰：'汝只是未曾吃恶官司来。'"闻者皆绝倒。[③]

元代陶南邨（即陶宗仪）《辍耕录》记载：元末张士诚造反，张士诚占

---

① [清] 石成金编著，《传家宝全集》（二），线装书局，2008 年，第 208 页。
② 陈维礼、郭俊峰主编，《中国历代笑话集成》第一卷，时代文艺出版社，1996 年，第 777 页。
③ [元] 陶南邨，《辍耕录》（下），泰东图书局，1922 年，第 253 页。

据平江（江苏）时，松江俞俊买通府尹郑焕，当上华亭县令。俞俊用酷刑盘剥百姓，百姓恨之入骨。《辍耕录·醋钵儿》有诗云："四海清宁未有期，诸公衮衮正当时。忽然一日天兵至，打破王婆醋钵儿。"有人不知醋钵儿的典故，特地跑去问老叟，老叟说："当时有个人图谋不轨而被杀，挑在竹杆上暴晒。王婆买醋从尸体下经过，正好绳索腐朽了，尸体坠落在醋钵儿上；醋钵儿掉在地上摔碎了。王婆以为是有人故意的，就回过头来对尸体说：'你做这种缺德事，只为没有遇到过狠毒的官老爷，不曾吃过厉害的官司吧！'"听说的人都笑弯了腰。

　　对着一个尸体说还有比死罪更厉害的官司，买醋的王婆不明就里，跟死人说话的愚态着实让人发笑。其实，这则笑话是在讥讽用酷刑盘剥百姓的官吏。

6. 卖盐官

　　海丰张穆庵（映玑）为两浙都转盐运使时，余为幕中掌书记，每听都转闲话，必以谐谑出之。丙辰三月，与阁学阮公元、方伯谢公启昆、观察秦公瀛同游西湖，三公皆即席赋诗，惟都转一人默坐他席，笑曰："公等皆科目出身，吟诗作赋，余捐班人亦有句，可请教否？曰：春来老腿酸于醋，雨后新苔滑似油。"合座称善。方伯谓都转曰："君肯作诗，便是名家矣。"一日，呼驺出署，有老妇认为地方官，号哭叫冤，都转停舆讯问者久之。供称其夫某又置别室，停妻再娶，有干法纪等语。都转忽正色向此妇曰："我是卖盐官，不管你吃醋。"遂呼驺而行。合市大笑。①

　　海丰张穆庵担任都转，一天他召唤侍从走出府衙，有个老妇人拦住轿子，控诉丈夫在外面纳妾。张公笑着打发她说："我是个卖盐的官，不管人家吃醋的事。"这"卖盐官"的笑话在民间用谚语表述，就成了"但管人家

---

① [清] 钱泳，《履园丛话》（上、下），上海古籍出版社，2012年，第379页。

吃盐事，不管人家吃醋事"。其实这不是笑话，是实有其事。清代王培荀《乡园忆旧录》卷六记载："海丰张公映玑，任浙省盐运。性诙谐，好作诗。尝出拜客，一妇拦舆，诉其夫宠妾侮己状，聒不休。公遣之去，曰：'尔有冤向有司诉之，吾卖盐者也，不理民事。'在舆中戏为打油诗曰：'来了一妇人，攀住轿杆诉。我卖我的盐，不管你吃醋。'述之同官，无不绝倒。"①

"卖盐官"不管"吃醋的事"，表面是合乎逻辑的，其实暗含的意思是我不管"男女之间的嫉妒之事"，一语双关，话语间具有了幽默色彩。

7. 买酱醋

《笑林广记》中有一笑话。祖付孙钱二文买酱油醋。孙去而复回，问曰："哪个钱买酱油？哪个钱买醋？"祖曰："一个钱酱油，一个钱醋，随分买，何消问得？"去移时，又复转问曰："哪个碗盛酱油？哪个碗盛醋？"祖怒其痴呆，责之。适子进门，问以何故，祖告之，子遂自去其帽，揪发乱打，父曰："你敢是疯子！"子曰："我不是疯，你打得我的儿子，我难道打不得你的儿子！"②

不懂事的孙子问"哪个钱是用来买酱油的？哪个钱是用来买醋的"和"哪个碗放酱油？哪个碗放醋"，已经让人忍俊不禁了，儿子自己打自己不说，竟然说出"你能打我的儿子，我难道不能打你的儿子"这样看似合乎逻辑其实是无厘头的话来，更是让人哭笑不得。

8. 缴枪不缴醋葫芦

山西是醋的故乡，醋是山西人的命根子，缴枪不缴醋，便是对山西人好醋的一种调侃。话说明末清初，有位晋商押运货物出门做生意，临行前灌了一葫芦醋，挂在腰间便上路了，没想到一出娘子关就遇上了强盗。强盗抢走了他的长缨枪，又要顺势抢走他的醋葫芦，这时商人不肯依了，愤怒地说道："长缨枪可以拿去，醋葫芦不能给。"这便是"缴枪不缴醋葫芦"

① [清] 王培荀著，蒲泽校点，《乡园忆旧录》，齐鲁书社，1993年，第328页。
② [清] 游戏主人辑，蒋筱波编译，《笑林广记》，三秦出版社，2008年，第57页。

的由来。

民间还有一种传说，说军阀阎锡山的兵酷爱吃醋，对家乡的老陈醋情有独钟。于是晋人从军，腰里总要掖着一只醋壶。打仗之前将士们抿一口家乡醋，就会越战越勇。若是打了胜仗，便可举壶痛饮一番；若是打了败仗，则"宁缴枪杆子，不缴醋壶子"。

也有一种说法，说过去山西军阀阎锡山的兵，身上常常配着"两枪两壶"，"两枪"是指烟枪和步枪，"两壶"是指醋壶和酒壶。老百姓闭起眼睛，听到咣当咣当直响的部队跑过去，就知道是阎锡山的兵。

（三）日常习俗

汉语中有许多醋熟语，如"打醋炭""腊八醋""高醋矮酱油""山西人，爱吃醋，家家有个醋壶壶""香醋摆不坏""离开保宁醋，川菜无客顾"等，这些熟语为我们了解劳动人民食醋用醋的日常生活习俗打开了一扇窗户。

1. 打醋炭

"打醋炭"是古代的一种风俗，把烧红的炭丢在醋里或把醋泼在烧红的炭上，用发出的酸蒸气来熏房子，以驱除晦气、邪祟。《警世通言》第六卷："上皇便揭开帘儿，却待入去，只见酒保告：'解元，不可入去，这阁儿不顺溜！今日主人家便要打醋炭了。待打过醋炭，却教客人吃酒。'"《儿女英雄传》第六回："果然这样，那点苏合丸、闻通关散、熏草纸、打醋炭这些方法都用不着，倘然遇着个背了气的人，只敲打一阵铜旋子就好了。"古人把醋与巫术联系起来，成为一种攘灾仪式中的神器。

由于醋在口感上具有刺激性，古人还将食醋的多寡以及食醋方式作为预言人事成败的依据。元代吴亮《忍经·谢罪敦睦》："王沂公尝言，吃得三斗醇醋，方得做宰相。尽言忍受得事也。"王阳明《悟真录》之八"书三酸"所言更甚，其云："人言鼻吸五斗醋，方可作宰相。"可见，"打醋炭"

可以驱邪避凶。

2. 腊八醋

中国北方有在腊月初八这一天用醋泡大蒜的习俗，名之"腊八醋"。"腊八醋"色泽深红，味酸微辣，味道醇正，要泡到大年初一。初一吃饺子，蘸着腊八醋，别有一番滋味。

"腊八醋"里泡的大蒜通常叫"腊八蒜"。腊月初八，将大蒜去皮、洗净、剥瓣，倒入米醋，封入小坛，除夕时开封，就做成青翠宜人、蒜香可口的"腊八蒜"了。"腊八蒜"制作过程不见阳光，泡制过程中大蒜会变成绿色。研究发现，"腊八蒜"的绿色素实际上是由一种先生成的蓝色素和一种后生成的黄色素组合而成。产生色素的转变过程是，先产生蒜蓝素，再转变为蒜绿素，蒜绿素产生时间很短，即转变为蒜黄素。

3. 高醋矮酱油

据说旧时在贵阳，随便走进贵阳街头的一家餐馆，每张桌上肯定放着一高一矮两个小瓶子，里面分别放的是醋和酱油。可是瓶子上并没有任何的标记表明哪一个是醋、哪一个是酱油。那么是不是客人在加作料的时候，需要把瓶子拿起来挨个闻一闻？这完全不是问题，因为对于贵阳人来说，高醋矮酱油（高的瓶子里是醋，矮的瓶子里是酱油）是大家的共识。这样一来，只要从瓶子的外形上就能够马上把醋和酱油区别清楚，简单而快捷，也就再无须特别标明了。这是细心的贵阳人对生活的一大贡献。

张友鸾《北京菜》一文里也说："厨师烹调，按照一定标准，有人吃得滋味正好，有人却嫌口轻或口重。因此，菜馆得预备调味品，供食客临时自行斟酌使用。山西菜馆一碗醋，四川菜馆一碗辣油，各从其地方习惯。北京菜馆旧例，餐桌上放着一高一矮两把壶，盛着醋和酱油，名叫'高醋矮酱油'，一望而知，不劳去闻去问。"[1]

---

[1] 范用编，《文人饮食谭》，生活·读书·新知三联书店，2004年，第91页。

4. 山西人，爱吃醋，家家有个醋壶壶

山西人和醋有着深厚的感情，山西人做醋的历史大约有四千多年之久。山西人善酿醋，更爱吃醋，素有"老醯儿"之称。古时管醋叫醯，把酿醋的人叫"醯人""老醯"。因此，吃醋不叫吃醋，而叫"吃醯"。由于山西人对酿醋技术有着特殊贡献，同时山西人嗜醋如命，又巧合了"醯"和山西的"西"字同音，故而外省人将山西人称为"山西老醯"。

关于山西人喜爱吃醋的谚语有许多，如"山西人，爱吃醋，家家有个醋壶壶""山西老醯爱吃醋，舍命不舍醋葫芦""山西老乡不一般，一碗汗水半碗酸""要吃醋，太原府""山西家，山西家，煤当饭，醋当茶""久在山西住，哪有不吃醋"等。

5. 香醋摆不坏

镇江有一"三怪谣"，叫"香醋摆不坏，肴肉不当菜，面条煮锅盖"。

镇江醋是江苏镇江传统名产。《中国医学大典》："醋，以江苏镇江为最佳。"镇江香醋，在中国诸多醋品中别具一格，它色、香、酸、醇、浓俱全，尝一口，酸而味鲜，香而微甜，不涩，存放愈久，味道愈醇，而且不会变质。这就是"三怪谣"中的"香醋摆不坏"。

6. 离开保宁醋，川菜无客顾

保宁醋是中国四大名醋之一，因产地阆中为历史上的保宁府所在地而得名。1915 年保宁醋获巴拿马"太平洋万国博览会"金奖。保宁醋以麸皮、大米、小麦等为主要原料，采用古传秘方配置六十多种药材制曲发酵，取松华井泉水精酿而成，味道酸中有甘，风味独特。保宁醋香飘五大洲，有"离开保宁醋，川菜无客顾"之说。

三、醋喻视界

醋作为调味品，是居家过日子必不可少的东西，人们在言谈中常常用

"食醋"作表意的载体来传情达意。

醋是一种口味发酸的调味品，人们通过身体体验认识了醋的物理属性，于是把这种具体实在的生活体验与抽象的心理感受联系起来，用直观形象、可感可知的调味醋来映射人们不同的心理情感。《梦溪笔谈·讥谑》里有了"醋浸曹公"的成语。清代平步青《霞外攟屑》中有了"呷醋咬陈姜"的俗语，比喻又酸又辣。《儒林外史》中出现了"恨如头醋"的说法，比喻非常可恶，令人痛恨。以醋为源域，将一些抽象的心理感受或其他抽象意义为目标域，汉语形成了一套非常丰富、非常有趣的关涉醋的隐喻认知系统。徐琳在《论"醋"的隐喻认知系统》一文中也认为在汉语体系中，以"醋"为源域，形成了一套隐喻认知系统。"由于'醋'独特的物理属性和丰富的文化内涵，使得其在隐喻系统始终作为源域来映射其他概念，形成单一源域映射不同目标域的隐喻认知结构，体现出'醋'作为源域的多边隐喻特征。"①

（一）食醋喻理

醋的味道是酸的，酸对于人们来说是一种不好受的滋味，所以人们常常把不好的感受和情感，如妒忌、感伤、酸腐、憎恨等都用醋来形容和表达。

1. 争风吃醋

"争风吃醋"比喻在男女关系上产生嫉妒情绪甚至发生纠纷和争吵。《醒世恒言》："那时我争风吃醋便迟了。"茅盾《神的灭亡》："她们以为又是那老把戏，那演过不止一次的丑剧：老子跟儿子吃醋争风来了！"又作"争锋吃醋"。《红楼梦》："凤丫头倒好意待他，他倒这样争锋吃醋的。可是个贱骨头！"有时也作"吃醋争风"。

---

① 徐琳，《论"醋"的隐喻认知系统》，《乐山师范学院学报》，2012 年第 2 期。

图 6-5　吃醋奇闻（来源：《民俗风情二百图》）

与此语义相近的成语有："醋海翻波""醋海波澜""醋海生波""风言醋语""拈酸吃醋""拈酸泼醋"等。

2. 酸文假醋

"酸文假醋"讥嘲粗俗迂腐的人扭扭捏捏地故作文雅之态。

醋有酸味，浓度过高会给人带来不适感。同样，装腔造作的举止会使人产生厌恶反感的心理。二者具有心理的相似性，人们把来自味觉的体验和造作的举止联系起来，用"醋"来隐喻装腔作势、虚假造作的行为举止，间接折射出人们对这种行为姿态的心理感受和情感评价。《红楼梦》："五儿道：'你在那里躺着，我怎么坐呢？'宝玉道：'这个何妨？……大凡一个人总不要酸文假醋才好。'"《儿女英雄传》："俩人酸文假醋的满嘴里喷了会子四个字儿的匾。"一句"酸文假醋"，将"五儿"和喷四个字儿的"俩人"的矫揉造作生动地描绘了出来。

与此语义相类似的还有"强文撒醋""拿糖作醋"。

"强文撇醋"用以形容勉强装出文雅相，扭捏为酸溜溜的样子，即寒俭酸腐的假斯文。贾仲名《萧淑兰情寄菩萨蛮》："你恼怎么陶学士、苏子瞻？改不了强文憨醋饥寒脸，断不了诗云子曰酸风欠，离不了之乎者也腌穷俭。""强文撇醋"又作"强文假醋"。与"强文假醋"相比，"拿糖作醋"在语义上侧重于摆架子、装腔作势，指故作高傲姿态，以抬高自己的身价。如《儿女英雄传》第三十七回："他拿起来一憋气就喝了个酒干无滴，还向着太太照了照杯，乐得给太太磕了个头，又给二位奶奶请了个安。太太合公子道：'我们也干了，也值得你那么拿糖作醋的！'"

图 6-6　醋海奇闻（来源：《点石斋画报》）

3. 穷醋大

穷醋大，又作醋大、措大，隐喻贫穷迂腐的文人，含有轻慢意。

以"醋大"比喻文人是唐宋以来就有的传统。起初以"醋"称文人并无明显的感情色彩。唐宋以后，"醋大"不断在表示贫苦的语境中被使用，受组合中"穷""饿"等语素的影响，带有了蔑视色彩。正如《五杂俎》中对"醋大"的解释："措者，醋也，盖取寒酸之味。"关于"穷醋大"的来源，有不同的解释，唐代苏鹗《苏氏演义》："醋大者，一云郑州东有醋沟，多士流所居，因谓之醋大。一云作此措字，言其举措之疏，谓之措大。此二说恐未当。"苏鹗不仅解释了"醋大"是因"醋沟"而得名，而且详细描绘了醋大者的形象，即"醋大者，或有抬肩、拱臂、攒眉、蹙目以为姿态，如人食酸醋之貌，故谓之醋大。大者，广也，长也。篆文象人之形"。李匡乂在其《资暇集》卷下则对"醋大"的来源做了另一番解释："往有士人，贫居新郑之郊，以驴负醋，巡邑而卖，复落魄不调，邑人指其醋驴而号之。新郑多衣冠所居，因总被斯号。亦云：郑有醋沟，士流多家其州，沟之东尤多甲族，以甲乙叙之，故曰醋大。愚以为四说皆非也。醋宜作措，止言其能举措大事而已。"

旧时，除了醋大，用以形容文人之迂腐还有一嘲讽性的称呼，即"酸丁""穷酸饿醋""穷酸饿鬼"。除此之外，形容文人之穷酸的歇后语也十分丰富，如"提着醋瓶讨饭——穷酸""乞丐吃醋——一副穷酸样""冬天卖醋——寒酸""冰块掉进醋缸里——寒酸""不倒翁吃醋——穷酸不稳""讨口子卖醋——又穷又酸""提上葡萄要饭——穷酸""提着醋瓶借钱——穷酸穷""提着醋瓶要饭——寒酸米醋""米醋做冰棍——寒酸"等。

4. 添油加醋

成语"添油加醋"的本义是在食物里面添加"油"和"醋"等日常生活中的调味品来调节味道，使食物更加鲜美。其转义则表示在叙述事情或转述别人的话时，任意增添细节，以达到夸大或歪曲事实真相的目的。其中"油"和"醋"就用来表示增加的细节和内容，这是一种比喻的用法，这种用法生动形象，含戏谑意味，现在人们一般把"添油加醋"作为一个贬义词来使用。"添油加醋"在文学作品中用例甚广。屈兴栋《血战剑门关》："我们这些当通信兵的，常在首长身边转，把听来的一些话，添油加醋相互传说着。"以及古华的小说《芙蓉镇》："他咬了咬牙，还是硬着头皮把自己了解的'北方大兵'和前任支书那晚上的有关言论，添油加醋地披露了出来。"

"添油加醋"也作"添醋加油"，周立波的《山乡巨变》中提到："她是担心符癞子首先把事情吵开，又添醋加油，把真相歪曲，引起他所看中的人的难以解释的误会。"

"添油加醋"还有一种形式为"加油加醋"，这个形式在老舍的《女店员》中可以见到："二位！二位！可千万别那么办哪！她可能做明星，已经不容易接近了，你们再给加油加醋，我还有什么希望呢？"

5. 呷醋咬陈姜

醋是一种发酵的酸味液体调味品，词义中有酸味义。《齐民要术·黄衣、黄蒸及糵》："六月中，取小麦，净淘讫，于瓮中以水浸之，令醋。"白居易《东院》诗："老去齿衰嫌橘醋，病来肺渴觉茶香。"这里的"醋"就是指酸味。姜根茎肥厚，多分枝，有芳香及辛辣味。这里的"姜"是指辣味。陈姜，即老姜。俗语"姜还是老的辣"体现出陈姜更加辣味十足。俗语"呷醋咬陈姜"比喻又酸又辣。陈庆延等人所辑的《古今俗语集成》（第

图 6-7　六月里吃生姜（来源：《图画日报》）

2卷）有："按《通俗编》卷二十引《老学庵笔记》卷六：'兵职驾库，咬姜呷醋。'知宋时有此谚语。"

与"呷醋咬陈姜"语义相近的歇后语有"咬口生姜喝口醋——忍着酸辣""吃着生姜喝着醋——从酸辣中过来的"，比喻辛酸苦楚或经历过旧社会的辛酸痛苦。"呷醋咬陈姜"也说成"咬姜呷醋"。宋代释悟明《联灯会要·二八·洪州法昌倚遇禅师》："师云：'和尚如何为他？'南（禅师）云：'咬尽生姜呷尽醋。'"

"呷醋咬陈姜"还比喻不怕强手，以强对强。宋代周遵道《豹隐纪谈》："天生好句，未尝无对。俚俗之语，得之为难。……今有一对，亦可比拟，如'麻油拌生菜，呷醋咬陈姜'。"清代王仁俊《经籍佚文》："据《通俗编》卷三十补：俚语云：'麻油拌生菜'。对云：'呷醋咬陈姜。'"

6. 呷得三斗醋，做得孤孀妇

呷，指小口喝。一斗为十升，这里的三斗形容很多。孤孀，指寡妇。"呷得三斗醋，做得孤孀妇"，说的是只有能喝下三斗醋的人，才能做寡妇，指守寡很艰难。旧时认为，丈夫死后，妻子要守节，寡妇守节是不容易的，没有吃苦、克服困难的毅力是守不住的，谚语说的是守寡的艰难，也用来形容寡妇生活十分辛酸。《警世通言》卷三五："自古云：'呷得三斗醋，做得孤孀妇。'孤孀不是好守的。替邵氏从长计较，到不如明儿改个丈夫，虽做不得上等之人，还不失为中等，不到得后来出丑。"

"呷得三斗醋，做得孤孀妇"也作"喝得三斗醋，做得孤孀妇"。与此谚语类似的还有"要把宰相做，吃得三斗酽醋""捏着鼻子喝酸醋"。"要把宰相做，吃得三斗酽醋"比喻要干大事业，须胸怀宽阔；"捏着鼻子喝酸醋"比喻勉强做某件事。

7. 吃醋不讨小

这是一句俗话，意思是说家里如果有个爱吃醋的大老婆，千万别讨小老婆，讨了是自找麻烦。

对"吃醋不讨小"这一典故的最好注解，莫过于清代王有光在《吴下谚联》中的说法："妻妾相妒，谓之'吃醋'。盖人家醋瓮不可有二，有二必坏其一，两不相容之意。吃者，含也。不相容而莫可明言，故含之也。或曰：'酒坊醋以廿瓮计，醋坊醋以百瓮计，何不相害？'"

8. 坏了醋

这句是一惯用语，比喻把事情搞糟了。《儿女英雄传》："列公，你道好端端的《儿女英雄传》，怎的会闹出这许多醋来？岂不连这回书也'坏了醋'了？"冯苓植《虬龙爪——鸟如其主》："二哥！莫非关老爷子不等咱哥儿们下手，就把小妞子失声叫出的错音儿判定为脏口？天哪：这可坏了醋啦！"

"坏了醋"的歇后语有"老西子跺脚——坏了醋了"，比喻糟了，坏了大事了。

9. 有酒不喝偏喝醋

这句比喻有好处的事不做，偏找倒霉的事去做。刘彦林《春风得意》："别人遇到这种事，只想躲远点。你却倒好，有酒不喝偏喝醋，不仅不回避，还主动跑到现场去拉架，结果挨了打。"与此相近的谚语有"酱油不吃要吃醋"，还是指嫉妒心理。陈登科在《淮河边上的儿女》写："大家哈哈笑起来：'刘小狗子，酱油不吃，要吃醋呀！'"

（二）容器喻理

醋作为一种液态调味品和油一样，要用容器来储存。用来盛醋的缸、瓮、坛、罐、葫芦、篓子叫作醋缸、醋瓮、醋坛子、醋罐子、醋葫芦、醋篓子。令人惊叹的是，这些盛醋的容器在汉语中已不是简单的容器名了，而是被赋予了文化的要素，成了文化符号。人们把"吃醋"的文化情结投射到了盛醋的容器上，用这些容器来代指嫉妒的人或嫉妒的情绪，使得汉语"吃醋"的文化语义以一种更加生动俏皮的方式表达了出来。

1. 扳倒醋缸

醋缸，指盛醋的大缸。这句比喻嫉妒他人。刘绍棠《狼烟》："郑三发的老婆就扳倒了醋缸，哭闹起来，跟鬼吹灯夏三撞头，又要上吊，又要投水，不可开交。"

"扳倒醋缸"也作歇后语"扳倒醋缸，咬了青杏——酸透"。姚自豪等《特殊身份的警官》："（骆百川）说着瞟了亚仙一眼，一摇一摆地出了房门。这时，王胜昌真像扳倒醋缸，咬了青杏——酸透、酸透。"

"扳倒醋缸"又作"翻倒醋缸"。刘绍棠《草窝》："忽然一日，赵二大脚发觉，连秧儿偷看喜字儿的目光，就像野台子戏里吕布戏貂蝉。火上浇油，翻倒醋缸，赵二大脚横冲直撞来到喜字儿家门外，大吵大闹滚车道沟子。"

2. 酸缸发作，醋瓮将翻

醋瓮是盛醋的大瓮。瓮是一种盛东西的器物，一般是大肚，口比底略大，瓮壁呈一定弧度，有一种概括的说法叫收口为瓮，敞口为缸。汉语谚语用瓮喻理的谚语有"酸缸发作，醋瓮将翻"，意思同样是比喻嫉妒他人。清代岐山左臣《女开科传》："那日在席上，见他替几个朋友猜枚行令，勾脚捻手，已是心里十二分不乐。原有些酸缸发作、醋瓮将翻的光景。当时就要思量发作起来，只因在席的都是些相公，无可奈何，勉强含忍。"雪屏《清末那几年》："我要是个烈性女子，就该将他掀翻在地，谁叫他得便宜卖乖来着。怎奈正是两情相悦的裉节上，要死要活的哪里还顾得上酸缸发作，醋瓮将翻？"

3. 酱缸没打，醋坛倒倒了

醋坛子，比喻在男女关系上嫉妒心很强的人。汉语谚语有"酱缸没打，醋坛倒倒了"，比喻当事人若无其事，其他人却表现出强烈的嫉妒情绪。

酱缸是制作酱菜、蘸酱的容器，这里指的是当事人。醋坛子是盛醋的坛子，这里指具有强烈的嫉妒情绪的人。陈登科《赤龙与丹凤》："黄寡妇拿眼向黎伥瞟瞟，说道：'酱缸没打，醋坛倒倒了，酸气熏人。潘爷今天特来挑我，你反拿起身价来了。'"黄寡妇还若无其事，没多大反应，黎伥反倒醋坛子倒了一地。

4. 醋罐子

"醋罐子"也用来比喻在男女关系上嫉妒心很强的人。刘江《太行风云》："莫非是李鸿云看准了这个女人，要娶小老婆？老婆是个有名的醋罐子，不会。他一下子也摸不清。"

"醋罐子"也作"打翻了醋罐"。《茅盾文集》："他知道刚才大厅上那场吵闹，又是赵老头的姨太太樊银花打翻了醋罐，可还不知道吵闹的对象是谁。"

有时醋缸醋罐连用。欧阳青云《恐怖谷》："你放心，老叫化不会叫你休掉罗兰，婷儿也不是醋缸醋罐，她们两个，无分大小，共事一夫好了。"《红楼梦》第六十五回："兴儿道：'不是小的吃了酒放肆胡说，奶奶便有礼让，他看见奶奶比他标致，又比他得人心，他怎肯干休善罢？人家是醋罐子，他是醋缸醋瓮。'"

5. 醋篓子

醋篓子的形状是肚大口小，用藤条编出外形在里面蒙上布，再涂上特制的胶料粘上一块新布，如此反复多次就做出便于储运且不会漏醋的醋篓子。因为醋篓子天天装醋，所以味道自然是涩涩酸鼻，而且形状像一个肚大头小的人的模样，后来便形容那些爱争风吃醋的人。蓝妽《影帝的宠爱》："本来她也以为这是神坛的一位人物，只是等她了解透彻之后才知道，这人根本不是神坛上走下来的，而是个小心眼占有欲非常强的醋篓子。"

6. 醋葫芦

"醋葫芦"也用来指吃醋的人。《牡丹亭·围释》："你那醋葫芦指望把梨花架，臊奴，铁围墙敢靠定你大金家。"《墨憨斋定本传奇·永团圆》还有这样的说法："后院拖倒葡萄架，前房打破醋葫芦。""拖倒葡萄架"的隐晦含义是指后院着火，与老婆吵架，"打破醋葫芦"即吃醋的意思。

7.半瓶醋

在容器喻理的熟语中，唯有"半瓶醋"不表示嫉妒之义。"半瓶醋"是指学问不深的读书人或技术不精的手艺人，也用来比喻一知半解、有限的一点知识。元代无名氏《司马相如题桥记》："如今那街市上常人，粗读几句书，咬文嚼字，人叫他做半瓶醋。"曹禺《雷雨》："对于这方面，我自命比你这种半瓶醋的社会思想要彻底得多！"

"半瓶醋"有许多变体，也作"半瓶子醋""半瓶子醋乱晃荡""一瓶不响，半瓶晃荡""整瓶不动半瓶摇""半瓶醋好晃荡""一瓶子不满，半瓶子晃荡""满瓶子不响，半瓶子晃荡""半瓶子醋才晃荡，空心的管子敲得响""半瓶子醋的读书人"等俗谚。这些俗语将"醋"与"晃荡"放到一起，首先因为醋作为液体，一般会放到瓶子等容器中，当醋只有半瓶的时候，容器内剩余的空间较大，醋在瓶子中就很容易左右摇晃；其次就是"晃荡"一词，既可以用来表示醋的摇晃，也可以隐喻人的卖弄、不踏实，丰富了词的含义，也扩充了它的适用范围，同时也体现出汉语表达形式的多样性。

"半瓶醋"也可写作歇后语的形式，如"半瓶醋——晃得很""半瓶子醋——晃荡得很""半瓶子醋——乱晃荡""半瓶子醋——瞎晃荡"等。

（三）酿醋喻理

酿醋是一种传统工艺，在我国有着悠久的历史，过去一般家庭都可自酿。酿醋喻理也是汉语熟语的一种表意方式。

1.恨如头醋

头醋就是酿造食醋时第一次滤出来的醋。如果第一次滤出来的醋最酸，以后酸味就会递减，如果第一次酿的醋味道很淡，二遍三遍味就更薄，更没有味道了，再之后到底儿味道就更淡了。"恨如头醋"比喻非常可恶，令人痛恨。《儒林外史》："那陈虾子被毛二胡子一味朝死里算，弄得他酒也没得吃，肉也没得吃，恨如头醋。"

用头醋作喻的谚语还有"头醋不酸，到底儿薄""头醋不酽二醋薄""头醋不酽彻底薄""头醋不酸，二醋不辣""头醋不酸，二醋不焰""头醋不酸，彻底皆薄"，意思都是开头没做好的话，接下来就很难做。如果没有好的开始，事情起点不高，那么往后就会一直低下去，将来只会越来越糟。《金瓶梅词话》："若是吃一遭酒，不见了一把，不嚷乱，你家是王十万！头醋不酸，到底儿薄。"

2. 老米醋——挨着做

这是一条歇后语。做醋要一缸一缸挨个儿做。"老米醋——挨着做"比喻挨个儿耍弄人。《金瓶梅》："玉楼让众人坐，都不坐。金莲便戏玉楼道：'我儿，好好儿睡罢。你娘明日来看你，休要淘气！'因向月娘道：'亲家，孩儿小哩，看我面上，凡是担待些儿罢。'玉楼道：'六丫头，你老米醋，挨着做。我明日和你答话。'"

3. 好做酒，坏做醋

此话说的是一件事情做不成，退而还可求其次的意思。

老百姓自家用粮食酿酒，在发酵过程中，很正常，质量较好，就成了酒。如果在发酵过程中发现质量不好，味道变酸，做不成酒了，那就可以当醋来使用。谚语的意思倒也并不是说醋就是做坏了的酒，而只是对做某事失败了的人说的一句宽慰话，虽然失败了，但所费的心力功夫，并未完全白花，还有一点可以挽回。

（四）买醋卖醋喻理

买醋、卖醋是老百姓日常生活的琐事，可也充满情趣。有一首少儿歌曲《打醋买布》，开头几句是这样的："一位爷爷他姓顾，上街打醋又买布。

买了布，打了醋，回头看见鹰抓兔"，极为俏皮滑稽。买醋、卖醋喻理谚语虽然不多，但个个栩栩如生，极富幽默诙谐意味。

1. 卖糖的不卖醋，卖醋的也别来卖糖

这句比喻各干各的事，互不干扰。李满天《水向东流》："卖糖的不卖醋，卖醋的也别来卖糖，你有你的工作，我这活儿你别来插手！"

2. 卖瓜说瓜甜，卖醋说醋酸

这句比喻自我夸耀。克非《春潮急》："常言道得好：卖瓜说瓜甜，卖醋说醋酸。我自己屁放多了，算是老婆子戴刺梨花，别人不夸自家夸。来来来！请挨近一点，你自己慧眼观看。"该句也作"卖瓜的说瓜甜，卖醋的讲醋酸"。

3. 打油的钱不买醋

这句比喻一心不可两用，也指专款专用，不可替换。歇后语就有"打油钱不买醋——专款专用"的说法。

在老百姓话语中还有意义相反的一句谚语，那就是"打酱油的钱不能买醋"。与"打油的钱不买醋"相比，这句谚语只多了一个"能"字，意义却截然不同，是挪揄那些做事死板、不懂变通的人，比喻办事过分拘泥，不知变通。同样意思的谚语有"乾隆铜钱买醋，道光铜钱买酱油"，同样比喻不知活用。

形容说话做事直截了当，不会拐弯抹角的歇后语有"小孩打醋——直来直去"。刘连枢《乡土》："小孩打醋，直来直去。在一块儿混这些年了，你还不知道二爷的脾气？有啥话尽管说！"

4. 一分钱的醋——又酸又贱

歇后语常用这句来形容人性格迂腐，显得卑贱，令人讨厌的样子。

一分钱是最小最少的钱。以前，人们的生活水平低，平常都是一分一分钱地计算着用，一分钱成了小钱的特定说法。时至今日，"一分钱"只能算是"理论上的钱"了，用一分钱几乎很难买到一件商品。如果用一分

钱买东西就会显得格外小气吝啬。"一分钱的醋——又酸又贱"或"两分钱的醋——又酸又贱"是对性格迂腐、显得卑贱这一类人的嘲讽。严丽霞《秋月残梦》："露露好似让人兜头浇了一盆冷水，气得咬牙切齿地暗骂道：'真是一分钱的醋——又酸又贱的东西，真不识抬举。'"

此外，谚语"三分钱的醋，五分钱的盐，小来小去"用来比喻为人小气。还有，"三钱儿油，俩钱儿醋"比喻琐碎的小事情。老舍《龙须沟》："修沟不是三钱儿油、俩钱儿醋的事，那得画图，预备材料，请工程师，一大堆事哪！""提着酒瓶，上油坊买醋——你跑错门啦"，这个歇后语讥讽的是人的懵懂无知。"一个在买酸，一个喊醋不酸"指故意作对，与人过不去。

（五）油盐酱醋关联喻理

熟语特别喜欢用某种事物的特性作比讲道理，形成表达抽象意义的谚语。以醋与"开门七件事"其他事项的关系为关注点，汉语形成了"油盐酱醋""盐是咸的，醋是酸的"等成语和谚语。

1. 油盐酱醋

"油盐酱醋"泛指烹调作料。作为成语，它比喻另外添加的原来没有的内容，有时亦指琐碎、庸俗的事。

"添油加醋"也作"添盐着醋""添醋加盐，多生事端"。"添盐着醋"比喻在叙述事情或转述别人的话时，为了夸大事实，添加了许多原来没有的内容。"添醋加盐，多生事端"，指说话铺张虚夸容易招致事端。

"油盐酱醋"有时还说成"没油没盐没滋味"。"没油没盐没滋味"原指烹调淡而无味，借指说话没有意思。李英儒《野火春风斗古城》："罢呀，罢呀，尽是些没油没盐没滋味的话。""油儿酱儿糖儿醋儿倒在一处"，意谓心里不是滋味，不自在。《红楼梦》："那黛玉此时心里竟是油儿、酱儿、糖儿、醋儿倒在一处的一般，甜苦酸咸，竟说不上什么味儿来了。"

2. 盐是咸的，醋是酸的

咸盐与酸醋的彼此不同为客观事实，从古至今为人民大众所熟知，所以民间有了用"盐""醋"的特性喻理的习惯。

"盐是咸的，醋是酸的"表示各有特点，彼此并不是一回事。楚潇《忍川》："现在，她觉得世界上的事情，也许本来就是这样子的，只是自己不知道，或者说从来未曾经历过而已。就像盐是咸的，醋是酸的，黄连是苦的，辣椒是辣的一样，本来各是各的味儿，自己硬是要把它们都通通认为是甜的，那又怪谁呢？"周艳丽《牵着手走》："盐是咸的，醋是酸的，但咸与咸不同，酸与酸有别，完全要靠你自己亲身体验。"

"盐是咸的，醋是酸的"还比喻遇事要知道厉害。刘绍棠《荆钗》："人家管我叫活驴，榆木脑壳直肠子，可我多少还知道盐是咸的，醋是酸的。"熊尚志《南唐后主》："'我不信放不好一群鹅。'李煜不服气。秋水拾了根柳枝，轻轻一摇，鹅群便扑进了湖水里。'盐是咸的，醋是酸的，服了吧？'周娥皇扑哧一笑。"

以盐咸醋酸喻理在汉语中呈现出开放衍生状态，形成了形式多样、语义各异的盐醋关联谚语，主要有："盐也是这般盐，醋也是这般醋""盐也只有那么咸，醋也只有那么酸""盐为什么咸，醋为什么酸""做盐不咸，做醋不酸""盐从那么咸，醋打那么酸"等。

"盐也是这般盐，醋也是这般醋"比喻彼此间不相上下。《金瓶梅词话》："叫了声贼狠心的冤家，我比他何如？盐也是这般盐，醋也是这般醋。砖儿能厚？瓦儿能薄？"

做酱离不开盐。以"盐"和"酱"为题材，汉语形成了谚语"省了一把盐，酸了一缸酱""打煞卖盐的，苦了做酱的""是盐就比酱咸，是灰就比土热""盐酱口"。

"省了一把盐，酸了一缸酱"比喻省俭不当，因小失大。《乡言解颐·物部》："'省了一把盐，酸了一缸酱'，此数语叫是乡里口头话，却亦曲尽人情。"

"打煞卖盐的，苦了做酱的"比喻调和失宜。《乡言解颐·物部》："打煞卖盐的，苦了做酱的，调和之失宜也。"

"是盐就比酱咸，是灰就比土热"比喻只要是亲人或好友，感情总比一般人强。

"盐酱口"指一说不吉利的话就应验的嘴。

四、醋联撷趣

对联之立意或雅或俗、或正或谐、或显或隐，取材则囊括天地万物，随心拈取，无所不包。就连基本饮食都已经成为对联的创作材料，甚至一些饮食词语还形成了较为固定的搭配模式，如佳肴配美酒，醋菜匹酱姜，存乎情理之中，溢乎字趣之外。可见醋作为烹饪、餐饮中的一种极普通的调味品，也常入联对，或诉其产销用度之实，或言其喻象谐转之虚，都不乏佳作。

（一）醋产醋店联

商铺张贴对联多是为了醒目以招徕顾客，介绍自家产品，给人留下深刻的印象，开拓销路。一副好对联能够对商业的发展起到极大的促进作用。

1.宝源醋坊联

　　缸内转乾坤，数千载醇香不老；

　　曲中融岁月，亿万家风味长新。

这是一处经典的晋商大院宝源老醋坊大门上的对联。当你站在院门口向里张望的一刹那，就会生出一种溯古的感觉。

2.美和居醯坊联

　　蒸酵熏淋陈，精酿五谷，日沐月孕阴阳和合；

绵酸香甜鲜，心造美味，天传地神道贯古今。

同是三晋老陈醋，美和居醯坊的这副对联与宝源老醋坊的相比，更为详细地介绍了醋的生产工艺和醋的特征。美和居的成醋需要经过蒸、酵、熏、淋、陈五道工序，其中蒸是蒸坯，其工艺为美和居所独有，形成该字号食醋的独特风味。清顺治元年（1644），美和居将新醋陈酿的工艺改为"夏伏晒，冬捞冰"，经此一年，所酿之醋黑紫醇香、久存不腐，食者无不叫绝。绵、酸、香、甜、鲜是山西老陈醋的五个特点。山西老陈醋是所有醋中酸度最高的，但食用时却不会失酸难耐，反而酸得缓慢、长久，发甜、发鲜、发香。

3. 东湖醋园联

高粱豌豆大麦燕酵熏淋，古典精酿美和居；

绵酸香甜醇鲜精专独特，世人争夸东湖醋。

东湖醋园是山西省第一家动态展示老陈醋生产工艺流程以及老陈醋历史文化内涵的博物馆，其对联则从原料生产工艺和滋味口碑两方面称赞了美和居与东湖这两个品牌的山西老陈醋。这副对联将美和居醯坊与东湖品牌嵌入了对联中，真是玲珑妙手。上联单从原料及生产工艺赞许美和居，而下联又独用滋味及口碑声扬东湖品牌。但这只是一种常用的艺术手法，对美和居的夸赞也是对东湖的夸赞，对东湖的褒奖也兼顾美和居。

4. 魏榆醋联

天下名醋皆出三晋；三晋名醋尽在魏榆。

这是一副醋店联。三晋指的是山西，此称源于春秋末年赵氏、韩氏、魏氏三家分晋的历史故事。魏榆是山西榆次的古称，位于晋中太原盆地。此联意在表示山西产的醋天下最好，而山西名醋又都是魏榆生产的。言外之意是在向人表示本店卖的醋是天下最好的魏榆醋。

5. 通用醋店联

浓香引致八方醋客；美誉招来万里酸朋。

此联表示入得此门，既是前来买醋的客人，也是同样喜食醋的朋友。但人们是在进店前看到此联的，所以不等入门就已经拉近了买卖双方的关系。

酸甜苦辣咸味香千户；油盐酱醋茶情牵万家。

"酸甜苦辣咸"五味虽殊，各不相同，随手用之又变化莫测，千人千面。"油盐酱醋茶"事小如芥子，却重如须弥，家家户户不能少，缺则生活无以为继。此联既直白地介绍了本店商品，起到宣传功能，又提高了调味品的地位。而且此联中颇有机锋，生活不过是于油盐酱醋茶诸事中体会酸甜苦辣咸诸味而已。

（二）醋喻联

儒家提倡"乐而不淫，哀而不伤，怨而不怒"，所以古代文人说话都很委婉，表情达意常常使用比喻的方式。因此，世间万物到了文人的笔端，便都成了文人感情的载体，或者说是文人在某个特定时间、特定状态下与世间万物合而为一了。

1. 生活窘困联

白发萧然，看他人儿女夫妻，千般恩爱；

黄金尽矣，数此日油盐酱醋，百计安排。

这是宋小茗《耐冷谭》中记载落魄文人王扶九以油盐酱醋来暗喻自己穷困潦倒的一副对联。中国古代的读书人如果没能考取功名，就只能寻找其他出路，给人做收入微薄的幕僚是一个较为普遍的选择。王扶九便是科场失意后由蜀地仁和远涉粤西，做了幕僚。结果两鬓斑白依然孑然一身，家徒四壁，油盐酱醋之属都须百般谋策。除夕日做此联既是写实，又有自嘲的味道。不过王扶九还算幸运，遇到了一个心怀恻隐的雇主，赠送他归乡盘缠，使其落叶归根，终老故里。

冬雷已逝，老翁筹愁，半年缺盐少醋；

尘土又添，残月伤怀，狂风稀扫褐衣。

图 6-8　考童吃醋（来源:《点石斋画报》）

　　这是一副以醋来比喻贫困的对联，应是居于我国南方的一位文人所作。整副联的意思是说冬天已经过去了，我回想过去的忧虑，这半年来缺盐又少醋；世事不断，看着即将消失的残月令人伤怀，且衣不蔽体，猛烈的大风不断地吹着我羸弱的身体。缺盐少醋又无衣无食，其贫寒穷困可见一斑。

2. 谐音喻理联

　　醯醯蒸酿夕夕蒸，蒸蒸日上；

　　醋醋生机处处生，生生不息。

　　这是晋、台醋企业联合撰写的楹联，联中多次使用汉字的同音、谐音特征，醯同夕，醋同促，又谐音处，寓意"两岸关系，处处生机"。在2010年举办的上海世博会上，台湾醋王之家获邀至山西馆展出了台湾的顶级醋产品。此次的醋文化交流，极大地拉近了两岸的关系。这次展出的醋瓮是由台湾知名陶艺家陈俊光以手拉坯方式制作的，上绘两岸地图及和平鸽图案。瓮内混合了台湾中央山脉埔里好水酿造的顶级醋和山西东湖老陈醋以及黄河的冰河水，象征着你中有我、我中有你的关系。此联就是希望两岸关系像这次醋文化交流活动一样，处（醋）处（促）生机。

（三）谐趣联

对联看似简单，实则博大精深，蕴含的知识往往涉及文字学、训诂学、音韵学、修辞学、逻辑学等，天文地理，历史典籍，社会人文，无所不包。要对出好对子并非轻而易举，所谓"吟安一个字，拈断数根须"。对联也是文人们消磨时光、排遣寂寞的一种游戏方式。觥筹交错间，互相唱和、诘难，趣闻无穷。

1. 谐趣联一

张孝廉买盐，自牖执其手；李屠儿吃醋，以杖叩其胫。

《古今滑稽联话》中的这副对联颇具讽刺意味。

"孝廉"最初是汉代选拔官吏的两种科目，孝指孝子，廉指廉洁之士。后来被举荐的人或科场中举的举人也被称为孝廉。张孝廉便是万历年间的一个举人，他喜欢上了李屠儿的妻子，趁李屠儿不在，便前来与李屠儿的妻子私会，结果两人刚刚拉手调情就被李屠儿撞见了。李屠儿见此情景，一时醋起，怒火中烧，关上门抄起棍子就将张孝廉的小腿打伤了。张孝廉告饶脱身后便径直去官府告诬状，诈称在买盐的路上被李屠儿打伤了。结果县令早就知道此事，挥笔在诉状上回复了此联，将张孝廉撵出了官府。

"自牖执其手"语出《论语》："伯牛有疾，子问之，自牖执其手，曰：'亡之，命矣夫！斯人也而有斯疾也！斯人也而有斯疾也！'""以杖叩其胫"出自《论语·宪问》："原壤夷俟。子曰：'幼而不孙弟，长而无述焉，老而不死，是为贼。'以杖叩其胫。"原话未变，却将事情的前因后果表达得清清楚楚，县令名副其实。而此"孝廉"非彼"孝廉"，天下名不副实之事着实数不胜数，令人扼腕。

2. 谐趣联二

吃醋，坐冷板凳，把你当二百五；

咬盐，趁热被窝，管他仰十三千。

男女争风吃醋之事，总能让人啼笑皆非。同张孝廉、李屠儿之事类似，一位司马也因吃醋而留下了这副对联。

司马罢官后寓居湖南，在此地与一位妓女交好，未成想这名女子又移情于一位乡绅。有一天司马与乡绅偶遇在该妓女家中，乡绅顿感不快，便说："我有一俗语，你若能对答，我便退出。"然后给出上联。未成想，司马立刻给出下联。上下联都是湖南地区的谚语，随口说出却又对仗工整，饶有趣味，但语句恶俗，格调低下。

3. 谐趣联三

养猪大如山老鼠头头死；酿酒缸缸好做醋坛坛酸。

相传这是从前一个养猪的财主，在开酒店时请人写的一副对联。古代的时候没有标点，所以在一些特殊的句子中，断句不同，意义也不同。"养猪大如山，老鼠头头死；酿酒缸缸好，做醋坛坛酸。"这样的寓意非常好，财主看后满心欢喜。但是如果在鼠字后边断句，那么意义就大不相同。"养猪大如山老鼠，头头死；酿酒缸缸好做醋，坛坛酸。"养的猪都像是山老鼠那般大，而且还头头死。酿的酒都坏掉，像醋一样酸。财主自己念的时候都以第一种断句方式，但是有一次听别人念的时候是第二种断句方式，与自己的意义完全不一样，气到昏厥。

古代正直的文人虽势弱，但却不肯自弃。面对社会不公，文人多以自己的才智伸张正义，巧用对联便是一种方式。这些对联一联两意，让恶人吃亏，又哑口无言。

4. 谐趣联四

人参和醋不相逢；民乐及诗难再见。

这是现代人利用汉字的特性写出的一副趣味对联。对联是化用晏殊

《金柅园》“人生何处不相逢”与苏轼《水调歌头》“明月几时有”之句而来的。醋与人参很难出现在同一个唱和下，民俗音乐和古典诗词现在也很难见到。此对联有趣，也有对当今文化现状的反思及忧虑的意味。

5. 谐趣联五

上联：

二十一日，恰逢酉时，黝色奇出，从此肇始。香喷喷，采摘芳菲溢樽斛，饱饮半壶尽芬芳；酸溜溜，游戏鼻息沁脾胃，穿梭皓齿钻入肠；甜滋滋，上捧甘霖下溪泉，媲比玉醅压琼浆。醽醁临喉，初味猛烈；奶液萦舌，后味绵长；碳水化合，内里隐藏；微含蛋白，略带脂肪；钾钙钠磷，溶包稀矿；浓缩营养，疏散热量。心潮澎湃，血管激荡；酢之强催，全身劲爽。黑塔着实惊讶，杜康大加赞赏；喜迎今朝鲜汁，淘汰昨昔梅酱。烹菜调羹，厨房常事；佐餐辅肴，厨匠伟志；炒温拌凉，厨技根基；延寿健体，厨林太师。莺莺燕燕，教玄龄惊怕；因因缘缘，竟婆娘泼辣；怒怒汹汹，反唐宗圣谕；恩恩爱爱，写夫妻佳话。改易寒暑，革变露霜；冬捞冰，夏伏晒；信来福，必来福；依据已往经验，提议特别主张。模式何其谨严，规格何其隆昌！集齐熟谷，认真挑选杂粮；蒸酵熏淋陈，诸道工序忙；贮在封缸，晾在旷场；环境优裕，种类优良；静默多少晨晚，成就多少辉煌。把霓虹哺孕，把风雨吐吞；听雷电轰鸣，听鹊鸟唱吟；看晴岚翩舞，看瑞雪缤纷；与苍穹接吻，与杳冥联姻。汲天地之精粹，纳山川之魄魂；捕阴阳之正气，数春秋之逡巡；沐移回之旭月，浴璀璨之星辰；羡云霞之逍遥，慕雾霭之氤氲；衡阡陌之尺寸，惜滴漏之秒分。开门七件，拾掇柴油盐茶；开锅五感，盘点葱蒜姜椒。杀鸡具黍，另备妙醋；载碗载瓯，见醋如故。俚谣曰：青壮不食难致富，妇女不食难和睦，孩童不食难进步，老翁不食难超度。请宾朋举杯，请东家举杯，杯（背）负重任，杯（背）负使命。

下联:

四千余年，惠泽赤县，馥郁弥漫，遂以流传。活生生，遵循法理通脉络，暖育六腑更顺法；亮蹭蹭，舒畅肌肤匀脸颊，光润颜面修饰发；明晃晃，下涂足趾上手臂，填充纹缝护指甲。皮癣遍脚，抓药轻松；疼痛满脑，代药作用；晕眩抖落，再归警醒；打扫肝脏，消止浮肿；沾染擦拭，吸取疮脓；清洗垢尘，净除蛔虫；原菌纵横，病毒击攻，醯之独立，孰敌撞冲？裨益无穷罗列，本领堪称绝雄；拓展医疗途径，冠夺美容殊荣。解疲救渴，功效并兼；祛疾治症，功劳占先；待客送礼，功绩卓显；馈友赠亲，功德完满。汩汩淙淙，若汾潇嘲哳；紧紧凑凑，将羊方互夹；滔滔滚滚，赚财源广茂；酽酽醇醇，获官民奖夸。闻说龙蛇，偶现偏僻；速至庙，诚拜祭；好掌柜，能掌柜；庇佑灵异井池，编织深远意义。宇宙多少物象？人世多少行业？培植娇花，终却垂坠枯叶；陶瓷丝绸铁，几朵蕊蓓谢！换新沧桑，更新岁节；品牌未脱，口碑未灭；历程何其艰辛，凝结何其凛冽。于昙子储存，于坛罐安置；由尧村起兴，由蓂荚酿制；向湖海播扬，向寰球飞驰；令欧亚知名，令逸趣留史。诱苹果之涎沫，引柠檬之糖蜜；捻葡萄之纤维，择粱稻之碎细；搓黏连之麦麸，揉黏滑之糯米；补蔬饭之粗涩，驱闸蟹之腥腻；炖鹅鸭之嫩酥，防鱼肉之烂糜。启卷九章，竞骋诗词歌赋；启唇三爻，挥洒琴棋书画。叙谊谈情，交错金杯；轮座轮位，众杯堆叠。愿景是：政府有幸得猷谋，秀才有幸得状头，商贾有幸得宝钞，耕农有幸得丰收。让咖啡吃醋，让可乐吃醋，醋（促）动神州，醋（促）动中华。

这副对联将醋的源流、滋味、功能、酿造工序等做了全面介绍，熔传统与现代于一炉，隐喻处也不乏新奇精妙，向人们普及了有关醋的知识，内容丰富，手法多样。联作虽然篇幅宏大，堪称巨制，却有铺陈过度之感，语言平淡之嫌，也有平仄欠工、对仗粗疏之憾。但以醋为中心能够写就如此长联，足见作者有较高的文学修养和驾驭文字的能力。对联的字数不定，可长可短。短者五言、七言，长者三五十字，达百字者已属罕见。而今人作出醋联一副竟达千字，如此长联即使放在所有的对联中也是凤毛麟角。

五、醋诗撷萃

醋作为一种调味品，不仅与人们的生活息息相关，而且在历史的发展过程中，还被赋予了多种文化意义，例如从滋味角度衍生出饮食文化，从隐喻角度演化出嫉妒、迂腐等观念。醋为每一个社会个体所熟知，很难引起特别的关注，但历代诗人却以独特的感受与视角作为构思材料引入到诗歌创作中，写出很多脍炙人口、富有情趣的诗篇。

（一）醋味诗

中国人的饮食历来注重调味，至圣先师曾有言："齐必变食，居必迁坐。食不厌精，脍不厌细。"酸与咸作为最早的烹饪用味，特为世人所看重。司空图在《二十四诗品》中犹以"味在咸酸之外"来论诗。可见醋味的重要性。

1.《东院》

松下轩廊竹下房，暖檐晴日满绳床。

净名居士经三卷，荣启先生琴一张。

老去齿衰嫌橘醋，病来肺渴觉茶香。

有时闲酌无人伴，独自腾腾入醉乡。

在这首诗中，白居易并未直接采用酸字来形容橘子的味道，而是以醋代酸，通过诱发人们的联想，表现出人老齿衰后，耐受力下降，对橘子的味道难以接受的自然现象。全诗弥漫着独身老人伶仃清寂的生活意境，而一个醋字便将人鹤发后的羸弱无力表达得淋漓尽致，让人感同身受。

2.《丁未仲春思乡味会之乐简寄董伯虎》

天下清明节，江南笋蕨天。乱生无事种，争卖不论钱。

带醋香醒鼻，和糟味滑咽。季鹰莼菜念，徒更杂鱼鲜。

宋代曾丰这首诗回忆了清明节在江南地区乡间的一次饮食盛会。应时菜蔬，蕨笋之属，丰饶脆嫩，佐以醋、糟，味极鲜美。春季初采之菜蔬自有一番清香，如用重料调制则真味不存，宜用些许盐醋作为点缀，既勾提出菜蔬的淡淡清香，又除腥爽口。野蔬的清香与醋酸融于一体，从盏盘中氤氲而起，不断刺激着游人的嗅觉与食欲。

（二）醋用诗

醋用作调味品，可增加食物的鲜、香、甜等味道，从而促进食欲，有助消化。我国古代的许多文人不仅在文学领域取得了巨大的成就，而且在饮食上也有非常高的品位。

1.《醋炙鲥鱼》

芽姜紫醋炙银鱼，雪碗擎来二尺余。

尚有桃花春气在，此中风味胜莼鲈。

宋代著名词人苏东坡由徐州知府改任湖州知府。在路过镇江时，那里的官员命厨师做了一道当地的名肴"醋炙鲥鱼"送给他，苏东坡食用后，当即作诗一首《醋炙鲥鱼》，表达了对这道名肴的赞美。诗的第一句是在介绍"醋炙鲥鱼"的做法：将鲥鱼放在姜、醋做成的汤料中腌制入味后，再用慢火烤熟。显然醋是被作为一种主料来使用。此处的"紫醋"应指的是中国四大名醋之一的镇江香醋，此醋色泽红润深紫，味酸而不烈，气味芳香，别具一格。从此之后，以醋来烹鱼成了镇江的一种特产风味，并形成了"名醋配佳肴"之说。"用醋烹鱼至今仍是江浙一带人们烧鱼的特色技艺。"①

---

① 颜景宗、谭学良，《山西老陈醋史话》，山西人民出版社，2003 年，第 40 页。

图 6-9　醋拌黄鱼（来源：《点石斋画报》）

2.《题西湖醋鱼》

裙屐联翩买醉来，绿阳影里上楼台。

门前多少游湖艇，半自三潭印月回。

何必归寻张翰鲈，鱼美风味说西湖。

亏君有此调和手，识得当年宋嫂无。

杭州有一道以醋作为主料来烹鱼的名肴——"西湖醋鱼"。在杭州孤山"楼外楼"的墙壁上有着食客随手写就的一首夸赞"西湖醋鱼"的诗。这首诗认为"西湖醋鱼"滋味绝美，远胜于让张季鹰思之不寝，弃官归乡的"松江鲈鱼"。此菜肴滋味鲜美的秘诀便是用清水将鱼煮熟，然后将加热至滚沸气泡的糖醋徐徐浇在鱼身上，糖醋调制的汤汁要薄而浓方能使鱼肉鲜嫩酸甜，别具特色。

3.《芥齑》

蓝姜馨辣最佳蔬，苏芥芳心不让渠。

蟹眼嫩汤微熟了，鹅儿新酒未醒初。

枨香醋酽作三友，露叶霜芽知几锄。

自笑枯肠成破瓮，一生只解贮寒菹。

芥是一年生或二年生草本植物，叶、茎、根都可食用，种子呈黄色，味辛辣，与紫姜类似，磨成粉末后，便是调味品芥末。芥齑即是芥菜切碎后所做成的食品。杨万里在这首诗里描写了芥齑的食用方法，认为最好的调味品是枨和醋，枨是橙子，醋应是陈醋，因为陈醋色深，酸味醇厚。橙有果香气，与陈醋相搭，可抑制芥菜的辛辣。杨万里以诗歌的方式记载了古时食用芥菜的方法。这首诗的前三联都是在介绍芥菜，最后一联却陡然间转至己身，传达出两种意义：一是自己对芥齑的喜爱，终身都在食用；二是自己坚定的操守，身死不变。

（三）醋赞诗

醋在中国人的生活中，特别受到青睐，有着不可替代的地位。它不单单是充当菜肴的调味品，而且本身也具有相当高的保健功能。陶弘景在《名医别录》中就已将醋作为药物加以记载。清代王士雄所撰写的《随息居饮食谱》也有"醋：酸温。开胃、养肝、强筋、暖骨、醒酒、消食、下气、辟邪，解鱼蟹鳞介诸毒。陈久而味厚气香者良"[1]的记载。现代医学也发现醋有防止体液呈酸性、降血压、防止动脉硬化、抗衰老、滋润皮肤等功效。醋的益处人们早就已经有所发现，并多加记录。而诗人则以自己的才学对其加以咏叹。

1.《咏醋》

毒酒未消嫉妒意，来福御赐谢金銮。

---

[1] [清] 王士雄，《随息居饮食谱》，人民卫生出版社，1987年，第21页。

　　珍馐玉盏浮华尽，琼液天香寿数绵。

　　凉拌素荤厨子意，美食冬夏客心欢。

　　世间万物休轻弃，五味调和首是酸。

　　这首诗的作者无考，但其中对醋的介绍不可谓不详尽，对醋的夸赞不可谓不入微。首联以酒喻醋，轻拈出嫉妒义，还是在引用房玄龄夫人吃醋的典故。颔联则重在夸赞醋的味道香甜绵长，将醋与珍馐美馔和琼浆玉液相提并论，而且滋味较其更胜一筹。颈联则是赞许醋的功用及食用价值。无论冬夏，厨师都用醋对各种菜肴进行调味，而且经过醋的调味每样菜品都能够使食客感到欢心惬意。尾联作者将醋的地位拔高了，认为五味中醋要胜于甜、苦、辣、咸四种味道。

　　这首七言律诗将醋的来源、历史典故、酸味及由酸味引申出的嫉妒义、食用价值等都融于一体，充分显示出作者对于醋的熟悉及赞美。尤其是在诗歌的最后，通过五味的对比，无形中就抬高了醋的地位，直白地表现出作者对醋的喜爱之情。

　　2.《咏醋》

　　　　调味佐餐兼药功，古今一脉酒同宗。

　　　　缴枪不缴瓶存物，妒姐名坛忘阆中。

　　这首诗为当代学者贾寅珍所作，前两句说醋的价值及其与酒的渊源。第三句源出俗语"缴枪不缴醋瓶子"，俗中见巧。第四句融合了吃醋与产醋两个典故：一是我国古代将嫉妒心强的女人称为"醋坛子"，现在依然普遍使用；二是我国酿醋历史悠久，产地品类不可胜数，多不为人知。其中山西老陈醋、镇江香醋、保宁醋、永春老醋被誉为中国四大名醋，其中的保宁醋产自巴蜀阆中或为人所遗忘。

　　3.《咏绩溪道中牡丹二种》

　　　　看尽徽苏谱与园，牡丹未见粉丝君。

　　　　春罗浅染醋红色，王板夒成裙摺纹。

头重醉余扶不起，肌香淑处澹仍芬。

老夫生有栽花癖，客里相看为一醺。

杨万里这首诗咏叹的牡丹是丝头粉红。诗人看遍了徽、苏两地的牡丹图谱和种植园，未曾见到丝头粉红这一佳品，它的颜色就像在洁白的绢丝上浸染了浅浅的醋红，绽放的花瓣层层堆叠有如裙褶。诗人自称栽花癖，如今看到如此华美的牡丹，不禁为之沉醉。作者在描绘丝头粉红的颜色时，未直接使用传统的颜色字，而是别开生面地借用了醋的颜色，让人不但会想象其娇媚，似乎也可嗅到醋之香味。

（四）醋喻诗

醋味本酸，所以人们通常借醋来喻示某些人的品行。以醋喻人包含了三个方面：一是比喻嫉妒心重的女子；二是对贫寒且迂腐的知识分子的嘲讽；三是以醋喻人之悲伤凄凉。

1.《吃醋》

恭喜郎君又有她，侬今洗手不当家。

开门诸事都交付，柴米油盐酱与茶。

吃醋，最初本是用在男女关系上，后来泛指人们的嫉妒心理。关于吃醋最有趣的诗出自一位妇人之手。从这首无名氏的诗中可以明显看到妇人对她郎君纳妾的怨恨之情。"柴米油盐酱醋茶"本是七件事，妇人虽出于泄愤心理说都交付，但事实上只交付了六件，把醋留下了，自己留下的醋那就只能自己吃了，嘴上说恭喜，内心却醋意翻滚。

2.《次韵宗伟阅番乐》

十日闲愁昼掩关，起寻一笑共清欢。

罢休诗社工夫淡，先净书生气味酸。

尽遣余钱付桑落，莫随短梦到槐安。

绣靴画鼓留花住，剩舞春风小契丹。

图 6-10　妒妇笑谈（来源:《点石斋画报》）

这首诗出于范成大之手，诗人在度过闭门十日的苦闷后，欲卸却愁心，走出房间去寻求愉悦。诗人强调在"起寻一笑共清欢"时，须先洗去书生的酸气。既然需要"净"，那便说明读书人也自知身上有一股常人没有的"酸"气。

3.《乞醯》

平生忍酸寒，鼻吸醋三斗。先民耻乞字，乞醯良可丑。

酸有悲伤、凄凉义，例如酸辛、酸楚等词。醋味酸，所以醋在诗歌中有时也被用来表达悲伤、凄凉的意义。作者谢枋得《乞醯》一诗应作于隐居闽中时期。"平生忍酸寒，鼻吸醋三斗"是对一介文人一生贫寒、一身酸气的自我总结。宋亡后作者的生活更是潦倒，虽然先民以谈乞为耻，但是到了他这里连醋都需要向人乞取，寒酸之境可谓甚矣。

韩愈在《赴江陵途中寄赠王二十补阙、李十一拾遗、李二十六员外

图 6-11　寿翁吃醋（来源:《点石斋画报》）

翰林三学士》中也有着"酸寒何足道，遂事生疮痏"的描写。不过此句中"酸寒"不单是迂腐义，重点或许在表达文人贫困的生活处境。

4.《次韵志归十首之三》

　　痴与狂皆有，贫兼病亦应。屡尝三斗醋，不梦一条冰。

　　买药凭船贾，分茶谢冢僧。短衣射猛虎，老矣竟无能。

　　元代方回的这首诗选择了"三斗醋"这个概念，表达偏向于白描。生性痴且狂，老来贫病将，买药靠买船换来的钱，喝茶需僧家施舍，这是怎样的一种生活！"三斗醋"本就已经传达出非常凄凉、悲伤的意蕴了，偏偏又是"屡尝"，读之令人泣涕涟涟。

第七章

茶

福
炒 十
茶 七

　　"开门七件事"中，茶忝列末座，其实茶的地位丝毫不比另外六件事逊色，王安石在《议茶法》里就有了"茶之为民用，等于米盐，不可一日以无"的说法。只是因为茶是较晚进入人们饮食生活的缘故而被排在了后面。中国传统社会，上至帝王将相、文人墨客，下至贩夫走卒、平民百姓，无不以茶为好。在现代社会，不论是农村还是都市，饮茶成了中国人的传统生活习惯，茶与老百姓的生活息息相关。

　　我国是世界上最早种植茶叶的国家，而且人工栽培茶叶的历史也已经有三千多年了。茶叶是一种多年生叶用的植物，我国茶树品种丰富，占据世界茶树种类的绝大多部分。我国茶区主要有：江南茶区、江北茶区、华南茶区和西南茶区。

　　茶字的前身是荼。《说文解字》："荼，苦荼也。从艸余声。"徐铉注："此即今之茶字。"茶树本来叫作"槚"，因为它的叶子和荼一样有苦味，所以又叫荼。南北朝时期，代表"槚"的荼分化出了茶的读音；到了唐代，读茶的"荼"字又被人们减去一横，成了今天的"茶"字。《茶经·一之源》："其名，一曰茶，二曰槚，三曰蔎，四曰茗，五曰荈。"茶的别名和美称还有许多：枪旗、鹰爪、雀舌、春风、龙凤团、急须、粥面、云脚、蟹眼、白芽、北苑、碧螺春、不夜侯、茶荈、茶旗、草中英、涤烦子、凤团、橄榄仙、火前、佳茗、建茗、建溪春、金叶、京挺、九华英、苦口师、冷面草、琉璃眼、酪奴、灵芽、龙团、龙芽、露芽、麦颗、麦粒、蒙顶、茗饮、瓯蚁、清风使、鹊舌、日注、乳茗、瑞草魁、山芽、双井、森伯、石花、水豹囊、水芽、兔毫、兔毛、团茶、团凤、团黄、晚甘侯、先春、仙芽、香茗、消毒臣、雪芽、芽茶、阳芽、鹰觜、余甘氏、御舞、云腴、赵坡、紫琳腴、紫笋等。一个茶字，演绎出如此眼花缭乱的名称，着实令人惊叹。

中国茶文化是具有中国特色、在世界文化体系中具有比较优势的文化内容。博大精深的中国茶文化体现了中国人的和谐中庸、爱民厚生、自强不息的民族精神以及人与自然的和谐关系，这种茶文化精神对世界茶文化有着深刻和广泛的影响和促进作用。把中国茶文化的发展置于全球化背景之下，既与全球化发展趋势总体适应，又能够很好地增强中华文化的生命力，增强民族自豪感。

一、茶的雅趣

"细雨斜风作晓寒，淡烟疏柳媚晴滩。入淮清洛渐漫漫。雪沫乳花浮午盏，蓼茸蒿笋试春盘。人间有味是清欢。"茶是一种充满雅趣的饮品，当茶叶沁入水面飘起一阵阵清香时，一切都变得赏心悦目、闲雅而富有诗意。

（一）茶的发现

茶为国饮，在中国有悠久的历史。茶的发现与利用，是中华民族对世界文明和进步做出的重要贡献，但是究竟是什么时候发现了茶，古籍上也没有确切的说法。应该说，探讨茶的发现问题是一个饶有兴致的话题。

1. 神农得茶

茶叶最初并不是被人们作为饮品使用，在传说的尧舜禹时代，茶被用作解百毒的灵药。"茶之为饮，发乎神农氏，闻于鲁周公。"

《神农本草经》记载："神农尝百草，日遇七十二毒，得茶而解之。"神农在野外煮水时，恰巧有几片叶子飘进锅中，煮好的水，颜色微黄，有生津止渴、提神醒脑之效。这是有关中国饮茶起源最普遍的说法。《茶经》："茶之为饮，发乎神农氏。"

2. 巴国纳贡

晋代常璩《华阳国志·巴志》对"茶事"有着明确的记录："周武王伐纣，实得巴蜀之师，……武王既克殷，以其宗姬封于巴，爵之以子。古者远国虽大，爵不过子，故吴、楚及巴皆曰子。其地东至鱼腹，西至僰道，北接汉中，南极黔涪。土植五谷，牲具六畜。桑、蚕、麻、苎、鱼、盐、铜、铁、丹、漆、茶、蜜、灵龟、巨犀、山鸡、白雉、黄润、鲜粉、皆纳贡之。"[1]

这一记载表明武王伐纣之时，巴国就已经以茶和其他珍品纳贡与周武王了。据《华阳国志》记载，当时已经有人工栽培的茶园。周武王伐纣是在公元前1066年。那么，我国的"茶事"距今已有三千多年的历史了。

3. 西汉有荼、茶

成书于西汉初年的词典《尔雅》，其中写道："槚，苦荼。"据晋代郭璞说："树小如栀子，冬生叶，可煮作羹饮，今呼早采者为荼，晚取者为茗。"西汉王褒《僮约》中有"烹茶尽具""武阳买茶"的记载。《华阳国志·蜀志》记载，"什邡县，山出好茶"，"南安、武阳皆出名茶"。经考，荼即今茶，西汉时期已有茶的产地县"荼陵"，即今湖南的茶陵。东汉华佗《食经》中也记载"苦茶久食，益意思"，说明西汉时茶就出现了，而且出现了饮茶的专门用具。

（二）茶的种植、采集与制作

品茶容易种茶难。流传在我国民间的口头文学形式茶谚记录了有关茶的生产、种植、采集与制作的经验。千百年来，我国一代代的"茶农""园

---

[1] [晋] 常璩撰，任乃强校注，《华阳国志校补图注》，上海古籍出版社，1987年，第4—5页。

户""山民"，不是依靠别的，正是依靠这些流传经久的简朴谚语从事茶叶生产的。

1. 山高雾浓茶才香

这句是指好茶多产在高山峻岭、云雾弥漫的地方。

要种茶，首先要选择适宜或有利于茶树生长的环境。晋代孙楚《出歌》说："姜桂茶拜出巴蜀，椒橘木兰出高山。"这是关于茶园择地的谚语。高山上的叶茶因吸收了水雾，所以质量格外好。刘先平在《云海探奇》一书中也说："俗话说：'山高雾浓茶才香。'俺紫云山是得天独厚的好地方，好几种名茶都离不了俺这大山。"

"山高雾浓茶才香"这条谚语，在不同地方有不同的说法。"高山出名茶"，浙江如衢州一带，有"高山茶叶，低山茶子"之说，绍兴地区有"平地有好花，高山有好茶"之说，台州一带则说得更具体，称"高山多雾出名茶"，意指不是所有的高山，而是要多雾的高山才能出名茶。还有的地方说"穿云寻古寺，带露摘新茶"。

2. 耙一耙，就有茶

精耕细作是中国古代农业的生产模式，对茶园生产来说也同样适用。在对茶地的耕作上，汉语产生了许多关于这方面经验的茶谚。"种茶没有巧，只要茏土翻得好""若要茶，伏里耙""秋冬茶园挖得深，胜于拿锄挖黄金""茶叶是黄金，就是要深耕""三年不挖，茶树摘花"，说明茶园土地如果不深翻深耙深挖，茶树就只开花而无叶可采了。"秋冬茶园挖得深，胜于拿锄挖黄金"，同样说明了茶园进行深耕松土的重要性。"茶山不铲，收成定减""茶山年年铲，松枝年年砍"，说的是茶山要经常铲，如果不铲，就会减产。

3. 茶叶是个宝，肥料少不了

肥料是茶树生长的食粮，是茶叶增产和提高品质的物质基础。土是根，水是命，肥是劲，良好的施肥技术，有利于茶叶增产，保持和提高茶叶的优良品质。关于施肥茶农总结了许多谚语："百斤茶叶千斤肥""茶树本是神仙草，只要肥多采不了""茶树不怕采，只要肥料足""一担春茶百担肥""根底肥，芽上催""茶叶不用问，全靠水和粪""茶树缺肥芽不旺""种茶生根靠上水，苗子转青靠追肥""惊蛰上次肥，茶芽壮又肥""冬肥茶，未春发"等。

4. 清明发芽，谷雨采茶

在茶叶生产过程中，茶叶采摘具有特别重要的意义，因为这不仅关系到茶叶质量、产量和经济效益，还关系到茶树的生长发育和经济寿命的长短。中国茶类丰富多彩，品质特征各具一格。在茶叶采摘方面，采茶地区流行的茶谚特别多，归纳起来，茶谚总结出来的采摘要求除了细嫩采、适中采、特种采、成熟采的要求外，最重要是对季节时令的要求。关于这方面的代表性茶谚有："采茶适时是个宝，误了时节茶是草""要晒好谷趁天晴，要摘好茶趁清明""清明时节近，采茶忙又勤"，说明清明是采茶的黄金时节，是时采出的明前茶，深受人们的青睐。关于采茶经验的谚语还有："谷雨茶，满地抓""早采三天是个宝，迟采

图 7-1　拣茶叶女（来源：《营业写真》）

三天变成草""立夏茶，夜夜老，小满过后茶变草""一年老了爹，一夜老了茶""清明发芽，谷雨采茶""春茶一把，夏茶一头""谷雨前茶，沁人齿牙""春茶苦，夏茶涩；要好喝，秋露白""吃好茶，雨前嫩尖采谷芽""茶到立夏一夜粗"等。

5. 当天采茶，当天做茶

茶叶的制造因各种茶的不同而在程序上有所差异，反映茶叶制造的谚语也很多，如"茶叶好比时辰草，日日采来夜夜炒""大锅炒茶对锅保""小锅脚，对锅腰，大锅帽""抛闷结合，多抛少闷""高温杀青，先高后低""嫩叶老杀，老叶嫩杀""善蒸不若善炒，善晒不如善焙"等。从这些流行的茶谚中，我们可以看出茶叶制作的一般要求和制作特点。

6. 茶是草，箬是宝

茶叶吸湿、吸味性强，很容易吸附空气中水分及异味，储藏不当，很容易在短时期内茶气渐失、陈味渐露，颜色也会发生变化。因此，掌握茶叶的储存方法，保证茶叶的品质是生活中必不可少的。明清时期，汉语就出现了一条特别有名的关于茶叶储藏的谚语，那就是"茶是草，箬是宝"，意思是说茶叶从焙制到装运，全靠箬来帮辅。

箬是一种高大的竹子，箬叶可用于保存茶饼。箬条可用于捆绑运输茶叶，不仅可以有效防潮、避光，呵护茶叶不受磕碰，还可以提升茶叶品质。当然，这句茶谚主要是针对黑茶而言。《农桑衣食撮要》卷上："二月摘茶，略蒸色小变，摊开搨，气通，用手揉，以竹箬烧烟火气焙干，以箬叶收，故谚云。"这条茶谚无论是现在还是在当时，对茶类的生产和茶叶的保存都起到了一定的积极作用。

（三）茶的种类

当我们走进茶店和茶庄时，常常被不同形状不同色彩的茶所吸引，也往往惊叹于茶叶五花八门的名称。有的根据茶的形状命名，如"六安瓜片"，其形状如同我们平时吃的瓜子；"杭州雀舌"，其样子类似小山雀可爱的雀舌；产自浙江的玲珑小巧的"珠茶"，其外形如同一枚枚精致的珍珠。还有状如针状的"松针"茶、"君山银针"，如同利剑一样的"剑毫"，如同龙虾一样的"龙虾茶"，如同竹叶一样的"竹叶茶"，以及像兰花、菊花、牡丹一样缤纷的"翠兰""墨菊""绿牡丹"等，这些茶的名字都是根据茶的外形，取其形神兼备的特征而命名的。

在我国，茶叶的分类与命名历来有不同的标准与角度。茶叶行家有句口头禅："喝茶喝到老，茶名记不了。"目前的茶学界，对于茶类的划分采取了一种综合的办法，将中国茶分为两大类，即基本茶类和再加工茶类。

1. 基本茶类

基本茶类是指经过初制、精制两个阶段的各个工艺程序生产出来的，尚未进行其他形式再加工的茶，包括绿茶、红茶、乌龙茶、白茶、黄茶、黑茶等六类。

绿茶是指通过杀青、揉捻、干燥等三个基本工艺流程生产出来的茶叶。杀青的方式有两种，一是加热杀青，二是蒸汽杀青。以蒸汽杀青的绿茶称为"蒸青绿茶"。最终干燥的方式有三种，即炒干、烘干或晒干。最终炒干的绿茶称为"炒青绿茶"，最终烘干的绿茶称为"烘青绿茶"，最终晒干的绿茶称为"晒青绿茶"。

红茶是鲜叶经过萎凋、揉捻、发酵、干燥四个工艺流程生产出来的茶叶。在发酵过程中茶叶里的多酚类物质经氧化生成红茶色素，使得红茶具有汤红叶红的特点。红茶又可分为小种红茶、工夫红茶和红碎茶三类。

乌龙茶最初产于福建省武夷山，属于半发酵茶，也称"青茶"，其基本工艺流程是晒青、摇青、轻发酵、杀青、揉捻、干燥。乌龙茶的品质特点是既具有绿茶的清香，又具有茶的醇厚滋味，韵味独特、回味无穷。

白茶属于轻微发酵茶，其品质特点是干茶的外表披满白色茸毛，色白隐绿，汤色浅淡，茶味甘醇。其主要品种有福建福鼎、政和、建阳等地生产的"银针白毫""白牡丹""贡眉""新工艺白茶"等。

黑茶属后发酵茶，是我国特有的茶类，生产历史悠久，以制成紧压茶边销为主，主要产于湖南、湖北、四川、云南、广西等地。主要品种有湖南黑茶、湖北老青茶、四川边茶、广西六堡散茶、云南普洱茶等。

2. 再加工茶类

以绿茶、红茶、乌龙茶、白茶、黄茶、黑茶等基本茶类为原料进行再加工的产品统称为再加工茶类，它包括花茶、紧压茶、萃取茶、果味茶、药用保健茶和含茶饮料六类。茶艺表演用的主要有花茶和紧压茶。

花茶是用茶叶和香花进行拼和窨制，使茶叶吸收花香而制成的香茶，也称为熏花茶、窨花茶、香片茶等。熏花用的原料茶坯主要是绿茶，少数也用红茶或乌龙茶。花茶因窨制时所用的香花不同而分为茉莉花茶、白兰花茶、珠兰花茶、玳玳花茶、柚子花茶、桂花花茶、玫瑰花茶、金银花茶、米兰花茶等。各种花茶，各具特色，但总的品质要求是香气鲜灵、浓郁、纯正，滋味浓醇鲜爽，汤色清亮艳丽。

各种散茶经过蒸压而制成的茶饼、茶砖、茶团等均称为紧压茶。紧压茶中的珍品有云南沱茶、普洱、方茶、竹筒茶、湘砖、康砖、老青砖、茯砖、六堡茶、湘尖、金尖等。

以成品茶或半成品茶为原料，用热水萃取茶叶中的可溶物，过滤弃去茶渣，获得的茶汁经浓缩或干燥后制成的固态茶或液态茶汁统称为萃取茶。

在茶叶半成品或成品中加入果汁，调制成的饮料称为果味茶，这类茶风味多样，果香浓郁，滋味可口，颇受现代市场的欢迎。

用茶叶和某些中草药配伍制成的，具有医疗保健作用的复方茶称为药用保健茶。茶叶本身就具有营养保健功效，与中草药科学地配伍后，可增强茶汤对某些疾病的防治功能，通过饮茶来防病治病、强身健体，是一些群体乐于接受的新消费趋势。

在饮料或冷饮中添加茶汁开发的新饮品称为含茶饮料。

（四）饮茶的功效

茶自有其色香味形令人神往，赏心悦目；茶自有其生津益气，提神醒脑之功为人所用。茶从中国起传到世界五大洲，成为各国人民津津乐道的文明饮料。

1. 提神益思

茶叶中含有甜、酸、苦、鲜、涩味等各种滋味的物质。科学研究发现，茶叶含大量的氨基酸，它可产生鲜中带甜或鲜中带酸的物质，经开水冲泡会散发出扑鼻香气。春茶有清香，秋茶有花香，这种扑鼻而入的茶香气味，会使人心旷神怡，并有生津止渴、提神醒脑的功效。谚语"好茶一杯，精神百倍""午茶提精神，晚茶睡不宁"说的就是喝茶能提神。明代周履靖《茶德颂》："一吸怀畅，再吸思陶，心烦顷舒，神质顿醒，喉能清爽。"《本草纲目》："茶苦而寒，最能降火，火为百病，火降则上清矣！温饮则火因寒气而下降，热饮则茶借火气而升散，又兼解酒食之毒，使人神思爽，不昏不睡，此茶之功也。"

2. 健体强身

中国人饮茶的历史，从神农时代兴起至今已有五千年之久。据《旧唐书》记载，宣宗李忱曾求教于一位一百三十多岁的老僧，怎样才能延年益寿，僧人答曰："臣少也贱，素不知药性，唯嗜茶，凡履处唯茶是求。"名医华佗在《食论》中著称"苦茶久食，益意思"。《本草纲目》："茶苦而寒，阴中之阴，沉也降也，最能降火。"明代顾元庆《茶谱》："人饮真茶能止渴，消食，除痰，少睡，利水道，明目，益思，除烦，去腻，人固不可一日无茶。"宋代苏东坡《茶说》："浓茶漱口，既去烦腻，且苦能坚齿、消蠹。"宋代吴淑《茶赋》："夫其涤烦疗渴，换骨轻身，茶之利，其功若神。"可见，喝茶可以养生益气，健体强身。

在喝茶的过程中，中国人总结出了许多经验，如"饭后三碗茶""喝了空腹茶，疾病身上爬""隔夜茶，脾胃伤""烫茶伤人，姜茶治病""喝茶不洗杯，阎王把命催""清晨一杯茶，饿死卖药家""食了明前茶，使人眼睛佳""常喝茶，少烂牙""饭后一杯茶，老来不眼花""茶水喝足，百病可出""粗茶淡饭健康家，生吃萝卜淡饮茶""穷要养猪，富要读书，健要饮茶""饮茶有益，浓茶解腻""雪水沏茶喝，能活百岁多"等，反映喝茶经验的大量茶谚记述了茶能强身健体的功效。

3. 陶冶情趣

中国人饮茶，讲究细斟慢饮，啜英咀华。"穷春秋，演河图，不如载茗一车""苦茶久饮，可以益思""见事莫说、问事不知、闲来喝茶、无事早归""素食清茶，爽口爽心""品茶评茶有学问，看色闻香比喉韵""好茶不怕细品，好事不怕细论"。通过茶谚可以看出，饮茶能使人回归简朴，品到人生的滋味，能陶冶情趣，使人进入一种物我两忘的意境。林语堂先生曾说："中国人最爱品茶，在家中喝茶，上茶馆也是喝茶，开会时喝茶，打架讲理也要喝茶，早饭喝茶，午饭后也要喝茶，有清茶一壶，便可随遇而安。"

4. 亲和人际关系

客来敬茶，以茶会友，茶香味浓，情投意合，饮茶能促进人际交往，亲和人际关系，这种功能在茶谚中也得到了充分反映。"茶好客常来，茶好客自来""客到茶烟起，待客茶为先""好茶敬上宾，次茶等常客""茶七饭八酒加倍""客从远方来，多以茶相待""酒吃头杯，茶吃二盏""清茶一杯，亲密无间""清茶一杯，无是无非""贵客进屋三杯茶""客来茶相待，情谊融其间""来客敬烟茶，烟茶不分家""人熟好办事，烟茶不分家""人走茶不凉，遇事好商量""君子之交淡如水，茶人之交醇如茶""茶逢知己千杯少，壶中更抛一片心""饮不尽的茶，说不完的话"等，类似的茶谚不仅数量多，而且脍炙人口，表意生动，充分体现了饮茶待客的文化功能。

二、茶俗解码

以茶事活动为中心形成的茶俗，经千百年的发展延续，已镌刻在中华民族的茶文化中，并通过茶俗的外在形式体现在人们的日常生活中。茶俗沟通着民众的物质生活和精神生活，反映着集体的和社会的人群意愿，成为传播生生不息的茶文化的重要载体。

（一）历史典故

中国茶俗具有历史的悠久性、内涵的丰富性、地域的广泛性、民族的鲜明性、传承的变异性等特点，"嗜茶成癖""以茶代酒""武阳买茶""水厄""不夜侯""吃茶去""苦口师"等历史典故承载着源远而流长的中国茶俗信息。

1. 嗜茶成癖

"嗜茶成癖"说的是茶艺的祖师爷陆羽。陆羽是唐代茶学家，被誉为"茶神""茶圣""茶巅"等。由于他精于茶道，一生嗜茶，还获得了"茶癖"的雅称。陆羽撰写出世界第一部茶叶专著——《茶经》，全面系统地总结论述了茶叶栽种、采制和饮用经验，开中国茶道的先河。宋代陈师道《茶经序》曾高度评价《茶经》："夫茶之著书自羽始，其用于世亦自羽始，羽诚有功于茶者也，上自宫省，下迨邑里，外及夷戎蛮狄，宾祀燕享，预陈于前，山泽以成市，商贾以起家，又有功于人者也。"可以说，《茶经》问世，使"天下益知饮茶矣"，极大地推动了饮茶风习的传播。

2. 以茶代酒

远在三国时代便有了"以茶代酒"的故事。《三国志·吴志·韦曜传》："孙皓每饮群臣酒，以七升为限，曜饮不过二升，或为裁减，或赐茶茗以代酒。"

吴国的第四代国君孙皓，喜好饮酒。历次会餐，限令入座的人都要饮七升酒，凡饮不尽的就硬灌下去。韦曜酒量浅，饮不过二升。然而孙皓对韦曜甚为重视，往往破例。每当韦曜饮酒难以下台时，他"或为裁减""或赐茶茗以代酒"。这是"以茶代酒"的最早记录。

3. 武阳买茶

"武阳买茶"是中国茶市最早的文字记载。说的是西汉的辞赋家王褒客居在成都安志里一个叫杨惠的寡妇家里。杨氏家中有一个名为"便了"的僮奴，王褒常常让他去买酒。便了对前主人忠心耿耿，觉得王褒是外人，又勾搭夫人，为他跑腿买酒憋了一肚子气，一天他跑到主人的墓前哭诉。

王褒知道了这件事，很生气，花了一万五千钱从杨氏手中买下便了。便了虽然不情愿，却也没有办法，不过他要求："把以后我应当做的事在契约中写明白，契约之外的我可不干。"

王褒擅长辞赋，精通六艺，一口气写下了长约六百字的《僮约》，列出了名目繁多的劳役项目，使便了从早到晚也得不到空闲。《僮约》中有两次提到茶，就是"烹茶尽具"和"武阳买茶"。"烹茶尽具"就是煎好茶并备好洁净的茶具，"武阳买茶"意为赶到邻县的武阳（今成都以南彭山县双江镇）将茶叶买回。《华阳国志·蜀志》有"南安、武阳皆出名茶"的记载。这么重的活儿，便了难以负荷，于是他痛哭着向王褒求情说："如果照这样干活，用不了多久就会累死，早知道这样，我宁愿天天替您买酒。"从《僮约》文辞的语气上看，这不过是作者的消遣之作，因为里面有很多揶揄、幽默的句子。王褒这不经意间，在中国茶史上留下了重要的一笔。

4. 水厄

南北朝代，茶有代用语叫"水厄"，"厄"为困苦、艰难义。"水厄"这一典故见《世说新语》："王濛好饮茶，人至辄命饮之，士大夫皆患之，每欲往候，必云今日有水厄。"说的是晋代王濛官至司徒长史，尤其喜爱饮茶，不仅自己一日数次地喝茶，而且凡有客人来便一定要客同饮。当时，士大夫中还多不习惯于饮茶。因此，去王濛家时，大家总有些畏惧，每次临行前，就戏称"今日有水厄"，即"水难"。

5. 不夜侯

"不夜侯"这个称呼出自《博物志》："饮真茶，令人少眠，故茶美称不夜侯，美其功也"，意思是喝了茶水之后，让人消除睡意，便封其为"不夜侯"，以此表彰茶叶的提神功力。

6. 吃茶去

"吃茶去"亦作"吃茶"，即喝茶、饮茶。唐代名僧从谂常住赵州观音寺，人称"赵州古佛"。他酷爱品茶，也喜欢用茶到了唯茶是求的地步，因而也喜欢用茶作为禅机。《五灯会元》："一人新到赵州禅院，赵州从谂禅师问：'曾到此间么？'答：'曾到。'师曰：'吃茶去！'又问一僧，答曰：'不曾到。'师又曰：'吃茶去！'后院主问：'为什么到也云"吃茶去"，不曾到也云"吃茶去"？'师唤院主，院主应诺，师仍云：'吃茶去！'"

赵州主张"茶禅一味"，把佛家清规、饮茶谈经与佛学哲理、人生观念都融为一体。对于佛教门徒们来说，"吃茶去"这句话用及其简单朴素的话语表达出了深刻的寓意，作为悟道的禅机，需要一定的灵性来觉悟。赵朴初先生于1989年9月9日为"茶与中国文化展示周"题诗曰："七碗爱至味，一壶得真趣。空持千百偈，不如吃茶去。"著名书法家启功先生也题诗："赵州法语吃茶去，三字千金百世夸。"

7. 苦口师

"苦口师"也是茶的别号，它的得来也有一典故。清末著名词人皮日休之子皮光业自幼智慧，十岁能作诗文，颇有门风。有一天，皮光业的中表兄弟请他赴宴品赏新柑。那天，庭堂上权贵云散，筵席殊丰。皮光业一进门，对新鲜甘美的橙子视若无睹，急呼要茶喝。所以，仆人只好捧上一大瓯茶汤，皮光业手持茶碗即兴吟道："未见甘心氏，先迎苦口师。"此后，茶就有了"苦口师"的雅号。

（二）民间传说与笑话

民间传说与笑话看似是一种下层习俗文化，但是正因为如此，民间传说与笑话所体现的既有良风淳俗，也有迷信陋习，它们都是中国茶俗的有机组成部分。

1. 笔床茶灶

笔床即笔架，茶灶即煮茶用的小炉。《新唐书·隐逸·陆龟蒙传》载：唐时，陆龟蒙隐居于松江甫里，他不爱与俗人交往，有的人登门拜访他也不肯见。他不骑马，在船上搭上船篷，装上书籍、茶灶、笔床及钓竿等，自得其乐。

笔床茶灶，自得其乐，一个隐士淡泊脱俗的生活状况，既令人羡慕又令人有与世隔绝之感，充满了无奈和悲凉。

2. 扫雪烹茶

《骈字类编》载：

> 宋陶谷为学士，得党太尉家姬，遇雪，陶取雪水烹茶。谓姬曰："党家有此风味否？"对曰："彼粗人，安有此？但能于销金帐中，浅斟低唱，饮羊羔儿酒耳。"[1]

宋代学士陶谷取雪水烹茶，并向党太尉家姬卖弄，意在显示自家情趣风味的高雅。以此反衬产生了一条成语，那便是"党家风味"，比喻庸俗浮华的生活状态。

3. 茶神

唐代的记载中说，当时有户卖茶的人家，做了陆羽的陶像，放在有烘茶器具的房间里，称他为茶神。有生意的时候，这家人就用茶祭奠它；没有生意时，就用锅里的开水浇它。

---

① [清] 张廷玉，《骈字类编》，清文渊阁《四库全书》本。

唐代陆羽一生嗜茶，精于茶道，被誉为"茶圣"等。一普通卖茶人家把陆羽做成陶像来祭奠着实不易，但其尊神的方法却令人不敢苟同，难免贻笑大方。

4. 看茶

《笑府》中有一笑话：

> 有童子甚愚。其家客至，内命看客多少，以便具茶。童以指数客曰："一个，两个……"主人怒而责之，且戒曰："自后只当暗数。"后值客至，童点额暗数。递茶毕，忽抚主人背曰："今番何如？"①

当着客人的面数人头不好，可童子拍抚主人背的行为也有失大体。童子的表达虽不得体，但憨厚滑稽的样子不由得让人会心一笑。

5. 品茶

明代陈继儒《时兴笑语》中记载，一个乡下人来到城里看望亲戚，亲戚拿出上好的松萝泉水茶招待他。那个乡下人喝了一口，连声说："好！好！"亲戚以为他很会品茶，问道："是茶叶好，还是水好？"那人说："是热的好！"

答非所问，不能不令人发噱。

6. 妻掇茶

《笑林广记》记有"妻掇茶"的笑话：

> 客至乏人，大声讨茶。妻无奈，只得自送茶出。夫装靦，乃大喝云："你家男人哪里去了？"②

客人到了，家里没有仆人伺候，丈夫则一直大声地要茶。妻子无奈，只得自己把茶送上来。丈夫却装模作样地大喝，虚伪状态尽现。

7. 唤茶

《笑林广记》还有"唤茶"的笑话：

---

① [明] 冯梦龙纂辑，白岭、筝鸣校译，《墨憨斋三笑》，河南人民出版社，1998年，第132页。
② [清] 游戏主人纂辑，莫铭编译，《笑林广记》，蓝天出版社，2007年，第158页。

> 一家客至，其夫唤茶不已。妇曰："终年不买茶叶，茶从何来？"
> 夫曰："白滚水也罢。"妻曰："柴没一根，冷水怎得热？"夫骂曰："狗
> 淫妇！难道枕头里就没有几根稻草？"妻骂曰："臭忘八！那些砖头石
> 块难道是烧得着的！"[①]

要茶没茶，要开水没开水，烧水又没柴火，回过头来还振振有词，主
人好虚荣要面子的丑态令人不齿。

8. 留茶

《笑林广记》还有"留茶"的笑话：

> 有留客吃茶者，苦无茶叶，往邻家借之。久而不至，汤滚则溢，
> 以冷水加之。既久，釜且满矣，而茶叶终不得。妻谓夫曰："茶是吃不
> 成了，不如留他洗个浴罢。"[②]

想留客人喝茶，无奈没茶，到邻居家去借又借不来，面对不断往外溢
的开水，妻子灵机一动对丈夫说，茶是吃不成了，不如留他洗个澡算了。
这又是一个主人好虚荣要面子的笑话。

（三）日常习俗

古往今来，随着人们对茶的认识不断深入，形成了以喝茶品茶为主要
内容的日常习俗，即茶俗。茶俗是民族文化的历史积淀，也是人们细酌慢
饮伴以温煦情绪的精致饮食生活心态的折射。从这些日常习俗中，我们既
可以深刻地理解和把握茶文化深邃的内涵，又可以真切清晰地感受到富含
着浓厚生活气息的茶俗文化的魅力。

1. 斗茶

斗茶又称茗战，是比赛茶叶优劣的一种聚会方式。斗茶这种聚会方式
最早出现于唐朝，在宋代流行开来，是古代家世显赫的上等人的一种雅兴。

---

① [清]游戏主人辑，蒋筱波编译，《笑林广记》，三秦出版社，2008年，第108页。
② 同上注，第109页。

斗茶多选在清明节期间，此时新茶初出，最适合参斗。斗茶的场所，一般多选在比较有规模的茶叶店。参加斗茶活动的人们都是饮茶爱好者，他们自由组合参赛，每组人数不等，少则五六人或两三人，多则能有十几人，除了参加斗茶的人，还有许多街坊邻居围观看热闹。斗茶时，斗茶者们都分别拿出自己收藏的上品茶叶，按顺序烹煮，再一一品味，以此决出高下，极富趣味性和挑战性。斗茶主要包括三个方面：一为鉴茶，一为鉴水，一为鉴茶器。

鉴茶是斗茶的核心，其中包括调茶膏、点茶和击沸。斗茶的程序是：先把饼茶碾碎呈细末状，过箩筛取其中更细密的茶粉，将它放入茶盏中，再倒入少量沸水调黏，形成茶膏。调好茶膏后，把瓶里的水注入茶盏，用特制的茶筅搅动茶汤，使盏中泛起汤花。"茶少汤多则云脚散，汤少茶多则粥面聚，视其面色鲜白，着盏无水痕为佳。"最后，还要品尝汤花，比较茶汤的色、香、味，最后决出胜负。

鉴水也是斗茶的一个重要项目，一般以山泉和天然露水为佳。

鉴茶器也是斗茶不可缺少的。这种茶器一般都有着独特且美观的造型，不仅制作精良，更兼具了实用性，大小、薄厚都十分合适。茶器的颜色与茶汤的颜色和谐，能衬托出茶汤的颜色，使茶能在茶器里香气持久，耐保温，茶色晶莹，茶汤在碗面上不留水痕。

"斗茶时，操作者需要心到、手到、眼到，既紧张谨慎、一丝不苟，又运作自如，风致潇洒；观赏者屏息静声，视操作起落倾旋，观茶汤变幻散聚，既兴味热烈、扣人心弦，又妙趣横生，雅韵悠深。斗茶时，白色汤花与黑色建盏争相辉映的外部景观，芬芳茶香与浓郁茶情注入心头的内在感受，不仅给人物质的享受，更能给人带来精神的愉悦。"[①]

斗茶活动的出现与流行都大大地推动了我国制茶业的发展，同时也大

---

① 余悦编著，《问俗》，浙江摄影出版社，1996年，第24页。

大地提高了我国的茶艺水平。元代书画家赵孟頫画有一幅《斗茶图》，这幅画形象逼真地展现了唐宋时期民间的斗茶场面，反映了这种别具一格的风俗。画上共有四人，都是穿街走巷贩茶的货郎，他们手持茶壶、茶杯，做比赛状，形象十分生动。现今，我国大部分的产茶区仍留存着古代斗茶的遗风。从古至今的斗茶文化，反映出了中国茶文化的精深与历史的源远流长。

2. 吃讲茶

"吃讲茶"是一种古老淳朴的民俗遗风，是旧社会广泛流行的一种调解人际纠纷的习俗活动。江南水乡一带，过去老百姓之间因种种原因发生了纠纷，双方对峙，又怕去打"官司"，就相约去茶馆，请裁决人从中加以评断劝说调停，以求得问题的和平解决。

吃讲茶的程式是，由茶馆事先布置场地，安排好双方座位，再在桌上放两把壶嘴相对的茶壶，以此表示将要在这里"吃讲茶"。有的地方则是当双方的知情人和裁决人坐好后，"茶博士"为每一茶客沏一碗茶，给裁决人特泡一壶。然后，双方边饮茶边向参与的茶客介绍事情的前因后果，申请各自的理由，并提出自己的处理意见。在此基础上，让所有茶客发表意见，或相互争论，或评判是非，或分析开导。最后，由裁决人做出结论，谁有理谁没理，并合议出妥善解决问题的途径。

"吃讲茶时，选择裁决人非常重要。一般说来，裁决人都是地方上有声望、辈分大，主持正义，办事公道，有一定威信和号召力的人，裁决人也以解决了纠纷而增添了荣耀。当双方起身握

图7-2 吃讲茶（来源:《茶馆》）

手言和后，茶馆堂倌见状要上前把当事人饮用过的两把茶壶的壶嘴相交，以示纠纷正在此圆满解决。双方如愿和好，裁决人即将红、绿两种茶混倾碗内，让双方一饮而尽。"①

李劼人在《暴风雨前》中细致地描述了成都茶馆讲理的情景："假使你与人有了口角是非，必要分个曲直，争个面子，而又不喜欢打官司，或是作为打官司的初步，那你尽可能邀约些人。而你的对方自然也一样，相约到茶铺来。如其有一方势力大点，一方势力弱点，这理很好评，也很好解决，大家气势汹汹地吵一阵，由所谓中间人两面敷衍一阵，再把势弱的一方数说一阵，就算他的理输了。输了也用不着赔礼道歉，只将两方几桌或十几桌的茶钱一并开销了事。如果两方势均力敌，而都不愿认输，则中间人便也不说话，让你们吵，吵到不能下台，让你们打。打的武器，先之以茶碗，继之以板凳，必待见了血，必待惊动了街坊怕打出人命，受拖累，而后街官差，总爷啦，保正啦，才跑了来，才压住吃亏一方，先赔茶铺损失。这于是堂倌便忙了，架在楼上的破板凳，也赶快偷搬下来，藏在柜房桶里的陈年破烂茶碗，也赶快偷拿出来了，如数照赔。所以差不多的茶铺，很高兴有人来评理。"

3. 客来敬茶

在我国，以茶待客的礼俗由来已久。无论是钟鸣鼎食的富贵之家，还是布衣平民之户，无论是在社交场合还是在家居待客时，为客人泡一杯茶也许是最基本的待客礼仪。"杯里无茶水，脸上无笑容"，待客不周是说不过去的。"一进门，观三色：猫肥，狗壮，茶又热"，这茶热又是必不可少的。

据文献记载，江南一带在两晋、南北朝时，"客坐设茶"便已成为普遍的待客礼仪。晋代王濛的"茶汤敬客"、陆纳的"茶果待客"、桓温的"茶果宴客"至今仍传为佳话。唐朝以后，"客来敬茶"已发展为全国性的

---

① 余悦编著，《问俗》，浙江摄影出版社，1996年，第179—180页。

礼俗。常言道，"贵客进屋三杯茶""锦堂客至三杯酒，茅舍人来一盏茶"。刘禹锡"客至茶烟起，禽归讲席收"、白居易"林家何所有，茶果迎来客"、李咸用"短僮应捧杖，稚女学擎茶"、颜真卿"泛花邀坐客，代饮引清言"、杜耒"寒夜客来茶当酒，竹炉汤沸火初红"、高鹗"晴窗分乳后，寒夜客来时"、郑清之"一杯春露暂留客，两腋清风几欲仙"的诗句，也明白无误地表明了中国的以茶待客之情。中国人好客敬茶的传统美德与礼仪，从古代一直流传到今天。

图 7-3　敬茶（来源：《萧翼赚兰亭图卷》）

民间还有"茶叶棒站立，有客来"的说法，可见待客与茶的联系是有多么紧密。

4.端茶送客

茶叶是待客之物，俗语说"寒夜客来茶代酒"。"宾主落座，吃茶讲话"，这是常理。端茶送客，旧时是官场中通行的一种送客礼节。属吏谒见长官时，长官如认为没有必要再谈下去或嫌属吏久坐啰唆，但又不便当面下逐客令，便端起茶碗略啜一下，以表示自己所言已毕，客人应该走了。此时侍役见长官茶碗一端，就高呼"送客"，客人就必须立即辞出。如果是属员白事毕，因怕长官有后命，也要等长官举杯，侍役高呼"送客"后，才能辞出。《官场现形记》写到长官嫌属吏久坐啰唆而端茶送客：胡镜孙求见藩台，"见面之后，藩台心上本不高兴，胡镜孙又嚅嚅嗫嗫地说了些不相干话。藩台气极了，便说：'老兄有甚么公事快些说。兄弟事情忙，没有工夫陪着你闲谈。'胡镜孙碰了这个钉子,面孔一红,咳嗽了一声,然后硬着胆子说出话来。才说得'卑职前头办的那个戒烟善会'一句话,藩台已把茶碗端在手中,说了声'我知道了',端茶送客。胡镜孙不好再说下去,只好退了出来。"

端茶送客又叫请茶送客、奉茶送客。直到今天,主人觉得双方交谈时间已久,或时间已晚,又不便开口请客人离开时会说:"再喝一杯茶吧?"这也是委婉地表达谢客之意。

5. 客来扫地,客去冲茶

居家过日子,扫地抹桌子,冲茶端饭,应对进退,一举一动,都应有规矩。客人来了,主人扫地;客人去了,主人冲茶。这两句俗话是指办事的人没有头脑,根本不知道什么时候该做什么事,"客来扫地,客去冲茶"是对笨人的讽刺话。

"客来扫地,客去冲茶"也作"人来扫地,客去冲茶"或"人来光吼,客来打狗",说的也是失礼煞风景的事。

6. 三茶六礼

我国旧时习俗,娶妻多用茶为聘礼。"三茶"即指订婚时的"下茶"、结婚时的"定茶"、洞房时的"合茶"。"六礼"在《仪礼·士昏礼》中记为"纳采、问名、纳吉、纳征、请期、亲迎"。清代李渔《蜃中楼·姻阻》:"他又不曾有三茶六礼,行到我家来。"成语大意是说,凡经过"三茶六礼"娶的妻子,才为明媒正娶。鲁迅《彷徨·离婚》:"他就是着了那滥婊子的迷,要赶我出去。我是三茶六礼定来的,花轿抬来的呵!那么容易吗?"所以"三茶六礼"成了明媒正娶的代名词,茶叶也成为身价颇高的明媒正娶之信物。

以"茶"喻婚源于唐代。唐代人们以为茶树不可移植,故以茶为媒,来喻女子的忠贞不贰,虽然到了宋代以后,茶树可以移植,但以茶喻婚的习俗一直流传下来。陆游《老学庵笔记》卷四:"靖州民俗:男女未嫁时，聚而踏歌。其歌曰：'小娘子，叶底花，无事出来吃盏茶。'"明代郎瑛《七修类稿·吃茶》也有这样的文字："种茶下子，不可移植；移植则不复生也。故女子受聘，谓之'吃茶'。"许次纾《茶疏考本》中也有类似记载。

7. 一家女不吃两家茶

旧时订婚，男方家须送茶叶给女方家，故以"吃茶"指女子许配人家。"一家女不吃两家茶"谓一女不嫁二夫。清代翟灏《通俗编·仪节》："俗以女子许嫁曰吃茶，有'一家女不吃两家茶'之谚。"《红楼梦》里王熙凤开林黛玉的玩笑也说："你既吃了我们的茶，怎不做我们家的媳妇？"俗语："一女不吃两家茶"和"一女不许两家"意思是一样的。反过来，女子接受两家的聘礼，嫁两个男人，那便成了"吃两家茶，睡两家床"。《警世通言》卷二："'忠臣不事二主，烈女不更二夫'，哪见好人家妇女吃两家茶，睡两家床。"

8. 敬酒要满，奉茶宜浅

酒呈热情，茶现谦逊，待客形成满酒浅茶的习俗，故民间有"敬酒要满，奉茶宜浅"之说，指待客沏茶、倒酒要注意分寸，不能太满。

"敬酒要满，奉茶宜浅"有不同的说法，如"酒要满，茶要浅""水满七分为妙""茶七饭八酒满盅""茶七饭八酒十分""茶七分，水八分，烧酒倒上满盅盅""茶七酒八""八分酒，七分茶""茶要七分满，留下三分是情意"等。

与"敬酒要满，奉茶宜浅"说法相关的俗语是"茶满欺人"，意思是斟茶倒水时故意倒得满满的并使茶水溢出，这是无心再与人聊天对客人不满的做法。

9. 凤凰三点头

"奉茶为礼尊来者，备茶浓意表浓情"，借助奉茶来向客人表达欢迎和敬意，这是友好礼貌的待人之道。"凤凰三点头"是指在冲茶时准确地将茶壶里的沸水由下往上连倒三次，以使茶叶在水流注入时在杯中翻滚起来这一动作的雅称。娴熟灵巧的泡茶技艺有助于用正确的冲水方法，使茶叶在沸腾水中充分舒展叶子，茶香飘散逸出，沁人心脾，从而捧出精心泡制的一手好茶来款待客人。

10. 一盏茶时

"一盏茶时"字面上说的是饮一盏茶的时间，比喻时间不是很久，明清时常用这种说法来表示时间。《水浒传》第一回："大虫去了一盏茶时，（洪太尉）方才爬将起来。"《水浒传》第八回："酒保去了一盏茶时，只见请得薛霸到阁儿里。"

与此相近的说法是"略等半钟茶的工夫""一盏茶的时候""没两盏茶时""吃钟茶再来""没一杯茶时候""约两盏茶时"。

除了用茶来计时与计量外，古人表达时间还有许多形象的说法，如"一袋烟的工夫""一壶酒的时间""一炷香的时间"，此外还有"一指弹""一刹那"等。顾炎武《日知录》："自汉以下。历法渐密，于是以一日分为十二时，盖不知始于何人，而至今遵而不废……一日分为十二，始见于此。"

民间的一般认知是，一日有十二时辰，一时辰有四刻，一刻有三盏茶，一盏茶有两炷香，一炷香约等于一袋烟，一袋烟有一分钟，一分钟有六弹指，一弹指有十刹那，一刹那为一念。又据《僧祇律》记载，一刹那者为一念，二十念为一瞬，二十瞬为一弹指，二十弹指为一罗预，二十罗预为一须臾。

11. 一喝茶，二看报，三聊天，四睡觉

这句俗语反映的是过去某些机关工作人员松松散散、懒懒沓沓的工作作风。冯骥才《走进暴风雨》："瞧你们多美，整天一喝茶，二看报，三聊天，四睡觉，放着清福不享，往这里掺和嘛？"

民初的北京，有的官吏少有处理公务，只是签到、看报、吃茶、套车

走而已，因此那个时候有一句极为精练的谚语叫：到，报，茶，套。

12. 早茶晚酒饭后烟

这句是指茶、酒、烟三种东西安排的时间和习惯，早茶可以使人精神清爽，晚酒可以使人心情轻松愉快，至于饭后烟，有人还说胜过活神仙呢。与"早茶晚酒饭后烟"相近的俗谚有："喜酒、闷茶、生气的烟"，指人在喜悦时总爱喝酒，烦闷生气时不是喝茶就是抽烟。也说成"闲茶，闷酒，没局烟""闲茶，闷酒，无聊烟"，指人生活中最无趣最没有意义的方式。

13. 茶薄人情厚

薄乃淡薄之义，厚是深厚之义。这句的意思是茶虽淡而情意深。

潮汕人喜欢喝功夫茶，所谓"功夫"，即是有精致多样的工具，有花样繁多的工序，更有数不胜数的规矩。以茶待客，是潮汕人最普遍的礼俗。"寒夜客来茶当酒"，只要是客人，不论对方什么身份，只要进了家门，潮汕人都会摆出功夫茶具，烹茶款待客人，而且会说："食薄茶，请食薄茶。"久而久之，就演绎出了"茶薄人情厚"这句谚语。壶小乾坤大，茶薄人情厚。这句谚语不仅是一句客套话，也反映了潮汕人喝功夫茶的风俗，洋溢着潮汕人浓浓的人情味、人情美。

三、茶喻视界

"日常语言的重要特点就在于它以少量的符号表现无限的内容，特别是隐喻和转喻等诗化的语言，在丰富语言的意义方面展示了无限的潜力。"①饮茶是中国人十分重要的一种生活方式，它不仅深深地影响着中国人的生活，也是中国人寄托情感、意趣和愿望的一种独有方式。"百般茶事皆文章。"人们通过长期的饮茶实践，将茶中所寄托的情感、意趣和愿望总

---

① 赫琳，《动词句同义句式研究》，崇文书局，2004年。

结出来，形成了各种类型寓意深刻的熟语，如"挑茶斡刺"比喻惹是生非，挑拨离间，故意挑剔别人的缺点。谚语"不怕不懂茶，就怕茶比茶"就是"不怕不懂茶，就怕不会茶"，讲的是用茶时茶与茶互相比较，很容易辨别出好坏，比喻不怕不识货，就怕货比货。"粗茶淡饭"比喻指简朴、清苦的生活。这些熟语呈现的是丰富多彩的文化韵味，展现了中国人独具特色的茶味人生，具有重要的表意功能。只有把握这些承载着丰富内涵的语言符号所具有的含义，才能够对我国茶文化拥有更为准确而深入的理解，也才能够真切地感受到汉语修辞文化的独特魅力。

（一）茶事喻理

关于饮茶，袁鹰《清风小引》中这样说道："饮茶，真个是老少咸宜，雅俗共赏，无论是喝大海碗的大碗茶，或是小酒盅似的工夫茶，无论是喝'大红袍'一类的贡茶，或是四级五级花茶末，甚至未经焙制的山茶，其消乏解渴、称心惬意，大致都是相同的。"[①]汉语里有许多与茶事相关的一些流程，如挑茶、沏茶、泡茶、烧茶、品茶的谚语，每一句都有隐喻意义。如"茶要人烧，水要人挑"说的是喝茶水，要有人去烧，吃水，也要有人去挑。说明任何小事都要有人去做，多用来提醒或督促人干零活儿，特别是干家务活儿，也用来强调事情多，人手不够用。茶事喻理谚语蕴含的道理很耐人寻味。

1. 好茶不怕细品

饮茶有不同的方式，粗略来分，可分为品茶、喝茶、饮茶、灌茶四种，其中品茶，或称品茗，为饮茶之最高方式，是一种较为优雅和闲适的艺术享受。陆羽作《茶经》，谈到的就是品茶。民间有这样的说法：一杯为品，两杯是解渴，三杯便是饮驴了。

---

① 袁鹰编，《清风集》，中外文化出版公司，1990年，第2页。

举凡品鉴，一般从色、香、味、形等方面来评鉴，也就是借由茶品的外观、颜色、香气、叶底与茶汤来判定。清代梁章钜《归田琐记·品茶》："至茶品之四等，一曰香，花香、小种之类皆有之。今之品茶者，以此为无上妙谛矣，不知等而上之则曰清，香而不清，犹凡品也。再等而上之则曰甘，香而不甘，则苦茗也。再等而上之则曰活，甘而不活，亦不过好茶而已。"①泡茶可修身养性，品茶如品味人生。谚语"好茶不怕细品"说的是认真，把事情做细致，真正的好东西是不怕挑毛病的。

"好茶不怕细品"还说成"好茶不怕细品，好事不怕细论""好茶不怕细品，是非难逃众议"，谚语将品味人生、品味生活、思考哲学寄寓在了饮茶当中。

2. 茶越泡越浓，人情越交越厚

这句谚语是指人与人之间的交情就像泡茶一样，会随着时间的推移而愈渐淳厚。李英儒《还我河山》："'茶越泡越浓，人情越交越厚。'你们把俺从冰窟窿里拉出来，成全了一家人……多咱也忘不了这份深情厚意。"

3. 吃菜总嫌淡，喝茶嫌不酽

酽，指味道浓烈。吃茶时不同人有不同的口味，如《红楼梦》中的刘姥姥在受邀品茶时一口吃尽，笑道："好是好，就是淡些，再熬浓些更好了。""吃菜总嫌淡，喝茶嫌不酽"比喻不能按照事物发展的正常规律办事，时常提出过分的要求。《乡言解颐·物部》："吃菜总嫌淡，喝茶嫌不酽，饮食之非道也。"

4. 冷水泡茶——无味儿

茶的冲泡是一种由技术而艺术，由艺术而晋至一种境界的奇妙历程。泡茶讲究茶的用量、水温和冲泡时间。如"嫩茶宜泡，老茶易沏"说的是嫩茶适合泡着喝，老茶则要用开水沏。"冷水泡茶——无味儿"字面的意思

---

① [清] 梁章钜撰，阳羡生校点，《归田琐记》，上海古籍出版社，2012年，第102页。

是冷水泡不开茶叶，喝起来没有茶味。其实味儿是双关，转指意味、趣味，形容话语或文章等很平淡，没有意味。周肖《霞岛》："'嗨呀，你这话，真是冷水泡茶，无味儿！今朝你也该学学洪金伯的样子揭她十条八条罗！'何畅急得直拍膝盖，又气又急地吼道。"

与"冷水泡茶——无味儿"意义相近的歇后语有"温开水泡茶——慢慢来"，指行动迟缓，慢慢腾腾地行事，或比喻进展缓慢，需要很长时间。王跃文《国画》："汪一洲说：'我正准备同几位副院长研究，派一些教授出去寻找。过几天就放寒假了，到时候我们可以考虑多派些人出去。'朱怀镜听着心里就有火，人命关天的事，他还在温开水泡茶慢慢来！"

与泡茶、沏茶相关联的歇后语还有："玻璃杯沏茶——看到底""不倒翁沏茶——没水平""飞机上沏茶——高水平（瓶）""爆米花沏茶——泡汤了"等，均有双关意味。

与歇后语"冷水泡茶——无味儿"语义相同的谚语有"冷茶冷饭好吃，冷言冷语难受"，指茶饭冷了尚且能吃得，但冷言冷语却会中伤他人，让人听了心里难过，难以忍受。周而复《上海的早晨》："谭招弟心里想，你一句她一句的冷言冷语一定会说个不完。冷茶冷饭好吃，冷言冷语难受。谭招弟的嘴从来不饶人的，难道这一次用封条把自己的嘴封住，任旁人随意奚落吗？"谭招弟与细纱间的姊妹们在言语上有些龃龉，对大家的话受不了，心里很是委屈，所以有了"冷茶冷饭好吃，冷言冷语难受"的感受。

5. 呷甜茶，话苦话

茶一般有苦涩之感，故民间有"头茶苦，二茶涩，秋茶好喝舍不得"的说法。但有的茶不苦，是甜茶，就是回甘较快的茶。谚语"呷甜茶，话苦话"是指富贵人家在品茶时叙说自己过去贫贱生活时的情景。清代范寅《越谚》上："'呷甜茶，话苦话。'颂人之由贫贱而富贵者。"

与"呷甜茶，话苦话"相关的谚语有"吃苦茶"，比喻遭受痛苦或磨难。

6. 人走茶凉

"人走茶凉"单从字意上说，就是倒了一杯招待客人的热茶，客人走了，这杯热茶时间放的时间久了也就凉了。寓意为当你离开原来生活过的地方，你在那个地方的各种人际关系也就随之淡化，以此来比喻世态炎凉，人情淡漠。"人走茶凉"出自京剧《沙家浜》："垒起七星灶，铜壶煮三江。摆开八仙桌，招待十六方。来的都是客，全凭嘴一张。相逢开口笑，过后不思量。人一走，茶就凉……有什么周详不周详！"张贤亮《男人的一半是女人》："都是人一走茶就凉！也别说没来往，来往是有的，可全靠外调人员牵的线。"

"人走茶凉"是对世态炎凉的一种形象表达，包含着哀怨的情绪。一说起这句谚语，人们往往不免愤愤然，悲叹如今"世风日下，人心不古"，其愤世疾俗、痛心疾首之状确乎有些道理。但也有人说，"人在茶才热，人走茶自凉"也属正常，茶是为客备的，客在，理应不断斟茶；客走，茶的使命也就完成了，当然没有使茶热下去的理由。不分青红皂白地统统把"茶凉"归罪于"主人"，而完全与"客人"无关，也有失偏颇。于是乎，汉语又有了一种说法叫"人走茶不凉""客至心常热，人走茶不凉"，比喻人走人情依然在。

（二）茶饭喻理

说到饮茶，民间素来有"宁可三日无食，不可一日无茶"或"宁可食无肉，不可饮无茶"之说。食物是生命之源，民以食为天，俗话说得好，"人是铁，饭是钢，一日不吃饿得慌""三日不吃倒在床，七日谷水不进见阎王"。茶与饭同等重要，都是每天要吃喝的食物，汉语中便将饮茶与吃饭紧密地联系在了一起，经常是以"茶饭"为题来打比方讲道理。

1. 粗茶淡饭

粗茶，指较粗老的茶叶，口感苦涩。淡饭，指简单、不讲究的饭食。

古时盐比较匮乏，穷苦人家买不起，因此饭菜只能少用盐，故称为淡饭。"粗茶淡饭"指简朴、清苦的生活。宋代黄庭坚《四休居士诗序》："粗茶淡饭饱即休，补破遮寒暖即休，三平二满过即休，不贪不妒老即休。"说的是在饮食上有粗茶淡饭、能吃饱就足够了，衣服、破被子补一补能御寒保暖就足够了。生活能过得去，四平八稳，莫贪心，不嫉妒，一生能平平安安度过就足够了。元代谢应芳《沁园春·屋东老梅一株……抚玩复自和此曲》："儿辈前来，老夫说与，梅要新诗竹问安。余无事，只粗茶淡饭，尽有余欢。"《官场现形记》："连顿粗茶淡饭也吃不饱。"

"粗茶淡饭"是一条极平常的成语，从民族文化的内涵来看，这四个字所显示的俭朴节约、节欲惜时的品行，实为一般中国老百姓的态度，乃中国五千年历史文明的生活之道。

"粗茶淡饭"又作"淡饭粗茶""枯茶淡饭""清茶淡饭"。同义谚语有："丰收万担，也要粗茶淡饭""粗茶淡饭布衣裳，省吃俭用过得长""忠厚传家远，粗茶淡饭保平安""好吃不过茶泡饭，好看不过素打扮"等。

与"粗茶淡饭"语义相近的成语还有"家常茶饭""家常便饭""随茶便饭"，都是用来比喻日常生活中极为平常的事情。

2. 茶不思，饭不想

这句指不思饮食。连喝茶吃饭都没有心思，形容心情极其苦闷、焦虑、苦恼。《警世通言》："我如今未曾读书，心里还丢他不下，坐不安，寝不宁，茶不思，饭不想，梳洗无心，神志恍惚。"刘绍棠《锅伙》："这些日子，小旦常犯戏瘾，就像大烟鬼犯起了烟瘾。六神无主，坐立不安，茶不思饭不想。打鸡骂狗，砸盆摔碗。"

"茶不思，饭不想"也作"茶饭无心""不茶不饭"。《红楼梦》第十四回："忙得凤姐茶饭无心，坐卧不宁。"关汉卿《救风尘》："害得我不茶不饭，只是思想着你。"

3. 茶里不寻饭里寻

这句比喻存心找喳儿寻事，或比喻借题发挥，故意滋事。《姑妄言》："一腔怒气就借这些丫头们的皮肉来发泄。茶里不寻饭里寻，属铁匠的，一味只是打。"

4. 茶来伸手，饭来张口

这句形容人不爱劳动，坐享其成。张孟良《儿女风尘记》："他在儿子家住了几日，茶来伸手，饭来张口，倒也快乐！可是几天以后，就腻烦了。"

"茶来伸手，饭来张口"又作"衣来伸手，饭来张口""茶送到口，饭送到手""饭来张口，衣来伸手"。

5. 茶是茶，饭是饭

这句指茶和饭都像个样子，形容款待得很不错。烟霞主人《幻中游》一一回："因留心照料石生。茶是茶，饭是饭，晚间并不拘禁他了。"

"茶是茶，饭是饭"又作"三茶六饭"，指茶饭周全，比喻招待客人非常周到。《清平山堂话本·快嘴李翠莲记》："做得粗，整得细，三茶六饭一时备。"

（三）茶酒喻理

"驱愁知酒力，破睡见茶功"，一般来说，借酒浇愁，以茶解闷，它们分别会带给不同精神状态中的人以不同的安慰。但当酒与茶在社会历史、物质与精神文化生活中发生了密切关联的时候，人们认为茶与酒在沟通情感、活跃社交方面有着共同的社会功能，很多时候茶甚至被人们看成是酒的对等物或替代物，因而讲茶论酒时常以双方互相作比为喻，形成了"茶为花博士，酒是色媒人""酒囊饭袋茶竹管""茶余酒后"等谚语和成语。

1. 茶为花博士，酒是色媒人

这句是古人对茶与酒的特性极为生动而精辟的概括。博士，指宋代茶坊、酒坊的伙计、侍应。花博士，指男女关系撮合者。花、色，比喻女性、女色。"茶为花博士，酒是色媒人"意为茶和酒是色情的媒介，易引起情欲。《初刻拍案惊奇》："三杯茶罢，安了席，东西对坐了，小女儿在孀人肩下打横坐着。……谁晓得借酒为名，正好两下做光的时节。正是：茶为花博士，酒是色媒人。"

"茶为花博士，酒是色媒人"也作"风流茶说合，酒是色媒人"。《水浒全传》："只因宋江千不合，万不合，带这张三来他家里吃酒，以此看上了他。自古道：'风流茶说合，酒是色媒人。'正犯着这条款。"《金瓶梅词话》十四回："常言：'风流茶说合，酒是色媒人。'吃来吃去，吃的妇人眉黛低横，秋波斜视。"

图 7-4　茶博士（来源：《营业写真》）

2. 茶余酒后

茶是人们最基本的生活，同时又是最平凡的生活。酒后饮茶常给人以轻松诗意的快感，酒后饮茶之风愈趋盛行，遂逐渐成为中国饮食文化中的一种十分普遍的程式。"早茶晚酒饭后烟""酒后一杯茶，饭后一支烟""茶头酒尾饭中间"，是一般老百姓寻常的一种生活习惯。"茶余酒后"是指喝茶饮酒后的一段空闲休息时间，泛指闲暇休息之时。《二十年目睹之怪现状》："赵老爷听了，也当作新闻，茶余饭后，未免向各同事谈起。"鲁迅《花边文学·考场三丑》："人们在茶余酒后作为谈资的，大概是这一种。"

"茶余酒后"亦作"茶余饭后""茶余饭饱"，均泛指休息或空闲的时候，一种休闲的生活状态。

3. 酒囊饭袋茶竹管

清代范寅《越谚》中收有这句谚语，意思是讥讽"贪婪"。酒囊饭袋是一个成语，意思是只会吃喝，不会做事，讥讽无能的人。汉代王充《论衡·别通》："饱食快饮，虑深求卧，腹为饭坑，肠为酒囊。""茶竹管"意为用竹管喝茶，合义便是只会吃喝。

（四）茶器喻理

在饮茶活动中，茶器是十分重要的内容。

茶器的历史几乎是和饮茶的历史一样漫长的，茶器在我国传统茶文化当中占有一席之地。只有茶在饮食生活中的地位达到相当高的程度，为烹茶饮茶制造专门用具才有可能。在原始时代，人类生活十分简单，无论是饮食起居还是与之相应的器具，都处于一种原始朴素的时期。随着茶文化的发展，劳动人民利用不同的原料，凭借着能工巧匠们的一双双巧手，制作出了各种质地与形式的茶具。茶器可分为烹茶用具和饮茶用具。初期的茶具多是借用炊煮饮器，茶神陆羽精心设计了适于烹茶、品饮的二十四器。北宋的蔡襄在《茶录》中，说到当时茶器有茶焙、茶笼、砧椎、茶钤、茶碾、茶罗、茶盏、茶匙、汤瓶九种。

汉语以茶瓶、茶罐、茶托、茶壶、茶碗、茶杯、茶缸等茶器为喻，形成了许多谚语和歇后语，这些谚语和歇后语具有鲜明的民族特色、浓郁的生活气息，蕴含了老百姓的生存智慧。

1. 茶瓶用瓦，如乘折脚骏马登高

折脚骏马，指折坏脚的骏马。用瓦瓶装茶，会破坏茶的香气，就好

比骑着跛马登高一样，比喻工具失当，是很不适合的。唐代末年苏廙的《十六汤品》称："谚曰，茶瓶用瓦，如乘折脚骏马登高。"这里所说的"瓦"，是指粗陶，意思是说用粗陶瓶存放茶叶，容易受潮变质，犹如爬山骑用跛脚马，很难达到理想的效果。所以苏廙称这种茶汤为"减价汤"。《清异录》："无油之瓦，渗水而有土气。虽御胯宸缄，且将败德销声。谚曰：'茶瓶用瓦，如乘折脚骏马登高。'好事者幸志之。"

"茶瓶用瓦，如乘折脚骏马登高"又作"茶瓶用瓦，如乘跛马"。李栋《下棋看五步》："俗话说'茶瓶用瓦，如乘跛马'，您老哥既然拿出这么好的茶叶，我也不能用这些普普通通的杯壶盘托来煞风景吧！"

2. 茶罐煮牛头——放它也不下

茶罐是储存茶叶的容器，一般为铁罐、不锈钢罐或质地密实的锡罐。将茶叶置入罐内盖上盖子置于阴凉处，有防潮、防氧化、阻光、防异味的效果。茶罐的体积、容积较小，以此为题，汉语产生了歇后语"茶罐煮牛头——大下不去""茶罐煮牛头——放不下去""茶罐煮牛头——下不去""茶罐煮牛头——放它也不下"。

3. 茶托子人情

茶托子，指托放茶碗茶杯，起隔热和稳定作用的碟子或扁盘，也叫"茶托""盏托""茶拓子""杯承"。

作为一尊雅器，茶托子是从建中年间蜀国丞相崔宁的女儿兴起的，因为茶杯没有什么可以衬托，所以烫伤了她的手指，拿板子托住，再喝茶的时候杯子却倒了。把它放在蜡黄色的圆形木板中间，她的杯子才稳定了下来，随即让工匠用油漆来代替蜡黄色，进献给丞相。丞相觉得很惊奇，为它取名并且告诉了宾客亲友，每个人都认为它很方便，从那时就开始用了。只是后来继承者将它的底部弄得更圆，做法更加新奇，以至有上百种形状。

汉语用"茶托子"喻理，产生了惯用语"茶托子人情"，经常用来比喻一种较为浅薄的人际关系。元代无名氏《来生债》："他将那茶托子人情可便暗乘除，常则是佯呆着回过脸，推说话扭身躯。"

4.茶壶里边有文章

　　茶壶是品茶过程中所使用到的器具，也是茶文化中不可缺少的构成部分。明清以来，茶壶被更广泛地应用于普通百姓的日常茶饮生活中。由于在中国，饮茶活动可被视为是一种全民性的活动，同时茶壶又是饮茶活动的基本物器，所以汉语产生了大量的与茶壶相关的歇后语。正如林语堂先生所说："只要有一只茶壶，中国人到哪儿都是快乐的。"

　　"提着茶壶找茶壶"是一条以茶壶为题的谚语，比喻东西就在自己这里，还到处去找。

　　"茶壶里煮饺子，肚里有货，嘴里倒不出来"是一条以茶壶为题老百姓耳熟能详的歇后语。茶壶一般是内置茶叶，加沸水泡茶，从壶嘴倒出来饮用。假若用茶壶作煮食器皿，从壶顶放下饺子，煮熟了，却不能由壶嘴倒出来。由此引申出有嘴倒（道）不出来，以此喻指"有口难言""难于启齿"或是比喻人嘴笨不善表达，不善辞令，即使有嘴，也无法说出。马烽等《吕梁英雄传》："周丑孩给众人讲，两手比画着，脖子都急红了，嘴里却结结巴巴地说不出来。张有义笑着说：'哎呀周教官，这可

图 7-5　卖宜兴茶壶（来源:《营业写真》）

是茶壶里煮饺子，肚里有货嘴里倒不出来。还是叫马教官说吧！'"刘绍棠《花天锦地》："艾和好从小就心灵嘴笨，茶壶里煮饺子，有货倒不出来，又是一个一条道走到黑，打破沙锅问到底的脾性儿。"

"茶壶里煮饺子，肚里有货，嘴里倒不出来"也作"茶壶里煮扁食，肚肚里有，嘴嘴不得出来""茶壶装汤圆——有宝贝倒不出"。欧阳山《高干大》："任常有一肚子委屈，正像茶壶里煮扁食，肚肚里有，嘴嘴不得出来。他看见合作社闹红火了，钱也有了，新房子也盖起来了，老百姓川流不息地出出进进，就觉得自己运气不好。"谭力等《蓝花豹》："蓝少和青筋在颈脖上鼓得有筷子粗：'红口白牙，不兴诬赖好人哟，大会计！''好人？好人不得会六根不全，好人不得会茶壶头装汤圆，有宝贝倒不出。'"

茶壶里煮饺子还有另一种隐喻，那就是"茶壶里煮饺子——心里有数"，这与"哑巴吃云吞——心里有数"喻义一样。

茶壶煮物喻理是一种开放式的喻理，不光有"饺子""汤圆"，类似的比喻还有："茶壶里煮挂面——难捞""茶壶里煮元宵——满腹心事（食）""茶壶里煮馄饨——肚子话（货）""茶壶里煮饺子——心里有数道（倒）不出来""茶壶里煮冻梨——道（倒）出来也是酸货""茶壶里下元宝——只进不出""茶壶煮牛头——下不去"。

茶壶以其空间性质还产生了"茶壶里泡豆芽——受不完的勾头罪""茶壶里装土地——锡器养神""茶壶里栽大蒜——一根独苗""茶壶里洗澡——扑腾不开""茶壶里开染坊——无法摆布""茶缸里行船——支撑不开""茶壶里打伞——支撑不开""茶壶里养鱼——油（游）水不大""茶壶里贴饼子——难下手""茶壶里的风暴——大不了""茶壶里翻筋斗——胡（壶）闹""茶壶里放炮——崩茶壶""茶壶吊在屋梁上——悬壶（玄乎）"等歇后语。张一弓《赵镢头的遗嘱》五："钱老大没敢坐下，照旧拄着棍，靠墙站着。'我从小推磨做豆腐，落下个气喘的病，好比那"茶壶里泡豆芽——受不完的勾头罪"！'"欧阳平《黑凤凰》一七："只是过去的事说不得，我的蒋大爷，你要学'茶壶里装土地，锡器（息气）养神'。"

茶壶由壶盖、壶身、壶底、圈足四部分组成，其中壶身有口、延（唇墙）、嘴、流、腹、肩、把（柄、扳）等部分。以茶壶的结构为载体，汉语也有许多生动有趣的歇后语。如"茶壶没肚儿——就剩个嘴了"就相当典型。这句歇后语字面意思说的是茶壶的茶嘴，其实是讥讽或责骂人没有别的本事，只剩一张嘴能说会道。《东方》："我走近一听，原来是他正在那里眉飞色舞地吹嘘他的'过五关斩六将'呢。……那些不了解情况的伤员，一个个都睁大着眼，很钦佩地望着他。我气乎乎地，实在忍不住了，我就说：'陆希荣！我把你好有一比，你这可真叫高山摔茶壶——就剩下一个嘴儿了！'"

以茶壶的结构或结构关系、特性为载体形成的歇后语还有："茶壶茶盖——不分离""抱着茶壶喝水——嘴对嘴""茶杯掉在地上——净崩瓷""茶壶打掉了把——光剩下一张嘴""茶壶掉了嘴——胡（壶）喷""茶壶碰破了嘴——无伤大体""茶壶没嘴，酒壶没梁——算那一壶""茶壶有嘴难说话——热情在里头""无耳茶壶——缺个把柄""破茶壶掉进水里——几头进水""茶壶没肚儿——光剩嘴""茶壶打了——就落个嘴"等。

5. 粗瓷茶碗雕不上细花

茶碗，用来盛茶水的碗。这句比喻学生不堪造就，没有培养前途。

用茶碗喻理的歇后语还有："茶亭里的碗——过人嘴"比喻人云亦云；"茶碗打酒——不在乎（壶）"为谐音喻理，壶谐乎；"茶碗里洗节（脚）——掉不开手节（脚）"为谐义喻理，意谓伸展不开手脚。

6. 茶杯上放鸭蛋——靠不住

茶杯是常用的饮茶器具。茶杯上放不住鸭蛋，比喻不牢靠，容易出问题，或比喻人或事不可靠。沈顺根《水下尖兵》："'不行，你这是茶杯上放鸡蛋——靠不住！闸门前那堆沙土还没有清除掉，混凝土灌下去就没有坚实基础，日后遇到洪水或地震，就会重新出现漏洞，岂不是又要造成后患！……'李锁龙目光炯炯地盯着彭国英，一针见血地戳穿了他的花招。""茶杯上放鸭蛋——靠不住"又作"茶杯盖上放鸡蛋——靠不住"。

以茶杯喻理的歇后语还有："茶杯里放块糖——寿命不长""茶杯掉在地上——净崩瓷（词）儿""用茶杯饮骆驼——无济于事"等。

7. 老茶缸子——没瓷（词）了

茶缸子，指搪瓷茶缸子。以茶缸子喻理的歇后语有"老茶缸子——没瓷（词）了"。瓷，谐音"词"，比喻无话可说，或理屈词穷。冀焕忠《水到渠成》："老支书理直气壮，铿锵有力的言辞，把吴有才说得张口结舌，成了老茶缸子——没瓷（词）了。"

（五）茶馆喻理

茶馆，亦称茶肆、茶寮、茶坊、茶楼、茶邸、茶舍、茶室、茶棚、茶屋等，明代以后始称茶馆。系供客人品茶、吃茶点、休息、娱乐和联络感情、沟通信息的场所，是市井各色人等的聚集之地。小小的茶馆里不仅展现了市井百态图，其本身也是喻理表意的有效载体。

1. 吃酒不进茶房

这句指准备喝酒的人不到茶房去，比喻干某事就不到干其他事的场所去。聂田盛等《大元义侠传·天宝图》："众位，有道是：'吃酒不进茶房。'有好比武的请下场，在我们这比武可以赌输赢。""吃酒不进茶房"也作"好酒的懒入茶房""好酒的不入茶房"。

2. 烧香点茶，挂画插花，四般闲事，不宜累家

宋代是中国古代文明的一个高峰期，在社会人文艺术的影响下，宋代士大夫普遍追求雅致隐逸的生活。烧香、点茶、挂画、插花，是宋代文人雅致生活的"四事"（或称"四艺"），其中的"点茶"指点茶法，是将茶压碾成粉末后放入茶盏中以水注点，用力搅拌使茶水混合成乳状再饮用。此四艺，透过嗅觉、味觉、触觉与视觉品味日常生活，将日常生活提升至艺

术境界。但是，在老百姓看来，此四事是烧钱费时的闲事，过日子容易败家，故曰累家。《梦粱录》记载："欲就名园异馆、寺观亭台，或湖舫会宾，但指挥局分，立可办集，皆能入仪，俗谚云：'烧香点茶，挂画插花，四般闲事，不宜累家。'"俗谚道出了百姓的价值观。

"茶馆门，菜园门，走的是闲人。"民间还有两句类似的谚语，说的是沉溺于茶馆不是寻常本正之道。"莫进茶房，莫入戏场，种我地，插我秧，一籽落地，万籽归仓""白日挨门子吃茶，夜晚点灯儿絮麻"，均指不珍惜白天大好时光，不干正事。《乡言解颐》："'白日挨门子吃茶，夜晚点灯儿絮麻。'此数语虽是乡里口头话，却亦曲尽人情。"

3.茶馆里不要了的伙计——哪一壶不开偏要提哪一壶

古代男的茶楼伙计叫"小二"。茶楼里，人多事多，挺忙活，小二烧茶递水跑腿不用说，迎宾送客忙乎不停。以茶楼伙计为题，汉语形成了有趣的歇后语"茶馆里不要了的伙计——哪一壶不开偏要提哪一壶"，意为说话丢凉腔，说不该说的话，做不该做的事。赵树理《三里湾》："有翼说：'爹！你只要答应我一件事，我管保再不闹！''你说吧！''把分单给了我，我自己过日子去！'糊涂涂想：'这小子真是茶馆里不要了的伙计——哪一壶不开偏要提哪一壶！我费尽一切心机来对付你，都为的是怕你要分家，你怎么就偏提出这个来？可是说什么好呢？刚刚说过一切都由你，你才提了一件就马上驳回，能保住你不

图7-6　茶楼侍者（来源：《茶馆》）

图7-7　清代京城街头茶坊（来源:《茶馆》）

再闹吗？'"

"茶馆里不要了的伙计——哪一壶不开偏要提哪一壶"又作"茶店不要的伙计——开的不拿，专拿没开的""茶馆里不要的伙计——哪壶凉提哪壶""茶馆铺不要的伙计——哪壶不开你偏提哪壶""茶馆铺不要了的伙计——哪把壶不开你偏提哪把壶""茶馆铺打发的伙计——哪壶不开提哪壶"。

4. 茶馆里摆龙门阵——想到哪里说哪里

作为重要的公共空间，茶馆是古代城镇乡村下层人民创造潇洒人生的理想场所。人们来到茶馆的主要目的，一是喝茶，二是谈，自由自在地谈。俗话说，"茶馆酒店无大小"，在茶馆、酒店里不必拘于辈分、年龄、职位等的不同，可随便坐饮。正所谓"茶馆里的板凳——随便坐"。林语堂在《吾国吾民》里描述了茶馆喝茶的状况："茶坊雅座，便是纵谈天地古今之所，捧着一把茶壶，他们把人生煎熬到最本质的精髓"[1]。好些人茶馆一泡，整天半日，有时要出外走动一下，回来再喝，便招呼茶房代留。小二往往应道：代留代留，劲在后头。既顺茶客心意，又夸誉了茶品。回头客人付茶资，可多给些小费。

以茶馆里摆龙门阵（即谈天）为题汉语产生了下列一些歇后语："茶馆里摆龙门阵——想起什么说什么""茶馆里聊天——想起什么说什么""茶馆里谈天——想到哪说到哪儿""茶铺头的龙门阵——想到哪儿说到哪儿"，喻指自由自在。从这些歇后语中，我们体会到的是悠闲、轻松、祥和的气氛，是人与人之间自由、亲善、清静、无为的心理状态，是追求和谐的人性善与人情美。

5. 茶馆搬家——另起炉灶

茶炉也是茶饮中的一种十分重要的器具。《茶经》中详细记录了茶饮所需的二十八种茶具，其中炉占据了极为重要的地位。"茶馆搬家——另起炉灶"正面意义是重支炉灶，比喻义是放弃原来的，另外从头做起。

"茶馆搬家——另起炉灶"也说成"茶馆搬家——另起锅灶""茶馆搬家——另立锅灶"。

6. 茶馆里摆手——壶来

汉语以"壶""胡"相谐构成的歇后语有："茶馆里伸手——壶来""茶铺里摆手——壶来""茶铺里招手——壶来"等，从正面意义来看具有生动的画面感。茶馆里穿梭往来的除了"小二"，比较显眼的当属茶壶了，用"壶来"之"壶"谐"胡来"之"胡"，让歇后语具有了生动、通俗、易于流传的特征。

7. 出了茶馆又进澡堂——里外挨涮

这句本义指里里外外都进行了冲洗，在茶馆里喝茶，是"冲洗"体内；

---

① 林语堂，《林语堂文集·吾国与吾民》，北京联合出版公司，2013年，第112页。

进澡堂洗澡，是冲洗体外。转喻两头都招致不满，感到为难。陆天明《桑那高地的太阳》："但这样，对齐景芳来说，可真是出了茶馆又进澡堂——里外挨涮。说假话吧，对不住在场怎些眼巴巴瞅着她的伙计们。说真话吧，得罪了老爷子，也了不得。"

8. 阿庆嫂倒茶——滴水不漏

这句比喻说话办事严密周到，毫无错失和漏洞。抗日战争时期，伪军参谋长刁德一想从我党地下工作者、以开茶馆做掩护的阿庆嫂口中探问新四军伤病员的下落，阿庆嫂沉着机智，应对自如，一边倒茶，一边巧妙周旋，没给刁德一任何空子可钻。刁德一毫无所获，便阴阳怪气地说："阿庆嫂真不愧是开茶馆的人，说起话来滴水不漏，佩服，佩服。""阿庆嫂倒茶——滴水不漏"也说成"茶馆里的买卖——滴水不漏"。

（六）贩茶喻理

茶叶由于产地的局限性和消费区域的广泛性，自古以来就是商品，就有买卖。《广陵耆老传》："晋元帝时有老姥，每旦独提一器茗，往市鬻之，市人竞买。自旦至夕，其器不减……"[1] 清代的《燕市货声》还记载了老北京卖茶的吆喝声：如"热茶呀""吆茶汤嗷！""换茶碗咧饭碗哪！"[2] 这些叫卖声极富有地方韵味。贩茶喻理也是茶喻的一种方式。

1. 茶驮驮上轿——得抬

这句是指装有茶叶的箩筐或麻袋在运送时，抬放在骡马等的背上。抬，有双关义，本义指抬茶驮驮，转指抬举。"茶驮驮上轿——得抬"指需要人栽培、抬举。萧亦农《黑界地》："少掌柜回家满脸溅珠地又要出洋相，盛老掌柜却哈哈大笑道：'我娃，你好憨！这是朝你要吃口哩。你是油渣渣发白——短练；茶驮驮上轿——得抬！我给你那同窗备了份"圣旨"，他保证照办。'"

---

① 阮浩耕等点校注释，《中国古代茶叶全书》，浙江摄影出版社，1999年，第10页。
② 曲彦斌主编，《中国招幌辞典》，上海辞书出版社，2001年，第213页。

2. 口渴遇见卖茶人——正合适

在宋代，除固定的茶室外，还有茶摊和沿街走巷提瓶叫卖的卖茶者。《梦粱录·茶肆》："巷陌街坊，自有提茶瓶沿门点茶，或朔望日，如遇吉凶二事，点送邻里茶水，倩其往来传语。"[1] 这种"提茶瓶沿门点茶"穿梭在大街小巷的茶担、茶摊，服务非常周到，不仅送茶上门，使得饮茶更为便利，还可以传话带口信，深受百姓欢迎。因为有这样的文化背景，所以汉语产生了"挑水的娶了个卖茶的——正相配"的歇后语，歇后语幽默的比喻义是非常合适或相当的。此外，还有"挑水娶个卖茶的，人对桶也对"的说法。

关于卖茶的歇后语还有一条比较有意思，歇后语是这样说的："倒灶鬼卖茶——锅开咧，戏散料，赶不罕趟"。"倒灶鬼"即"倒霉鬼"。

3. 卖花人说花贵，卖茶人说茶芳——各有一套

这句指各人坚持各人的说话，各说自己有理，形容意见不一致、不统一；也可以指彼此双方各有自己的想法，也都有自己解决问题的方式和方法。也作"卖花的，说花香；卖菜的，说菜鲜——各有一套"。

四、茶联撷趣

文人好茶而历代皆有茶文传世。唐宋文人重诗而茶诗兴，明清文人尚联而茶联盛。流传下来的茶联数量丰富，题材广泛，几乎揽括了所有与茶及饮茶相关的活动，常张贴或悬挂于茶园、茶市、茶馆、茶楼、茶亭的门庭或楹柱上。很多茶联文藻华美，意蕴丰富，字里行间可感受到浓郁茶香。

（一）采茶烹茶联

采茶的时间、烹茶的工序、手法、环境都关乎茶饮的质量味道。采茶

---

[1] ［宋］吴自牧，《梦粱录》，浙江人民出版社，1984年，第140页。

正值春光旖旎的季节，而茶之香首推烹试新茶，所谓"诗写梅花月；茶烹谷雨春"，因此采茶烹茶自然成了文人制联的主要题材。

1. 桂平西山联

难怪西山春茶好；只缘多情采茶人。

此联中的"西山"似指广西桂平市西山。桂平西山素有"山有好景，茶有佳味"之说。此地绿林浓荫，云雾悠悠，气候温和，雨量充沛。山腰奇峰怪石间，确是茶树生长的理想环境，当然产好茶。但在联作者的眼里，是那些漫山遍野、多情美貌的采茶姑娘才使好茶锦上添花。

2. 龙井怡情联

秀翠名湖，游目频来过溪处；

腴含古井，怡情正及采茶时。

清乾隆帝一生六下江南，数次去龙井烹茗品泉，有一次正好赶上采茶时节，觉得这是西湖一年中最怡情的季节，于是题了这副龙井联。

3. 板桥咏茶联

汲来江水烹新茗；云带钟声采茶去。

郑板桥曾写过一副茶联："汲来江水烹新茗，买尽青山当画屏。"有人将其下联改为"云带钟声采茶去"。原下联是饮茶时所见，此下联是饮茶中所想，由饮茶之愉悦激起采茶之冲动，且待明朝伴随着阵阵晨钟进入云雾缭绕的山中采茶，那将是一件何等快意的事啊！

扫来竹叶烹茶叶；劈碎松根煮菜根。

这是郑板桥为四川青城山常道观膳堂题写的楹联，这副茶联描写的是常道观的道士平日用打扫道观的落叶来烧茶，用劈开的老松的树根来煮饭。道观生活的淡泊宁静，道人远离世俗名利的恬淡闲适恍若眼前。

4. 文人雅士咏茶联

借得梅上雪；煎茶别有香。

古代的文人雅士，常把冬雪花收储起来，等到来年早春，用雪水煮上一炉新茶，茶中不仅有春天的味道，还带有冬日的气息，真是别有清香，别见趣境了。

> 瓦屋寒堆春后雪；焦坑闲试雨前茶。

瓦屋背阴处的春雪尚未消融，谷雨前的第一批新茶已经制成，人们便迫不及待地在炒茶的焦坑前品试鲜茶了。言谓"闲试"，但其急迫之情已历历在目。

（二）茶馆茶店联

大凡茶店、茶馆、茶楼、茶亭、茶座等涉茶场所的轩楹庭柱之上，厅堂门壁之间，往往悬刻着茶题材的楹联，这既可扩大其影响和声望，达到招揽生意的目的，又能起到美化环境，彰显文化，增添情趣的作用。

1."陶陶居"茶楼联

> 陶潜喜饮，易牙喜烹，饮烹有度；
>
> 陶侃惜分，夏禹惜寸，分寸无遗。

这是广州"陶陶居"茶楼以重金求得的门联，是一副嵌名联，分别用上了陶潜、易牙、陶侃和夏禹四位名人及其有关的典故，自然、流畅、匠心独运。不仅如此，这副茶联还引而不发地奉劝世人饮食有度，珍惜时光，可称佳对。

2.驻跸岭茶亭联

> 一掬甘泉，好把清凉浇热客；
>
> 两头岭路，须将危险告行人。

这是题在绍兴驻跸岭茶亭的联对。出句说以清凉之甘泉供翻岭之热客，"凉""热"之中，真情毕现；对句在茶亭本职之外指路告险，淳厚民风充溢其间。作者以净纯之笔，抒写炽热之情，见情真意切，无矫揉造作，是不可多得之作。

3. 永亭泉茶舍联

独携天上小团月；来试人间第二泉。

这是南京雨花台永亭泉茶舍的对联。联语取苏东坡一首七律《惠山谒钱道人烹小龙团登绝顶望太湖》的颈联。永亭泉茶舍搬苏诗为我所用，不但借了大文豪之名，而且十分巧妙地将茶社特有的名茶"小团月"和好水"第二泉"嵌入联中，可谓独具慧眼。名茶名泉，相得益彰。

试第二泉，且对明亭黯窦；携小团月，分尝山茗溪茶。

南京雨花台永亭泉茶舍联之二泉有蹭名之嫌，其实真正的第二泉在无锡惠山，那里有个二泉亭茶舍，此联即惠山二泉亭茶舍联云，不过此联无东坡大名，其影响便在永亭泉之下了。

4. 藕香居茶室联

欲把西湖比西子；从来佳茗似佳人。

无独有偶，杭州藕香居茶室联是从苏轼两首不同的诗中各取一句而集成。上联撷自《饮湖上初晴后雨》，下联取自《次韵曹辅寄壑源试焙新茶》。全联巧妙地套用现成名家诗句，运用诗句的对称性，由西湖类比西子联想到佳茗喻为佳人。美景、佳茗、美人相互衬托，情韵生动，比喻别致，令人叹为观止。

5. 火车站茶室联

正瓯越销兵、沪杭同轨之时，借胜境涤尘嚣，在明圣湖六桥以外；

问陆公茶灶、屈子兰汤何处，有层楼矗云表，距清泰门百武而遥。

这是旧中国杭州火车站茶室的一副茶联。上联写茶室背景：清末沪杭铁路建成通车前后，浙江人民与英美争夺路权事；下联用陆羽嗜茶著经，屈原歌咏兰汤之典。上下联之末句均点出此茶室的位置。对联用语节奏感强，于茶室中寄托对时事的关心，对古人的怀念，其韵不凡。

6. 叶新莲茶店联

为名忙，为利忙，忙里偷闲，吃杯茶去；

　　谋食苦，谋衣苦，苦中取乐，拿壶酒来。

　　据说这是清乾隆年间，广东梅县学子叶新莲为某茶店写的一副对联。上联说人生都为名利而忙碌，何不忙里偷闲，喝碗香茶，涤尘释烦？下联说人们终日为衣食而辛苦，何不苦中作乐，饮杯好酒，消忧解愁？联语对追名逐利者未加褒贬，只是劝人们要持潇洒豁达之人生态度。偷闲一杯茶，解忧一壶酒，不亦乐乎？

7."黄堂"茶亭联

　　黄鹤计前程，问迁客长沙，谁管梅花吹玉笛；

　　堂山怀去路，怅斜阳古道，暂为杨柳息君鞍。

　　这是江西兴国"黄堂"茶亭的嵌名联。上联以"计前程"入题，化用李白诗句，告诫行人调适远途心情；下联用"怀去路"起句，劝过往客人暂且歇息，从容赶路。联语对仗工整，文辞典雅，寓意深远，但意境略显苍凉。

图 7-8　馈贫粮（来源：《点石斋画报》）

8. 茶酒联

为名忙，为利忙，忙里偷闲，且喝一杯茶去，

劳心苦，劳力苦，苦中作乐，再倒二两酒来。

传说民国初年，成都近郊张富才开了一个茶酒兼营的小铺，因生意清淡，便找一位姓高的秀才为店里写了几幅字画，题写了一副对联，贴在店铺门口。"联文新颖贴切，雅俗共赏，活画出世人茹苦含辛，为名利奔波的情景。这联一贴出，一传十，十传百，南来北往过客，都要来此观看，也就免不得要在此店'偷闲作乐'，喝茶饮酒。于是，小店生意便兴隆起来了。"①

（三）品茶交友联

中国历代文人雅客喜聚，以为臧否万物，品评辞章，其时一壶清茗陪伴，以茶为媒，能为聚会增色。而此品茶气氛、感受便进入了文人视线，留下不少佳联。

1. 品茶联一

杯中茶色皆春色；口里清香胜酒香。

此联传递茶色、茶味，重复使用"色""香"二字，倒无累赘之感。上联以春光形容茶色，与季节荒径融合，倒也生动；下联形容味觉胜过酒香，让我们感到了茶味的浓郁。

2. 品茶联二

品泉茶，三口白水；竺仙庵，二个山人。

这是一副拆字联。西湖天竺顶有一座"竺仙庵"，庵边有一泉，其水极清冽。有两个道人经常在此以泉水煮茶品饮，此联就悬于庵门。上联把"品""泉"分别拆而合之为"三口白水"；下联把"竺""仙"分别拆开再

---

① 苏长春编著，《对联漫话》，辽宁人民出版社，1988年，第180—181页。

合为"二个山人"。此联笔触极简，却将道士品饮清茶之境写得惟妙惟肖。

3. 品茶联三

　　瓦壶水沸邀清客；茗碗香腾遣睡魔。

瓦壶的水开了，邀来清客烹茶谈心；茶碗里茶水香气升腾，饮后能使人提精神，不感困乏。此联语言通俗易懂，贴近生活，有雅俗共赏之妙。

4. 品茶联四

　　退食喜公余培花种竹；宾筵开雅座读画尝茶。

公事之余，归家饭后干啥？培花种竹；宴宾客到，雅间入座干啥？读画尝茶！真是文人无时不有茶。

5. 品茶联五

　　论英雄，不必青梅煮酒；交挚友，当须活水烹茶。

上联直接用《三国演义》中曹操与刘备青梅煮酒论英雄的故事，反其意说不必有酒；下联说交挚友须用活水烹茶，香茗自然充盈着朋友间的真挚情感，有茶足矣！

（四）茶名茶人联

茶有千种，味具万象。茶香或浓郁，或清纯，润入心田的都是一份美好，一种境界。茶的高洁又似君子品性，吸引不同的人去追逐，去赞美。

1. 赞茶联一

　　瑞草抽芽分雀舌；名花采蕊结龙团。

此联是对名茶的赞美。"瑞草""嘉木"皆是茶树的美称，"雀舌""龙团"是古代两个名茶品种。前者言其叶至嫩，后者言其形至美，后以此指代名茶。又如"九曲夷山采雀舌，一溪活水煮龙团"，赏读这些茶联，真会让人生出对名茶之向往，勾起品尝的欲望。

2. 赞茶联二

　　阳羡春茶瑶草碧；兰陵美酒郁金香。

393

北宋年间，兰陵美酒与阳羡春茶驰名于大江南北，被颂为宋代的两大名产。北宋著名书画家米芾饮兰陵美酒后，挥毫泼墨，写下了此联。此联集唐代诗人钱起与李白诗句入联，新颖别致，严丝合缝，是为佳作，在茶人中传为美谈。

3. 赞茶联三

翠叶烟腾冰碗碧；绿芽光照玉瓯青。

翠叶，指绿茶。绿芽，指毛尖。冰碗、玉瓯，皆指茶杯。在如冰如玉，晶莹剔透的瓷杯里冲泡绿芽、翠叶，一时烟雾升腾，继而光影照人，一杯在案，香气缭绕，啜而入喉，心旷神怡，那是何等地令人陶醉。又有"一杯春露暂留客；两腋清风几欲仙"茶联，与此联同境。

4. 赞茶联四

谱合蔡家六班名著；品来顾渚一室生香。

蔡家指北宋蔡襄，为茶事专家，著有《茶录》，并创造了小龙团茶。六班是一种名茶，唐时已有，有醒酒、治消渴病的功效。顾渚亦茶之名，产于浙江长兴西北顾渚山，曾为贡品。二者皆茶中上品。

5. 赞茶联五

茶亦醉人何必酒；书能香我不须花。

此联出自清代的一部志怪小说《狐狸缘全传》，后被文人们广泛使用。上联写烹好茶品啜，茶香胜酒香，可知茶也醉人；下联写与书籍为伴，书香胜花香，可见茶客不俗。品读此联，我们似乎看到了主人爱茶爱花更爱书的高雅格调，既赞赏了茶的醉人品质，也透露了主人的精神世界。

6. 赞茶联六

得与天下通其乐；不可一日无此君。

茶联中有很多都是联中既无茶，也无确指的人，读后却让人感到茶即是人，人即是茶。如上面这副郑板桥为一家会客室门柱上写的茶联。乾隆皇帝八十五岁让位与嘉庆，有老臣上言："国不可一日无君"；乾隆笑对："君不可一日无茶！"此联此典，似赞茶，也似赞人，给人一种茶人合一之感。

（五）茶圣茶经联

在我国悠久的茶历史上，有两个为茶文化做出巨大贡献的人，就是同时生活于唐代的陆羽和卢仝，前者因一部《茶经》而被尊为"茶圣"，后者因一首脍炙人口的《七碗茶歌》与一部《茶谱》而被奉为"茶仙"。历代茶联中对这一对"圣、仙"多有赞誉，讲述茶联自然不能忽略他们。

1. 陆羽、卢仝咏叹联

采向雨前，烹宜竹里；经翻陆羽，歌记卢仝。

陆羽，字鸿渐，自称桑苎翁，又号东冈子，以嗜好茶道著称于世，著《茶经》三卷为中国最早的茶学专著。诗人卢仝，自号玉川子，也是好茶成癖。《七碗茶歌》是《走笔谢孟谏议寄新茶》诗里的一段，全诗请参阅本书"茶诗"赏析部分。此联是说采茶应在谷雨前，烹茶最宜用竹器，但作为茶人都应记住陆羽《茶经》和卢仝《茶诗》。

花间渴想相如露；竹下闲参陆羽经。

据《史记》记载，司马相如有口渴、善饥、尿多、消瘦之疾，常饮茶水，时人称其为"相如露"。"陆羽经"就是陆羽的《茶经》。在花间游玩口渴时，请饮相如茶露之甘；在竹下安闲品茶时，须体悟陆羽《茶经》之奥。

2. 龙井咏叹联

陆羽著经，龙团凤饼，新香嫩色，片片情真，泡龙井茶；
蔡襄赞美，雀舌蝉膏，淡绿微黄，滴滴香浓，汲虎跑泉。

龙井茶居我国名茶之首，虎跑泉有天下第三泉之称，"龙井茶""虎跑水"被誉为西湖双绝。此联从色、香、味、形、情等各方面，对用虎跑泉水泡龙井名茶进行了赞美。

3. 安溪香茗咏叹联

芳气满堂，尽是闽越新香，安溪嫩色；

春风两腋，谁似卢仝雅兴，陆羽豪情。

这是悬于福建安溪芳春茶厂的一副楹联，在极尽其词夸赞自家茶叶产品的同时，也拉来古人做大旗。不过，茶人未忘祖宗，或是尚存些敬畏之意。

4. 茶店咏叹联

百年老店，道致中和，宗陆羽真传，一路顺风千载福；

九域名茶，艺臻上乘，请诸君细品，三杯入口满庭芳。

这是中和福茶庄的嵌名联，同时也请出"茶圣"陆羽站台。王婆卖瓜之外，尚可见几分雅气。

五、茶诗撷萃

茶诗是中国文人饮茶之习的生活情趣和审美理想的诗化，通过茶传达诗人不同的审美情趣与处世态度。茶很早就渗透进诗词之中，历代诗人、文学家创作了不少优美的茶叶诗词。于欣力和傅泊寒《中国茶诗研究》、仇仲谦和李果河《茶诗漫品》、李莫森《咏茶诗词曲赋鉴赏》等都收录了大量的咏茶诗。茶诗不但数量多，而且题材广泛，几乎揽括了所有与茶及与饮茶相关的活动，是中国茶文化的重要组成部分。历代茶诗有着深刻的认识价值，可以观民风、民俗的演变和时代兴亡，可以体察时代共同心理和作者品流，可以帮助后人识茶、辨水、品味、知香，进而领悟茶禅一味的真谛。有些茶诗还记叙了制茶的流程、器物和茶仪、茶规，反映了制茶技术和茶饮技艺的发展。

（一）茶园茶名诗

在这类诗中，我们可以看到古代文人在借茶诗来抒情言志的同时，也对茶叶有着独特的热爱，并因此对茶园、茶树、茶叶采摘以及对特定种类的茶都有着自己独特的感情。

1.《送山茶上知府郎给事》

  谷雨前收献至公，不争春力避芳丛。

  烟开曾入深深坞，百万枪旗在下风。

  这是宋代释重显的诗。诗中提到了茶叶采摘的时间，即谷雨节之前就将新茶采下送给朋友，可知谷雨前的茶口感一定是上乘的。梅尧臣在《依韵和杜相公谢蔡君谟寄茶》一诗中也有提到关于茶的采摘时间，"天子岁尝龙焙茶，茶官催摘雨前牙。"

2.《送陆鸿渐山人采茶回》

  千峰待逋客，香茗复丛生。

  采摘知深处，烟霞美独行。

  幽期山寺远，野饭石泉清。

  寂寂燃灯夜，相思一磬声。

  采茶是一种农事劳动，也是一件富有情趣的活动，不少诗人将采茶看作一种净化心境的方式。朋友陆鸿渐要去深山采茶，皇甫曾赠这首诗来送行。虽然只是一次暂短的分别，但从"羡独行"一语却可以看出，作者把采茶看作很美好的一件事情，对陆鸿渐外出采茶表现出羡慕甚至向往。在一些文人看来，进入没有人间烟火的深山，应是一种空灵的、可以让人沉醉的境界吧。

3.《秋晚怀茅山石涵村舍》

  十亩山田近石涵，村居风俗旧曾谙。

  帘前白艾惊春燕，篱上青桑待晚蚕。

  云暖采茶来岭北，月明沽酒过溪南。

  陵阳秋尽多归思，红树萧萧覆碧潭。

  这是诗人杜牧在回忆自己一段难忘的采茶经历而写的一首诗，显然是诗人内心深处最珍贵的记忆。"天晴日朗的春日来岭北采摘茶叶，明月之下买酒经过溪南。春来采茶、月下沾酒，此村舍生活，着实令人留恋。"[①] 这种幽静自在、远离烦忧的生活多么让人陶醉与向往。

（二）品茶用茶诗

品茗诗在茶诗中占据了极为重要的地位，茶水的芬芳以及饮茶带给人清新自然、平静悠然的感受，都激发着诗人们的创作热情。

1.《走笔谢孟谏议寄新茶》

日高五丈睡正浓，军将打门惊周公。

口云谏议送书信，白绢斜封三道印。

开缄宛见谏议面，手阅月团三百片。

闻道新年入山里，蛰虫惊动春风起。

天子须尝阳羡茶，百草不敢先开花。

仁风暗结珠琲瓃，先春抽出黄金芽。

摘鲜焙芳旋封裹，至精至好且不奢。

至尊之余合王公，何事便到山人家？

柴门反关无俗客，纱帽笼头自煎吃。

碧云引风吹不断，白花浮光凝碗面。

一碗喉吻润，两碗破孤闷。

三碗搜枯肠，惟有文字五千卷。

四碗发轻汗，平生不平事，尽向毛孔散。

五碗肌骨清，六碗通仙灵。

七碗吃不得也，唯觉两腋习习清风生。

蓬莱山，在何处？玉川子乘此清风欲归去。

山上群仙司下土，地位清高隔风雨。

---

① 郭彦全编著，《全唐诗名句赏析》，中国计划出版社，2005年，第58页。

安得知百万亿苍生命，堕在颠崖受辛苦。

便为谏议问苍生，到头还得苏息否？

唐代卢仝的这首诗是对后世影响非常广泛、意义深远的茶诗，为历代咏茶者赞赏不已。这首完全以茶为内容的咏茶诗，具体生动地描写了诗人从接到茶到饮茶，饮茶后引起感想的全部过程。诗中首先叙述诗人在日高五丈睡意正浓的时候，接到好朋友谏议大夫送来的新茶。接着写诗人反关柴门、自煎自赏自饮的情景。从"一碗喉吻润，两碗破孤闷"，到七碗之后，飘飘欲仙，如登蓬莱仙阁，诗人用优美朴实的诗句表达出对饮茶的感受（后人把这一节单独节选称为《七碗茶歌》）。这首诗脍炙人口，其中的许多字句被后来诗人所引用，像将茶饼比喻为月团；诗人的号玉川子也多次出现在诗人的诗句中，像陈继儒的"山中日日试新茶，君合前身老玉川"，韩愈《寄卢仝》中"玉川先生洛城里，破屋数间而已矣"。可以看出卢仝的茶诗对于后世诗人的影响。南宋诗人杨万里对这首煎茶诗有高度的评价："七言八句，一篇之中，句句皆奇。一句之中，字字皆奇。古今作者皆难之。"① "同时代的陆羽写下了天下第一部《茶经》而被誉为茶圣，而卢

图 7-9　茶艺图

---

① 陈宗懋、杨亚军主编，《中国茶叶词典》，上海文化出版社，2013 年，第 581 页。

仝则用诗的语言将茶叶的功效和饮茶妙处表现得淋漓尽致,因而被后人称为茶仙。"[1]

2.《汲江煎茶》

> 活水还须活火烹,自临钓石取深清。
>
> 大瓢贮月归春瓮,小勺分江入夜瓶。
>
> 雪乳已翻煎处脚,松风忽作泻时声。
>
> 枯肠未易禁三碗,坐听荒城长短更。

苏轼的这首诗勾勒了一幅月夜江边汲水煎茶图。他绘影绘色刻画了汲水、舀水、煮茶、斟茶、喝茶到听更的全过程,诗中描写了作者月夜江边汲水煎茶的细节,具体地反映了被贬远方的寂寞心情与情景,被杨万里评为句句皆奇,字字皆奇。不同的诗人在不同的情境下饮茶,都有着不同的生理与精神感受,在苏轼看来饮茶不仅仅为解渴品味,而是升华至品理,从茶之中体悟出人生之理,从而以茶明道励志,抒发人生感慨。这首诗是苏轼的代表作之一,诗人在描写煎茶的过程与氛围中托茶喻志抒情,表达了对待磨难旷达超然、清高脱俗的精神品格。

3.《煮土茶歌》

> 论茶自古称壑源,品水无出中泠泉。
>
> 莆中苦茶出土产,乡味自汲并水煎。
>
> 器新火活清味永,且从平地休登仙。
>
> 王侯第宅斗绝品,揣分不到山翁前。
>
> 临风一啜心自省,此意莫与他人传。

这是元代诗人洪希文的一首咏茶诗。这首诗写作者自汲井水、烹煎土茶而又自得其乐的情形,活画出诗人不羡王侯、不羡神仙,自汲自饮、悠然自在的情景与心态,这正是民间日常饮茶的快乐境界。"诗意中也体现了

---

[1] 曹望成、周巨根,《得知天下苍生命 且尽卢仝七碗茶——唐诗〈走笔谢孟谏议寄新茶〉评释》,《茶叶》,2004 年第 3 期。

社会地位不同，而有不同的品茶条件。"[1]

（三）茶人茶礼诗

除了以茶待客外，赠送茶叶是文人士大夫之间的雅事。他们互相关注对方的政治生活与仕宦前途，常通过赠送茶来表达对朋友的规劝安慰以及爱护敬仰之情。

1.《双井茶送子瞻》

> 人间风日不到处，天上玉堂森宝书。
>
> 想见东坡旧居士，挥毫百斛泻明珠。
>
> 我家江南摘云腴，落硙霏霏雪不如。
>
> 为君唤起黄州梦，独载扁舟向五湖。

黄庭坚在收到家人送给自己的双井名茶后分送给亦师亦友的苏轼，并附上这首情深意切而又意味深长的咏茶诗。前两联说，苏轼在"人间风日不到处"的翰林院供职，那里是人间的玉堂，宝书如林，环境清雅安逸。在那里诗人必然才思如泉涌，挥洒自如，因而创作出了许多精美珠玉般的诗篇。第三联则是说家乡的茶叶是由江南云里摘出的肥叶制成，细洁的叶片连雪花也比不上它，显示了黄庭坚送茶的一番诚意和真挚的友情。最后说道，希望苏轼在喝了自己送的双井茶后，能唤起他被贬黄州时的旧梦，独驾一叶扁舟，浮游于太湖之上。显然是黄庭坚借赠送茶叶之机，送给苏轼婉转的劝告。

2.《谢李六郎中寄新蜀茶》

> 故情周匝向交亲，新茗分张及病身。
>
> 红纸一封书后信，绿芽十片火前春。
>
> 汤添勺水煎鱼眼，末下刀圭搅曲尘。
>
> 不寄他人先寄我，应缘我是别茶人。

---

[1] 张哲永等主编，《中国茶酒辞典》，湖南出版社，1991年，第408页。

收到别人赠送的茶回诗一首表达感谢也是常见的茶诗。被贬在江州做司马的白居易，在病中收到好友忠州刺史李宣寄来的新茶，非常高兴，于是写下这首诗，表达对好友赠新茶的感激之情。"不寄他人先寄我，应缘我是别茶人"，既写出他们间的关系非同一般，也说明白居易在品茶、辨茶方面具有独到的造诣。"诗人收到萧员外寄来的蜀产新茶，很是惊讶；于是用名水煎茶，茶汤特别佳美珍贵，简直像是雪白的牛奶似的；不舍得当即喝下，而是悠然自得地细心把玩；联想到自己是位嗜酒的人，就更觉得这茶汤的特别难得了。全诗不言谢，但深深的谢意却在诗内。"[①]

3.《赠隐者》

采茶溪树绿，煮药石泉清。

不问人间事，忘机过此生。

身处晚唐政治动荡中的温庭筠对隐者躬身采茶，常以清泉相伴、不问世事的适意生活艳羡不已。隐者的生活其实正是诗人自己内心深藏的对静谧、闲适生活的一种渴求。这种心理需求的存在直接影响了诗人的创作情绪，这首诗与其说是作者赠给隐者的诗，不如说是温庭筠赠给自己的慰寥之作。

（四）茶情茶趣诗

茶的清香淡雅赋予了与茶相关的一切悠远寂静的特质，这是古代文人所追求的心境，所以通过写茶表现自己超然的审美情趣，传达宁静致远的处世态度成了大多数茶诗的主题。茶除了作为饮品，还具有独特的审美价值，这是茶对文学创作最大的贡献。

1.《题画诗》

对雪寒窗酌酒，敲冰暖阁烹茶。

醉里呼童展画，笑题松竹梅花。

[①] 庄昭选注，《茶诗三百首》，南方日报出版社，2003年，第5页。

这是唐代季邕的一首吟咏松竹梅的六言诗。诗中将"岁寒""酌酒""烹茶"与"松竹梅"并提，除喻高节与友情之外，传达了一种文人雅致的生活情趣。

2.《寄新茶与南禅师》

筠焙熟香茶，能医病眼花。因甘野夫食，聊寄法王家。

石钵收云液，铜铛煮露华。一瓯资舌本，吾欲问三车。

诗人参禅、禅僧文人化在唐宋成为一种社会风尚。文人士大夫们倾心于茶，就是把茶作为因子来进入禅境，希望在品茶中去掉烦恼，求得心灵的安适与超越，摆脱人生困厄或宦海沉浮所带来的精神痛苦。所谓"禅茶一味"，就是这样一种情趣与境界。黄庭坚将新茶赠与南禅师，并写下了这首诗，指出品茶能够让人心定气闲，清心寡欲，进入静默的境界。此外，

图 7-10 题画（来源：《集雅斋画谱六言唐诗画谱》）

品茗不但能够体味到茶的清美甘醇，而且能够领悟到精妙的禅理。

3.《九日与陆处士饮茶》

> 九日山僧院，东篱菊也黄。
>
> 俗人多泛酒，谁解助茶香？

九月九日重阳节，诗人皎然与茶圣陆羽在寺庙中饮茶作有此诗。在此秋高气爽、菊花盛开的美好时节，作者与佳友共度重阳，却一反常规不饮酒只饮茶。在诗人眼里，"泛酒"为流俗，"茶香"才高洁。"谁解助茶香"一问，正是禅趣与时令情景的融合，慢慢细品，似有香外含香，味中有味的意境。"从唐时起，中国士人就有在重阳节登高赋诗、插茱萸或相聚饮酒之风俗。陆羽于肃宗上元初（约760）在吴兴苕溪结庐隐居时，同皎然结成'缁素忘年交'，情谊笃深，生死不渝。此诗作于陆羽隐居妙喜寺期间。皎然在重阳节同陆羽品茗、赏菊、赋诗，开创以茶代酒，移风易俗之新风。淡泊名利，坦率豁达，不喜送往迎来，个性鲜明不落俗套。"[1]

4.《题落星寺》之一

> 落星开士深结屋，龙阁老翁来赋诗。
>
> 小雨藏山客坐久，长江接天帆到迟。
>
> 宴寝清香与世隔，画图妙绝无人知。
>
> 蜂房各自开户牖，处处煮茶藤一枝。

黄庭坚的《题落星寺》共四首，这是其中的第三首。诗人写文人墨客来到落星寺闲赋诗词，遥望烟雨长江，天水一色，点点帆船在江面上慢慢驶来。宴后入寝，山寺幽静清香，使人恍若隔世。睡醒后，看见像蜂巢般的僧房窗户齐开，都以枯藤为薪煮茶，一幅幽寂的僧人生活画面就在眼前。诗人通过处处煮茶的画面，既烘托出寺院氛围和丛林风雅，又将茶的形象赋予了更丰富的美感。

---

[1] 于欣力、傅泊寒编著，《中国茶诗研究》，云南大学出版社，2008年，第54页。

5.《五言月夜啜茶联句》

> 泛花邀坐客，代饮引情言。
> 醒酒宜华席，留僧想独园。
> 不须攀月桂，何假树庭萱。
> 御史秋风劲，尚书北斗尊。
> 流华净肌骨，疏瀹涤心原。
> 不似春醪醉，何辞绿菽繁。
> 素瓷传静夜，芳气清闲轩。

这是颜真卿与陆士修、张荐、李萼、崔万、皎然等人的联句诗，描写了几位好友聚集在清闲轩月下饮茶咏诗的情景。每一位诗人或许各具独特的审美情趣，但大家以茶为题，在幽静的月夜里，在品茗吟诗的香雅氛围中，共度了一个充满友情的欢快之夜。这首啜茶联句"为了别出心裁，用了许多与茶有关的代名词。如陆士修用'代饮'比喻以饮茶代饮酒；张荐用'华席'借指茶宴；颜真卿用'流华'借指饮茶。因为诗中说的是月夜啜茶，所以还用了'月桂'这个词。用联句来咏茶，这在茶诗中也是少见的。"[①]

6.《食后》

> 食罢一觉睡，起来两瓯茶。
> 举头看日影，已复西南斜。
> 乐人惜日促，忧人厌年赊。
> 无忧无乐者，长短任生涯。

白居易的这首诗文笔简淡，浅处着墨，表达了诗人的优游生活与达观心态。"食罢一觉睡，起来两瓯茶"，表现出诗人安然闲恬中以茶为伴的生活情趣；"无忧无乐者，长短任生涯"，传达出诗人超然豁达与世无争的人生态度。

---

① 莫银燕,《中华茶文化》,吉林人民出版社,2017年,第208页。

主要参考文献

一、文献典籍

［汉］班固，《汉书》，中华书局，2007 年。

［汉］刘熙，《释名》，中华书局，1985 年。

［汉］刘向编集，贺伟、侯仰军点校，《战国策》，齐鲁书社，2005 年。

［汉］司马迁，《史记》，中华书局，1982 年。

［汉］许慎撰，［宋］徐铉校，《说文解字》，中华书局，2004 年。

［汉］应劭撰，王利器校注，《风俗通义校注》，中华书局，1981 年。

［北魏］贾思勰，《齐民要术》，中华书局，1956 年。

［唐］陆羽著，于良子注释，《茶经》，浙江古籍出版社，2011 年。

［唐］欧阳询撰，汪绍楹校，《艺文类聚》，上海古籍出版社，1982 年。

［唐］张鷟，《朝野佥载》，中华书局，1985 年。

［后晋］刘昫等撰，陈焕良、文华点校，《旧唐书》，岳麓书社，1997 年。

［宋］李昉等，《太平御览》，中华书局，1960 年。

［宋］李昉等编，华飞等校点，《太平广记》，中华书局，1961 年。

［宋］陆游撰，李剑雄、刘德权点校，《老学庵笔记》，中华书局，1979 年。

［宋］普济辑，朱俊红点校，《五灯会元》，海南出版社，2011 年。

［宋］沈括，《梦溪笔谈》，上海古籍出版社，2015 年。

［宋］吴自牧，《梦粱录》，浙江人民出版社，1980 年。

［元］鲁明善，《农桑衣食撮要》，中华书局，1985 年。

［元］陶南邨，《辍耕录》，泰东图书局，1922 年。

［明］冯梦龙纂辑，白岭、筝鸣校译，《墨憨斋三笑》，河南人民出版社，1998 年。

［明］冯梦龙编著，栾保群点校，《古今谭概》，中华书局，2007 年。

［明］李时珍著，［清］张绍棠重订，《本草纲目》，商务印书馆，1930年。

［明］宋应星，《天工开物》，上海古籍出版社，2013年。

［明］徐光启，《农政全书》，上海古籍出版社，2011年。

［明］谢肇淛，《五杂俎》，上海书店出版社，2001年。

［清］李光庭、［清］王有光，《乡言解颐 吴下谚联》，中华书局，1982年。

［清］石成金撰集，《笑得好初集》，清光绪二十一年，上海书局石印本。

［清］游戏主人辑，蒋筱波编译，《笑林广记》，三秦出版社，2008年。

方韬译注，《山海经》，中华书局，2011年。

方勇、李波译注，《荀子》，中华书局，2011年。

郭丹、程小青、李彬源译注，《左传》，中华书局，2016年。

胡平生、张萌译注，《礼记》，中华书局，2017年。

胡毅华，《清代俗语图说》，上海书店出版社，2005年。

梁太济、包伟民，《宋史食货志补正》，中华书局，2008年。

王稼句编纂校点，《营业写真：晚清江湖百业》，西泠印社，2004年。

吴友如，《点石斋画报》，江苏广陵古籍刻印社，1990年。

徐正英、常佩雨译注，《周礼》，中华书局，2014年。

杨伯峻译注，《论语译注》，中华书局，2004年。

中华书局编辑部，《全唐诗》（增订本），中华书局，2011年。

二、论著论文

（一）著作类

陈维礼、郭俊峰主编，《中国历代笑话集成》，时代文艺出版社，1996年。

戴昭铭，《文化语言学导论》，语文出版社，1996年。

范用编，《文人饮食谭》，生活·读书·新知三联书店，2012年。

龚联寿主编，《联话丛编》，江西人民出版社，2000年。

何东平、袁剑秋、崔瑞福主编，《中国制油史》，中国轻工业出版社，

2015 年。

李约瑟,《中国科学技术史》,上海古籍出版社,2010 年。

梁实秋,《雅舍谈吃》,山东画报出版社,2005 年。

莫银燕,《中华茶文化》,吉林人民出版社,2017 年。

曲彦斌主编,《中国招幌辞典》,上海辞书出版社,2001 年。

阮浩耕等点校注释,《中国古代茶叶全书》,浙江摄影出版社,1999 年。

尚秉和著,母庚才、刘瑞玲点校,《历代社会风俗事物考》,中国书店,2001 年。

苏长春编著,《对联漫话》,辽宁人民出版社,1988 年。

王利器辑录,《历代笑话集》,上海古籍出版社,1981 年。

王仁湘,《民以食为天——中国饮食文化》,济南出版社,2004 年。

王仁湘,《往古的滋味——中国饮食的历史与文化》,山东画报出版社,2006 年。

王学泰,《中国饮食文化史》,广西师范大学出版社,2006 年。

吴少华,《古灯千年》,百家出版社,2004 年。

徐海荣主编,《中国饮食史》,华夏出版社,1999 年。

颜景宗、谭学良,《山西老陈醋史话》,山西人民出版社,2003 年。

杨汝泉编纂,《滑稽故事类编》,天津大公报社代办部,1933 年。

阴法鲁、许树安主编,《中国古代文化史》,北京大学出版社,1991 年。

俞为洁,《中国食料史》,上海古籍出版社,2011 年。

周作人等,《茶人茶话》,生活·读书·新知三联书店,2007 年。

朱启新,《说文谈物》,上海书店出版社,2002 年。

〔美〕尤金·N.安德森,《中国食物》,马孆、刘东译,江苏人民出版社,2003 年。

(二)论文类

邓瑗敏,《"薪""柴""蒸"历时演变》,《宜宾学院学报》,2008 年第 3 期。

丁声俊,《农耕文化与粮食文化》,《中国粮食经济》,2013 年第 1 期。

黄娟,《运城盐池生产习俗研究》,《科技信息》,2006 年第 2 期。

苏祖荣、苏孝同,《林火文化:森林文化的一个重要方面》,《北京林业大学学报》(社会科学版),2008 年第 2 期。

孙玉卿,《独具特色的民俗——旺火》,《晋东南师范专科学校学报》,2002 年第 6 期。

王建,《说米——"开门七件事"文化札记之二》,《文史杂志》,1993 年第 2 期。

王星光、柴国生,《中国古代生物质能源的类型和利用略论》,《自然科学史研究》,2010 年第 4 期。

徐琳,《论"醋"的隐喻认知系统》,《乐山师范学院学报》,2012 年第 2 期。

赵荣光,《中国酱的起源、品种、工艺与酱文化流变考述》,《饮食文化研究》,2004 年第 4 期。

曾凡英,《品味盐文明》,《中国文化遗产》,2010 年第 3 期。

〔印度〕伽斯那,《百喻经》,求那毗地译,文学古籍刊行社,1955 年。

Lakoff, G. & Johnson, *M. Metaphors We live by.* Chicago: Chicago University Press, 1980.

三、文学作品

〔明〕冯梦龙、〔明〕凌濛初,《三言二拍》,中国华侨出版社,2018 年。

〔明〕兰陵笑笑生著,王汝梅、李昭恂、于凤树校点,《金瓶梅》,齐鲁书社,1987 年。

〔明〕罗贯中,《三国演义》,人民文学出版社,1953 年。

〔明〕沈受先,《三元记》,台湾开明书店,1970 年。

〔明〕施耐庵,《水浒传》,人民文学出版社,2004 年。

〔清〕曹雪芹、〔清〕高鹗著,俞平伯校,启功注,《红楼梦》,人民文学出版社,2000 年。

［清］李伯元，《官场现形记》，上海古籍出版社，2005 年。

［清］李绿园著，栾星校注，《歧路灯》，中州古籍出版社，1998 年。

［清］李汝珍，《镜花缘》，上海古籍出版社，2005 年。

［清］蒲松龄，《聊斋志异》，中华书局，2016 年。

［清］文康，《儿女英雄传》，上海古籍出版社，1995 年。

［清］吴趼人著，宋世嘉校，《二十年目睹之怪现状》，上海古籍出版社，2005 年。

［清］吴敬梓，《儒林外史》，中华书局，2009 年。

［清］夏敬渠，《野叟曝言》，线装书局，2010 年。

［清］曾朴，《孽海花》，上海古籍出版社，1980 年。

陈登科，《赤龙与丹凤》，上海文艺出版社，1979 年。

陈登科，《淮河边上的儿女》，江苏人民出版社，1979 年。

谌容主编，《人到中年》，花城出版社，2009 年。

贾平凹，《白夜》，华夏出版社，1995 年。

老舍，《老舍全集》（修订版），人民文学出版社，2013 年。

梁斌，《播火记》，人民文学出版社，2013 年。

刘绍棠，《刘绍棠文集》，北京十月文艺出版社，1997 年。

马烽等，《吕梁英雄传》，人民文学出版社，1994 年。

张贤亮，《男人的一半是女人》，作家出版社，2013 年。

周而复，《上海的早晨》，人民文学出版社，1980 年。

周立波，《山乡巨变》，作家出版社，1958 年。

周立波，《暴风骤雨》，人民文学出版社，1996 年。

四、辞书词典

汉语大词典编辑委员会、汉语大词典编纂处，《汉语大词典》，汉语大词典出版社，1988 年。

金路、徐玉明编注,《中国谚语》,上海文艺出版社,1989 年。

孟宪章、田秉锷主编,《惯用语汇释》,内蒙古人民出版社,1986 年。

施宝义、吴书荫编著,《歇后语例释》,商务印书馆,1985 年。

温端政主编,《中国俗语大辞典》,上海辞书出版社,1989 年。

温端政主编,《古今俗语集成》,山西教育出版社,1989 年。

温端政主编,《中国谚语大全》,上海辞书出版社,2004 年。

温端政主编,《中国惯用语大全》,上海辞书出版社,2004 年。

辛夷主编,《中国典故大辞典》,北京燕山出版社,2009 年。

徐宗才、应俊玲编著,《常用俗语手册》,北京语言学院出版社,1985 年。

徐宗才、应俊玲编著,《俗语词典》,商务印书馆,2004 年。

杨艳、邱胜、陈彬主编,《中华谚语大词典》,中国大百科全书出版社,2007 年。

姚方勉等,《谚语词典》,江苏古籍出版社,1990 年。

叶子雄主编,《汉语成语分类辞典》,复旦大学出版社,1987 年。

朱介凡编纂,《中华谚语志》,台湾商务印书馆,1989 年。

图书在版编目（CIP）数据

开门七件事：柴米油盐酱醋茶的文化记忆 / 李树新
著 . —北京：商务印书馆，2020（2021.10 重印）
ISBN 978 - 7 - 100 - 19220 - 0

Ⅰ.①开… Ⅱ.①李… Ⅲ.①风俗习惯—介绍—
中国 Ⅳ.① K892

中国版本图书馆 CIP 数据核字（2020）第 247812 号

开门七件事——柴米油盐酱醋茶的文化记忆

李树新 著

商 务 印 书 馆 出 版
（北京王府井大街 36 号 邮政编码 100710）
商 务 印 书 馆 发 行
北京顶佳世纪印刷有限公司印刷
ISBN 978 - 7 - 100 - 19220 - 0

2020 年 12 月第 1 版　　　开本 710×1000　1/16
2021 年 10 月北京第 2 次印刷　印张 26½
定价：98.00 元